《周易》经传德治思想研究

李圣强 著

山东大学出版社
SHANDONG UNIVERSITY PRESS
·济南·

图书在版编目(CIP)数据

《周易》经传德治思想研究 / 李圣强著. -- 济南 :
山东大学出版社，2024. 12. -- ISBN 978-7-5607-8476
-2

Ⅰ. B221.5

中国国家版本馆 CIP 数据核字第 20253YJ891 号

责任编辑　霍馨莹
封面设计　蓝海文化

《周易》经传德治思想研究

《ZHOUYI》 JINGZHUAN DEZHI SIXIANG YANJIU

出版发行　山东大学出版社
社　　址　山东省济南市山大南路 20 号
邮政编码　250100
发行热线　(0531)88363008
经　　销　新华书店
印　　刷　山东蓝海文化科技有限公司
规　　格　720 毫米×1000 毫米　1/16
　　　　　16.5 印张　279 千字
版　　次　2024 年 12 月第 1 版
印　　次　2024 年 12 月第 1 次印刷
定　　价　60.00 元

目　录

绪 论

古代治国思想起源于夏、商、周三代，春秋战国时期，周王朝衰微，天下大乱，百家争鸣的核心思想就是探讨国家如何治理，诸子百家的治国思想论争大多可以从西周的哲学体系中找到其思想渊源，对经国治军问题的探索是各家学说的主体内容之一。《淮南子·汜论训》谓："百川异源，而皆归于海；百家殊业，而皆务于治。"[①]司马谈于《论六家要旨》里说过："易大传：'天下一致而百虑，同归而殊途。'夫阴阳、儒、墨、名、法、道德，此务为治者也。"[②]治国思想是中国传统文化的核心所在，先秦诸子的治国理论是中国传统"治道"思想的菁华与渊源。经世致用，是诸子百家的追求，而儒家尤甚。儒家自诞生起，就与政治结下了不解之缘，参与国家治理是儒家与生俱来的使命。儒家经典中，"治""牧""临""使"等词大量存在，这些词都有"治"的意思。"治"这一词语在《荀子》中也大量出现，《荀子·君道》篇中还出现了"治理"这一概念。儒家自孔子起就自觉承续着源自夏、商、周的文化，在两千多年的历史长河中大多数时间是中华文化的主体，儒家的精神是入世的，是重视实践的，这既包括社会政治生活的实践，又包括道德修养的实践。

虽然德治思想始于西周之前，殷商并非无"德"之朝，但德治思想在周朝的地位达到了空前的高度。天命从大邦殷到小邦周的转移，包括殷商遗民在内的天下臣民需要一个充分合理的解释，否则，天下将不会稳定，政权将不会长久。周统治者创造性地提出了"天命靡常"的思想，并将天命转移的枢纽系于"德"之上，即天命并非一成不变地佑护统治者已有的政权，而是会依据统治者的"德"

---

① 陈广忠译注：《淮南子》，中华书局 2012 年版，第 723 页。

② （汉）司马迁撰，（宋）裴骃集解，（唐）司马贞索隐，（唐）张守节正义：《太史公自序第七十》，《史记》卷一百三十，中华书局 1982 年版，第 3288 页。

进行取舍转移，也就是说“皇天无亲，惟德是辅”，周统治者用“德”的兴废存亡解释了夏、商、周三代政权的更替，周统治者视“德”为影响王权合法性构建的核心因素。

《周易》古经成书于殷周之际是当今学界多数人的共识。关于《周易》古经作者争论的一个共同之处就是，历代学者分析出的几位可能的作者均是治国者或参与国家治理者，而且都肯定周文王与《周易》有关。文王通过演易、编写卦爻辞和改革易筮系统，使掌握在殷人手中的与天地鬼神沟通的渠道和权力转移到周人手中，新的易筮系统的使命就是要向天下宣传“天命更新”的原因和必然性，宣传不同于殷商的以“德”为核心的天命转移思想，周人视“德”为影响王权合法性与持久性的核心要素，而《周易》古经也因此成为周初统治者为完成其克商、建国及治国理民之大业而宣传其治国思想的最理想的载体，《周易》古经也成为周初统治者实践其德治思想的主要载体。尽管学界对《周易》古经是否含有德治思想见解不一，如有的学者认为所谓《周易》古经的德治思想只是后人的解读，但《周易》古经成书的人文语境以及《周易》古经的性质可以提供足够的理由与证据证明《周易》不只是卜筮之书，而是在神秘的卜筮外衣之下体现文王与周公“德义”思想的教化之书、参与治国理民的王者之书。

殷周之际的一个重大变化就是人文意识的觉醒，人的价值在人神关系中得以凸显，“人”在与“天”“神”的相对关系中逐步占据了更为重要的位置。周统治者所讲的“天命”是以“民心”为其内核的，《周易》古经所蕴涵的民本思想与周统治者所推崇的民本思想是一致的，《周易》古经的德治思想、民本思想是基，周人治国理政主体思想中的民本意识在《周易》的卦爻辞中多有体现：《中孚》卦、《革》卦等讲了“孚信于民”的意识，《困》卦、《需》卦、《蒙》卦和《家人》卦等蕴涵了小惩大诫，教民明耻的意识，《损》卦、《益》卦等讲述了损上益下，以利于民的意识，《谦》卦、《比》卦、《临》卦等讲述了履谦有终，亲比万民的思想等等。

《周易》古经成书于忧患多难之世，“是故其辞危”，忧患意识是中华传统文化中一个特有的道德价值观念、人文价值理想，最早、最鲜明也最集中地体现于《周易》古经之中。忧患意识，标志着一种根源于高度历史自觉的社会责任感和敢于承担人间危难的悲悯情怀，以及对未来之发展当秉持的戒惧敬畏之心。初爻，位一卦六爻之下，事之始也，与二爻相比，又有不中、无为、不利出行之象，六十四卦初爻之辞对忧患意识体现得最多。处忧患多难之世，可以“潜龙勿用”，可以远难待时，虽不可妄动，但亦不能消极逃避，《周易》乃王者之书，其中蕴涵着建国者、治国者的理想与策略,《周易》告诫人们处忧患之时要以修德为本,正如孔颖达所云:"六十四卦悉为修德防患之事。"[①]《周易》古经中"修德防患""进德修业"的思想,在诸卦九五爻之爻辞和《乾》之卦爻辞中得到了集中的体现,而《乾》卦六爻之时位更是描绘了一个完整的正心诚意、修德防患、进德修业的动态的发展变化过程。处忧患之世之时,"潜龙勿用"、远难待时、谨慎思虑、韬光养晦是权宜之计,进德修业、德治天下才是统治者终极之目的。

"以德配天"的思想,在西周时期占据了重要的政治地位,具有强烈的政治色彩,树立并维护了西周时期统治者的政治权威,是当时治国理民的主要指导思想。周人"以德配天"的思想在《周易》卦爻辞中有着充分的体现,《周易》古经德治思想的最高境界就是"以德配天",在《周易》古经的视野之下,具有"以德配天"精神和视野的人,践行"以德配位"之精神,因循天道,恪守自然规律,参赞天地之化育,以求"自天祐之,吉无不利"之境界。

《周易》古经与《易传》均有丰富的德治思想,但二者还是有明显的区别。《周易》古经中的德治思想重在具体的德治行为,以德治之术为主,《易传》中的德治思想则以"道"为主,重在建立宏大的德治之大"道"。以孔子为代表的儒家对《周易》古经的德性诠释是《易传》德治思想的核心内涵,从帛书《易传》的记载不难看出,孔子对"祝卜"与"德义"的先后关系问题的观点是很明确的,孔子把人文性的"德义"置于祈神的"祝卜"之前。与《周易》古经一样,民本思想同样也是《易传》德治思想的基础,《易传》认识到了民对于国家治理的重要性,《易传》认为重民、养民、保民、安民才能成就大业。《易传》认为民众应该受到敬畏,统治者在国家管理过程中当限制王权、反身修德、损上益下、谦对万民、德主刑辅。《易传》把养贤视为效法天道的必然之举,养贤意义重大,它关系到国家管理是否成功。与《周易》古经相比,《易传》的德治思想有了更为系统化的发展,而教化则是德治思想得以最终实现的最重要的实践过程。"易与天地准","穷理尽性以至于命",《易传》指导人们了解天道,使人的行为遵循天道的规范,以天地之大德为最高追求来规范与提高人们的道德境界,同时也是德治思想所要遵循的最根本的依据,"天人合一"是《易传》德治思想的终极追求。

德治思想的突出特征之一就是其极强的实践性。

春秋时期在孔子眼中是"礼崩乐坏""天下无道"的时代。春秋战国时期诸

---

① (魏)王弼注,(晋)韩康伯注,(唐)孔颖达疏,于天宝点校:《宋本周易注疏》,中华书局2018年版,第458页。

子百家纷纷探索治世救世之路，拨乱反正、安邦定国是春秋战国时期诸子百家的共同追求，儒家也希望找到有效之策来挽救“礼崩乐坏”的现实和恢复正常的社会秩序。《易传》接续《周易》古经，继续讲忧患治国之道，《易传》视忧患意识为立国长久的重要政治智慧。只是《易传》的语言风格与《周易》古经已经有了明显的差异，孔子及其后学的使命感、紧迫感蕴涵在《易传》的德治思想之中，相对于《周易》古经卦爻辞中德治思想的危而隐，《易传》德治思想的表达是直抒胸臆的，《易传》旗帜鲜明地提出了“卫国以德”的立国之策。西周王朝被儒家描绘为礼乐文明昌盛的理想时代，儒家以继承和弘扬周之礼乐文化为己任，对“天”的主宰亦即道德之义尤为关注，这在《易传》中更是深有体现。《易传》本着推天道以立人道的“天人合一”这一基本理论基础，研究与探索治国安邦之道、治乱兴衰的社会政治规律，而《易传》也反复强调其理论体系的履践性如“成务”“大业”“吉凶”等，也就是《系辞传》所云：“是故圣人以通天下之志，以定天下之业，以断天下之疑。”[①]这实际上就是指易学在实现国家与社会政治理想方面的具体实践，而且《易传》的实践性要求是高于儒家其他典籍的。孔子及其弟子周游列国游说诸侯，以“克己复礼”为己任，推行其以德治思想为核心的治国方略。虽然各路诸侯无一真正信服与实践，使得儒家德治思想、治国方略在春秋战国时期没有真正实践，但儒家的探索使德治思想更为完备与系统，这为西汉时儒家德治思想真正服务和实践于治国理民做好了坚实的准备。《易传》所构建的天人关系及对德治思想之探索为历代王朝治国理政提供了与时俱进的、因势乘便的理论支持。

汉代易学与《易传》有着极其紧密的关系，《易传》是汉代易学的主要思想基础与理论依据，汉代易学的主流是以“卦气说”为核心的象数易学。汉代易学的一个重要特征就是其与政治密切结合，汉代易学与政治的结合体现出易学服务于国家治理的极强实践性。易学既明天道又切人事，汉代易学与政治的结合体现在四个方面。一是参与了汉代新的统治秩序的构建。汉武帝时期，大一统的政治局面基本形成，与这种局面相适应的统治思想呼之欲出，汉代将五经列为官方认可的大经大法，实际上开启了最高统治者“与士大夫共治天下”的新的政治运行模式。二是支持天人感应、阴阳灾变的神道设教体系的建立。天人之际、阴阳灾变学说最积极的意义在于士大夫阶层可借助“天意”来限制君权、匡救时弊。而《周易》象数易学与阴阳灾变学说合流，作为解释“天意”理论强有力

① （清）李道平撰，潘雨廷点校：《周易集解纂疏》，中华书局1994年版，第596页。

的支持，重塑了新时代的政治伦理道德思想体系，这种蕴涵着丰富德治思想的政治伦理道德思想，以“天意”的名义履践德治思想，对统治者修德标准也提出了明确的要求，神道设教不仅仅是对民众的教化，更重视对统治阶级的警示。三是即使在东汉末年之黑暗统治时期，易学仍不放弃对理想政治制度的追求与探索。东汉末年是圣君贤臣匮乏的真空时代，经学则成为统治阶级欺世盗名、谋取私利的工具，如此黑暗环境下注经派象数易学的鼎盛发展证明易学对理想政治制度追求与探索的坚持。东汉易学家尊崇易学圣贤的思想，致力于对《周易》经传文本的整理和文辞的注释，探究《周易》经传的原始本义，力图重现先王、圣贤的易学思想及其治世之用。四是本于天道的德治思想体系的构建与完善。汉代易学的天人之学承继于《易传》“天人合一”的思想体系并继续发扬光大，使易学“天人合一”的思想体系更臻于完善，此与汉代独尊儒术之确立不无关系，也与两汉的政治需要相适应。“天人合一”、天人和谐有序是《易传》德治思想实践的终极目标。

弘扬易学是宋代儒学复兴运动的主要组成部分。在历朝历代中，宋朝集中了最多的儒臣，宋儒排斥佛老的“全身苟圣”“弃道而忘天下国家”的风气，追求以天下为己任的担当精神和“以忧患之心，思忧患之故”的人文情怀。大多数的宋代易学名家同时还有另外一个身份，即治国理政的实际参与者、实践者，他们亦儒亦吏，范仲淹、欧阳修、司马光、程颐和苏轼等是主要代表。宋代易学家们致力于构建一个基于内圣外王思想的实现王道之治的治国理政架构，易学的本质就是要开示开物成务之道，以程颐为代表的宋代易学家认为实现经世外王的王道之治包括三个重要因素：君圣、臣贤与典法。在致力于妥善解决内圣与外王的关系问题上，宋代的易学家各有偏重，李觏、欧阳修和司马光重外王轻内圣，苏轼则偏重内圣轻外王，周敦颐和邵雍虽致力于内圣与外王的有机统一但没有实现真正的贯通。周敦颐是宋代易学从“达用”转到“明体”的关键人物。二程集邵雍、张载和周敦颐等学者的探索成果之大成，致力于对“明体达用”的进一步探索，致力于追求理与事的结合，其易学思想的核心归结为“体用一源，显微无间”。北宋五子中，程颐长期置身于政治旋涡的中心，其一生经历了仁宗、英宗、神宗、哲宗和徽宗五朝，对理想与现实的矛盾自然有着切身的体会。以程颐为代表的宋代易学家们对内圣外王理想治世模式的追求是执着的，对“博施于民而能济众”的外王事业是坚持不懈的，对经世外王之路的探索是深入的，对君主无意圣王、臣僚互为朋党的残酷现实是无奈和忧患的。实践上的磨难阻止不了宋儒们致力于构建一个内圣与外王体用相依的完整的思想体系,明体者崇德,达用者广业,在易学德治思想体系的构建上,宋代易学家致力于从进德到修业、从内圣到外王的真正贯通。宋代易学家对《周易》经传德治实践的探索达到了先秦以后诸朝之顶峰,相对于汉唐对《周易》经世致用的看重,宋代易学家们更致力于阐发天人性命的贯通,更看重内圣与外王的统一。

夏、商、周三代,文化一脉相承,有损益有维新,"德"的概念在传承中不断维新。历朝历代自周开创的维新传统没有断绝,各朝各代皆力图将三代开创的文化传统与本朝实际相结合,着意于既有传承又创造适合当世的新文化,在文化传承与维新的过程中一直维系的核心思想就是德治。周人将"德"确定为构建政权合法性的核心要素和政权转换之根本依据,从而奠定了德治思想的基础,此思想传至后世,绵延不绝,并历久弥新。儒家思想体系的总追求是以达于德为中心,儒家德治思想体系肇始于《周易》古经和周初先王,完善于《易传》等儒家典籍,弘扬于历代儒家。本于天道的内圣外王是儒家德治思想体系的实践性归宿,内圣外王与《易传》所推崇的进德修业、自强不息、厚德载物是一脉相承的。内圣、进德、厚德载物是本于天道的形上的道德追求,外王、修业、自强不息是在道德追求指引下的德治实践。肇始于易学的儒家德治思想的内涵应该包括三个层次的组成部分:遵循天道的以人为本的伦理道德作为政治的基础;自强不息、厚德载物、修齐治平、以民为本、德主刑辅、富民安人等则是具体的德治知行合一之实践;而教化则是德治思想得以实现的最重要的实践过程,既包括了进德与内圣的过程,也包括了修业与外王的过程。

德治思想及其实践也不可避免地存有其局限性,历朝历代统治者出于不同的统治目的,其德治思想的具体实践各有不同,《史记》中对当时朝廷提倡的儒术,常用一个"饰"字来描述,指出儒术在很多状态下仅仅用作专制政治的装饰。也有统治者存在"泛道德化"的倾向,认为道德可以解决一切问题,还有一种倾向是从德治走向了人治。德治思想及其实践局限性的原因既包括儒家自身的因素也包括后世统治者的因素。从儒家来说,后世儒家可能是认识到了先秦儒家的教训,即春秋战国时期没有一个诸侯国真正地实践过儒家的德治思想,出于生存与发展的需要,后世儒家重新处理了儒家与统治者的关系,即从先秦儒家的劝谏统治者发展到后世儒家的顺应统治者。如果走向了人治,则德治的实践就会过多地依赖最高管理者之"德",如果最高管理者不贤无德,那德治思想的真正实践是不可能完成的。从维系社会、治国理民的角度来看,道德教化不是德治的全部，德治与法治也不是并行的、互不干涉的两套体系，德治与法治同为政治的两翼，二者是互为支撑、相辅相成的，都是通过规范人们的行为规范来调整社会关系、维持社会秩序、维护国家治理。当然，德治在国家治理体系中的地位、德治与法治的关系、德治思想的内涵是与时俱进的，对德治思想内涵的探讨是永远具有价值而且是永无止境的。

第一章 “德”与殷周之际王权合法性的构建

本章旨在探究《周易》古经形成时期即殷周剧变之际的人文语境，通过对《周易》古经形成时期人文语境的分析，探究出德治思想形成的内在推动力与外在需求力。

武王继承文王之志，完成了“小邦周”对“大邑商”的消灭，但周人面对的形势是极其严峻的。周人不仅要面对殷商遗民和东夷之族思想上的反叛，而且还要面对周人内部的重重矛盾，这都影响到了周政权的稳定性。对国家治理的忧虑丝毫不亚于伐纣的革命，这也必然导致周人得天下之初的治国理民的主线就是“忧患”，殷周之际的社会剧烈变革和社会动荡，激发了周初统治者深切的忧患意识。忧患意识标志着一种根源于高度历史自觉的社会责任感和对人间危难敢于担当的悲悯情怀，正如《易传》所云：“作《易》者，其有忧患乎。”[①]“《易》之兴也，其当殷之末世，周之盛德邪，当文王与纣之事邪。是故其辞危。危者使平，易者使倾。”[②]对未来之发展当以戒惧之心谨慎思虑的忧患意识，自此成为中华民族一直坚守的传统美德之一，是中华传统文化中特有的道德价值观念，也是中华民族历经几千年而不绝的内在动力。

周在克商之前，是殷商册封的一个西隅方国，虽然周以“政治上革命”获取了政权，但殷商遗民对周人一直有文化上的优越感。在殷商遗民看来，周人仅仅是凭武力得天下，并没有掌握治理天下的文德，因此他们对新政权的合法性及其管理国家的能力提出质疑与挑战，在某种程度上说，周人还无法从思想上驾驭殷商遗民。周初的殷商遗民、部分周人及其军事同盟，坚持认为王权来自天命，认为周仅仅是凭借武力取得天下，并非来自天命，周之政权在某种意义上

① （清）李道平撰，潘雨廷点校：《周易集解纂疏》，中华书局1994年版，第660页。

② （清）李道平撰，潘雨廷点校：《周易集解纂疏》，中华书局1994年版，第677～678页。

是不合法的。因此，政权的合法性是周人必须要解决的问题，周以武力克商成功，当然渴望名正言顺地成为道德和政治上的继承者。面对殷周之际中国政治与文化之巨大变革的复杂局势，周承殷制是必然的解决之道之一，周王室利用当时尚在发育的中国文化的一切方面来声称自己取代商朝的合法性，例如宫廷的语言、仪礼、官制、商周共同的文化标准以及意识形态基础等，周人还分封殷商遗民并引殷人史官入周，世代供职、服务于周王朝。

周人还将自己的先王塑造和神化为德治的楷模、王道政治的典范，后世以先王为最高理想人格，以先王治理之世为完美的理想社会并成为后世国家治理的最高追求，“先王”也成为治世的最高尺度。周人在夺取天下的过程中，循序渐进地将至上神与祖先区别对待，周人祖先在祭祀以及管理国家事务中的地位和作用一步一步地突显出来，周人对祖先的崇拜循序渐进地超过了对“神”的崇敬。当然，这不可避免地存在着周人“神化始祖”的可能性。而周人这样做的目的就是为周取代殷寻找合法性的依据，而寻找依据的方向则落实在先王的“德”上。周人“先王”在“德”上的突出性一步一步地显现出来，这就为周人取代殷商做好了理论上的准备，即以“德”为核心的天命转移观念成为西周代商的理论基础。

周初以及克商前的险恶形势和周人对历史的深刻总结加速了德治理论化、系统化的完成。相比于殷人对于“德”肤浅和朴素的认识，周人已经认识到政权合法性的核心集中在两个方面：一个是至高无上的天，一个是人间的“德”。天与“德”不是互相背离的，而是紧密地联系在一起的，天与德在这一方面是统一的。周人关于政权合法性思想的最伟大之处在于“天命靡常”的提出，周人创造性地提出了“天命靡常”思想，并将天命转移的枢纽系于“德”，即天命并非一成不变地保佑与维护统治者已有的政权，而是会依据统治者的“德”进行取舍转移，也就是说“皇天无亲，惟德是辅”[①]。周人很聪明地用“德”的兴废存亡解释了夏商周三代政权的更替，“德”是决定政权兴替的核心因素。上帝授天命于有德之人，先王因德而受有天命，并将天命传至后世。效法先王的道德示范或实践行为，除了被后世统治者用以对民众进行道德教化，以达到建立和维持社会秩序的目的以外，也会对后世的统治者起到约束与警诫的作用，故天命不是恒常不变的，有德者才可以有天命有王权。周渴望名正言顺地成为道德和政治上的继承者，法先王之说将“德”“治”“天命”巧妙而合理地结合在了一起。宗庙祭祀

① 王世舜、王翠叶译注：《尚书》，中华书局 2012 年版，第 462 页。

先王也进而成为历代统治者确认自己权力渊源的重要方式，历朝历代皆力图在三代开创的制度法规与本朝的政治实践相结合的基础上，既继承先王之治世经典，又开创出与时俱进的“今典”。

殷周之际，神道思想已成强弩之末，人道思想跃跃然欲兴，周文化在继承与发展商文化的过程之中，更突出了“人”的价值，从“因顺自然”过渡到“天人合一”，并且天人和谐的最高境界体现在品德之上，即“与天地合其德”。历朝历代自周开创的维新传统没有断绝，一直维系的核心思想就是德治，而德治的形式与外衣也是各个朝代各有特色。历朝历代追求继承三代精神，并视三代精神为最高之境界。历朝历代，维新之路不绝，德治思想指导下的治国实践继承与开新并举，开创于三代的德治思想不断传承，绵延不绝，历久弥新。

“天命靡常”，即政权的合法性与正当性的获得不是一劳永逸的，天命也不是永久不变的，这个合法性与正当性是动态的，需要不断地证明与维护，要巩固王权，要获得天命长久之眷顾，唯一的办法就落在修德与保民上，亦即“惟德是辅”。保民思想，是周人最重要的德治思想之实践。保民的目的是延续政权的稳定性与长期性。保民的主要措施是“明德慎罚”，“明德”包括两个方面，君德与行德政。“天命靡常”在一定程度上解释了周对政权合法性的认识，即天只授命于有德之人，所以统治者本身的道德修养即“君德”有两方面的影响，一是影响政权的合法性问题，二是统治者的垂教与示范问题，所以说君德是行德政的前提。所谓的行德政就是以“德”教化万民，施惠万民，“皇天无亲，惟德是辅；民心无常，惟惠之怀”[①]。敬德是确保政权的合法性，保民则是致力于维护政权的持久性。

德治思想始于西周之前，殷商也并非无德之朝，但德治思想在周朝的地位达到了空前的高度，周人对德的重视，应该是基于对殷周革命的反思，基于对周初政治形态的忧患。夏商周三代，文化一脉相承，有损益有维新，而其中最重要的一点是在朝代变化的革命中，“德”的概念在传承中不断维新。历朝历代自周开创的维新传统没有断绝，各朝各代皆力图将三代开创的文化传统与本朝实际相结合，既有传承，又着意于创造适合当世的新文化，而一直维系的核心思想就是德治，当然德治的形式与外衣也是各个朝代各有特色。周人创造性地将“德”确定为“天命靡常”的根本原因，且将其突出为政权合法性的核心要素，“德”被视为“天命靡常”、政权转换的根本依据，德治思想的基础因而得以奠定，德治思

① 王世舜、王翠叶译注：《尚书》，中华书局 2012 年版，第 462 页。

想不断传承,绵延不绝,历久弥新。

一、“政治上革命,文化上维新”,周对殷商的继承与发展

许多历史学家认为,中国古代是在基本上没有改变氏族结构的情况下进入文明社会的,政治制度架构保留了氏族社会的许多特点,三代以来一脉相传。这就是说,文明的政治和文化发展是有连续性的,这是中华文明成为“连续性文明”的历史基础。① 这种进入文明的社会的转变方式有人称为古代的维新制度,即维新不是断裂式的革命,而是包容性的改良、连续性的变化和发展。②

周在克商之前,是受殷商册封的一个西隅方国,周虽然以“政治上革命”获取政权,但殷商遗民对周人一直有文化上的优越感,殷商遗民看来,周人仅仅是凭武力得天下,并没有掌握治理天下的文德,对新政权的合法性及其管理国家的能力提出质疑与挑战,周人无法从思想上驾驭殷商遗民。政权的合法性是周人迫切需要解决的问题,周人的解决之道即是在“政治上革命”的基础上施行“文化上维新”,周人的具体解决之道即是法先王、周承殷制和存亡继绝等,而这一系列解决之道无不围绕着“德”这个核心来进行。

法先王之说致力于帮助统治者解决政权来源的合法性问题,先王被塑造和神化为德治的楷模、王道政治伦理典范,后世以先王为最高理想人格,以先王治理之世为完美的理想社会并成为后世国家治理之最高追求,“先王”也成为治世的最高尺度。上帝授天命于有德之人,先王因德而受有天命,并将天命传至后世。效法先王的道德示范或实践行为,除了被后世统治者用以对民众进行道德教化,以达到建立和维持社会秩序的目的之外,也会对后世的统治者起到约束与警诫的作用,故天命不是恒常不变的,有德者才可以有天命有王权。周渴望名正言顺地成为道德和政治上的继承者,因此法先王之说将“德”“治”“天命”巧妙而合理地结合在了一起。

周王室除了从法先王的角度确立其政权合法性,还利用当时尚在发育的中国文化的一切方面来声称自己取代商朝的合法性,例如宫廷的语言、仪礼、官制、商周共同的文化标准以及意识形态基础等,周人还分封殷商遗民并引殷人史官入周,世代供职、服务于周王朝。面对殷周之际中国政治与文化巨大变革

① 参见陈来:《中华文明的核心价值》,生活·读书·新知三联书店2015年版,第50页。

② 参见侯外庐:《中国思想通史》第1卷,人民出版社1992年版,第8~9页。

的复杂局势，周承殷制是必然的解决之道之一。

“存亡继绝”是利于维护统治秩序的政治行为，如《论语·尧曰》所云“兴灭国，继绝世，举逸民，天下之民归心焉”[①]。宗庙祭祀先王是历代统治者确认自己权力渊源的重要方式，对祖先的祭祀始终是政治行事中非常重要的事情，包括祭祀在内的一切重大的政治活动都是在宗庙中实行，通过隆重的祭祀仪式，在宗庙祭祀中，念述祖先之盛德，以达到维持精神团结、政治团结之目的。“存亡继绝”，传承与维护的核心是“德”，如叔孙豹之言，永远不变不灭的“德”“功”“言”三者才可谓之不朽，正可谓“盛德必百世祀”[②]。

“圣王之治世，不离仁义。故有改制之名，无变道之实。上自黄帝，下及三王，莫不明德教，谨庠序，崇仁义，立教化。此百世不易之道也。”[③]殷周之际，神道思想已成强弩之末，人道思想跃跃然欲兴，周文化在继承与发展商文化的过程之中，更突出了“人”的价值，从“因顺自然”过渡到“天人合一”，并且天人和谐的最高境界体现在品德之上，即“与天地合其德”。

（一）法先王

先王是中国古代史上一个独特的存在，先王往往被神化为德治的楷模，后世以先王为最高理想人格，以先王之世为完美的理想社会。先王的道德示范或实践行为，往往被后世统治者用来对民众进行道德教化，以达到建立和维持社会秩序的目的，效法先王的追求也会对时任的统治者起到约束与警诫的作用。儒家就是主张效法尧、舜及夏、商、周三代圣王，孔子“祖述尧舜，宪章文武”，孟子“言必称尧舜”。荀子自称“法后王”，但其所指的“后王”主要指夏禹、商汤、周文王这些“三代”帝王。《尚书·梓材》也记载了效法先王而行德治的萌芽思想：“先王既勤用明德，怀为夹，庶邦享作，兄弟方来。亦既用明德，后式典集，庶邦丕享。皇天既付中国民越厥疆土于先王，肆王惟德用，和怿先后为迷民，用怿先王受命。”[④]“先王”是儒家塑造的王道政治伦理典范。[⑤] 儒家通过“法先王”为政治合法性设置了两重门槛：一是神圣合法性，亦即“天命”合法性；二是德性合

① 杨伯峻：《论语译注》，中华书局 2015 年版，第 301 页。

② 参见郭丹、程小青、李彬源译注：《左传》，中华书局 2012 年版，第 1712 页。

③ （汉）桑弘羊撰，王利器校注：《盐铁论校注》，中华书局 1985 年版，第 292 页。

④ 王世舜、王翠叶译注：《尚书》，中华书局 2012 年版，第 213 页。

⑤ 参见俞荣根：《法先王：儒家王道政治合法性伦理》，《孔子研究》2013 年第 1 期。

法性。[①]

效法先王在商、周时影响极大，但两个朝代在法先王的思想上有着明显的差异。在商人心目中至上神与祖先是同等重要的、没有多大差异。到了西周初年，周之统治者将至上神与祖先明确区别对待。西周统治者认为，尧、舜、禹、汤、文武、周公所创制的纲常圣典则是体现天意的圣人之道，后世当遵循，不可随意变更与背离。秉德而守之，则天佑；失德而背离之，则天谴。所以有“率由典常”的要求。《尚书》中反映“率由典常”思想的记载颇多，如“慎乃服命，率由典常”[②]（《尚书·微子之命》）；“越天棐忱，尔时罔敢易法”[③]（《尚书·大诰》）；“勿替敬，典听朕告”[④]（《尚书·康诰》）；“其惟王勿以小民淫用非彝”[⑤]（《尚书·召诰》）；“率乃祖文王之彝训”，“无作聪明乱旧章”[⑥]（《尚书·蔡仲之命》）。

商朝与周朝时期对于祖先和至上神不同的对待在《诗经》也有反映，《诗经》中的《商颂》和《周颂》反映了当时的祭祀制度。《商颂》中反映的商人对“神”的强烈敬畏和崇拜与《周颂》中反映的周人对先王的崇拜与敬仰形成了鲜明的对比。贯穿《周颂》三十一篇的主题是对周历代先王丰功伟绩与德性的歌颂与赞美，而对“神”的提及相比于《商颂》则明显减弱，周人对祖先的崇拜远远超过了对“神”的崇敬。当然，这不可避免地存在着周人“神化始祖”的可能性。而周人这样做的目的可能就是为周之代殷、周之政权的取得寻找合法性的依据，并进而强化其政治权力起源的合法性与神圣性。

与法先王相关的还有一个追尊先王的问题。《史记·周本纪》记载：“追尊古公为太王，公季为王季：盖王瑞自太王兴。”[⑦]《史记·秦始皇本纪》亦有秦始皇“追尊庄襄王为太上皇”[⑧]的记载。殷人也以祖先崇拜的方式加强其政权的合法性，《诗经·商颂·玄鸟》：“天命玄鸟，降而生商，宅殷土茫茫。”[⑨]《史记·殷本

① 参见俞荣根：《法先王：儒家王道政治合法性伦理》，《孔子研究》2013年第1期。

② 王世舜、王翠叶译注：《尚书》，中华书局2012年版，第457页。

③ 王世舜、王翠叶译注：《尚书》，中华书局2012年版，第176页。

④ 王世舜、王翠叶译注：《尚书》，中华书局2012年版，第195页。

⑤ 王世舜、王翠叶译注：《尚书》，中华书局2012年版，第226页。

⑥ 王世舜、王翠叶译注：《尚书》，中华书局2012年版，第461、462页。

⑦ （汉）司马迁撰，（宋）裴骃集解，（唐）司马贞索隐，（唐）张守节正义：《周本纪》，《史记》卷四，中华书局1982年版，第119页。

⑧ （汉）司马迁撰，（宋）裴骃集解，（唐）司马贞索隐，（唐）张守节正义：《秦始皇本纪》，《史记》卷六，中华书局1982年版，第236页。

⑨ 高亨：《诗经今注》，上海古籍出版社2009年版，第527页。

纪》记载了殷人始祖契降生的神话："殷契，母曰简狄，有娀氏之女，为帝喾次妃。三人行浴，见玄鸟堕其卵，简狄取吞之，因孕，生契。"[①]追尊先王的目的也是通过对祖先功绩的肯定来确保其权力来源的正当性、合法性与神圣性。

荀子在主张"法先王"的同时，也提出了"法后王"之说，而且此说在先秦思想史和中国传统思想史上影响较大。但关于其"后王"之具体含义，争论颇多，其中有影响的大致有三种说法：一是认为"后王"系"当今之王""当时之王"或"近时之王"；二是认为"后王"即周文王、周武王，清人刘台拱最早提出此种论断，王念孙、冯友兰和郭沫若等也持此论断；三是以为"后王"是有位或无位的圣人王或素王，是一位虚悬的、期待中的、将来的王天下者，章太炎持此观点。《荀子·天论》篇曰："百王之无变，足以为道贯。"[②]《荀子·不苟》篇曰："百王之道，后王是也。"杨倞注曰："言后王之道与百王不殊。"[③]在荀子的眼中，历代帝王有一个一贯适用的原则，这个原则的大道没有太大的根本性的变化，"足以为道贯"。

法先王之说致力于帮助统治者解决政权来源的合法性问题。先王被塑造和神化为德治的楷模、王道政治的伦理典范，后世以先王为最高理想人格，以先王治理之世为完美的理想社会，"先王"成为后世国家治理之最高追求，也成为治世的最高尺度，法先王之说将"德""治""天命"巧妙而合理地结合在了一起。

（二）周承殷制

关于周文化的来源，见解不一。邹衡先生认为："先周文化的形成是由多种文化因素相互融合的过程。这些文化因素的主要组成部分有：(1)来自以殷墟为代表的商文化；(2)从山西一带的光社文化中分化出来的姬周文化；(3)来自甘、青地区的辛店、寺洼文化的姜炎文化。"[④]亦有学者认为，周族文化匮之，直到周初，作册、祭司等职多用殷人，因此推测周原甲骨刻辞的作者亦"出自殷人"。[⑤]美国学者牟复礼先生认为："商朝所取得的众多成就直接滋育了中国文明在周

---

① (汉)司马迁撰，(宋)裴骃集解，(唐)司马贞索隐，(唐)张守节正义：《殷本纪》，《史记》卷三，中华书局1982年版，第96页。

② 梁启雄：《荀子简释》，中华书局1983年版，第230页。

③ 梁启雄：《荀子简释》，中华书局1983年版，第31页。

④ 邹衡：《论先周文化》，《夏商周考古学论文集》，文物出版社1980年版，第353页。

⑤ 参见徐中舒：《周原甲骨初论》，《四川大学学报丛刊》第十辑《古文字研究论文集》，四川人民出版社1982年版。

朝九百年的国祚间臻于成熟。”①以上诸论均认为周文化来源并非单一，而且认定周文化来源与商文化相关，部分学者也坚持认为，周王朝灭商之后，继承了殷商文化的遗绪，“从文化上看，他们属于殷商的一系”②。

殷商时期，周本是西隅小邦，也是受了殷商册封的一个方国。周也是一个后起的民族，从后稷算后，约十五世，而商从成汤到纣则有三十一世。所以说，周民族的文化较商低应该是正常现象。中国历史上改朝换代的常例就是文化较低的民族(野蛮民族)征服文化较高的民族，文化较低的民族获得政权后再学习模仿文化较高的民族，周获得政权后承继商的文化制度，应该是顺理成章的事情，所以其思想文化应该与殷商相去不远。

刘雨等学者探讨过“周承殷制”的问题，在《西周金文中的祭祖礼》一文中，刘雨指出：

> 早在文武创业时，已有意利用殷人礼仪。……周初几乎全盘继承了殷人祭祖礼仪的名称，但周人并非照搬硬套，他们在运用时是有所改造的。……十七种殷周同名的祭祖礼，大多盛行于穆王以前，这反映出僻居西隅的周人入主中原后，面对在文化上大大高于自己的殷遗民，在很长一段时间内采取大量袭用殷礼的政策，并利用殷遗民中的知识阶层为其服务。穆王以后，周政权稳定下来，才逐步形成自己的礼仪系统。③

李亚农先生提出了周人克商后曾任用殷人史官的观点，在其《西周与东周》一书中，李亚农先生指出：

> 我们知道，周族入主中原的时候，他们还是目不识丁的野蛮民族。一切文化工作，都得由殷旧贵族来帮忙，作册、御史一类的史官，全由殷人独占。西周金文中记录下来的史官，无一不是殷人。作册令和他的儿子大，可以作为这种任务的代表。在西周从事于文化工作的职务的，似乎都是世袭。令的职务是作册，他的儿子大的职务也是作册。④

1976年陕西扶风庄白一号窖藏出土了微史家族数代贵族的青铜器。殷人

---

① [美]牟复礼：《中国思想之渊源》，王重阳译，北京大学出版社2016年版，第30页。

② 张光直：《殷周关系再检讨》，《中国青铜器时代》，生活·读书·新知三联书店1983年版，第105页。

③ 刘雨：《西周金文中的祭祖礼》，《考古学报》1989年第4期。

④ 李亚农：《西周与东周》，上海人民出版社1956年版，第106页。

史官世代供职于周王朝及其诸侯国，对于周人史书撰述形式有很深远的影响，这在春秋时期鲁国的史书《春秋》及综合各国史书编纂而成的《左传》中仍有所体现。①

应公鼎1989年出土于河南平顶山应国墓地八号墓，河南文物考古研究所2007年初公布该器材料。② 应公鼎铭文只有16字，但其中出现周武王的日名。对于此发现，刘源先生认为："西周早、中期，甚至晚期，周人贵族都曾仿照殷人使用日名，这种行为可以看作西周早期周人贵族继承殷人文化制度的一个缩影。"③张懋镕先生也指出：

> 周人使用殷人的日名形式，主要在成康之时。……在武王灭商之后，周人依然受到殷商文化的影响，或甚于灭商之前。……所以成康时期是殷周文化相互影响、交流、融合最快的时期。④

孔子论及周礼，每每与周公相联系。《论语·为政》载孔子语："周因于殷礼，所损益，可知也。"⑤《论语·八佾》也说："周监于二代，郁郁乎文哉！吾从周。"⑥孔子说的损益殷礼，"监于二代"的不是别人，正是周公。⑦

牟复礼先生认为，周在灭商之前是商朝的属国(border feudatory)，在文化和政治上都是商的臣民。当周夺取了世界的中心(就当时所能了解的地域范围而言)后，它热切地期望继承掌控这个独立文明之中心的权力。周渴望名正言顺地成为道德和政治上的继承者，而不是徒以戎武为胜的蛮夷。周人对此深信不疑，在其文化宣传(cultural propaganda)上，它强调商周两朝的祖先同根同源，都渊源于一个高度神化了的先祖，从那里分出商周两支王族的谱系。周王室比商高明的是，他们利用当时尚在发育的中国文化的一切方面来声称自己取代商朝的合法性，例如宫廷的语言、仪礼、官制、商周共同的文化标准以及意识形态基础等等，周通过一种跟欧洲的封建制似是而非的分封关系达到了这个目的。⑧

---

① 参见吴丽娱主编，刘雨著：《礼与中国古代社会》，中国社会科学出版社2016年版，第111页。

② 参见河南省文物考古研究所、平顶山市文物管理局：《河南平顶山应国墓地八号墓发掘简报》，《华夏考古》2007年第1期。

③ 吴丽娱主编，刘雨著：《礼与中国古代社会》，中国社会科学出版社2016年版，第106页。

④ 张懋镕：《再论"周人不用日名说"》，《文博》2009年第3期。

⑤ 杨伯峻：《论语译注》，中华书局2015年版，第30页。

⑥ 杨伯峻：《论语译注》，中华书局2015年版，第41页。

⑦ 参见金景芳：《中国奴隶社会史》，上海人民出版社1983年版，第122～123页。

⑧ 参见[美]牟复礼：《中国思想之渊源》，王重阳译，北京大学出版社2016年版，第32页。

周文化并非单一来源，但周文化之主体继承自殷商文化当无太大异议。殷商时期，周是受殷商册封的一个西隅方国，这必然导致其思想文化应该与殷商相去不远；儒家视周公为“制礼作乐”的典范，周礼则是在因袭了夏殷两代之礼的基础之上产生的；殷商遗民对周人一直有文化上的优越感，在殷商遗民看来，周人仅仅是凭武力得天下，并没有掌握治理天下的文德，对新政权的合法性及其管理国家的能力提出质疑与挑战，在某种程度上说周人无法从思想上驾驭殷商遗民，周人的解决之道即是分封殷商遗民并引殷人史官入周，世代供职、服务于周王朝。综上所述，虽然中国政治与文化之急剧变革莫过于殷周之际，但周承殷制当无太大疑问。

(三)盛德必百世祀

战国时期及以前，拥立已经灭亡的国家的后裔复兴该国，被称为“存亡继绝”，“存亡继绝”是那个时期理想的统治者要求的政治行为。《论语·尧曰》有云“兴灭国，继绝世，举逸民，天下之民归心焉”[①]；《礼记·中庸》亦云：“继绝世，举废国，治乱持危，朝聘以时，厚往而薄来，所以怀诸侯也。”[②]

《史记·卫康叔世家》记载了周武王灭殷后存亡继绝的行为。殷王朝从汤开始，到第三十一代纣王灭亡，历经六百二十九年。周灭殷后，周武王曾分封纣子武庚，武王“以殷余民封纣子武庚禄父，比诸侯，以奉其先祀勿绝”[③]，后因武庚叛乱而诛杀之。《史记·周本纪》则记载：“武王追思先圣王，乃褒封神农之后于焦，黄帝之后于祝，帝尧之后于蓟，帝舜之后于陈，大禹之后于杞。”[④]《逸周书·作雒》及《史记·宋微子世家》载“武王克殷，乃立王子禄父，俾守商祀”[⑤]，“周公既承成王命诛武庚，杀管叔，放蔡叔，乃命微子开代殷后，奉其先祀，作微子之命以申之，国于宋”[⑥]。《史记·宋微子世家》还记载，微子启“仁贤”，“故殷

① 杨伯峻：《论语译注》，中华书局 2015 年版，第 301 页。

② 胡平生、张萌译注：《礼记》，中华书局 2017 年版，第 1024 页。

③ (汉)司马迁撰，(宋)裴骃集解，(唐)司马贞索隐，(唐)张守节正义：《卫康叔世家》，《史记》卷三十七，中华书局 1982 年版，第 1589 页。

④ (汉)司马迁撰，(宋)裴骃集解，(唐)司马贞索隐，(唐)张守节正义：《周本纪》，《史记》卷四，中华书局 1982 年版，第 127 页。

⑤ 黄怀信、张懋镕、田旭东撰，黄怀信修订，李学勤审定：《逸周书汇校集注》(修订本)，上海古籍出版社 2007 年版，第 510 页。

⑥ (汉)司马迁撰，(宋)裴骃集解，(唐)司马贞索隐，(唐)张守节正义：《宋微子世家》，《史记》卷三十八，中华书局 1982 年版，第 1621 页。

之余民甚戴爱之”[1]。殷商遗民被封于宋，对稳定周初的统治秩序、稳定殷商遗民情绪起到很大作用。宋国度过春秋时代，到宋王偃被齐国灭，持续三十四代，历七百八十年。汤王以前的祖先能确切追溯到上甲微，或七代到王亥后。如果把汤王以前看作是夏朝时期，那么殷族在那个时代至少拥立过六代君主。所以殷族的历史，从上甲微到战国时期的宋王偃为止，夏朝时期有六位君主，约二百年；殷朝时期共三十一位王，历六百三十年；周朝时期共三十四位君主，历七百八十年；合计七十一代，绵绵延续几乎达一千六百一十年之久。

张光直在《中国青铜器时代》中指出，夏商周三代不能仅看作相继兴起与灭亡的三个王朝，实际上是三个政治集团经历了三个王朝，互相关联、互相依存；三代王朝的交替只不过是三个政治集团势力相互消长的结果而已。也就是说，夏商周三代虽然经历了王朝的交替，但是各个族却是并存的。

《左传·昭公八年》云："盛德必百世祀。虞之世数未也。"[2]这两个"世"字，日本学者高木智见认为都是指一个世代。高木智见先生通过对"世"字繁体字附加偏旁的分析，解明了"世"字本来所具有的三个意思。第一类，强调的是"世"字的本义即树木叶子。第二类意味着通过数代的延续而创造出的生命的谱系，即血缘连锁继承的整个过程。第三类意味着生命谱系中的一个片段，即一个世代。[3] 关于"世"的其他记载，譬如《国语·周语下》云："昔孔甲（第十三代夏王）乱夏，四世而陨；玄王（殷始祖契）勤商（奠定商王朝基础），十有四世而兴。帝甲乱之，七世而陨。后稷勤周（奠定周王朝基础），十有五世而兴。幽王乱之，十有四世矣。"[4]

《左传·文公二年》云："祀，国之大事也。"[5]《礼记·祭统》云："凡治人之道，莫急于礼；礼有五经，莫重于祭。"[6]祭祀祖先是国之大事，对祖先的祭祀始终是西周政治行事中非常重要的事情，包括祭祀在内的一切重大的政治活动通常是在宗庙中进行。祭祀祖先的宗庙是世界的中心，《吕氏春秋》有"古之王者，择天

① (汉)司马迁撰，(宋)裴骃集解，(唐)司马贞索隐，(唐)张守节正义：《宋微子世家》，《史记》卷三十八，中华书局 1982 年版，第 1621 页。

② 郭丹、程小青、李彬源译注：《左传》，中华书局 2012 年版，第 1712 页。

③ 参见[日]高木智见：《先秦社会与思想：试论中国文化的核心》，何晓毅译，上海古籍出版社 2011 年版，第 73 页。

④ 陈桐生译注：《国语》，中华书局 2013 年版，第 152 页。

⑤ 郭丹、程小青、李彬源译注：《左传》，中华书局 2012 年版，第 587 页。

⑥ 胡平生、张萌译注：《礼记》，中华书局 2017 年版，第 926 页。

下之中而立国，择国之中而立宫，择宫之中而立庙”[①]之记载。祭祀祖先的宗庙是极其重要的设施，所有重大的仪式都在此举行，营造国都的时候，建设祭祀祖先的宗庙是重于一切的事项。《韩非子·解老》有以“宗庙不灭之谓‘祭祀不绝’”[②]的记载。对于在宗庙中祭祀的重要意义，徐复观先生认为“是要使大家在祭祀与宗庙中，保持住宗法的‘本支百世’的感觉，以维持精神团结、政治团结的意识”[③]。

“存亡继绝”是利于维护统治秩序的政治行为，而欲至于春秋万代，需要有保民之德政。祭祀祖先始终是政治活动中非常重要的事情，包括祭祀在内的一切重大的政治活动通常是在宗庙中庄重举行，祭祀之隆重仪式，是要使大家在祭祀中念述祖先之盛德，以维持精神团结、政治团结之意识。“存亡继绝”，传承与维护的核心是“德”，如叔孙豹之言，永远不变不灭的“德”“功”“言”三者才可谓之不朽[④]（《左传·襄公二十四年》），正可谓“盛德必百世祀”。

二、商周人神关系的演变与周初的人文觉醒

（一）巫觋政治

《国语·楚语》有一段话，观射父对楚昭王（公元前515～489年在位）说，古代民神不杂乱，民众中生来就有神秘能力的人可以通神，男的叫觋，女的叫巫，他们中间懂得各种知识（如山川之号、高祖之主、宗庙之事、昭穆之世、齐敬之勤、礼节之宜、威仪之则、容貌之崇、忠信之质、禋洁之服）的叫作“祝”，懂得各种仪式规范的（如时令、牺牲、玉帛、采服、彝器、位置、次序、坛场、神名、姓氏）的叫作“宗”，渐渐地在这些文化人中形成了种种“各司其序”的官员，由他们负责降神，而民众就渐渐习惯于听从他们所传达的神的旨意，这样神灵能够有灵验也能够有德行（神是以有明德），而民众则不再参与神灵世界，只是对神灵信任而且忠诚（民神异业，敬而不渎），于是整个秩序非常安定。[⑤]

这段记载讲远古之时，人与天神的沟通交流被巫觋掌握，即所谓通天者“在

---

① 许维遹撰，梁运华整理：《吕氏春秋集释》，中华书局2016年版，第400页。

② 高华平、王齐洲、张三夕译注：《韩非子》，中华书局2015年版，第218页。

③ 徐复观：《两汉思想史》（一），九州出版社2014年版，第33页。

④ 参见郭丹、程小青、李彬源译注：《左传》，中华书局2012年版，第1328页。

⑤ 参见陈桐生译注：《国语》，中华书局2013年版，第620～626页。

男曰觋，在女曰巫”。在古文献中注疏家解释巫是“接事鬼神之人”[①]（见《周易·巽》孔颖达疏），即是神与人之间的“中介人”。

古代的“巫”字即两个“工”字以直角交叉重叠，“工”即古代的“矩”，原始的“巫”即操“矩”测天地者。[②]“巫”“史”分工略有不同，《礼记·礼运》中记载大祭祀时“王前巫而后史”[③]。在某种意义上，“巫”与“史”又难以做严格的区分，甲骨文中，“卜人”常称为“作册”“史”，他们占卜之前要把问题刻在甲骨上，占卜之后常常要把结果刻在甲骨上，所以常常既是“巫”又是“史”。《周礼·太祝》记载太祝的主要职责为，掌六祝（各种祝祷之法）、辨六号（神祇与祭祀的名称）、掌六祈（祈祷呼号）、作六辞（一曰祠、二曰命、三曰诰、四曰会、五曰祷、六曰诔），“作六辞”其实也是文字性的事务，与“史”也近。[④]《国语·楚语》中观射父说到，“祝”要懂得“山川之号、高祖之主、宗庙之事、昭穆之世、齐敬之勤、礼节之宜、威仪之则、容貌之崇、忠信之质、禋洁之服”[⑤]等等；而“巫觋”则为“精爽不携贰者，而又能齐肃衷正，其智能上下比义，其圣能光远宣朗，其明能光照之，其聪能听彻之”[⑥]。可以说，巫就是当时的知识分子，他们创造并垄断了当时“最先进”的文化成果。同时，巫与世俗政权相结合，共荣共治，利用、分享并加强了对国家与人民的统治权。[⑦]

“巫”“史”“祝”可以说是中国有文字传世以来最早的知识人与思想者，负责沟通天地神人，也是代王行使神权的人。其职能应该是双重的，一方面用祭祀仪式沟通神界，用占卜方法传达神的旨意，一方面将占卜结果和人的愿望记载下来，印证神的旨意并传之后世。巫觋政治为远古政治之特色，而其中最突出的是“巫”“史”“祝”对人神沟通权力的垄断，凭附一人以宣达天意，政治完全隶属于宗教。巫觋掌管了祭祀活动、卜筮活动，垄断了人与神之间相互沟通、对话的权力。这个时期的国家管理也可以算是一定程度上的政教合一。

但到了颛顼时代，出现一个重大的改变，《国语·楚语》载：“乃命南正重司

① （魏）王弼注，（晋）韩康伯注，（唐）孔颖达疏，于天宝点校：《宋本周易注疏》，中华书局2018年版，第343页。

② 参见李学勤：《论含山凌家滩玉龟、玉版》，《中国文化》1992年第1期。

③ 胡平生、张萌译注：《礼记》，中华书局2017年版，第436页。

④ 参见徐正英、常佩雨译注：《周礼》，中华书局2014年版，第527～538页。

⑤ 陈桐生译注：《国语》，中华书局2013年版，第621页。

⑥ 陈桐生译注：《国语》，中华书局2013年版，第621页。

⑦ 参见逄金一：《中国风尚史·先秦卷》，山东友谊出版社2015年版，第78页。

天以属神，命火正黎司地以属民，使复旧常，无相侵渎，是谓绝地天通。”[①]《尚书·吕刑》也谓：“(瑞项)乃命重黎绝地天通，罔有降格。”[②]逄金一先生说：“颛顼时代正处于早期国家的形成过程中，世俗的权力正在趋向集中。‘绝地天通’意味着在世俗权力与巫的斗争中，前者获得了胜利。在‘绝地天通’之前，通天以及祭祀上帝是巫之事，而在这之后，世俗首领禁止巫再通天，同时任命南正重‘司天’，命火正黎‘司地’，祭祀天、地的权力为其所垄断。”“也就是说，把天地之间的通达之事‘收归国有’了。”[③]

也就是说，自此开始，王把控了与“天”沟通的渠道，掌握了“通天”的权力，承负天的意志与责任，拥有神秘的力量。王与天沟通时是通过祭祀、占卜进行的，祭祀的进行还需要“巫”“史”“祝”来完成。“巫”“史”“祝”从人与神沟通的垄断者变为王与神沟通的具体执行者了，巫觋文化也进而发展为祭祀文化，与祭祀文化相关的祭祀礼仪则衍生出维护国家与社会秩序的整个规范体系“礼”，巫觋的使命进而逐渐转变为从事服务王权的政治活动。

(二)商人的鬼神观

《礼记·表记》记载：“殷人尊神，率民以事神，先鬼而后礼，先罚而后赏，尊而不亲。”[④]甲骨卜辞则是对这个记载最好的证据，甲骨卜辞就是祭祀时祈祷和占卜后的记录。甲骨学创建者董作宾根据他参与并主持的殷墟十五次发掘中十三次有甲骨的情形，认为出土的甲骨主要是当时殷代王室有意保存或埋藏的祭祀文档。

> 综合来说，十年发掘给我们的经验，对于甲骨文字在殷墟地下情形，可得而言的是以下四种：第一种是“存储”。存，是有意的保存着；储，是有意的储藏起来。……如果不是殷代王室加意保存着所有占卜用过的神迹，把它储藏起来，就不会有今天的甲骨学。[⑤]

卜辞中有关于上帝对自然现象的主宰。“贞，帝令雨足年。”(《殷虚书契前

① 陈桐生译注：《国语》，中华书局2013年版，第623页。

② 王世舜、王翠叶译注：《尚书》，中华书局2012年版，第320页。

③ 逄金一：《中国风尚史·先秦卷》，山东友谊出版社2015年版，第78页。

④ 胡平生、张萌译注：《礼记》，中华书局2017年版，第1056页。

⑤ 董作宾：《甲骨学六十年》，《董作宾先生文集》乙编第5册，(台北)艺文印书馆1977年版，第43～44页。

编》1.50.1)“贞，今三月帝令多雨。”(《殷虚书契前编》3.19.6)“羽(翌)癸卯帝其令风——羽(翌)癸卯帝不令风?”(《殷虚文字乙编》2452,3094)

卜辞中有关于上帝对人间事物的主宰。如征伐:“甲辰卜，争贞，我伐马方，帝受我又(佑)? 一月。”(《殷虚文字乙编》5048)如畋猎:“戊戌王卜，贞，田戈，往来无灾。”(《殷虚书契前编》2.28.7)如生产:“我受黍年? 二月。”(《殷虚书契前编》1.37.1)如建邑:“王乍(作)邑，帝若?”(《卜辞通纂》373)如灾害:“丑卜，贞，不雨。”(《龟甲兽骨文字》1.25.13)“帝其乍王囚(祸)。”(《殷虚文字乙编》4861)

占卜的内容，有国之大事，商王盘庚迁殷就说是占卜后根据神的意志所采取的行动。除了国之大事，占卜的内容还包括商王做梦、牙疾、王室成员的疾病等，也就是说事事必须通过占卜来决断，从河南安阳殷墟出土的大量殷商晚期甲骨卜辞来看，商王问卜的事情范围相当具体而广泛。卜问的事情涉及风、雨、水、天象、农事、年成、征伐、田游、疾病、生育、筑城和官员任免，等等。可以说达到日日卜、事事卜的程度，凡事必占而后决。商王室敬事鬼神，认为占卜是“通神”的主要手段之一，卜中之兆、筮中之象都是天、鬼神的指示。因为事事占卜而后决断，所以商王颁布的一切“诏书”也都说成是神的意志，是人人必须遵守的最权威的指示。要是有人反对或不执行，就会按照神的指示来处罚。

按照陈梦家先生《殷虚卜辞综述》的研究，殷商时代上帝的权威与意志有善意与恶意两种，管理人间的事物，包括了年成、战争、作邑以及王的行动。在殷商卜辞中，“帝”渐渐有了诸神之神的权威意义，他可以“令雨”“令风”“降祸”“降食”“受又(佑)”“受年”“帝与邑”等等。而他又似乎高高在上，与先公先王没有血缘上的联系，是一种超越了社会与人间的自然之神。而当时对于祖先祭祀对象的确定，则是以有功泽遗利于后嗣民众为准绳，对于祖宗的祭祀原则，则是所谓的“祖有功而宗有德”(《孔子家语·庙制》)。

“帝”和祖先神一起影响与主宰着人间生活的一切，商王室统治者们“率民以事神”，民众对此深信而不疑。“率民以事神”，商王们通过几乎天天都进行的祭祀、事事都进行的占卜等活动，通过鬼神来统一人们的思想、纲纪天下，巩固王室的统治地位，维护商王朝的王权统治。

(三)从卜与筮的差异看商周人神关系的变化

殷周时期，卜筮本身是法度礼仪的组成部分，是崇敬天地之道的礼仪程序，是直接为君王服务的，进而具备了天然的神秘性、神圣性与权威性。卜筮的目的是探求鬼神的意旨，观察祸福的征兆。卜与筮都是人与神沟通的途径、工具或方法，人借卜筮与鬼神、与天相通。《说苑·修文篇》："神灵者，天地之本，而为万物之始也。"[①]《说文解字》："天神，引出万物者也。"[②]卜中之兆，筮中之象，都是鬼神所示，也就是天之所示。《系辞传》曰："此所以成变化而行鬼神者也。""成变化"就是成天地之变化，"行鬼神"就是行鬼神之命，行天之命。

龟甲和蓍草是卜与筮的主要工具，因为古人视龟和蓍为灵物、神物，有所谓"蓍神龟灵"之说。《礼记·曲礼》疏引刘向曰："蓍之言耆，龟之言久。龟千岁而灵，蓍百年而神，以其长久，故能辨吉凶也。"[③]《史记·五帝本纪》有"推策迎日"之说，有注释说"神策者，神蓍也"[④]。言黄帝用蓍草推算历法，预知节气和日辰，所以称之为"推策迎日"。蓍与龟在神道思想之下，均被以"天生神物"视之，《系辞传上》云："探赜索隐，钩深致远，以定天下之吉凶，成天下之娓娓者，莫善乎蓍龟。是故天生神物，圣人则之。"[⑤]

卜与筮存在着诸多不同。从出现和应用的时间上来看，卜早于筮。迄今出土的甲骨文中，"卜"字常见，但并未见筮术的痕迹，"筮""蓍""卦"三字亦均未见。卜用龟，筮用蓍。龟甲早期用于卜，或是因为其上圆下方的形象，在古人心目中是天地之象，这是其独特的先天条件，所以，龟甲更容易被视为"天生神物"，作为"天生神物"的龟甲用于交通人与天地鬼神的卜法在当时是理想的选择。

卜法的论断是简洁明了的，卜的方法是先灼龟得兆，然后根据兆象则可立判吉凶。《周礼·春官·大卜》所言三兆之体："皆百有二十，其颂皆千有二百。"[⑥]区分不同的兆象，事先确定好何为吉、凶。颂则是事先规定好了的利、不利、得、不得等断语。易筮则不然，其论断吉凶是动态的，不完全取决于卦爻辞，要根据卦爻象上的道理，要根据问占者的立场及所问事情的性质作综合判断。灼龟生兆是天然的过程，人力基本无可参与，演蓍占断则渗透了更多人为参与的因素。

---

① (汉)刘向撰，向宗鲁校证：《说苑校证》，中华书局1987年版，第476页。

② (清)段玉裁撰：《说文解字注》，中华书局2013年版，第3页。

③ 黄晖：《论衡校释》，中华书局2017年版，第1160页。

④ (汉)司马迁撰，(宋)裴骃集解，(唐)司马贞索隐，(唐)张守节正义：《五帝本纪》，《史记》卷一，中华书局1982年版，第8页。

⑤ (清)李道平撰，潘雨廷点校：《周易集解纂疏》，中华书局1994年版，第604页。

⑥ 徐正英、常佩雨译注：《周礼》，中华书局2014年版，第513页。

有学者认为筮由卜来，文王演易时仿效过卜，卦爻辞是仿颂而作。卜与筮在殷商之前，当皆已有相当长的历史。卜在殷商后期特盛，筮则大兴于殷末周初之际。

清初学者王夫之在分析龟卜、蓍筮同异时说："大衍五十，而用四十有九，分二挂一，归奇过揲，审七、八、九、六之变以求肖乎理，人谋也。分而为二，多寡成于无心不测之神，鬼谋也……若龟之见兆，但有鬼谋而无人谋。"[①]（《周易内传·卷六上》）龟卜凭其兆象断吉凶，只有"鬼谋"而无"人谋"。蓍筮按照一定的法则求得卦象，此为"人谋"；任意分而为二，多寡成于无心，乃"鬼谋"也。诚如《系辞传上》中所言"人谋鬼谋，百姓与能"[②]。

龟卜以钻龟取象，其裂痕是自然形成的。相对于卜，蓍筮以揲蓍求卦，人参与和涉及的因素要复杂得多，龟卜纯粹出于自然，蓍筮则多了人的推算，判断卦的吉与凶受客观要素和主观要素的影响。对吉凶的解读要根据卦爻象上的道理，要根据卦爻辞的启示，还要根据占问者的立场以及所占事情的性质做出综合判断，更要根据主筮人（即占断者或卜史）的能力与识见。卦爻象的吉凶只是客观标准，在具体事情上的吉凶判断同样受主观因素的影响，卦象之吉凶，因时因地因事而不同，不能视某卦必吉，某卦必凶。卜与筮虽同为神道思想下的产物，卜只有鬼谋而无人谋；而筮中则神权与人智参半，既有鬼谋又有人谋。

《洪范》是纣之遗臣箕子于武王得国后向武王陈述的一篇治国安民之策。箕子提出了"洪范九畴"，其中的第七畴"明用稽疑"如下：

> 七、稽疑：择建立卜筮人，乃命卜筮：曰雨，曰霁，曰蒙，曰驿，曰克，曰贞，曰悔，凡七。卜五，占用二，衍忒。立时人作卜筮，三人占，则从二人之言。汝则有大疑，谋及乃心，谋及卿士，谋及庶民，谋及卜筮。汝则从、龟从、筮从、卿士从、庶民从，是谓之大同。身其康强，子孙其逢吉。汝则从、龟从、筮从、卿士逆、庶民逆，吉。卿士从、龟从、筮从、汝则逆、庶民逆，吉。庶民从、龟从、筮从、汝则逆、卿士逆，吉。汝则从、龟从、筮逆、卿士逆、庶民逆，作内吉，作外凶。龟筮共违于人，用静吉，用作凶。[③]

郭沫若先生在其《中国古代社会研究》一书中，将以上内容做成图表，便于

① （清）王夫之撰，李一忻点校：《周易内传》，九州出版社2004年版，第335页。

② （清）李道平撰，潘雨廷点校：《周易集解纂疏》，中华书局1994年版，第682页。

③ 王世舜、王翠叶译注：《尚书》，中华书局2012年版，第153页。

分析与观览。刘源先生也根据上述内容作表如下：

表 1-1 《尚书·洪范》龟筮从逆表[①]

序号	王	卿士	庶民	龟	筮	吉凶
一	从	从	从	从	从	大同
二	从	逆	逆	从	从	吉
三	逆	从	逆	从	从	吉
四	逆	逆	从	从	从	吉
五	从	逆	逆	从	逆	作内吉，作外凶
六	从	从	从	逆	逆	用静吉，用作凶

这个表是那个时代天人关系很好的写照与反映。王有重要疑难之时，在自己思考之外，不但要征询群臣（卿士）和民众（庶民）的意愿，更要通过卜筮探知天命神意。而表中的五种情形最突出的一点是反映了神意的高度权威性与王对神意的遵从性。第三种情形，虽不合王心，但卜筮吉，那事情仍然可行。第五种情形，王既无臣、民之支持，又是卜从筮逆，可见神意并不完全支持。在这种情况下，如所卜之事为祭祀、冠、婚等诸如此类之内部事务，尚属可行；如所卜是征伐等对外行动，则绝不可为，即所谓“作内吉，作外凶”。第六种情形，卜筮均逆于王、臣、民之意，人意与神意完全相悖，在此种情况下只能遵从神意，即“用静吉，用作凶”。

但高怀民先生根据此段记载，认为可以看出“神道的权力在衰退”，似乎不妥。他认为：“这里面决疑条件有五，卜与筮只占后二，前三个是：乃心、卿士与庶人。‘乃心’是自己内心的决定，‘卿士’是大臣们的意见，‘庶人’是人民的意见，这三项都是理智的决定，显然神道的权力在衰退，人智的力量在兴起。”并据此认为：“我们只要想一想商代卜法下那种一切听命于鬼神的情形，与此作一比照，便知道周初这一部分史料在时代思想的转变上是多么的重要了。”[②]高怀民先生因为卜与筮被置于决疑的五个条件的最后两个，便认为可以体现卜与筮在决疑过程中地位的降低、神道权力的衰退，似乎讲不过去。统治者遇到大事之

① 吴丽娱主编，刘源撰：《礼与中国古代社会·西周章》，中国社会科学出版社 2016 年版，第 113 页。
② 高怀民：《先秦易学史》，广西师范大学出版社 2007 年版，第 148 页。

时，自己所作的思考与判断，称之为“谋及乃心”；“谋及卿士”则是指与大臣卿士们商议；“谋及庶民”则是指向黎民百姓征询建议。人谋的时候，谋自己，谋卿士，谋人民，这是一个重要性逐步提高的过程，不是逐步降低的过程，当人谋也即人的能力范围无法决疑的时候，最后“卜以决疑”，求问于鬼神，最终还是要通过龟卜与蓍筮与鬼神进行沟通，这应该体现了卜筮之重，神道思想之重。而其中龟、筮共违于人，“用静吉，用作凶”之论，更能体现了人们对神意的绝对信仰与服从。而将此段文字视作体现周人时代思想的重要转变也似乎不妥，这段文字毕竟来自纣之遗臣，认为它体现了殷人思想似乎更为妥帖，相对于周人，殷人对鬼神更加信仰与服从。殷商时代是神道思想鼎盛的朝代，是一个非理性的神学信仰弥漫的时代，这一点可以从甲骨卜辞中得到证明，人们对卜所示，毫无犹豫，唯有听命行事，包括王在内的所有人的力量、价值与作用隐而未彰，一切听命于神，成为时代的主旋律。

到了殷商末期，殷纣则有了“慢于鬼神”的行为。神道思想在人们心目中已生动摇，殷纣之逆天暴物、“慢于鬼神”，不完全是殷纣个人之行为，应是神道思想趋衰的表征。到了周兴，虽表面上仍然打着天地鬼神的招牌，实际上人们心中对鬼神信仰的热忱，已大不如殷人之强烈。

关于商、周二代人神关系的不同，《礼记·表记篇》有一段话记载了孔子关于夏、商、周对神的不同态度：“夏道尊命，事鬼敬神而远之”，“殷人尊神，率民以事神”，“周人尊礼尚施，事鬼敬神而远之”。①

夏人与周人同为“事鬼敬神而远之”，夏、周二代的差别在于夏人“尊命”，周人“尊礼尚施”。夏代，神道思想萌芽初兴，夏人自然尊天命而行事；周代，神道思想趋衰，周人对鬼神信仰的热忱已不如殷人之强烈，人智萌生，人的地位逐渐上升，武王对会师于孟津的诸侯们说：“惟天地万物父母，惟人万物之灵。”②周初之礼法制度也渐趋成熟，所以周人“尊礼尚施”。殷代为神道思想之鼎盛时期，当时天神、地祇、人鬼的地位是至高无上的，甲骨卜辞中也多有相关记载，所以殷人“率民以事神”。只是到了殷代末期，神道思想的地位渐趋动摇，特别是殷纣的逆天暴物加剧了神道思想的衰落，到了周代神道思想仍兴但已不如殷之强烈，人道思想开始萌芽并趋强。所以，夏、商、周三代历经神道思想由初兴而盛转而渐衰的过程。

---

① 胡平生、张萌译注：《礼记》，中华书局 2017 年版，第 1056 页。

② 王世舜、王翠叶译注：《尚书》，中华书局 2012 年版，第 429 页。

前文探讨过法先王的问题，殷周两个朝代在法先王的思想上有着明显的差异。在商人心目中至上神与祖先是同等重要的，没有多大的差异。张光直先生说：“我们不妨进一步地假说：上帝的观念是抽象，而个别的子姓祖先代表其实质。换言之，在商人的世界观里，神的世界与祖先的世界之间的差别，几乎微到不足道程度。”[①]也就是说殷商时期神与先王共同管理着人间事务。

商朝与周朝时期对于祖先和至上神的不同对待在《诗经》中也有反映，《诗经》中的《商颂》和《周颂》反映了当时的祭祀制度。《商颂》中反映的商人对“神”的强烈敬畏和崇拜与《周颂》中反映的周人对先王的崇拜与敬仰形成了鲜明的对比。贯穿《周颂》三十一篇的主题是对周历代先王丰功伟绩与德性的歌颂与赞美，而对“神”的提及相比于《商颂》则明显减弱，周人对祖先的崇拜远远超过了对“神”的崇敬。当然，这不可避免地存在着周人“神化始祖”的可能性。而周人这样做的目的可能就是为周代殷、周之政权的取得寻找合法性的依据，而寻找依据的方向则落实在先王的“德”上。周人在夺取天下的过程中循序渐进地将至上神与祖先区别对待，周人祖先在祭祀以及管理国家事务中的作用一步一步地凸显出来，周人“先王”在“德”上的突出性也一步一步地显现出来，这就为周人取代殷商做好了理论上的准备，即以德为灵魂的天命转移观念成为西周代商的理论根据和时代精神。

三、“德”与殷周之际王权合法性的构建

“德”是一个早于“道”而出现的重要概念。迄今为止，在甲骨文中还没有发现“道”字，但“德”在甲骨文中已经出现了许多写法，其中《甲骨文字集释》收录了 15 种，《甲骨文编》则收录了 20 种。现在我们见到的最早的“道”字，出现在西周早期的《貉子卣》中。《金文诂林》收录了“道”的 9 种写法，《金文编》的收录同《金文诂林》。但“德”字就不同了，《金文诂林》和《金文编》所收“德”字的不同写法要远远多于“道”字。《金文诂林》收录了“德”的 23 种不同的写法，《金文编》收录的则高达 35 种之多。由此我们可以想见“德”在周人的社会生活中的重要位置。[②]

殷商神权至上的人文思想世界在殷周之际发生了剧变，周人在夺取天下的

---

① 张光直：《中国青铜时代》，生活·读书·新知三联书店 1983 年版，第 305 页。

② 参见孙熙国、肖雁：《“德”的本义及其伦理和哲学意蕴的确立》，《理论学刊》2012 年第 8 期。

过程中，循序渐进地将至上神与祖先区别对待，周人祖先在祭祀以及管理国家事务中的作用一步一步地凸显出来，周人“先王”在“德”上的突出性也一步一步地显现出来，这就为周人取代殷商做好了理论上的准备，即以“德”为灵魂的天命转移观念成为西周代商的理论根据和时代精神。以周公为代表的统治者开辟了一个全新的不同于殷商的新的人神关系与神学信仰，在王朝更迭的同时，思想文化领域发生了更具根本性意义和深远历史影响力的重大转型，并衍生出中国政治思想文化的一系列基本价值理念。

至少从周初开始，“德”在古人的思想世界中就开始占据核心的地位。但学者一般认为，包括《尧典》在内的尚书中的《虞夏书》部分基本上出自周人的叙述。果真如此的话，这部分中出现的“德”的观念也许是周人的想法在古代的投射。[①] 因此，我们应该深思周为什么如此重视“德”？

（一）殷商并非无德

在很多人的心目中，周乃至德之朝，而殷商乃无德之极。周人对商王朝的攻击主要集中于商纣身上，而攻击的要点集中于商纣失德。“德”在殷商时期已经是一个重要的概念，《尚书·盘庚》篇中有多处谈到“德”，如“非予自荒兹德”“予亦不敢动用非德”“式敷民德，永肩一身”等，而《盘庚》三篇是商朝遗文。虽然殷商时期“德”字还没有完全具备品德、道德修养的含义，但其初步的、质朴的道德之意已经具备。德字照字面上看来是从徝（古直字）从心，意思是把心思放端正。[②] 历史文献中不乏如商汤等诸多圣君和伊尹等诸多贤臣的修德、爱民的德政记载，殷商实际上也是重德之朝，德治思想也并非肇始于西周，而之所以出现殷商无德的认识，可能出于如下几个原因：殷商时期确实还没有足够认识到“德”对于王权合法性、王权持久性的重要性，殷人对于“德”在治国理政中的作用，其认识是比较肤浅和朴素的；殷人是失败者，周人是胜利者，周人作为胜利者为维护其统治秩序之需要，贬低殷人在所难免；文王、周公在儒家心目中是至高至大之形象，是儒家经典中的最高正面典型，周人及后世儒家对文王、周公的过度颂扬也是在所难免。商朝是否真如周人所宣扬的“无德”，确实需要理性认识。

---

① 参见王博：《中国儒学史》，北京大学出版社 2011 年版，第 11 页。

② 参见郭沫若：《先秦天道观之进展》，《青铜时代》，科学出版社 1957 年版，第 17 页。

1.从文献关于夏桀与商汤的记载看商人对“德”的认识

2000年公布的《夏商周断代工程1996～2000年阶段成果报告》，将夏王朝定为公元前2070年至公元前1600年；将商王朝定为公元前1600年至公元前1046年；将周王朝建立之年定在周武王伐商纣的公元前1046年，即周灭商之年。

夏王朝最后一个王，名桀。古文献多记载其为好色、无德、暴虐之君。《晏子春秋·内篇谏下》曰：

> 及夏之衰也，其王桀背弃德行，为璇室玉门。①

《国语·晋语一》曰：

> 昔夏桀伐有施，有施人以妹喜女焉，妹喜有宠，于是乎与伊尹比而亡夏。②

《史记·夏本纪》载：

> 自孔甲以来而诸侯多畔夏，桀不务德而武伤百姓，百姓弗堪。乃召汤而囚之夏台，已而释之。汤修德，诸侯皆归汤，汤遂率兵以伐夏桀，桀走鸣条，遂放而死。③

《史记·殷本纪》载：

> 汤征诸侯。葛伯不祀，汤始伐之。汤曰：“予有言：人视水见形，视民知治不。”伊尹曰：“明哉！言能听，道乃进。君国子民，为善者皆在王官。勉哉，勉哉！”④

《吕氏春秋·异用》载：

---

① 汤化译注：《晏子春秋》，中华书局2015年版，第130页。

② 陈桐生译注：《国语》，中华书局2013年版，第276页。

③ （汉）司马迁撰，（宋）裴骃集解，（唐）司马贞索隐，（唐）张守节正义：《夏本纪》，《史记》卷二，中华书局1982年版，第88页。

④ （汉）司马迁撰，（宋）裴骃集解，（唐）司马贞索隐，（唐）张守节正义：《夏本纪》，《史记》卷二，中华书局1982年版，第93页。

汤见祝网者，置四面，其祝曰："从天坠者，从地出者，从四方来者，皆离吾网。"汤曰："嘻！尽之矣。非桀其孰为此也？"汤收其三面，置其一面，更教祝曰："昔蛛蝥作网罟，今之人学纾。欲左者左，欲右者右，欲高者高，欲下者下，吾取其犯命者。"汉南之国闻之曰："汤之德及禽兽矣。"四十国归之。[①]

《淮南子·脩务训》载有：

汤夙兴夜寐，以致聪明，轻赋薄敛，以宽民氓；布德施惠，以振困穷；吊死问疾，以养孤孀。百姓亲附，政令流行。[②]

商汤建立商王朝之初期，连逢数年大旱，而商汤为民祈雨之言行更赢得民众爱戴，未见有夏之遗民抗商的记载。《吕氏春秋·顺民》对此有详细记载：

昔者汤克夏而正天下，天大旱，五年不收，汤乃以身祷于桑林，曰："余一人有罪，无及万夫。万夫有罪，在余一人。无以一人之不敏，使上帝鬼神伤民之命。"于是翦其发，鄜[历]其手，以身为牺牲，用祈福于上帝。民乃甚说，雨乃大至。则汤达乎鬼神之化，人事之传也。[③]

商汤讨伐夏桀之时曾有"讨伐檄文"，即《汤誓》，其中列举了夏桀的诸多罪行：不务德，对百姓暴虐，夺取百姓财产；挥霍享乐；自比为永不落的太阳，百姓则指着太阳咒骂等。历史文献关于商汤修德、爱民的记载，与夏桀的不务德、暴虐形成鲜明对比。其中或许存在商人在歌颂祖先汤的业绩时和讨伐夏桀之恶时的夸大成分，但这也正好说明商人也是重"德"的。

2.关于商之伊尹等贤臣的记载

伊尹为我国历史上最早的一代名相，《尚书》中《伊训》《太甲》《咸有一德》几篇都与其有关，他在商汤做夏伯时助汤灭夏，又在商初辅佐三代四王（汤、外丙、仲壬、太甲）。商汤在伊尹等人助力下将夏桀打败，商王朝建立后，伊尹行使右

---

① 许维遹撰，梁运华整理：《吕氏春秋集释》，中华书局 2016 年版，第 202 页。

② 陈广忠译注：《淮南子》，中华书局 2012 年版，第 1118 页。

③ 许维遹撰，梁运华整理：《吕氏春秋集释》，中华书局 2016 年版，第 171 页。

丞相之权,《孟子·万章上》谓“伊尹相汤以王于天下”①;《韩非子·难言》谓“上古有汤,至圣也;伊尹,至智也”②。孟世凯根据关于伊尹的卜辞记载,认为:“伊尹不仅是商王祭祀先臣之首,还被列入与先公、先王配祀,值得注意的是还与为商先公远祖的夒、凶、河等配祀。在商的先公远祖中的夒、河、岳、凶等都已经被视为能呼风唤雨的自然神。……可知伊尹在商王的心目中不仅是有功的先臣之首,而且还是能主宰风雨的神。”③

《尚书·君奭》谓:

> 公曰:“君奭,我闻在昔成汤既受命,时则有若伊尹,格于皇天。在太甲时,时则有若保衡。在太戊时,则有若伊陟、臣扈,格于上帝。巫咸乂王家。在祖乙时,则有若巫贤,在武丁时,则有若甘盘。率惟兹有陈保乂有殷,故殷礼陟配天,多历年所。天惟纯佑命则,商实百姓王人,罔不秉德明恤。小臣屏侯甸,矧咸奔走。惟兹惟德称,用乂厥辟,故一人有事于四方,若卜筮,罔不是孚。④

孟世凯先生将这段话做了大致翻译如下:

> 正是有了这些有道德的贤臣辅佐治理殷国,所以殷礼是能配天,殷王死后都能升至天国称后、称王。经过许多的年代,都得上天专一佑助,因此商朝的异姓和同姓的人们,没有不保持美德而贤明的,朝臣和诸侯们,全都奔走效力。也正是这些官吏们崇尚道德,以此来辅佐他们的国君,所以国君对天下四方颁布政令,就如同占卜、占筮一样,没有人不相信的。⑤

从以上记载可以看出,周公对殷商的这些贤臣也是肯定与认可的,周公在赞扬了商王朝的伊尹、保衡、伊陟、臣扈、巫贤、甘盘之后说了上述的话。周公还列举了殷商先王重视民众的事迹以供周吏们学习,如言殷王中宗“治民祗惧,不敢荒宁”,如言殷高宗“时旧劳于外,爰暨小人”,言殷王祖甲“旧为小民,作其即位,爰知小人之依,能保惠于庶民,不敢侮鳏寡”。

---

① 杨伯峻:《孟子译注》,中华书局 2010 年版,第 205 页。

② 高华平、王齐洲、张三夕译注:《韩非子》,中华书局 2015 年版,第 26 页。

③ 孟世凯:《商史与商代文明》,上海科学技术文献出版社 2012 年版,第 71 页。

④ 王世舜、王翠叶译注:《尚书》,中华书局 2012 年版,第 265 页。

⑤ 孟世凯:《商史与商代文明》,上海科学技术文献出版社 2016 年版,第 278 页。

对于伊尹、微子、箕子、比干等贤臣，经常会被孔子、孟子等儒者所称引和提及，并充满敬意，如《论语·微子》篇记载曰："微子去之，箕子为之奴，比干谏而死。孔子曰：'殷有三仁焉。'"①

从文献的记载看，殷商也是贤臣众多，殷商也是重德之朝代，但为什么后世大多以"殷商无德"来看待商朝呢？这值得我们重视与研究。

3.对"殷商无德"的理性认识

商、周立国之初，情形基本相同，均以德立国，商有辅政大臣伊尹，周则有辅政大臣周公来主持朝政。

夏桀与商纣的乱德之极，肯定有后人根据当时社会政治的需要而加工的成分。历史上的任何重大的事件都可以被后世之人根据当时的统治需要而进行加工，特别是夏、商、周三代，重大历史事件都是后世之人根据口耳相授得以流传的，这就为根据需要而加工提供了便利条件。对于一个朝代的灭亡，后世之人总是先从德的角度追究其灭亡的原因。在我国历史上，历代亡国之君都是要被后人骂的。亡国之前骂，是希望加速其灭亡的过程；亡国之后骂，是为尽快巩固新的政权。夏、商、周三代亡国之君均被后人所痛骂，他们三位也被后世史官以"桀""纣""幽"称之，而骂的角度和内容，首要的是"无德"。

所以，关于周人对商纣的骂，子贡就提出了自己的看法，认为商纣并不是如人们传说的那么恶与坏，《论语·子张》载："子贡曰：'纣之不善，不如是之甚也。是以君子恶居下流，天下之恶皆归焉。'"②

儒家的另一代表人物孟子，对商纣也非以暴虐评价之，《孟子·公孙丑上》有一段关于纣继位后的记载，其文称：

> 武丁朝诸侯，有天下，犹运之掌也。纣之去武丁未久也，其故家遗俗，流风善政，犹有存者；又有微子、微仲、王子比干、箕子、胶鬲，皆贤人也，相与辅相之，故久而后失之也。尺地，莫非其有也；一民，莫非其臣也；然而文王犹方百里起，是以难也。③

对此，郭沫若曾认为：

---

① 杨伯峻：《论语译注》，中华书局2015年版，第146页。
② 杨伯峻：《论语译注》，中华书局2015年版，第294页。
③ 杨伯峻：《孟子译注》，中华书局2010年版，第51页。

据古本《竹书纪年》，言“文丁杀季历”，大约是实在的事。自此以后殷、周遂成世仇，周文王蓄意报复，没有成功，到周武王的手里公然也就把仇报了。

但周武王之所以能够报仇雪恨把殷朝的王室颠覆了的，倒并不是因为殷纣王(帝辛)怎么暴虐，失掉了民心，而实在是有另外的一段历史因缘的。这段古史的真相也因卜辞的发现才得大白于世。①

而各种文献记载的殷纣暴行主要是殷纣执政后期伤民之举太多，不纳贤臣之谏，以至于失去民心，招致人民的反对。《孟子·滕文公下》载：

尧舜既没，圣人之道衰，暴君代作，坏宫室以为污池，民无所安息；弃田以为园囿，使民不得衣食。邪说暴行又作，园囿、污池、沛泽多而禽兽至。及纣之身，天下又大乱。②

《孟子·离娄上》载：

桀纣之失天下也，失其民也；失其民者，失其心也。③

周武王在克纣之前看到了商纣及其谄臣面临的众叛亲离的局面，克纣前发布誓言，历数殷纣之伤民罪行，据《史记·周本纪》载：

于是武王遍告诸侯曰：“殷有重罪，不可以不毕伐。”乃遵文王，遂率戎车三百乘，虎贲三千人，甲士四万五千人，以东伐纣。十一年十二月戊午，师毕渡盟津，诸侯咸会。……武王乃作《太誓》，告于众庶：“今殷王纣乃用其妇人之言，自绝于天，毁坏其三正，离逖其王父母弟，乃断弃其先祖之乐，乃为淫声，用变乱正声，怡说妇人。故今予发维共行天罚。勉哉夫子，不可再，不可三！”二月甲子昧爽，武王朝至于商郊牧野，乃誓。……誓已，诸侯兵会者四千乘，陈师牧野。帝纣闻武王来，亦发兵七十万人距武王。武王使师尚父与百夫致师，以大卒驰帝纣师。纣师虽众，皆无战之心，心欲武王亟入。纣师皆倒兵以战，以开武王。武王驰之，纣兵皆崩畔纣。纣走，反入

① 郭沫若：《十批判书》，人民出版社2012年版，第8页。
② 杨伯峻：《孟子译注》，中华书局2010年版，第141页。
③ 杨伯峻：《孟子译注》，中华书局2010年版，第156页。

登于鹿台之上，蒙衣其殊玉，自燔于火而死。①

而对于武王克纣之战，郭沫若先生认为：

殷末在帝乙、帝辛两代，曾长期和东南夷发生战争。据卜辞所载，帝乙十年及二十年屡次征讨夷方，地点不是在山东的齐与雇，便是在淮水流域的条与灊，和“渐居淮岱”的东南夷合拍，可知夷方即指东南夷。在帝辛的一代，《左传》也屡屡说到，说他“为黎之蒐而东夷叛之”（昭公四年），说他“克东夷而殒其身”（昭公十一年），说他“百克而卒无后”（宣公十二年）；可见帝辛继承父业，屡次用兵，终于是把东南夷平定了，故尔他能“有亿兆夷人”作他的“臣”（昭公二十四年）——就是奴隶。俘虏能有亿兆，战争可见猛烈，殷将士的损失也必定不在少数。就在这样的情形下边周人乘虚而入，殷纣王用俘虏兵对敌，卒致“前徒倒戈”，遭了失败。这便是殷、周之际的所谓征诛的实际。②

关于周人对商纣荒淫失德的记载，王玉哲先生分析说：“晚周人对商纣这些荒淫腐化生活传说，不见得都是实录。因纣为亡国之君，而周人又视之为仇敌。所以周人对其罪恶必言过其实，任意夸大，方能显示其征商为拯民伐罪。”③

太史公司马迁对商纣的记载还算公允，优劣均记载，并未一味否定，《史记·殷本纪》载：

帝纣资辨捷疾，闻见甚敏；材力过人，手格猛兽；知足以距谏，言足以饰非；矜人臣以能，高天下以声，以为皆出己之下。好酒淫乐，嬖于妇人。爱妲己，妲己之言是从。于是使师涓作新淫声，北里之舞，靡靡之乐。厚赋税以实鹿台之钱，而盈钜桥之粟。益收狗马奇物，充仞宫室。益广沙丘苑台，多取野兽蜚鸟置其中，慢于鬼神。大冣乐戏于沙丘，以酒为池，县肉为林，使男女倮相逐其间，为长夜之饮。④

---

① （汉）司马迁撰，（宋）裴骃集解，（唐）司马贞索隐，（唐）张守节正义：《周本纪》，《史记》卷四，中华书局 1982 年版，第 121～124 页。

② 郭沫若：《十批判书》，人民出版社 2012 年版，第 8 页。

③ 王玉哲：《中华远古史》，上海人民出版社 2000 年版，第 480 页。

④ （汉）司马迁撰，（宋）裴骃集解，（唐）司马贞索隐，（唐）张守节正义：《殷本纪》，《史记》卷三，中华书局 1982 年版，第 105 页。

对于古代君王来说，淫于酒色，应该算不上大罪。按照太史公的记载，商纣最大的罪应该是“慢于鬼神”。周势力渐强之时，贤臣祖伊恐周将有不利于商王朝之举，遂向商纣苦心劝谏防周，商纣却答复说“呜呼，我生不有命在天?”表面上看，殷纣此话看似笃信天命，但实际上将天命看作逞私欲的挡箭牌，《史记》记载他“知足以距谏，言足以饰非”，祖伊认为商纣已经得罪于天，遂说“纣不可以谏矣!”其他文献中亦有类似记载，《史记·周本纪》亦云：

尹佚策祝曰：“殷之末孙季纣，殄废先王明德，侮蔑神祇不祀，昏暴商邑百姓，其章显闻于天皇上帝。”①

《逸周书·克殷解》亦记载殷代末王“慢于鬼神”的罪行：

尹逸策曰：殷末孙受，德迷先成汤之明，侮灭神祇不祀，昏暴商邑百姓，其彰显闻于昊天上帝。②

《尚书·多士》篇曰：

在今后嗣王(指纣王)，诞罔显于天，矧曰其有听念。于先王勤家诞淫厥泆，罔顾于天显民祇。③

所以，殷纣对天地鬼神是缺乏礼敬与敬畏的。而殷纣的祖父武乙也有类似不尊天地鬼神的行为，《史记·殷本纪》记载：“帝武乙无道，为偶人，谓之天神。与之博，令人为行。天神不胜，乃僇辱之。为革囊，盛血，仰而射之，命曰射天。”④商王朝末期，商王对于实施四百余年的用甲骨占卜决断一切的做法开始产生怀疑，其反映在代王占卜言事的贞人上。贞人的变化，从有贞人卜辞的统计来看，武丁时期(第一期)的贞人有六十二位(含武丁晚期)。祖更、祖甲时期(第二期)有二十六位，其中跨期有四位。廪辛、康丁时期(第三期)有十四位，其中跨期二位。武乙、文丁时期(第四期)有五位。帝乙、帝辛时期(第五期)六

① (汉)司马迁撰，(宋)裴骃集解，(唐)司马贞索隐，(唐)张守节正义：《周本纪》，《史记》卷四，中华书局1982年版，第126页。

② 黄怀信、张懋镕、田旭东撰，黄怀信修订，李学勤审定：《逸周书汇校集注》(修订本)，上海古籍出版社2007年版，第354～355页。

③ 王世舜、王翠叶译注：《尚书》，中华书局2012年版，第246页。

④ (汉)司马迁撰，(宋)裴骃集解，(唐)司马贞索隐，(唐)张守节正义：《殷本纪》，《史记》卷三，中华书局1982年版，第104页。

位……这个统计数字说明商王朝神权与王权的变化。……既然是人创造的宗教就可以全信,半信,怀疑或不信。一个"率民以事神"的商王,对鬼神由深信不疑逐渐变成半信半疑。[①]

《泰誓》是周武王伐殷的誓词,其宣布的关于殷王的罪行可总结为四个方面:第一,不懂得天命无常,"乃曰吾有民有命";第二,"弗敬上天""弗事上帝神祇""荒怠弗敬",不能敬事上天;第三,"遗厥先宗庙弗祀""宗庙不享",不崇祀祖先;第四,"降灾下民""敢行暴虐""作威杀戮"。这四条归结起来就是"谓己有天命,谓敬不足行,谓祭无益,谓暴无伤"[②]。

综上所述,"慢于鬼神"或许是殷纣所谓最大的、真实的"罪行"。而殷纣的"慢于鬼神"行为,除了可能出于私欲作祟,也同时反映了时代思想的渐变,也即神道思想在开始走向衰落,殷纣的"慢于鬼神"行为隐然代表着一部分人心对天地鬼神的权力的怀疑。当然,虽然当时神道思想渐衰,但神道思想、天地鬼神的权力已深入人心很久,殷纣的"慢于鬼神"行为不可能不招致部分笃信神道思想的臣民反对,武王克商之时,殷纣之师的"皆倒兵以战""纣兵皆崩叛纣",殷商王朝顷刻间的土崩瓦解,应该与此有关。商王朝突然灭亡还有其军事布局上的原因,《左传·昭公十一年》载:"纣克东夷,而殒其身。"[③]纣讨伐东夷是为继承其父的行动,征服东夷完成对东南方的统一。将重兵用于对东夷的征服,则造成朝歌城的空虚,而周人及时抓住了这一契机,在一个上午就攻下朝歌城,迫使商纣自焚而死,于是商亡。所以商王朝灭亡的主要原因可能不全是周人所宣扬的殷纣"暴虐"。

在很多人的习惯性思维中,周乃至德之朝,而殷商乃无德之极。通过以上分析不难看出,殷商实际上也是重德之朝,德治思想也并非肇始于西周。而之所以出现殷商无德的认识,可能出于如下几个原因:殷商时期还没有足够认识到"德"对于王权合法性的重要性;殷人是失败者,周人是胜利者,周人作为胜利者为维护其统治秩序之需要,贬低殷人在所难免;文王、周公在儒家心目中是至高至大之形象,是儒家经典中的最高正面典型,周人及后世儒家对文王、周公的过度颂扬也是在所难免;后人为了某种目的将殷商灭亡的原因全归结于殷商无德且着意夸大了殷、周二代在制度、思想层面的差异,对扬周抑商的宣传确实起

① 参见李学勤主编,孟世凯著:《商史与商代文明》,上海科学技术文献出版社2012年版,第152页。

② 陈来:《中国早期政治哲学的三个主题》,《天津社会科学》2007年第2期。

③ 郭丹、程小青、李彬源译注:《左传》,中华书局2012年版,第1738页。

了推波助澜的作用。

(二)殷鉴与保民思想

“殷鉴”是周人在兴邦灭殷过程中对殷之所以灭、周之所以兴的历史教训的思考与总结。《尚书》主要记录三代的政事史料，总共28篇，其中《周书》有19篇。周人的“殷鉴”思想在《尚书》有多处记载可以体现。如“我不可不监于有夏，亦不可不监于有殷”[①](《尚书·召诰》)，“今惟殷坠厥命，我其可不大监?”[②](《尚书·酒诰》)“嗣王其监于兹!”[③](《尚书·无逸》)《史记·卫康叔世家》记载周之统治者到了封地之后，“必求殷之贤人君子长者，问其先殷所以兴，所以亡，而务爱民”[④]。殷周之际的社会剧烈变革和动荡，激发了周初统治者深切的忧患意识，探索天命转移和历史人事之间的内在关联进而探寻巩固政权之道是周初“殷鉴”思想的主要目的。

从现存《尚书·周书》来看，《多士》与《多方》是针对殷商遗民的训诫，《大诰》《康诰》《酒诰》《君奭》《梓材》则是针对周之诸侯和重臣的训导教化，《召诰》《无逸》《立政》是针对统治者的德政指南，《召诰》也系统总结了殷鉴思想。而周人的“殷鉴”思想主要体现在“敬德”。

《尚书·召诰》曰:“我不可不监于有夏，亦不可不监于有殷。我不敢知曰:有夏服天命，惟有历年。我不敢知曰:不其延，惟不敬厥德，乃早坠厥命。我不敢知曰:有殷受天命，惟有历年。我不敢知曰:不其延，惟不敬厥德，乃早坠厥命。”[⑤]周人将夏、殷灭亡的原因归结为“不敬厥德”。而周人则极力强调“敬德”的重要性，如《尚书·召诰》之“王其疾敬德”，“王敬作所，不可不敬德”[⑥];《尚书·无逸》之“皇自经德”[⑦];《尚书·君奭》之“其汝克敬德”，“罔不秉德明恤”[⑧];《尚书·多士》之“予一人惟听用德”[⑨]等等。周人以此告诉殷之遗民，敬德是关

---

① 王世舜、王翠叶译注:《尚书》，中华书局2012年版，第224页。

② 王世舜、王翠叶译注:《尚书》，中华书局2012年版，第205页。

③ 王世舜、王翠叶译注:《尚书》，中华书局2012年版，第261页。

④ (汉)司马迁撰，(宋)裴骃集解，(唐)司马贞索隐，(唐)张守节正义:《卫康叔世家》，《史记》卷三十七，中华书局1982年版，第1590页。

⑤ 王世舜、王翠叶译注:《尚书》，中华书局2012年版，第224页。

⑥ 王世舜、王翠叶译注:《尚书》，中华书局2012年版，第220、223页。

⑦ 王世舜、王翠叶译注:《尚书》，中华书局2012年版，第260页。

⑧ 王世舜、王翠叶译注:《尚书》，中华书局2012年版，第272、266页。

⑨ 王世舜、王翠叶译注:《尚书》，中华书局2012年版，第248页。

系到国家存亡的问题,殷纣虽自认为“有命在天”,但因为其荒淫暴政,不敬天、不敬德,从而上天“天命转移”至有德之周人。天命思想与敬德思想结合在一起,让殷之遗民认识到周政权的合法性,周人是奉上天旨意,像成汤代夏桀一样完成代殷大业。

周人的“敬德”主要体现在以下几个方面:第一,克己;第二,修身,周公提出“孝友”、“勤奋”、“无逸”、“恭敬”、“亶”(诚信)、“惠”、“宽”以及“高乃听”(《康诰》,指敬慎地对待自己的听闻,善于总结经验教训)等修德要求,“永观省”(《酒诰》,指经常观察、反省自己)等修德方法;第三,重民,“保民”,“显民”(《康诰》,指“光显”“尊崇”其民);第四,教化;第五,慎刑罚;“罚”必不可少,但必须谨慎对待,不可滥用;第六,力与德并重,文与武合一。《左传・襄公三十一年》引《逸周书》之文云:“《周书》数文王之德,曰:大国畏其力,小国怀其德。”[①]可见文王一手握德,一手操力,力与德并重,文与武合一。

其中保民思想是周人最重要的德治思想。保民的目的是延续政权的稳定性与长期性。保民的主要措施是“明德慎罚”。“明德”有两个方面——君德与行德政。“天命靡常”在一定程度上解释了周对政权合法性的认识,即天只授命给有德之人,所以统治者本身的道德修养即“君德”有两方面影响,一是影响政权合法性问题,二是统治者的垂范与示范问题,所以说君德是行德政的前提。所谓的行德政就是以“德”教化万民,施惠万民,即“皇天无亲,惟德是辅;民心无常,惟惠之怀”[②](《尚书・蔡仲之命》)。

周统治者认为“保民”是德治的重要组成部分,而且是基础所在。《尚书・康诰》说“用保乂民”,“若保赤子,惟民其康乂”[③];《尚书・梓材》说“子子孙孙永保民”[④];《尚书・无逸》说“怀保小民,惠鲜鳏寡”[⑤]。“保民”则需要体恤民意、善待民众,《尚书・康诰》说“天畏棐忱,民情大可见”[⑥];《尚书・大诰》说“天棐忱辞,其考我民”[⑦];《尚书・召诰》说“用顾畏于民碞”[⑧];《尚书・君奭》说“越

① 郭丹、程小青、李彬源译注:《左传》,中华书局2012年版,第1531页。
② 王世舜、王翠叶译注:《尚书》,中华书局2012年版,第462页。
③ 王世舜、王翠叶译注:《尚书》,中华书局2012年版,第182、186页。
④ 王世舜、王翠叶译注:《尚书》,中华书局2012年版,第214页。
⑤ 王世舜、王翠叶译注:《尚书》,中华书局2012年版,第257页。
⑥ 王世舜、王翠叶译注:《尚书》,中华书局2012年版,第184页。
⑦ 王世舜、王翠叶译注:《尚书》,中华书局2012年版,第173页。
⑧ 王世舜、王翠叶译注:《尚书》,中华书局2012年版,第222页。

我民罔尤违，惟人”[①]。《尚书·无逸》是根据《鲁世家》讲其为周公“恐成工壮，治有所淫佚”而作，《尚书·无逸》说“要知小人之依”，而且周公还列举了殷商先王重视民众的事迹以供周吏们学习，如言殷王中宗“治民祇惧，不敢荒宁”，言殷高宗“时旧劳于外，爰暨小人”，言殷王祖甲“作其即位，爰知小人之依，能保惠于庶民，不敢侮鳏寡”[②]。

周初的险恶形势和周人对历史的深刻总结加速了德治理论化、系统化的完成。

敬德是确保政权的合法性，保民则是致力于维护政权的长期性。周人的保民思想有两个支撑点：一是重视执政者的修身，即重视君德；二是慎罚。如《康诰》中的“用保乂民”“用康保民”，讲的是保民的问题；“无康好逸豫”指的是统治者不要贪图享乐与安逸；“惠不惠，懋不懋”反映的是要行教化；“敬明乃罚”指的是慎罚。《无逸》中“知稼穑之艰难”意为要怜小民；不可“盘于游田”指的是统治者要勤于政事。

为政者的特殊位置，决定其言行对民众的影响与示范作用是极大的，是榜样的作用，人君要做天下民众的表率。所以人君敬德需教育、引导、垂范民众。《尚书·召诰》说：“其惟王位在德元，小民乃惟刑用于天下，越王显。”[③]《尚书·君奭》说：“其汝克敬德，明我俊民，在让后人于丕时。”[④]《诗经》中有很多关于要求统治阶级成员修德守礼、谨言慎行的记载，如《诗经·大雅·抑》：“温温恭人，惟德之基。”[⑤]《诗经·小雅·裳裳者华》：“左之左之，君子宜之，右之右之，君子有之。维其有之，是以似之。”[⑥]《诗经·小雅·湛露》：“显允君子，莫不令德。”“岂弟君子，莫不令仪。”[⑦]《诗经·小雅·菁菁者莪》：“既见君子，乐且有仪。”[⑧]文质中道、温恭平和、宽柔敦笃、温文莹彻之威仪风范为周“德”之基。《荀子·不苟》对“温温恭人，惟德之基”之解释为：“君子宽而不僈，廉而不刿，辩而不争，察而不激，寡立而不胜，坚强而不暴，柔从而不流，恭敬谨慎而容。夫是之

① 王世舜、王翠叶译注：《尚书》，中华书局2012年版，第264页。
② 王世舜、王翠叶译注：《尚书》，中华书局2012年版，第254、255页。
③ 王世舜、王翠叶译注：《尚书》，中华书局2012年版，第226页。
④ 王世舜、王翠叶译注：《尚书》，中华书局2012年版，第272页。
⑤ 高亨注：《诗经今注》，上海古籍出版社2009年版，第435页。
⑥ 高亨注：《诗经今注》，上海古籍出版社2009年版，第335页。
⑦ 高亨注：《诗经今注》，上海古籍出版社2009年版，第241页。
⑧ 高亨注：《诗经今注》，上海古籍出版社2009年版，第243页。

谓至文。《诗》曰:‘温温恭人,惟德之基。’此之谓矣。”[①]

《酒诰》亦记载了周公对众臣之告诫:“尔克永观省,作稽中德。”[②]《史记·卫康叔世家》载,周公“惧康叔齿少”,乃“告以纣所以亡者以淫于酒,酒之失,妇人是用,故纣之乱自此始……故谓之《康诰》《酒诰》《梓材》以命之”[③]。淫于酒色,放纵情欲,会导致败德乱政,即“欲败度,纵败礼”[④](《左传·昭公十年》)。表明统治者对民和民事应坚持一种慎重、勤勉、宽容、克制的自律行为。

通过武力征伐获得政权的统治者为了维护其权力的合法性,可能更在意积极地关注苍生、回应民意。周之统治者讲究德治是从自身做起,克己自谦,为政无逸。《尚书·无逸》开篇就讲:“君子所其无逸。先知稼穑之艰难,乃逸,则知小人之依。”[⑤]《尚书·无逸》还历数文王勤勉、为政无逸之功绩以让周吏学习效法,文中曰:“文王卑服,即康功用功。徽柔懿恭,怀保小民,惠鲜鳏寡。自朝至于日中昃,不遑暇食,用咸和万民。文王不敢盘于游田,以庶邦惟正之供。”[⑥]《尚书·多士》则反之,历数殷纣王之荒淫败政、不尊上天,进而指出其失政之源,文中曰:“在今后嗣王(指纣王),诞罔显于天,矧曰其有听念。于先王勤家诞淫厥泆,罔顾于天显民祇。”[⑦]周人认为“荒腆于酒”会怠荒于政事,因此将禁酒作为“为政无逸”的重要规定。《尚书·酒诰》是周公对康叔的诰辞,周公重申文王训导,教导康叔只有祭祀时方可饮酒,其他时间“无彝酒”,并且告诫康叔曰:“封!汝典听朕毖,勿辩乃司民湎于酒。”[⑧]训诫康叔,不仅自己要禁酒,也切不可让臣民沉湎于酒。周公还指出,殷商的一些贤哲“自成汤咸至于帝乙,成王畏相,惟御事厥棐有恭。不敢自暇自逸,矧曰其敢崇饮”[⑨]。周公亦要求各级官员严格戒酒,即“刚制于酒”,对“群饮”者则“尽执拘以归于周,予其杀”。

周人以礼乐为教,规范着人的行为,达到化民成德的作用。《周礼·地官·大司徒》:“以乡三物教万民,而宾兴之。一曰六德:知、仁、圣、义、忠、和。

① 梁启雄:《荀子简释》,中华书局1983年版,第26页。

② 王世舜、王翠叶译注:《尚书》,中华书局2012年版,第200页。

③ (汉)司马迁撰,(宋)裴骃集解,(唐)司马贞索隐,(唐)张守节正义:《卫康叔世家》,《史记》卷三十七,中华书局1982年版,第1590页。

④ 郭丹、程小青、李彬源译注:《左传》,中华书局2012年版,第1732页。

⑤ 王世舜、王翠叶译注:《尚书》,中华书局2012年版,第254页。

⑥ 王世舜、王翠叶译注:《尚书》,中华书局2012年版,第257页。

⑦ 王世舜、王翠叶译注:《尚书》,中华书局2012年版,第246页。

⑧ 王世舜、王翠叶译注:《尚书》,中华书局2012年版,第208页。

⑨ 王世舜、王翠叶译注:《尚书》,中华书局2012年版,第202页。

二曰六行：孝、友、睦、姻、任、恤。三曰六艺：礼、乐、射、御、书、数。”[①]又曰：“以五礼防万民之伪而教之中；以六乐防万民之情而教之和。凡万民之不服教而有狱讼者，与有地治者听而断之，其附于刑者，归于士。”[②]礼乐为本，刑狱为辅，以教民成德。

根据历史文献的记载，夏、商亡国的共同性在于失德、失民心，突出民在国家治理中的地位，是周人对中国古代政治思想的巨大贡献，周人的重民思想是中国古代政治思想的一个里程碑，重民思想自周开始光大并绵延后世而不绝。

(三)周人天命思想中的“德性基因”

周初及以前的夏、殷时代，天是神道思想的天，是有意志的天，天能够降“咎”，也会“震怒”，天可以明断善恶并可以根据善恶施以措施。如《尚书・大禹谟》记载禹伐有苗，誓曰：“民弃不保，天降之咎。”[③]《尚书・泰誓》记载武王讨伐殷纣，誓曰：“今商王受，弗敬上天……皇天震怒。”[④]据《史记・鲁周公世家》记载：“周公佐武王，作牧誓。破殷，入商宫。已杀纣，周公把大钺，召公把小钺，以夹武王，衅社，告纣之罪于天及殷民。”[⑤]

《尚书・西伯戡黎》一篇记载，当文王取得伐黎胜利时，殷商朝廷为之震动，因为黎距离殷都已经不远。殷之大臣为此惊慌不堪并奔告于纣，纣却答复说：“我生不有命在天?”[⑥]并继续其荒淫行为。殷纣认为其王位是受命于天，这说明，殷商时代，统治阶级视上天的赐予是无条件的、理所当然的。

关于天人关系，周人的认识比殷人前进了一大步。在周人那里，他们虽然无条件地继承了对帝的绝对信仰，但对其之理解，却发生了实质性的变化。周人观念中的帝与天具有同等意义。依他们之见，帝或天是一个圆满至善而令人无限敬畏、景仰的存在，它时刻给予着人世间浓郁的关切，希望人有德性而以德责己以立身行事，希望统御天下万民的王是当之无愧的德性表率并真切以恤民、惠民为念，希望人世因德性而稳步走向富足、善化与和谐。于是，谁在德性

---

① 徐正英、常佩雨译注：《周礼》，中华书局2014年版，第229页。

② 徐正英、常佩雨译注：《周礼》，中华书局2014年版，第230页。

③ 王世舜、王翠叶译注：《尚书》，中华书局2012年版，第364页。

④ 王世舜、王翠叶译注：《尚书》，中华书局2012年版，第429页。

⑤ (汉)司马迁撰，(宋)裴骃集解，(唐)司马贞索隐，(唐)张守节正义：《鲁周公世家》，《史记》卷三十三，中华书局1982年版，第1515页。

⑥ 王世舜、王翠叶译注：《尚书》，中华书局2012年版，第130页。

领域堪为天下之表率且能恤民、惠民，谁就能得到帝或天授予的统御万民之天命；而一旦失德，则会被剥夺王位，天命将被授予新的德性堪为天下表率且真正能恤民、惠民者。这样自然就发生了天命转移现象。此亦即深隐于王朝更迭背后的最大秘密。[①]

这也说明周人已经认识到上天对万民之王的权力赐予不再是无条件的、理所当然的，而是有条件的、有选择的。周人坚信文王之“德”是其膺受天命的主要原因，“德”已经被视为影响天命转移、天命靡常的核心因素，正是在这个地方，显示了周人“德”观念的进步。

周人创造性地提出了“天命靡常”思想，并将天命转移的枢纽系在“德”的身上，即天命并非一成不变地保佑与维护统治者已有的政权，而是会依据统治者的“德行”进行取舍转移，也就是说“皇天无亲，惟德是辅”。周人很聪明地用“德”的兴废存亡解释了夏、商、周三代政权的更替。统治者的“德”是决定政权兴替的重要因素，夏、商之亡国，是因为其末代统治者“不敬厥德”导致上天厌弃并抛弃他们，“非天庸释有夏，非天庸释有殷”。王国维先生说：“周自大王以后，世载其德，自西土邦君，御事小子，皆克用文王教。至于庶民，亦聪听祖考之彝训。是殷周之兴亡，乃有德与无德之兴亡。故克殷之后，尤兢兢以德治为务。”[②]周人“以德配天”的思想，实际上将统治者“有德”宣扬为左右天命的决定性力量，是天命转移的根据所在，相比于商纣王的恶德丑行，文王的高尚德操是其膺受天命的前提条件，在周人看来，文王因“得天命”而得天下，天命之得又源于文王之“德”，在当时的社会条件下合理地解释了殷亡周兴的重大政权革命，化解了“小邦周”代“大邦殷”后周人新政面临的种种危机，而其中最大的危机就是殷代商的合法性危机。这样就使民众特别是殷商遗民从思想上接受了周人的统治，有力地维护了周初政治社会局面的安定。

周人从殷商灭亡的过程中对天有了新的认识，周初的统治者面临的首要任务是如何让殷商遗民和各个诸侯从内心里承认并接受周之王权的合法性，周初统治者发明了天命转移的新程式，发现了民情这面镜子，进而提出关于天的新的指导思想。在敬天的同时，提出了保民的思想，这是周的一大历史贡献。如何保民呢？周人又提出了“明德慎罚”的执政理念。敬天保民、明德慎罚，合理地建立了周朝时期天、统治者、民三者之间的合理关系，即保持对天的崇拜与敬

---

① 参见王新春：《易学与中国哲学》，人民出版社 2012 年版，第 27 页。

② 王国维：《殷周制度论》，《观堂集林》（附别集）卷十，中华书局 1959 年版，第 479 页。

仰，天命只授予有德之君，这就要求获得天命授权的君王要想长期维护王权就必须要克制自己的私欲、检点自己的行为、勤政、用贤与慎罚，由此通过明德就对统治者有了一定的约束，从而最终体现了对民的重视。周人认识到了天命的改变与民心的关系，“民之所欲，天必从之”，“天视自我民视，天听自我民听”[①]。“王其德之用，祈天永命”，“欲王以小民，受天永命”[②]，重德保民是天命常有之根本。

（四）“德”是影响王权合法性的核心因素

统治的合法性也称之为正当性，西方学者或叫作“被统治者同意”。西方关于政治统治合法性的探讨，从苏格拉底、霍布斯、洛克、卢梭、康德直到当代的哈特、罗尔斯、德沃金，一直未有终结，其核心点就是“同意理论”。同意理论首先在柏拉图的对话录《克力同》中得到展现，洛克《政府论》下篇是阐述同意理论的经典文献。在西方近现代政治伦理传统中，政治统治的合法性基于被统治者的同意这种观点成为自由民主政治的金科玉律。“二战”以来，同意理论实际上已成为世界各国普遍接受的原则。这种理论认为，政治统治的合法性必须建立在被统治者同意并对被统治者有所交代的基础上。[③]

荆雨认为政权合法性是指政治权力、政治权威的合法性，即某人或某集团掌握国家权力进行管理、发布号令的合法性。某人或某集团拥有合法性，意味着他或他们有权利执掌国家权力。政权合法性是政治权威获得服从的内在理据，是政治秩序被认同的证明。[④]

殷商之前，政权转换的方式之一是禅让。禅让的故事在《论语·尧曰》中有讲述。孟子对禅让的论述比较全面，他认为行禅让要有三个条件：其一，受禅者本人有贤德。其二，要得到“天”和“民”的同意。征求“天”“民”是否同意的具体做法是让其“主祭”，如果“百神享之”，则是“天受之”；让其“主事”，如果事情办好了，“百姓安之”，则是“民受之也”[⑤]（《孟子·万章上》）。其三，要有天子的推荐，如尧荐舜、舜荐禹。[⑥] 帝尧和帝舜并无任何血缘关系，帝尧对于帝舜的选拔和禅让，开启了儒家政治哲学中权力转移的一个理想模式，这个模式具有鲜明

① 王世舜、王翠叶译注：《尚书》，中华书局 2012 年版，第 431、436 页。
② 王世舜、王翠叶译注：《尚书》，中华书局 2012 年版，第 225、226 页。
③ 参见俞荣根：《法先王：儒家王道政治合法性伦理》，《孔子研究》2013 年第 1 期。
④ 参见荆雨：《德与民：中国古代政权合法性之根据》，《社会科学战线》2008 年第 6 期。
⑤ 杨伯峻：《孟子译注》，中华书局 2010 年版，第 203～205 页。
⑥ 参见俞荣根：《法先王：儒家王道政治合法性伦理》，《孔子研究》2013 年第 1 期。

的德政和尊贤色彩。舜的继位，是一个自平民而天子的典型，而德行是实现这种身份转变的最根本的依据，这也说明了帝尧对于权力的态度，即权力不是私有之物，它该为有德者所有、所用。尧舜之后就是禹，也是通过禅让的方式继承了天下。

禅让的选人标准意味着德而不是血缘成为衡量一个人可否选用的最重要的因素。根据《尚书·尧典》的记载，可知当时选择权力传承之人的慎重标准与原则，后世称这个标准为“唐虞之道”：“唐虞之道，禅而不传。尧舜之王，利天下而不利也。禅而不传，圣之盛也。利天下而弗利也，仁之至也。故昔贤仁圣者如此。……古者尧之与舜也；闻舜孝，知其能养天下之老也；闻舜弟，知其能嗣天下之长也；闻舜慈乎弟，□□□□□□为民主也。”[①]《唐虞之道》是郭店楚简中儒家文献之一，主要是赞扬尧舜禅让，着重叙述了舜知天命修身及具有的仁、义、孝、悌的品德……简文认为唐虞之道、尧舜之王是圣仁之至，其表现在公共权力的转移上是以禅让而仁天下，而不是世袭利自己。这种权力态度的德性要求是“正其身”，只有“正其身”，才能“正世”，才可能有以“禅”为中心内容的唐虞之道。[②]《唐虞之道》所描绘的禅让，公意认定的道德水平是其执行标准，“德”是核心的要素，“力”并没有成为手段与方式参与其中。

政权转换的另外一个方式是征伐。《孟子·梁惠王下》记载了齐宣王与孟子的一段对话。齐宣王将“汤放桀，武王伐纣”视之为“臣弑其君”，孟子则不以为然，反驳曰：“贼仁者谓之‘贼’，贼义者谓之‘残’。残贼之人谓之‘一夫’。闻诛一夫纣矣，未闻弑君也。”[③]荀子也赞成征诛暴君，他曾经说：“诛暴国之君若诛独夫。”[④]（《荀子·正论》）亦曾赞美汤、武：“功参天地，泽被生民。”[⑤]（《荀子·臣道》）孟子与荀子的话无异于宣称：对残暴失德之君的征诛是合法的。《周易·革·彖》曰：“天地革而四时成，汤武革命，顺乎天而应乎人，革之时大矣哉！”[⑥]《周易尚氏学》曰：“四时相代实相革，期无或爽，信也。汤武革命，天人皆应，亦信也。不信则不能革，故时之所关甚大，此其义也。”[⑦]征诛与天命也不是

---

① 荆门市博物馆：《唐虞之道》，文物出版社 2002 年版，第 30 页。
② 参见荆门市博物馆：《唐虞之道》，文物出版社 2002 年版，第 32～33 页。
③ 杨伯峻：《孟子译注》，中华书局 2010 年版，第 39 页。
④ 梁启雄：《荀子简释》，中华书局 1983 年版，第 235 页。
⑤ 梁启雄：《荀子简释》，中华书局 1983 年版，第 182 页。
⑥ （清）李道平撰，潘雨廷点校：《周易集解纂疏》，中华书局 1994 年版，第 437～438 页。
⑦ （清）尚秉和著，张善文点校：《周易尚氏学》，中华书局 2016 年版，第 223 页。

相悖的，天命只授予有德之君，对暴政失德之君征诛是合乎天命要求的，是合法的政权转换，也是顺乎民意的，是“上顺天命，下应人心”的。

汤武革命，虽然当时宣传其为“顺乎天而应乎人”，但此种流血的革命与禅让还是有极大的差别，不但要面临着夺取政权合法性的质疑，也要面临着以臣弑君的诟病。相对于禅让，革命的合法性必须找出一个充足的理由，即被征伐者有罪，而征伐者的革命是代天罚之。《尚书》中的《汤誓》《泰誓》和《牧誓》等记载了汤与武王聚众征伐的誓言。《汤誓》：“有夏多罪，天命殛之……夏氏有罪。予畏上帝，不敢不正。”①《牧誓》：“王曰：古人有言曰：‘牝鸡无晨；牝鸡之晨，惟家之索。’今商王受，惟妇言是用，昏弃厥肆祀，弗答；昏弃厥遗王父母弟，不迪；乃惟四方之多罪逋逃，是崇是长，是信是使，是以为大夫卿士，俾暴虐于百姓，以奸宄于商邑。今予发，惟恭行天之罚。”②而历史文献记载中的汤、武与尧、舜、禹的一个共同点就是，他们都是有德者，都是德性的楷模。

由尧而舜、由舜而禹的权力转移是授德尚贤的禅让方式，传贤而不传子，是以“禅”为中心内容的唐虞之道，尧而舜而禹，形成了一个一脉相承的圣王秩序系列，权力转移的标准、过程和结果皆是以贤、德为核心的，其政权转移的合法性是自然而然的，这种权力的转移模式是天人关系和谐的极致，是理想政治世界的极致。汤和文王、武王是另一种类型，他们是通过征伐而非禅让的方式得到政权，虽然他们获得政权的目的是恢复被破坏了的由尧、舜、禹所奠定的理想的政治秩序与天人关系，但其政权获取的合法性不是自然而然的，其权力转移过程的合法性是面临着诸多疑问与挑战的。

而周人对政权合法性的宣传基于两个不同的宣传对象，一是殷商遗民，一是周人本身，但却殊途同归。傅斯年将《尚书》相关篇章中的关于政权合法性的宣传归结为：“在反面则畅述殷王何以能保天之命，其末王何以失之；在正面则申说文王何以集大命于厥身。以此说说殷遗，将以使其忘其兴复之思想，而为周王之荩臣也；以此说说周人，将以使其深知受命保命之不易，勿荒逸以从殷之覆辙也；以此说训后世，将以使其知先人创业之艰难，后王守成之不易，应善其人事，不可徒依天恃天以为生也。”③

“小邦周”通过武力征伐的方式取代“大邦殷”，而且周人对政权、疆域和臣

---

① 王世舜、王翠叶译注：《尚书》，中华书局2012年版，第97页。

② 王世舜、王翠叶译注：《尚书》，中华书局2012年版，第140页。

③ 刘梦溪主编：《中国现代学术经典·傅斯年卷》，河北教育出版社1996年版，第82页。

民的理解与认知比殷商又前进了一大步,"普天之下,莫非王土;率土之滨,莫非王臣",所以周比起其以前的任何时代都看重政权的合法性,《尚书》之《大诰》《康诰》《酒诰》《召诰》中充满着天命转换之际周人对政权合法性的自觉与看重。

周人已经认识到政权的合法性的核心集中在两个方面,一个是至高无上的天,一个是人间的德,而天与德又不是分离的,是紧密地联系在一起的,天与德在这一方面是统一的。但周人关于政权合法性的思想最伟大之处在于提出了"天命靡常",即政权的合法性与正当性的获得不是一劳永逸的,天命也不是永久不变的,这个合法性与正当性是动态的,需要不断地证明与维护,并进而提出了"惟德是辅"的思想,要巩固王权,要获得天长久之眷顾,唯一的办法就落在修德上,所谓"若德裕乃身,不废在王命","德"被视为"天命靡常"、政权转换之根本依据,从而奠定了德治思想的基础,并流传后世绵延不绝,历久弥新。

依靠武力征伐推翻前代末王获得政权以后基于政权长期性与稳定性的需要,为从舆论上与行动上获得前朝遗民的支持和拥戴,致力于攻击前代之暴虐失德,为夺取政权提供正当性与合法性是一个可以理解的方法与策略,因而历史上任一重要人物和重大事件都有可能被统治者根据当时统治的需要而加以加工和改造。陈来先生认为:"从早期禅让的政治文化传统,到夏商两代,在君权神授观念的同时,也都保留了由君主领袖的美德和才智来建立政治合法性的传统。"①根据历史文献的记载,商周均以修德夺取天下,其中虽然有后世的统治者根据统治的需要对历史进行加工的部分,但这也正好说明了历代统治者将德作为王权合法性的重要一面,而且当政者自身也致力于修德厚民从而争取民心,因而"德"顺其自然被认为是影响政权转移的重要因素之一。通过对《周易》古经形成时期的人文语境的分析,可以得出结论,"德"的观念始于周之前,但大盛于周,可以认为周人宣传"德"的思想有其政治上的考虑。周人对德的重视,对商纣暴虐的强调,是基于对殷周革命的反思,也是对周初政治形态的担忧。周人创造性地提出了"天命靡常"思想,并将天命转移的枢纽系在"德"的身上,即天命并非一成不变地保佑与维护统治者已有的政权,而是会依据统治者的"德行"进行取舍转移,也就是说"皇天无亲,惟德是辅",周人很聪明地用"德"的兴废存亡解释了夏、商、周三代政权的更替,周人视"德"为影响王权合法性和长久性的核心因素。

---

① 陈来:《古代宗教与伦理》,生活·读书·新知三联书店1996年版,第293页。

第二章 《周易》古经的德治思想

《周易》不是一个时期写定，也非出自一人之手，《周易》古经成书于殷周之际，是一个多数人认可的观点。无论是何种分析与考证，历代学者分析出的几位可能的作者均是治国者或参与国家治理者；关于《周易》古经的作者及其成书时间的争论，还有一个共同之处就是，它们都肯定周文王与《周易》有关。《周易》古经卦爻辞中出现相当多的国家管理者的代名词，其中包括天子、大人、大君、王、侯、武人等，如《大有·九三》"公用享于天子"、《师·上六》"大君有命，开国承家"、《家人·九五》"王假有家"、《履·六三》"武人为于大君"等，"利见大人""利建侯"等更是在多卦中出现。由此也可以推断，《周易》的出现应该与早期的治国思想相关，《周易》古经在成书过程中以及成书之后都是参与国家治理的"王者之书"。

通过文王演易，掌握在殷人手中与天沟通的渠道转移到周人手中，周人进而真正掌握了与天沟通的权力。新的易筮系统的使命，就是要向天下宣传"天命更新"的原因和必然性，宣传不同于殷商的、全新的以"德"为核心的天命思想，这应该是周文王何以重视《周易》并编写卦爻辞的原因或推动力之一，而《周易》古经也因此就成为文王为完成其克商、建国及治国理政之大业而宣传其治国思想的最理想的载体。周人视"德"为影响王权合法性与持久性的核心要素，而《周易》则是周人实践其德治思想的最主要的载体。

学界对《周易》古经是否含有德治思想见解不一，有学者认为所谓《周易》古经的德治思想只是后人的解读。《周易》古经成书的人文语境以及《周易》古经的性质可以提供足够的理由与证据证明《周易》不只是卜筮之书，或者应称《周易》是穿着卜筮外衣的、有决策之用的、体现文王与周公"德义"思想的教化之书，是参与治国理政的王者之书。孔子的易学观在晚年发生了重大转变，也是因为发现了《周易》古经中的“德义”，马王堆出土帛书《要》篇的记载是孔子易学观转变及其转变原因的最好证据。以文王为代表的统治阶级演易的目的、编写卦爻辞的依据以及其中体现的思想与当时的治国理政之需求是密切相关的，周是政教合一的时代，《周易》作为当时的为政工具之一，其卦爻辞体现并反映了当时为政的理论依据和指导思想，所以说《周易》体现并反映殷周变革之际治国理政的思想也是顺理成章的事情。

殷周之际的一个重大变化就是人文意识的觉醒，人神关系中，人的价值得以凸显，“人”在与“天”“神”的相对关系中逐步占据了更为重要的位置。《周易》古经所重视的民本思想与周之统治者所推崇的民本思想是一致的，周之统治者所讲的“天命”是以“民心”为其内核的。殷周之际，“德”被视为政权合法性的核心因素，《革》卦将以征伐方式获取政权的“汤武革命”落脚于“顺乎天应乎人”，也意味着民意即是最大的天意，顺天就是顺民意，顺天应人的终极追求就是顺民意，顺民意就是最大的“德”，这就是《周易》古经所展现的最重要的德治思想：以民为重，民为一切之本。民本思想也是《周易》古经德治思想之基点。《周易》古经的德治思想，民本思想是基，周人治国理政主体思想中的忧患意识、修德思想、教化思想等则是民本思想的具体体现，这在《周易》的卦爻辞中也多有体现。

忧患意识是中华传统文化中一个特有的道德价值观念，标志着一种根源于高度历史自觉的社会责任感和敢于正视人间危难的担当情怀。这样一种人文价值理想或精神境界，最早、最鲜明、最集中地体现在《周易》古经之中，如《易传》所论：“《易》之兴也，其于中古乎。作《易》者，其有忧患乎。”①《周易》六十四卦，每一卦均象征某一事物或某一现象在特定背景中的产生、发展、变化的全过程。六十四卦每卦六爻，分初、二、三、四、五、上六位。爻位不同，影响到爻辞的意义，也代表了事物发展变化的不同处境。一卦之六爻，由下至上排列，象征事物自微而著、由低渐高的发展变化的过程。初爻处于卦之始，一卦之最低端，与二爻相比，又有不中、无为、不利出行之象，对未来之发展当以忧患之心谨慎思虑，所以其行动策略为韬光养晦、不可随意妄动。所以初爻之辞对忧患意识体现得最多。《周易》古经成书于忧患多难之世，《周易》乃王者之书，其中蕴涵着建国者、治国者的理想与策略，处忧患多难之世，可以“潜龙勿用”，可以远难待时，虽不可妄动，但不能消极逃避。《易》卦多危辞，在卦爻辞中，悔、吝、凶等负面占断之辞占了绝大多数，《周易》就是要告诉国家管理者，事物总是处于不断

① (清)李道平撰，潘雨廷点校：《周易集解纂疏》，中华书局1994年版，第659～660页。

变化之中，要有强烈的忧患意识，要在平泰之时保有警惕戒惧之心，要居安思危、防微杜渐；在身处逆境时则反身自省，化险为夷，所以《周易》被称为"寡过之书"。忧患意识，是告诫人们要保持警惕，但这并不代表《周易》表达的是悲观消极的思想。《周易》其辞危的目的正如《系辞》所云之"危者使平，易者使倾。其道甚大，百物不废。惧以终始，其要无咎。此之谓易之道也"[①]。《周易》作者的目的之一就是告诫人们处忧患之时要以修德为本，正如孔颖达所云："以为忧患兴德为本也。六十四卦悉为修德防患之事。"[②]《乾》卦在这一方面尤为突出，《乾》卦六爻之时位描绘了一个完整的正心诚意、修德防患、进德修业的动态的发展变化的过程；《乾》卦诸爻讲述了一个完整的进德修业的过程，一个刚健有为、自强不息的道德升华过程，一个知行合一、时止时行、崇德广业的道德实践过程。

"以德配天"的思想在西周时期占据了绝对的统治地位，具有强烈的政治色彩，树立并维护了西周时期统治者的政治权威，是当时治国理政的主要指导思想。《周易》古经德治思想的最高境界就是"以德配天"，周人"以德配天"的思想在《周易》卦爻辞中有着充分的体现，在《周易》的视野之下，具有"以德配天"精神和视野的人，践行"以德配位"之精神，因循天道，恪守自然规律，参赞天地之化育，以求"自天祐之，吉无不利"之境界。

一、《周易》是王者之书

(一)关于《周易》古经作者及成书时间的争论

《周易》古经的成书时间及其作者历来是易学史上最受关注的问题。

《周易正义》："若《易》之爻卦之象，则在上古伏羲之时，但其时理尚质素，圣道凝寂，直观其象，足以垂教矣。但中古之时，事渐浇浮，非象可以为教，又须系以文辞，示其变动吉凶，故爻卦之辞起于中古……《周易》起于文王及周公也。"[③]

1929 年，顾颉刚先生作《周易卦爻辞中的故事》，详细考述了《易经》王亥丧

---

① (清)李道平撰，潘雨廷点校：《周易集解纂疏》，中华书局 1994 年版，第 677～679 页。

② (魏)王弼注，(晋)韩康伯注，(唐)孔颖达疏，于天宝点校：《宋本周易注疏》，中华书局 2018 年版，第 458 页。

③ (魏)王弼注，(晋)韩康伯注，(唐)孔颖达疏，于天宝点校，《宋本周易注疏》，中华书局 2018 年版，第 458 页。

牛于易、高宗伐鬼方、帝乙归妹、箕子之明夷、康侯用锡马蕃庶等事迹，推定经文卦辞“著作年代当在西周初叶”[①]。高亨先生也推定：“《周易》古经，大抵成于周初，其中故事，最晚者在文、武之世。”[②]

廖名春教授从《周易》本经的基本词汇、实词的附加成分、虚词的运用三个方面来考察《周易》本经的成书年代，认为“近年来，上古汉语的研究已有了长足的进步，语言这一标尺的准确度已大为提高。运用上古汉语的新成果来考察《周易》本经的成书年代，应该会更逼近历史的真实”[③]。通过对基本词汇“首”“止”和“说”“兑”历史演变的考察，廖名春教授认为：“《周易》本经没有的语言现象在西周末期的作品中出现了，这说明《周易》本经的成书年代至少当在西周幽王以前。”[④]通过对实词附加成分前缀“有”和后缀“如”“若”“然”的考察，廖名春教授认为：“从《周易》本经的所有前缀和后缀来看，凡是在《周易》本经中出现的新用法，都能在今文《尚书》的《商书》《周书》或者《诗经》的《周颂》《大雅》中找到；而《周易》本经中没有的用法，往往会在《诗经》那些产生较早的诗篇，甚至在《周颂》中发现，这一事实说明：《周易》本经确实是西周初的作品。”[⑤]通过对语气词“也”“矣”“已”“焉”“乎”“哉”的比较，廖名春教授认为《周易》本经的成书绝不会晚于《尚书》《诗经》《左传》等典籍；通过对指示词“是”“斯”“此”“彼”的比较，廖名春教授认为《周易》本经成书确实比《周书》《周颂》还要早些，定它为殷末周初并不为过；通过对介词“在”“于”的比较，廖名春教授认为与《周书》《周颂》相比较，《周易》本经显然要早些；通过对结构助词“攸”“所”的比较，廖名春教授认为《周易》本经成书当在《大雅・绵》和《尚书・禹贡》之前。[⑥] 因此，廖名春教授认为：“(《周易》本经)基本词汇的比较、实词附加成分的考察、虚词运用情况的分析基本涵盖了《周易》本经语言的大部，其结果是很难用偶然性、任意性来解释的，只能归之于必然。语言的比较证明《系辞传》‘《易》之兴也，其当殷之末世，周之盛德’的说法的可信。这和我们对《周易》本经史迹和先秦两汉其他文献记载考察的结果是一致的。因此，将《周易》本经的成书定在殷末周初，应最

---

① 顾颉刚：《周易卦爻辞中的故事》，《燕京学报》第 6 期，又收入《古史辨》第 3 册上编。
② 高亨著，王大庆整理：《高亨〈周易〉九讲》，中华书局 2011 年版，第 10 页。
③ 廖名春：《〈周易〉经传与易学史新论》，中国人民大学出版社 2014 年版，第 165 页。
④ 廖名春：《〈周易〉经传与易学史新论》，中国人民大学出版社 2014 年版，第 168 页。
⑤ 廖名春：《〈周易〉经传与易学史新论》，中国人民大学出版社 2014 年版，第 172 页。
⑥ 参见廖名春：《〈周易〉经传与易学史新论》，中国人民大学出版社 2014 年版，第 177 页。

为可信。"[1]

伴随着中国考古学和古文字学的长足发展,以及大量新材料的出土与研究,《周易》卦爻辞中的人物王亥、鬼方、帝乙、箕子和康侯等及其事迹也会逐一得到验证。《周易》古经成书于殷周之际的西周初叶已成为学界之基本共识。

关于《周易》卦爻辞的作者,历来众说纷纭,各有所据。诸家之说,连篇累牍,高怀民先生将其总结为五说:

> 一、卦爻辞并为文王所作(孔颖达《周易正义》引,郑玄所主张)。
>
> 二、卦辞为文王作,爻辞为周公作(孔颖达《周易正义》引,马融所主张)。
>
> 三、卦爻辞并为孔子作(皮锡瑞《易经通论》)。
>
> 四、卦爻辞为周之卜官所作,成于周成王时(余永梁《易卦爻辞的时代及其作者》)。
>
> 五、卦爻辞成于周成王时,为一人之作(屈万里《周易卦爻辞成于周武王时考》)。[2]

关于上述第三条,仅皮锡瑞、廖平、康有为等诸君持此主张,认为卦爻辞为孔子作,但此论已遭许多学者批驳,已无讨论价值。

上述第一条是最为传统的说法,最早出自《系辞》,《系辞》云:"《易》之兴也,其当殷之末世,周之盛德邪,当文王与纣之事邪。是故其辞危。"[3]传统文献中,卦爻辞之作者为殷周之际文王一说亦最为流行。

先秦之后,传统文献关于《周易》作者的记载主要有如下几家。

一是《淮南子·要略》:"今《易》之《乾》《坤》,足以穷道通意也,八卦可以识吉凶、知祸福矣,然而伏羲为之六十四变,周室增以六爻,所以原测淑清之道,而捃逐万物之祖也。"[4]

二是《史记》。其《太史公自序》曰:"昔西伯拘羑里,演《周易》。"[5]其《周本

① 廖名春:《〈周易〉经传与易学史新论》,中国人民大学出版社2014年版,第177页。

② 高怀民:《先秦易学史》,广西师范大学出版社2007年版,第81页。

③ (清)李道平撰,潘雨廷点校:《周易集解纂疏》,中华书局1994年版,第677页。

④ 陈广忠译注:《淮南子》,中华书局2012年版,第1261页。

⑤ (汉)司马迁撰,(宋)裴骃集解,(唐)司马贞索隐,(唐)张守节正义:《太史公自序》,《史记》卷一百三十,中华书局1982年版,第3300页。

纪》曰:“西伯盖即位五十年。其囚羑里,盖益《易》之八卦为六十四卦。”①

其《日者列传》载汉初人司马季主语曰:“自伏羲作八卦,周文王演三百八十四爻而天下治。”②

三是《法言》。其《问神》篇曰:“《易》始八卦,而文王六十四,其益可知也。”③其《问明》篇曰:“文王渊懿也……重《易》六爻,不亦渊乎?浸以光大,不亦懿乎?”④

四是《汉书》。其《艺文志》曰:“至于殷、周之际,纣在上位,逆天暴物。文王以诸侯顺命而行道,天人之占可得而效,于是重易六爻,作上下篇。”⑤

五是《论衡》。其《谢短》篇曰:“伏羲作八卦,文王演为六十四。”⑥其《正说》篇曰:“说《易》者皆谓伏羲作八卦,文王演为六十四。夫圣王起,河出土,洛出书。伏羲王,河图从河水中出,《易》卦是也。禹之时,得洛书,书从洛水中出,《洪范》九章是也。故伏羲以卦治天下,禹案《洪范》以治洪水。古者烈山氏之王得河图,夏后因之曰《连山》;烈山(归藏)氏之王得河图,殷人因之曰《归藏》;伏羲氏之王得河图,周人[因之]曰《周易》。其经卦[皆八,其别]皆六十四。文王、周公因彖十八章究六爻。世之传说《易》者,言伏羲作八卦,不实其本,则谓伏羲真作八卦也。伏羲得八卦,非‘作’之;文王得成六十四卦,非‘演’之也。演作之言,生于俗传。苟信一文,使夫真是几灭不存。”⑦其《对作》篇曰:“《易》言伏羲作八卦,前是未有八卦,伏羲造之,故曰作也。文王图八,自演为六十四,故曰衍。”⑧

六是孔颖达《周易正义》卷首云:“《乾凿度》云:‘垂皇策者牺,卦道演德者文,成命者孔。’”⑨

传统文献中,关于《周易》本经的作者与成书年代,《易传》记载得最早,《系

---

① (汉)司马迁撰,(宋)裴骃集解,(唐)司马贞索隐,(唐)张守节正义:《周本纪》,《史记》卷四,中华书局 1982 年版,第 119 页。

② (汉)司马迁撰,(宋)裴骃集解,(唐)司马贞索隐,(唐)张守节正义:《日者列传》,《史记》卷一百二十七,中华书局 1982 年版,第 3218 页。

③ (汉)扬雄著,韩敬译注:《法言》,中华书局 2012 年版,第 118 页。

④ (汉)扬雄著,韩敬译注:《法言》,中华书局 2012 年版,第 151 页。

⑤ (汉)班固撰,(唐)颜师古注:《艺文志》《汉书》卷三十,中华书局 2012 年版,第 1517 页。

⑥ 黄晖:《论衡校释》,中华书局 2017 年版,第 653 页。

⑦ 黄晖:《论衡校释》,中华书局 2017 年版,第 1316 页。

⑧ 黄晖:《论衡校释》,中华书局 2017 年版,第 1371 页。

⑨ 刘玉建:《周易正义导读》,齐鲁书社 2005 年版,第 92 页。

辞》云：

古者庖牺氏之王天下也，仰则观象于天，俯则观法于地。观鸟兽之文，与地之宜。近取诸身，远取诸物。于是始作八卦，以通神明之德，以类万物之情。[①]

按照《系辞》的记载，可以认为《系辞》既承认伏羲氏作八卦，也承认六十四卦是伏羲氏所作。

关于《周易》经文的作者，《系辞》云：

《易》之兴也，其于中古乎。作《易》者，其有忧患乎。[②]

《易》之兴也，其当殷之末世，周之盛德邪，当文王与纣之事邪。[③]

《明夷·彖》亦云：

内文明而外柔顺，以蒙大难，文王以之。[④]

这说明《易传》认为《周易》经文产生于殷、周之际，反映的是周文王与商纣王的事情。

帛书《衷》亦有类似记载：

子曰：《易》之用也，殷之无道，周之盛德也。恐以守功，敬以承事，知以避患，□□□□□□□□文王之危，知史记之数书，孰能辩焉？[⑤]

"《易》之用也"即"《易》之兴也"。李学勤先生说"书"字从"者"声，此处即读为"者"。"文王之危"句，推测原文为"非处文王之危，知史记之数者，孰能辨焉"[⑥]。

帛书《易传》第四篇《要》记载孔子语曰：

文王仁，不得亓志，以成亓虑。纣乃无道，文王作，讳而辟咎，然后《易》

---

① (清)李道平撰，潘雨廷点校：《周易集解纂疏》，中华书局 1994 年版，第 621～623 页。

② (清)李道平撰，潘雨廷点校：《周易集解纂疏》，中华书局 1994 年版，第 659～660 页。

③ (清)李道平撰，潘雨廷点校：《周易集解纂疏》，中华书局 1994 年版，第 677 页。

④ (清)李道平撰，潘雨廷点校：《周易集解纂疏》，中华书局 1994 年版，第 343～344 页。

⑤ 廖名春：《帛书〈周易〉论集》，上海古籍出版社 2008 年版，第 383 页。

⑥ 李学勤：《帛书易传与〈易经〉的作者》，《周易溯源》，巴蜀书社 2006 年版，第 394 页。

始兴也。予乐其知之。[①]

关于卦辞为文王作,爻辞为周公作说,为马融所主张,也即"父统子业"周公说,也为孔颖达所赞同。司马迁《史记·太史公自序》、班固《汉书·艺文志》均说"文王作卦爻辞"。《汉书》中有文王"作上、下篇"说,也就是说《汉书》认为《周易》的卦、爻辞为西周文王所作。对于此认识,有一个很严重的问题,唐人孔颖达有所论述:

验爻辞多是文王后事。案升卦六四:"王用亨于岐山。"武王克殷之后,始追号文王为王,若爻辞是文王所制,不应云"王用亨于岐山"。又《明夷》六五:"箕子之明夷。"武王观兵之后,箕子始被囚奴,文王不宜豫言"箕子之明夷"。又《既济》九五"东邻杀牛,不如西邻之禴祭"。说者皆云"西邻"谓文王,"东邻"谓纣。文王之时,纣尚南面,岂容自言己德受福胜殷,又欲抗君之国,遂言东西相邻而已。[②]（《周易正义序》）

如何解决《周易》卦爻辞有文王身后事与文王作《易》说的内在矛盾?孔颖达又说:

《左传》韩宣子适鲁,见《易象》云:"吾乃知周公之德。"周公被流言之谤,亦得为忧患也。验此诸说,以为卦辞文王,爻辞周公。马融、陆绩等并同此说,今依而用之。所以只言三圣,不数周公者,以父统子业故也。案《礼·稽命征》曰:"文王见礼崩乐坏,道孤无主,故设礼经三百,威仪三千。"其"三百""三千",即周公所制《周官》《仪礼》。明文王本有此意,周公述而成之,故系之文王。然则《易》之爻辞,盖亦是文王本意,故《易纬》但言"文王"也。[③]（《周易正义序》）

卦辞文王、爻辞周公说解决了"爻辞多文王后事"的问题,但还是没有解决卦辞亦有文王后事的问题。廖名春认为:"先秦文献关于周文王与《周易》有密切关系的记载是信而有征的;汉代文献关于文王、周公作《易》的观点是可以成

---

① 廖名春:《帛书〈周易〉论集》,上海古籍出版社2008年版,第388页。

② (魏)王弼注,(晋)韩康伯注,(唐)孔颖达疏,于天宝点校:《宋本周易注疏》,中华书局2018年版,第14页。

③ (魏)王弼注,(昔)韩康伯注,(唐)孔颖达疏,丁天宝点校:《宋本周易注疏》,中华书局2018年版,第14～15页。

立的；孔颖达的文王作卦辞、周公作爻辞说虽为主观，但其‘父统子业’说以文王为其父子的代表不失为一种合理的解释。”①

《淮南子》之“周室增以六爻”，将《周易》卦爻辞的作者扩大到了以文王和周公为代表的周室。

高亨先生认为：“《周易》古经，盖非作于一人，亦非著于一时也。”②

关于《周易》作者的诸多论断，各有特色，但也有其共性。一是卦爻辞虽非一人之作，也非成书于一时，但对文王是主要的完成者这一论断基本达成共识。二是卦爻辞中蕴涵精深的哲学思想，以卦爻辞之有限文字，上揭易道之要，下应人事之繁，非圣人不能为。

研究至此还应该继续分析，周文王何以重视《周易》并编写卦爻辞？

文王继位为西伯之后，根据《辞海》年表，殷纣即位是在文王为西伯的第三十一年，第四十一年文王被囚于羑里，第四十三年获释，卒于获释后第七年。

文王被囚羑里之前，躬行仁义，德化西陲，声望日隆，《史记·周本纪》载：“笃仁，敬老，慈少，礼下贤者，日中不暇食以待士，士以此多归之。”③天下仁贤才智之士竞相归周，可谓“趋之者如归市”。但文王树德西陲，引发殷纣不安，进而囚之于羑里。《周本纪》载：“崇侯虎谮西伯于殷纣曰：‘西伯积善累德，诸侯皆响之，将不利于帝。’帝纣乃囚西伯于羑里。”④

文王被释之后，作风与被囚之前大异，在被释后的七年里，先得吕尚并拜为军师，《史记·齐太公世家》记载文王得吕尚时之情形：“果遇太公于渭之阳，与语大说，曰：‘自吾先君太公曰：“当有圣人适周，周以兴。”子真是邪！吾太公望子久矣。’故号之曰太公望，载与俱归，立为师。”⑤后又陆续展开了一系列的征伐，伐犬戎、伐密、伐黎、伐邗、伐崇，于去世前的一年将国都自岐迁于丰。可见，自被释放之始，文王就开始了图谋天下的行动。这也说明，文王于被囚之时已经制定了图谋天下的决策与方略。

---

① 廖名春：《〈周易〉经传十五讲》，北京大学出版社 2009 年版，第 197 页。

② 高亨著，王大庆整理：《高亨〈周易〉九讲》，中华书局 2011 年版，第 9 页。

③ （汉）司马迁撰，（宋）裴骃集解，（唐）司马贞索隐，（唐）张守节正义：《周本纪》，《史记》卷四，中华书局 1982 年版，第 116 页。

④ （汉）司马迁撰，（宋）裴骃集解，（唐）司马贞索隐，（唐）张守节正义：《周本纪》，《史记》卷四，中华书局 1982 年版，第 116 页。

⑤ （汉）司马迁撰，（宋）裴骃集解，（唐）司马贞索隐，（唐）张守节正义：《齐太公世家》，《史记》卷三十二，中华书局 1982 年版，第 1478 页。

《史记·周本纪》载："其囚羑里，盖益易之八卦为六十四卦。"[①]《史记·日者列传》载："周文王演三百八十四爻而天下治。"[②]又《自序》载："昔西伯拘羑里，演周易。"[③]《汉书·艺文志》载："至于殷周之际，纣在上位，逆天暴物，文王以诸侯顺命而行道，天人之占可得而效，于是重易六爻，作上下篇。"[④]又《五行志》载："昔殷道弛，文王演周易；周道敝，孔子述春秋。"[⑤]

通过以上记载可推测分析出，文王被囚羑里期间同时做了两件大事，一是下定了图谋天下的决心并制定了图谋天下的决策与方略，二是"演周易"。两件大事何以同时进行，二者又有什么联系呢？当时处于殷之末世，卜法正盛行，文王为何又"演周易"并设计一套新的筮术呢？两件大事的目的应该是一致的，即图谋天下，而"演周易"是为图谋天下服务的，甚至也可以说"演周易"是图谋天下之方略的一个组成部分。文王以治国者的立场，积其为西伯五十年治国理民的长久经验，在发扬伏羲氏之八卦哲学的基础上，通过"演周易"，融通其不同于殷商的政治思想、天命思想于新的易筮系统之中应该是必然的事情。

人类学认为，上古人类有一种与现代人很不一样的思维方式，无论任何民族的早期都不例外：

> 1.上古人类认为世界上有"神秘力量"存在于普遍的事物与现象之中，人们如果可以掌握这种神秘力量的法则或密码，人们就可以采取积极的方式（法术）或消极的方式（禁忌），来运用或躲避。
>
> 2.一些最能干的人垄断了对世界现象与神秘力量的解释，并把它们转化为一种神秘的知识和技术，而这些知识和技术是可以普遍适用的，如祈雨、禳灾、治病、避祸及沟通人与鬼神等等，当这种权力进一步集中，就形成

① (汉)司马迁撰，(宋)裴骃集解，(唐)司马贞索隐，(唐)张守节正义：《周本纪》，《史记》卷四，中华书局1982年版，第119页。

② (汉)司马迁撰，(宋)裴骃集解，(唐)司马贞索隐，(唐)张守节正义：《日者列传》，《史记》卷六十七，中华书局1982年版，第3218页。

③ (汉)司马迁撰，(宋)裴骃集解，(唐)司马贞索隐，(唐)张守节正义：《太史公自序》，《史记》卷一百三十，中华书局1982年版，第3300页。

④ (汉)班固撰，(唐)颜师古注：《艺文志》，《汉书》卷三十，中华书局2012年版，第1517页。

⑤ (汉)班固撰，(唐)颜师古注：《五行志》，《汉书》卷二十七，中华书局2012年版，第1196页。

了文化的"卡里斯玛"(Charisma)[①]即思想的权威。[②]

殷周剧变之际，商人、周人与鬼和神的关系是不断变化的，但无论如何变化，鬼神是介于人与天的中间之物，是人与天沟通的中介与桥梁，鬼近于人而神近于天，神为比较具体化的天。殷商时期，人与鬼神沟通的主要方式之一是占卜。当时的统治者通过卜中之兆，得到鬼神的指示。谁掌握了这种方法或工具，谁就掌握了人神间沟通的权力与桥梁。卜与筮，二者都是与鬼神沟通的工具、方法或者途径。西伯欲代殷而取天下，那么在卜法之外，制造一种可以被自己掌握而不是掌握于殷商手中的新的人神交通的方法成为西伯必然要采取的策略，从而控制与把握人神交通的渠道与话语权。

八卦是自伏羲氏传下来的一套含义深远的符号体系，而文王被囚羑里期间同时做了两件大事，一是下定了图谋天下的决心并制定了图谋天下的决策与方略，另外一件大事就是发现伏羲氏传下来的这一套含义深远的符号体系的巨大价值并利用之，即"演周易"，于是文王虽被囚羑里但潜心研究伏羲氏传下来的这一套含义深远的符号体系，增演为六十四卦，增加卦象、益以卦爻辞，配以蓍策，制成一套新的不同于卜筮术的体系。

通过文王演易，掌握在殷人手中与天鬼神沟通的渠道转移到周人手中，周人进而真正掌握了与天沟通的渠道和权力。新的易筮系统的使命，就是要向天下宣传"天命更新"的原因和必然性，宣传新的不同于殷商的天命思想，这应该是周文王重视《周易》并编写卦爻辞的原因或推动力之一，而《周易》古经也因此成为文王为完成其克商、建国及治国理政之大业而宣传其治国思想的最理想的载体。

(二)关于《周易》古经哲理性的争论

近百年来，关于《周易》古经性质的争论一直未休，特别是对于《周易》古经是否包含"哲理"思想的争论更多，相当多的学者认为《周易》古经中本无"哲理"思想，视其为纯粹的卜筮之书，认为《周易》的大部分内容仍属于筮辞的堆砌，多数卦的爻辞之间缺乏逻辑的联系，《周易》的"哲理"是后人"加上"去的，所谓的

① "卡里斯玛"(Charisma)本是指某种特殊的超自然的人格特质，据说它可以通过某种渠道遗传或继承，具有它的人即具有支配的力量，而被支配者就会产生对它完全效忠和献身的情感。参见葛兆光：《中国思想史》(第一卷)，复旦大学出版社 2013 年版，第 14 页。

② 葛兆光：《中国思想史》第 1 卷，复旦大学出版社 2001 年版，第 12～13 页。

“哲理”思想是《易传》强加给《易经》的。

如陆侃如先生说:“我们知道《易经》并不是古圣王说教的著作,而是民间迷信的结晶,从起源到写定,当然需要几个世纪。这些迷信的作品,与近代之‘观音籤’‘牙牌诀’极相近,既谈不到哲理,更谈不到文艺。”[①]高亨先生则说:“我认为研究《周易》古经,首先应该认识到《周易》古经本是上古的筮书,与近代的牙牌神数性质相类,并不含有什么神秘深奥的哲理。”[②]

与以上看法截然相反的是,大多数的传统文献和学者还是认可《周易》是讲哲理的。《系辞》云:“《易》之为书,广大悉备。有天道焉,有人道焉,有地道焉。”[③]并借“子曰”赞为:“易其至矣乎。夫易,圣人所以崇德而广业也。”[④]《史记·太史公自序》则曰:“《易》以道化。”[⑤]

帛书《要》篇载孔子说:“《易》……我观亓德义耳也……吾求亓德而已。”又说:“故《易》有天道焉,而不可以日、月、星、辰尽称也,故为之以阴阳;有地道焉,不可以水、火、金、土、木尽称也,故律之以柔刚;有人道焉,不可以父子、君臣、夫妇、先后尽称也,故要之以上下;有四时之变焉,不可以万物尽称也,故为之以八卦。”[⑥]认为《易》有“德义”,具体而言,既有“以阴阳”表现的“天道”,又有“以柔刚”表现的“地道”,还有“以上下”表现的“人道”,更有“以八卦”表现的“四时之变”。

《左传·襄公九年》记载穆姜的话:

> 是于《周易》曰:“《随》,元亨利贞,无咎。”元,体之长也;亨,嘉之会也;利,义之和也;贞,事之干也。体仁足以长人,嘉德足以合礼,利物足以和义,贞固足以干事。[⑦]

《汉书·艺文志》说:“《易》道深矣。”[⑧]

---

① 袁世硕、张可礼主编,陆侃如、冯沅君著译:《中国文学史简编》,《陆侃如 冯沅君合集》第三卷,安徽教育出版社 2011 年版,第 13 页。

② 高亨:《周易古经今注》,清华大学出版社 2010 年版,第 8 页。

③ (清)李道平撰,潘雨廷点校:《周易集解纂疏》,中华书局 1994 年版,第 675 页。

④ (清)李道平撰,潘雨廷点校:《周易集解纂疏》,中华书局 1994 年版,第 565 页。

⑤ (汉)司马迁撰,(宋)裴骃集解,(唐)司马贞索隐,(唐)张守节正义:《太史公自序》,《史记》卷一百三十,中华书局 1982 年版,第 3297 页。

⑥ 廖名春:《帛书〈周易〉论集》,上海古籍出版社 2008 年版,第 389 页。

⑦ 郭丹、程小青、李彬源译注:《左传》,中华书局 2012 年版,第 1125 页。

⑧ (汉)班固撰,(唐)颜师古注:《艺文志》,《汉书》卷三十,中华书局 2012 年版,第 1517 页。

晋杜预《春秋经传集解》序说："韩宣子适鲁，见《易象》与《鲁春秋》，曰：'周礼尽在鲁矣，吾乃今知周公之德与周之所以王。'"①可见《周易》的兴起与周文王有一定的关系。《易象》的思想内容，当时认为是对文王观点的一种阐述，而文王是周朝"受命"之君。因此，韩起读到《易象》《鲁春秋》二书，便想到周朝的建立和周公的功业。《周易》与文王有关，《左传》这段记载是一条很重要的证据。②

《缪和》篇也一再强调《周易》是贤明君王所奉尊的政治宝典，其文曰："夫《易》，上圣之治也"，"夫《易》，明君之守也"，"夫《易》，圣君之尊也"③。中国古代的文化精神集中在治国理民上，历史上的上古圣王皆因其在治国理民上有贡献，才被后世所敬重与传颂。文王以治国者的立场，集五十年治国理民的丰富长久的经验，继承发扬伏羲氏之哲学，融通其政治思想于易学筮术之中也是水到渠成的事情。

"西周一开始就提出'天命'作为其征服天下的合法理由。'天命'是具有道德意味的普世诉求。在《尚书》'金縢篇'就有过一次辩论：究竟'天命'降于周王还是降于周人？最后，他们的结论是降于周王。""天命降于周王，周王就必须对上天负起道德的责任。""西周统治的政治理念，在中国历史上长期延续存在于历代皇朝天命观和家族观。皇室承受的天命是皇家一姓所有，皇帝要向上天负责，而百姓要服从天命所在的皇室，百姓也以天命来考核国家代表的皇帝。"④《左传·僖公五年·亦引《周书》曰："皇天无亲，惟德是辅。"⑤也就是说，文王因其"德"而得"天命"，因"天命"而得天下。而纣之所以失天下，是因为其失"德"，《史记·周本纪》载《大誓》之辞说："今殷王纣乃用其妇人之言，自绝于天，毁坏其三正，离逖其王父母弟，乃断弃其先祖之乐，乃为淫声，用变乱正声，怡悦妇人。"⑥《史记解》说："严兵而不□者，其臣慑，其臣慑而不敢忠，不敢忠则民不亲其吏。刑始于亲，远者寒心，殷商以亡。"⑦《史记》乃取遂事为戒，必无故毁前人

① (晋)杜预撰，(唐)陆德明音释：《国学基本典籍丛刊：宋本春秋经传集解》(一)，国家图书馆出版社 2017 年版，第 7～8 页。

② 参见李学勤：《周易溯源》，巴蜀书社 2006 年版，第 63 页。

③ 廖名春：《帛书〈周易〉论集》，上海古籍出版社 2008 年版，第 390～393 页。

④ 许倬云：《西周的政体——中国早期的管理制度和国家》，生活·读书·新知三联书店 2010 年版，"序言"，第 2～3 页。

⑤ 郭丹、程小青、李彬源译注：《左传》，中华书局 2012 年版，第 347 页。

⑥ (汉)司马迁撰，(宋)裴骃集解，(唐)司马贞索隐，(唐)张守节正义：《周本纪》，《史记》卷四，中华书局 1982 年版，第 121 页。

⑦ 黄怀信、张懋镕、田旭东撰，黄怀信修订，李学勤审定：《逸周书汇校集注》(修订本)，上海古籍出版社 2007 年版，第 948 页。

之理，则谓桀、纣拒谏好贿，亦当非虚语。

文王、周公处于殷商矛盾日益尖锐、社会急剧动荡的时代。纣在上位，逆天暴物，文王以诸侯顺天而行道。[①] 帝纣乃囚西伯于羑里[②]。西伯之臣闳夭之徒，求美女奇物善马以献纣，纣乃赦西伯[③]。“在这复杂的历史环境下，《周易》成书，文王和周公既是《周易》的作者，又是社会变革的领导者和参与者。因此，《周易》卦爻辞许多是以发生在当时的重大历史事件为内容，流露出作者的心态是合乎情理的，这一点从《周易》的内容可以得到印证。”[④]

传世史书记载文王演《周易》最详细的当推《史记》，其《太史公自序》曰：“昔西伯拘羑里，演《周易》。”[⑤]其《周本纪》曰：“西伯盖即位五十年。其囚羑里，盖益《易》之八卦为六十四卦。”[⑥]《系辞》亦有与此类似的记载：“《易》之兴也，其当殷之末世，周之盛德邪，当文王与纣之事邪。”[⑦]

帛书《衷》篇有一段话与《系辞》亦很类似：“子曰：‘《易》之用也，殷之无道，周之盛德也。恐以守功，敬以承事，知以辟患，□□□□□□□□文王之危，知史记之数书，孰能辩焉。’”[⑧]而《缪和》篇也一再强调《周易》是贤明君王所奉尊的政治宝典，其文曰：“夫《易》，上圣之治也”，“夫《易》，明君之守也”，“夫《易》，圣君之尊也”。[⑨]

《汉书·艺文志》曰：“人更三圣，世历三古。”[⑩]根据当今大多数学者的考证，文王对六十四卦的卦序做了一定的编排，以至于形成今天的卦序，这是所谓的“演”；文王又将六十四卦系以一定的卦辞和爻辞，这是所谓的“增”；文王所系之卦、爻辞，后来又经过周公的改编、加工、编订，以至于最后形成《周易》本经。

《易纬》的宗旨是“经天地”“理人伦”“明王道”，其在注释《易》卦时多次采用

---

① 参见(汉)班固撰，(唐)颜师古注：《艺文志》，《汉书》卷三十，中华书局2012年版，第1517页。

② (汉)司马迁撰，(宋)裴骃集解，(唐)司马贞索隐，(唐)张守节正义：《周本纪》，《史记》卷四，中华书局1982年版，第116页。

③ (汉)司马迁撰，(宋)裴骃集解，(唐)司马贞索隐，(唐)张守节正义：《殷本纪》，《史记》卷四，中华书局1982年版，第106页。

④ 林忠军：《易学源流与现代阐释》，上海古籍出版社2012年版，第253页。

⑤ (汉)司马迁撰，(宋)裴骃集解，(唐)司马贞索隐，(唐)张守节正义：《太史公自序》，《史记》卷一百三十，中华书局1982年版，第3300页。

⑥ (汉)司马迁撰，(宋)裴骃集解，(唐)司马贞索隐，(唐)张守节正义：《周本纪》，《史记》卷四，中华书局1982年版，第119页。

⑦ (清)李道平撰，潘雨廷点校：《周易集解纂疏》，中华书局1994年版，第677页。

⑧ 廖名春：《帛书〈周易〉论集》，上海古籍出版社2008年版，第383～384页。

⑨ 廖名春：《帛书〈周易〉论集》，上海古籍出版社2008年版，第390～393页。

⑩ (汉)班固撰，(唐)颜师古注：《艺文志》，《汉书》卷三十，中华书局2012年版，第1517页。

文王之事，记载文王之德，如以“文王之修积道德，弘开基业”[①]注释《升》卦；用“夫执中和，顺时变，所以全王德，通至美也”[②]注释《困》卦，此条记载的也是文王之事。干宝延续此道注释《周易》记载文王之德，如注《坤·上六》曰：“文王之忠于殷，抑参二之强，以事独夫之纣，盖欲弥缝其阙，而匡救其恶，以祈殷命，以济生民也。”[③]注《升·九二·象》曰：“文王俭以恤民，四时之祭，皆以禴礼，神享德与信，不求备也。”[④]注《革·初九》曰：“此喻文王虽有圣德，天下归周，三分有二而服事殷，其义也。”[⑤]注《震·六二·象》曰：“此托文王积德累功，以被囚为祸也……此以喻纣拘文王，闳夭之徒乃于江淮之浦，求盈箱之贝，而以赂纣也。”[⑥]

《周易》的研究在朱子学术中占据很重要的地位，朱子所著除现存成书于淳熙四年（公元 1177 年）的《周易本义》十二卷，成书于淳熙十三年（公元 1186 年）的《易学启蒙》四卷外，传尚有《易传》十二卷等多种，其世孙朱鉴（子明）还将语录中论《易》语辑成《朱文公易说》二十三卷。[⑦] 朱子的著作及其对《周易》的看法对宋以后的《易》学影响很大。相当多的学者极力强调朱子曾经说过“《易》本为卜筮而作”之言。但朱子并不否认与抹杀《周易》的哲学意蕴，认为“孔子恐义理一向没卜筮中，故明其义”（《朱子语类》），“《易》以卜筮用，道理便在里面”（《朱子语类》卷七十五）。[⑧] 李学勤先生在其《周易溯源》一书中专门分析、比较孔子与朱子论《易》之异同，并说：“孔子和朱子所处时代不同，孔子时人人以《易》为卜筮之书，故孔子强调他与史巫之异；朱子时学者多忘记《易》为卜筮书，故朱子强调其本为卜筮而作。实际上，孔子、朱子都承认《易》为卜筮书，也都主张要从义理即哲学的角度来研究《易》，其态度不仅不相反，而且非常近似。特别是朱子指出孔子之《易》专讲义理，与孔子以前之《易》不同，很是正确。朱子是不可能看到帛书《要篇》这类材料的，但他的不少观点竟能与《要篇》所记孔子所说相合，这证明宋学的某些观点比汉人更近于先秦儒家。其所以如此，是因为宋人

---

① 林忠军：《易纬导读》，齐鲁书社 2002 年版，第 84 页。

② 林忠军：《易纬导读》，齐鲁书社 2002 年版，第 92 页。

③ （清）李道平撰，潘雨廷点校：《周易集解纂疏》，中华书局 1994 年版，第 84 页。

④ （清）李道平撰，潘雨廷点校：《周易集解纂疏》，中华书局 1994 年版，第 418 页。

⑤ （清）李道平撰，潘雨廷点校：《周易集解纂疏》，中华书局 1994 年版，第 438 页。

⑥ （清）李道平撰，潘雨廷点校：《周易集解纂疏》，中华书局 1994 年版，第 457 页。

⑦ 参见周予同：《朱熹之著作》，朱维铮编：《周予同经学史论著作选》（增订本），上海人民出版社 1983 年版，第 181 页。

⑧ （宋）黎靖德编，王星贤点校：《朱子语类》，中华书局 1986 年版，第 1762 页。

能摆脱汉以来儒学的一些束缚,直接去理解先秦的著作。”①

《四库全书总目提要》经部《易》类小序云:“故《易》之为书,推天道以明人事者也。”②清人皮锡瑞也不同意把《周易》看成简单的卜筮之书,皮氏认为八卦、六十四卦符号及卦爻辞均寓含“义理”,而《易传》作者只是对这些义理做了更加鲜明、更加切近“人事”的阐发。皮氏指出:

> 伏羲画卦,虽有占而无文,而亦寓有义理在内。……《左氏》杂采占书,其占不称《周易》者,当是夏、殷之《易》,而亦未尝不具义理;若无义理,但有占法,何能使人信用?观夏、殷之《易》如是,可知伏羲、文王之《易》亦如是矣。周衰而卜筮失官,盖失其义,专言祸福,流为巫史。《左氏》所载,焦循尝一一辨其得失,曰:《易》至春秋,淆乱于术士之口,谬悠荒诞,不足以解圣经,孔子所以韦编三绝而翼赞之也。……是孔子见当时人,惑于吉凶祸福,而卜筮之史加以穿凿傅会,故演《易》系辞,明义理,切人事,借卜筮以教后人,所谓以神道设教。其所发明者,实即羲、文之义理,而非别有义理;亦非羲、文并无义理,至孔子始言义理也。③(《经学通论》)

李镜池先生坚定地认为周易寄寓了编著者的思想,他认为:“周易就是从许多材料里选择出来,又经过分析和组织,编成这样一部占书。编著当中,编著者总结了历史经验,生活经验,根据过去和当时许多事实,注意别择材料,编选组织成为卦爻辞,在选材和组织上,寄寓编著者一些思想。”④“周易的内容性质:我认为周易原是一部占筮书,为供占筮参考而作,但它由许多占筮辞经编著者选择、分析、改写和组织,它就不单纯是占筮书,而是寓有作者思想的占筮书;其中又保存了相当大量的周民族早期的历史资料,所以也可以作为史书读。清代史学家章学诚有‘六经皆史’之说,谓‘古人未尝离事而言理,六经皆先王之政典也’。他认为政典是史,但‘史之所贵者义也’。”⑤“编著者从大量的占筮之辞经过分析选择编成这样一部占筮书,作者从总结历史经验中可以得出一些经验教训,而他对于政治、社会、经济、文化等自有他的看法作为编著周易的主导思想。

---

① 李学勤:《周易溯源》,巴蜀书社 2006 年版,第 93 页。

② (清)永瑢、纪昀主编:《四库全书总目提要》,海南出版社 1999 年版,第 13 页。

③ (清)皮锡瑞:《经学通论》,中华书局 2008 年版,第 41 页。

④ 李镜池:《周易探源》,中华书局 2007 年版,第 3 页。

⑤ 李镜池:《周易探源》,中华书局 2007 年版,第 6 页。

所以周易是以历史材料(旧筮辞)做根据表现作者哲学思想的一部占筮书。”①

易源于卜筮,但古代的占筮往往与国之大事密切相关,天子、诸侯的政治、军事措施的实施往往取决于占筮的结果。而且在占筮过程中,影响人们思想、左右人们行动的关键因素应该是筮书所表露的哲学内涵。《周易》成书之后,虽然保留着卜筮的躯壳,但此时的《周易》文本本质上已并非只是卜筮之书,而是已经发展为一部讲哲学思想的书了。所以,《周易》之“哲理”不是凭空阐发出来的,《周易》古经有其本然的哲学内涵。对《周易》性质的界定,学界常用一句很通用的话来概括之,即《周易》本为卜筮之书。这句话对《周易》性质的界定似乎不全面,也似乎降低了《周易》的地位与价值。《周易》具有卜筮和德性之二重性已经得到学界公认,帛书《易传》记载了孔子晚年易学观发生重大转变,而发生转变的原因是《周易》中的“德义”,但其中的逻辑关系要分析清楚,即《周易》的“德义”是本已有之还是经孔子的德性解释之后才具备的。如果《周易》的“德义”是本已有之,而不是经过孔子的解释才具备,是孔子晚年发现了《周易》中的“古之遗言”,那么称《周易》本为卜筮之书是不全面的,起码应该称《周易》不只是卜筮之书,或者称《周易》是穿着卜筮外衣的有决策之用的体现文王与周公“德义”思想的教化之书、参与治国理政的王者之书。

(三)关于《周易》“德义”思想的疑问

孔子早期排斥《周易》,视《周易》为卜筮之书,到晚年以后却“居则在席,行则在橐”。从帛书《易传》《要》篇的记载看,《周易》中的“德义”是影响孔子晚年易学观转变的重要因素,孔子从《周易》中看出了“德义”,看出了文王之道。那么,这将产生一个疑问:“德义”是《周易》本已存在的思想还是出自孔子的阐发与解释呢?

韩仲民先生介绍了帛书《易传》《要》篇中的一章,他这样说:

> 《要》中有一章,记载了孔子晚年研究《周易》的情况,说是“夫子老而好《易》,居则在席,行则在橐”,随身携带,子贡对此不解,提出疑问,两人之间有一番问答。孔子认为《周易》“有古之遗言焉,予非安其用,而乐其辞”。而且提到“后世之士疑丘者,或以《易》乎?”子贡问他:“夫子亦信其筮乎?”

① 李镜池:《周易探源》,中华书局2007年版,第6页。

孔子讲他和卜筮者不同,"我观其德义耳","吾与史巫同途而殊归"。①

通过帛书《易传》《要》篇的记载,我们知道晚年孔子"老而好《易》"的程度是"居则在席,行则在橐"。

通过孔子对子贡的答复,我们可以知道,孔子"老而好《易》"的原因,是发现《周易》有"古之遗言焉",孔子并未否认《周易》为卜筮之书,但其乐不在用,而在玩味其经文,其着眼点在《周易》一书中的文辞上。为什么"乐其辞"呢?因为《周易》有"古之遗言",可以"观其德义耳"。

关于孔子提到的"古之遗言",李学勤先生认为"是指前世圣人的遗教,而就《周易》来说,'古'即《系辞》讲的'中古',指殷周之际;如果扩大到三《易》的起源,《系辞》所言始作八卦的包牺氏(伏牺)或许也包括在内。孔子肯定《周易》经文有往圣的遗教,可见他所要探讨的,是《周易》蕴含的义理"②。

帛书《要》有一节文字也详细记载了孔子对"祝卜"与"德义"关系的认识。

> 子曰:"《易》,我后亓祝卜矣!我观亓德义耳也。幽赞而达乎数,明数而达乎德,又仁[守]者而义行之耳。赞而不达于数,则亓为之巫;数而不达于德,则亓为之史。史巫之筮,乡之而未也,好之而非也。后世之士疑丘者,或以《易》乎?吾求亓德而已,吾与史巫同途而殊归者也。君子德行焉求福,故祭祀而寡也;仁义焉求吉,故卜筮而希也。祝巫卜筮亓后乎?"③

不难看出,孔子把"德义"置于祈神的"祝卜"之前,也不难看出孔子研《易》、解《易》的逻辑思路是"幽赞而达乎数,明数而达乎德"。"幽赞"与"明数"的最终目的是"达乎德"。孔子研《易》把德放在首位,所以他说:"君子德行焉求福,故祭祀而寡也;仁义焉求吉,故卜筮而希也。"《说卦》:"和顺于道德而理于义,穷理尽性以至于命。"④《文言》:"君子进德修业。忠信,所以进德也。修辞立其诚,所以居业也。""上下无常,非为邪也。进退无恒,非离群也。君子进德修业,欲及时也,故无咎。"⑤其他如《彖传》《象传》《系辞》中以"求德"为宗旨的文字,皆是对《周易》的核心价值"德义"的重视与阐释。

---

① 韩仲民:《帛书〈系辞〉浅说——兼论易传的编纂》,《孔子研究》1988年第4期。

② 李学勤:《周易溯源》,巴蜀书社2006年版,第86页。

③ 廖名春:《帛书〈周易〉论集》,上海古籍出版社2008年版,第389页。

④ (清)李道平撰,潘雨廷点校:《周易集解纂疏》,中华书局1994年版,第690页。

⑤ (清)李道平撰,潘雨廷点校:《周易集解纂疏》,中华书局1994年版,第48、50页。

《左传·昭公二年》有如下的记载：

二年春，晋侯使韩宣子来聘，且告为政而来见，礼也。观书于大史氏，见《易象》(注：原译文为《易》《象》)与《鲁春秋》，曰："周礼尽在鲁矣，吾乃今知周公之德与周之所以王矣。"[①]

关于什么是《易象》，晋杜预《春秋经传集解》序说：

韩宣子适鲁，见《易象》与《鲁春秋》，曰："周礼尽在鲁矣，吾乃今知周公之德与周之所以王。"韩子所见盖周之旧典礼经也。[②]

廖名春先生认为："此《易象》绝非《周易》本文，而是解《易》之传。……孔子在晚年以前排斥《周易》，很可能就是因为他尚未看到《易象》。到了暮年返鲁……孔子整理文献……他就有可能见到载有'周公之德'和'周之所以王'的《易象》。"[③]孔子之所以到了晚年才对《周易》有了新的认识，帛书《要》篇的另外一段记载也揭示了其原因："《周易》未失也，且又古之遗言焉。……文王仁，不得亓志，以成亓虑。纣乃无道，文王作，讳而辟咎，然后《易》始兴也。予乐亓知之。[非文王]之自[作《易》]，予何[知]亓事纣乎？"[④]

前文已经分析了《周易》古经成书的时间及其人文语境，《史记》和《易传》里均有记载，帛书《衷》也有类似记载："子曰：'《易》之用也，殷之无道，周之盛德也。恐以守功，敬以承事，知以辟患，□□□□□□□□□文王之危，知史记之数书，孰能辩焉。'"[⑤]《周易正义》也根据《周易》古经成书时的人文语境分析了《周易》古经的语言风格："以当纣世忧畏灭亡，故作《易》辞，多述忧危之事，亦以垂法于后，使保身危惧，避其患难也。周氏云：'谓当纣时，不敢指斥纣恶，故其辞危微而不正也。'"[⑥]

所以说，受影响于《周易》古经成书时期的复杂环境，《周易》古经中的德治

① 郭丹、程小青、李彬源译注：《左传》，中华书局2012年版，第1583～1584页。

② (晋)杜预撰，(唐)陆德明音释：《宋本春秋经传集解》(一)，国家图书馆出版社2017年版，第7～8页。

③ 廖名春：《帛书〈周易〉论集》，上海古籍出版社2008年版，第130页。

④ 廖名春：《帛书〈周易〉论集》，上海古籍出版社2008年版，第388页。

⑤ 廖名春：《帛书〈周易〉论集》，上海古籍出版社2008年版，第383页。

⑥ (魏)王弼注，(晋)韩康伯注，(唐)孔颖达疏，于天宝点校：《宋本周易注疏》，中华书局2018年版，第466页。

思想是没有直抒胸臆的，而是危而隐的。《周易》成书的历史背景，即“文王仁，不得亓志，以成亓虑。纣乃无道，文王作，讳而辟咎，然后《易》始兴也”[①]。也就是说，《周易》产生于“纣乃无道”的年代，是周文王“讳而避咎”之作。也正因为《周易》是“讳而避咎”之作，文王的德性与智慧是隐晦于《周易》之中，《周易》中的“德义”思想是隐而不彰的，如《周易》中卦名乾、坤、谦、复、节、损、益等内含德性意义。特别是“以德配天”的天命思想，在《周易》的卦爻辞中多有体现。如《乾》卦之九五爻辞“飞龙在天，利见大人”，《周易正义》释之曰：“言九五阳气盛至于天，故云‘飞龙在天’。此自然之象，犹若圣人有龙德飞腾而居天位，德备天下，为万物所瞻睹，故天下利见此居王位之大人。”[②]《大有・上九》“自天祐之，吉无不利”，《系辞上》引孔子语释曰：“右者，助也。天之所助者，顺也。人所助者，信也。履信思乎顺，有以尚贤也。是以‘自天右之，吉无不利’也。”[③]《姤・九五》：“以杞苞瓜，含章。有陨自天。”[④]《周易程氏传》：“又其内蕴中正之德，充实章美，人君如是，则无有不遇所求者也。虽屈己求贤，若其德不正，贤者不屑也，故必含蓄章美，内积至诚，则有陨自天矣，犹云自天而降，言必得之也。”[⑤]

孔子“老而好《易》”的原因在于孔子晚年发现了蕴藏于《周易》一书中的“德义”。孔子晚年对《周易》认识的“德义”转向，不可能是无根无据凭空创造，应该有其历史渊源。在《周易》卦爻辞中本来也有德性优先的精神，如《恒・九三》“不恒其德，或承之羞，贞吝”[⑥]，《既济・九五》“东邻杀牛，不如西邻之禴祭，实受其福”[⑦]等等。而且，对《周易》“德义”的认识也非始于孔子，《左传・襄公九年》记载，史为穆姜筮得《艮》之八，并谓：“是谓《艮》之《随》䷐。《随》，其出也，君必速出。”[⑧]而穆姜却有不同的解读：

> 亡，是于《周易》曰：“随，元、亨、利、贞，无咎。”元，体之长也，亨，嘉之会也；利，义之和也；贞，事之干也。体仁足以长人，嘉德足以合礼，利物足以

---

① 廖名春：《帛书〈周易〉论集》，上海古籍出版社2008年版，第388页。

② （魏）王弼注，（晋）韩康伯注，（唐）孔颖达疏，于天宝点校：《宋本周易注疏》，中华书局2018年版，第9页。

③ （清）李道平撰，潘雨廷点校：《周易集解纂疏》，中华书局1994年版，第608页。

④ （清）李道平撰，潘雨廷点校：《周易集解纂疏》，中华书局1994年版，第406～407页。

⑤ （宋）程颐著，王孝鱼点校：《周易程氏传》，中华书局2016年版，第198页。

⑥ （清）李道平撰，潘雨廷点校：《周易集解纂疏》，中华书局1994年版，第324页。

⑦ （清）李道平撰，潘雨廷点校：《周易集解纂疏》，中华书局1994年版，第532页。

⑧ 郭丹、程小青、李彬源译注：《左传》，中华书局2012年版，第1125页。

和义，贞固足以干事。然，故不可诬也，是以虽《随》无咎。今我妇人，而与于乱，固在下位，而有不仁，不可谓元。不靖国家，不可谓亨。作而害身，不可谓利。弃位而姣，不可谓贞。有四德者，《随》而无咎。我皆无之，岂《随》也哉？我则取恶，能无咎乎？必死于此，弗得出矣。[①]

史以筮数断“君必速出”，但穆姜认为“无咎”的前提是具备四德，若无此四德，则不可能“无咎”。穆姜在孔子出生前十四年即认识到《周易》的“德义”，也足以说明对《周易》“德义”的认识在孔子之前就已经存在。春秋时期用《周易》品评人物道德也不乏其例，如《左传·宣公六年》记载，王子伯引《周易》评论郑公子曼满：“无德而贪，其在《周易》《丰》䷶之《离》䷝，弗过之矣。”杜预注：“《丰》上六曰：‘丰其屋，蔀其家，窥其户，阒其无人，三岁不觌，凶。’义取无德而大其屋，不过三岁，必灭亡。”[②]又如《左传·襄公二十八年》记载，郑国游吉引《复》上九爻辞论楚王：“楚子将死矣。不修其政德，而贪昧于诸侯，以逞其愿，欲久，得乎？《周易》有之，在《复》䷗之《颐》䷚，曰‘迷复，凶’。其楚子之谓乎！欲复其愿，而弃其本，复归无所，是谓迷复，能无凶乎？”[③]

孔子“后亓祝卜，观亓德义”的易学观体现了《周易》文本性质的二重性，即《周易》是以“德义”为基础的卜筮之书，而且“德义”也是卜筮权威性的重要基础与支撑。帛书《系辞》言：“深备错根，枸险至远，定天下吉凶，定天下之勿勿者，莫善乎蓍龟。是故天生神物，圣人则之；天变化，圣人效之；天垂马（象），见吉凶，而圣人马（象）之；河出图，雒出书，而圣人则之。”[④]也就是说《周易》的预测功能、卜筮之性，取决于它是一部古之圣人仰观俯察、效法自然而成的天书。而且孔子并没有否定《周易》的卜筮之性，而是要通过《周易》卦爻的变化，从卜筮入手，去窥见义理，去探究《周易》之“德义”，亦即由卜筮明吉凶，进而察天道（易道）观得失、以德行获吉庆。

帛书《易传》诸篇，其对卦、卦爻辞的诠释乃至对《周易》的整体性认识，“观亓德义”是其纲领，《周易》之“哲理”，尤其是其中的“德义”，不是凭空阐发出来的，《周易》古经有其本然的哲学内涵。《周易》具有卜筮和德性之二重性已经得到学界公认，帛书《易传》记载了孔子晚年易学观发生重大转变，而发生转变的

① 郭丹、程小青、李彬源译注：《左传》，中华书局2012年版，第1125页。
② 郭丹、程小青、李彬源译注：《左传》，中华书局2012年版，第765页。
③ 郭丹、程小青、李彬源译注：《左传》，中华书局2012年版，第1436页。
④ 廖名春：《帛书〈周易〉论集》，上海古籍出版社2008年版，第378页。

原因是发现了《周易》中的“德义”。其中的逻辑关系是清晰的，即《周易》的“德义”是本已有之的，不是经过孔子的解释才具备的，只是孔子到了晚年才发现《周易》中的“古之遗言”，并以“观亓德义”为纲领进行诠释与阐发。因此，可以称《周易》是穿着卜筮外衣的有决策之用的体现文王与周公“德义”思想的教化之书、治国理政之书。

（四）《周易》是王者之书

《周易》不是一个时期写定，也非出自一人之手，《周易》成书于殷周之际，是一个得到多数学者认可的考证。关于《周易》文本的作者，无论是何种猜测与考证，历代学者分析出的几位可能的作者均是治国者或参与国家治理者，由此也可以推断，《周易》的成书或多或少与早期的治国思想相关。而且关于《周易》古经的作者及其成书时间的争论，其存在共同之处，即它们都肯定周文王与《周易》有关。同时，论证所引用的资料还有如下几个共同点。一是均记载了殷纣之暴政，文王之仁义，《汉书》将“殷、周之际，纣在上位，逆天暴物。文王以诸侯顺天而行道”与“重《易》六爻，作上、下篇”相联[①]，这些与《系辞》《彖传》、帛书《衷》《要》的记载是一致的，《缪和》篇也一再强调《周易》是贤明君王所尊奉的政治宝典，其文曰：“夫《易》，明君之守也。”“夫《易》，上圣之治也。”“夫《易》，圣君之所尊也。”[②]二是体现了文王演易时的殷纣无道的历史环境与文王忧国忧民的历史情怀，即《周易》文本成书于社会急剧动荡、殷周矛盾日益尖锐的时代。文王所处的时代环境是复杂多变的，其间发生了一系列重大的历史事件：文王伐商失败；商王嫁太姒于文王；“帝乃囚西伯于羑里”；“西伯之臣闳夭之徒，求美女奇物善马以献纣，纣乃赦西伯”等。文王和周公作为当时社会变革的领导者与参与者，作易之时将其思想蕴涵于《周易》文本之中是合乎情理的。其所处时代的政治社会环境的艰难复杂性导致了文王、周公对于治国理政的忧患，如《系辞》所云：“作《易》者，其有忧患乎。”[③]“《易》之兴也，其当殷之末世，周之盛德邪，当文王与纣之事邪。是故其辞危。危者使平，易者使倾。”[④]三是体现了《周易》文本对治国理政的指导作用，如帛书《衷》之“《易》之用也，殷之无道，周之盛德

---

① 参见（汉）班固撰，（唐）颜师古注：《艺文志》，《汉书》卷三十，中华书局 2012 年版，第 1517 页。

② 廖名春：《帛书〈周易〉论集》，上海古籍出版社 2008 年版，第 390～393 页。

③ （清）李道平撰，潘雨廷点校：《周易集解纂疏》，中华书局 1994 年版，第 660 页。

④ （清）李道平撰，潘雨廷点校：《周易集解纂疏》，中华书局 1994 年版，第 677～678 页。

也”[1],《史记》之“周文王演三百八十四爻而天下治”[2],《汉书》之“文王以诸侯顺命而行道,天人之占可得而效”[3],《论衡》之“故伏羲以卦治天下,禹案《洪范》以治洪水”[4]。《周易》文本的意义之一在于垂教,而教化也正是古代统治者最为重要的国家治理实践方略。

通过文王演易,掌握在殷人手中与天鬼神沟通的渠道转移到周人手中,周人进而真正掌握了与天沟通的权力,文王通过演易,融通其不同于殷商的政治思想、天命思想于新的易筮系统之中应该是必然的事情。新的易筮系统的使命,就是要向天下宣传“天命更新”的原因及其必然性,宣传新的不同于殷商的以“德”为核心的天命思想,这应该是周文王重视《周易》并编写卦爻辞的原因或推动力之一,而《周易》古经也因此就成为文王为完成其克商、建国及治国理政之大业而宣传其治国思想的最理想的载体。中国古代的文化精神集中在治国理民上,历史上的上古圣王皆因其在治国理民上有贡献,才被后世所敬重与传颂。文王以治国者的立场,集其为西伯五十年治国理民的丰富长久的经验,继承发扬伏羲氏之哲学,融通其政治思想于易学筮术之中也是水到渠成的事情。所以,我们有理由推测,《周易》的出现或多或少与早期的治国思想相关,《周易》是关于国家治理的“王者之书”。

《易传》是对《周易》的诠释与解读,而且《易传》最早以史学的角度解读《周易》,帛书《易传》用史事解说《周易》卦爻辞,继之有汉代的《易纬·乾凿度》,东汉的郑玄,晋之干宝,宋之李光、杨万里和李杞等纷纷从各个角度用史来揭证《周易》,揭证的出发点是《周易》成书的年代、《周易》作者所处的历史背景,揭证的内容则包括与《周易》成书相关联的一系列历史事件,揭证的目的则在于试图推断《周易》及其卦爻辞原有之本义、《周易》成书之目的、《周易》在当时的历史地位与作用。从史学的角度对《周易》解读突出了两个问题,一是《周易》的作者是社会变革的领导者和参与者,胡朴安认为:“自《咸》卦至《小过》卦,为周初文、武、成时代之史。”[5]在某种程度上,可以说《周易》卦爻辞是周文王、武王、周公等领导者带领周人克商的历史进程及其成败因由的真实记载。二是《周易》一书

---

① 廖名春:《帛书〈周易〉论集》,上海古籍出版社2008年版,第383页。

② (汉)司马迁撰,(宋)裴骃集解,(唐)司马贞索隐,(唐)张守节正义:《日者列传》,《史记》卷一百二十七,中华书局1982年版,第3218页。

③ (汉)班固撰,(唐)颜师古注:《艺文志》,《汉书》卷三十,中华书局2012年版,第1517页。

④ 黄晖:《论衡校释》,中华书局2017年版,第1316页。

⑤ 胡朴安:《周易古史观》,上海古籍出版社2006年版,第6页。

的内容蕴涵了《周易》作者作为社会变革领导者的治国理政的丰富长久的实践经验。而这两点也同时体现了《周易》成书之目的，即《周易》是作为参与治国理政实践的王者之书，是先王制定的治国理政之政典。

《易传》和帛书《易传》一再强调《周易》记载了《周易》文本成书的历史环境以及《周易》作者的盛德大业。《系辞》云："《易》之兴也，其当殷之末世，周之盛德邪，当文王与纣之事邪。"[①]《明夷・象》曰："明入地中，《明夷》。内文明而外柔顺，以蒙大难，文王以之。"[②]以下离在内"文明"、坤上在外"柔顺"之象，释读文王被囚"蒙大难"，并以文明柔顺之德臣事殷纣。帛书《易之义》也记载："《易》之用也，段(殷)之无道也，周之盛德也。"[③]《缪和》以史释读《周易》则不仅仅根据殷周之际的历史依据，而且根据了文王、周公之后的诸侯王治国理政的具体史事，以此来说明文王、武王、周公所秉承的治国之大道可为后世所效法，如《缪和》注《困》卦曰："凡天之道，一阴一阳，一短一长，一晦一明。夫人道咎之。是故汤[囚于桀]王，文王絢[拘]于條[羑]里，[秦缪公困]于殽，齐桓公辱于勺，戉王勾贱困于[会稽]，晋文君困[于]骊氏。"[④]而且在《缪和》十九至二十四段中，专以历史事例解读《周易》，以此言明《周易》的经世致用。具体说来，第十九段是以汤田猎德及禽兽故事来阐发《比》卦九五爻辞之义；第二十段是以魏文侯礼遇段干木之事来阐发《益》卦九五爻辞之义；第二十一段吴太子归(馈)冰八管，置之江中与士人共饮，因而士人大悦，大败荆人的故事来阐明《谦》卦上六爻辞之义；第二十二段以倚相说荆王从越分吴故事阐明《睽》卦上九爻辞之义；第二十三段通过沈尹树(戍)陈说伐陈之利阐明《明夷》卦六四爻辞之义；第二十四段通过史黑(默)向赵间(简)子分析卫不可伐之事阐明《观》卦六四爻辞之义。[⑤]

在易学发展史上，汉代的易学家将《易》视为法天地以设政教的王者之书，王道政治秩序只有通过效法天道之秩序性才能建立和实现。[⑥] 汉代的《易纬・乾凿度》、东汉的郑玄等纷纷从各个角度用史来揭证《周易》，揭证的出发点也是《周易》成书的年代、《周易》作者所处的历史背景，如《易纬》用"文王之修积

① (清)李道平撰，潘雨廷点校：《周易集解纂疏》，中华书局1994年版，第677页。
② (清)李道平撰，潘雨廷点校：《周易集解纂疏》，中华书局1994年版，第343～344页。
③ 廖名春：《帛书〈周易〉论集》，上海古籍出版社2008年版，第174页。
④ 廖名春：《帛书〈周易〉论集》，上海古籍出版社2008年版，第390页。
⑤ 廖名春：《帛书〈周易〉论集》，上海古籍出版社2008年版，第348页。
⑥ 参见刘大钧：《汤一介哲学思想与易学诠释申述》，《周易研究》2017年第5期。

道德，弘开基业”[1]释《升》卦。

王新春教授认为，汉唐经学时期，《易》与诸部经典被奉为法天地以设政教的王者之书，由易学的天人之学促动，出现了经学第一个全面发展并跃为官方法定意识形态时代的天道为人道之终极价值根据、本天道以立人道、法天道以开人文的基本天人关系理念。《易》即此被汉唐经学推尊为经中之经，奉为法天地以设政教的最高王者之书。礼乐刑政之王道义理，遂成为其核心内涵。[2] 两汉时期，以齐学为代表的今文经学占据了统治地位，通过与谶纬的结合来对“河图”“洛书”进行解释，强化其神秘性，其突出的一点是致力于将“河图”“洛书”解释为圣贤出世之兆、帝王受命之符。汉代易学家对“河图”“洛书”的解释迎合了当时政治和文化的需求，关键是迎合了王权对于其统治合法性解释的需求。

郑玄认为八卦的创制出自政治的需求和管理社会的需要，认为八卦的创制可以起到立文书、施教令、垂训后世的作用，郑玄在注《易纬》时曰：

> 庖牺氏中圣，始画八卦，错文字契。仰观其乾象，俯察其地理，用器远近，配物画卦，立文书，垂训后晚，浩大之功成。[3]（《乾坤凿度》卷上注）
>
> 遂皇，谓遂人，在伏羲前，始王天下，但持斗机运之法，指天以施教令，作其图纬之计，演时无书，刻曰：苍精牙肩之人，能通神灵之意，谓伏羲将作易也。[4]（《通卦验》卷上注）
>
> 伏羲时质道朴，作易以为政令而不书，但以画见其事之形象而已矣。[5]（《通卦验》卷上注）
>
> 伏羲初遗十言之教，而画八卦。至文王，乃通其教，演著阴阳人象之言者也。[6]（《易纬·乾凿度》卷下注）

伏羲时代尚无文字，圣人仰观俯察创制八卦，且将大地之道以八卦示之天下，教化万民并传给后世以达垂训之目的。郑玄以上对八卦的解释与《易传》大体一致，《系辞》曰：“夫易，开物成务，冒天下之道，如斯而已者也。”[7]《观·彖》

---

① 林忠军：《易纬导读》，齐鲁书社 2002 年版，第 84 页。

② 参见王新春：《易学与中国哲学》，人民出版社 2012 年版，“前言”，第 3 页。

③ 林忠军：《易纬导读》，齐鲁书社 2002 年版，第 114 页。

④ 林忠军：《易纬导读》，齐鲁书社 2002 年版，第 189 页。

⑤ 林忠军：《易纬导读》，齐鲁书社 2002 年版，第 189 页。

⑥ 林忠军：《易纬导读》，齐鲁书社 2002 年版，第 110 页。

⑦ （清）李道平撰，潘雨廷点校：《周易集解纂疏》，中华书局 1994 年版，第 595 页。

曰:"观天之神道,而四时不忒。圣人以神道设教,而天下服矣。"[①]

干宝基本上是以殷周史事为据来释读《周易》卦爻辞,对文王被囚羑里之事,反复解读,如注《乾·初九》曰:"此文王在羑里之爻也。"[②]注《乾·九二》曰:"此文王免于羑里之日也。"[③]注《蹇·象》曰:"此盖以托文王为纣所囚也。承上据四应二,众阴并至,此盖以托四臣能以权智相救也。"[④]注《震·初九》曰:"'震来虩虩',羑里之厄也。'笑言哑哑',后受方国也。"[⑤]干宝也反复在解读卦爻辞时颂扬文王之圣德,如注《升·九二》曰:"文王俭以恤民,四时之祭,皆以禴礼,神享德与信,不求备也。"[⑥]注《革·初九》曰:"此喻文王虽有圣德,天下归周,三分有二而服事殷,其义也。"[⑦]

以杨万里为代表的宋代易学家以史解读《周易》,他们多以三代以后的历史人物为例力证《周易》为王者之书,是经世致用之书,是治国理政之法宝,具有极强的实践意义和通变适用性,为历代统治者治国理政以及维护统治秩序提供了丰富的理论根据。如杨万里所云:"易之为言,变也。《易》者,圣人通变之书也。……古初以迄于今,万事之变未已也。其作也,一得一失;而其究也,一治一乱。圣人有忧焉……《易》者,圣人通变之书也。其穷理尽性,其正心修身,其齐家治国,其处显,其傃穷,其居常,其遭变,其参天地、合鬼神。万事之变方来,而变通之道先立。变在彼,变在此。得其道者,蚩可哲,慝可淑,眚可福,危可安,乱可治,致身圣贤而跻世泰和,犹反手也。"[⑧]又如杨万里在论述君主刚健之德时,涉及的历史人物包括秦始皇、汉武帝、汉成帝、汉哀帝、汉孝帝、汉元帝、唐穆宗、唐敬宗、唐文宗等,杨万里注《乾》曰:"乾为天、为君,故君德体天。天德主刚,风霆烈日,天之刚也。刚明果断,君之刚也。……故亡汉不以成、哀而以孝元,亡唐不以穆、敬而以文宗,皆不刚健之过也。"[⑨]

杨万里对《周易》的史学解读,学界以"以史证易"称之,杨万里用宋以前的历史来解读《周易》,即"引史证易",也可称之为引史证经,用历朝历代的历史记

---

① (清)李道平撰,潘雨廷点校:《周易集解纂疏》,中华书局1994年版,第28页。
② (清)李道平撰,潘雨廷点校:《周易集解纂疏》,中华书局1994年版,第230～231页。
③ (清)李道平撰,潘雨廷点校:《周易集解纂疏》,中华书局1994年版,第30页。
④ (清)李道平撰,潘雨廷点校:《周易集解纂疏》,中华书局1994年版,第366页。
⑤ (清)李道平撰,潘雨廷点校:《周易集解纂疏》,中华书局1994年版,第456页。
⑥ (清)李道平撰,潘雨廷点校:《周易集解纂疏》,中华书局1994年版,第418页。
⑦ (清)李道平撰,潘雨廷点校:《周易集解纂疏》,中华书局1994年版,第438页。
⑧ (宋)杨万里撰,宋淑洁点校:《诚斋易传》,九州出版社2008年版,"序"。
⑨ (宋)杨万里撰,宋淑洁点校:《诚斋易传》,九州出版社2008年版,第1页。

载附会与解读《周易》的卦爻象和卦爻辞，“引史证易”的前提是把《周易》看成先王制定的治国理政之政典，而以历史解易的目的之一也是践行先王先贤正心诚意德治天下之道，所谓：

诵尧舜禹汤、文武周孔之言行。尧舜禹汤、文武周孔之行，多闻多见而默识心通焉。识其在彼，体之在此。贤一变至于圣，圣一变至于天。[①]

杨万里之“引史证易”多举尧、舜和周公，根据曾华东先生的统计，杨万里之《诚斋易传》引证史料颇多，其中涉及周公最多，有55次；尧和舜其次，二位圣君合并50次；孔、颜合并31次；大禹23次；成汤18次；伊尹15次。[②] 其学术渊源或可来自程颐，程氏在元祐元年《上太皇太后书》中曰：

惟欲主上德如尧、舜，异日天下享尧、舜之治，庙社固无穷之基，乃臣之心也。……历观前古，辅养幼主之道，莫备于周公。周公之为，万世之法也。臣愿陛下扩高世之见，以圣人之言为可必信，先王之道为可必行，勿狃滞于近规，勿迁惑于众口。古人所谓周公，岂欺我哉？[③]

陈桐生先生于其《20世纪的〈周易〉古史研究》一文中总结、分析了沈竹礽、胡朴安、李镜池、黎子耀、香港学者谢宝笙、李大用等人先后从古史角度研究《周易》的成果与观点。[④] 这些研究成果的共同特点是认为《周易》是记录周兴殷灭的历史，认为卦爻辞是周公、召公为了使其警惕天命、德治保民的方针贯彻执行、永保周王朝长治久安的命龟之辞，是周文王、武王、周公、成王兴周灭商的历史进程及其成败因由的记录，是记录周之所以为王的“王者之书”。

儒家及其所尊奉的经典承载了三代乃至三代以前的尧、舜、禹、汤、文、武、周公诸先圣以德配天、敬德保民、法天地以设政教而平治天下的王道，是历代传承的治国理政的资源与理论依据。文王通过演易创制了新的易筮系统，真正掌握了与天沟通的渠道和权力，并借助新的易筮系统向天下宣传不同于殷商的以“德”为核心的天命思想，《周易》古经因此成为文王为完成克商、建国及治国理

① (宋)杨万里撰，宋淑洁点校：《诚斋易传》，九州出版社2008年版，第97页。

② 参见曾华东：《以史证易》，人民出版社2011年版，第71页。

③ (宋)程颢、程颐著，王孝鱼点校：《上太皇太后书》，《二程集》卷六，中华书局2004年版，第542～543页。

④ 参见陈桐生：《20世纪的〈周易〉古史研究》，《周易研究》1999年第1期。

政之大业而宣传其治国思想的最理想的载体。周人视“德”为影响王权合法性的最重要的因素，而《周易》古经则是周之统治者实践其德治思想的最主要的载体。中国古代的文化精神集中在治国理民上，文王以治国者的立场融通其政治思想于易学筮术之中是合情合理的事情，所以《周易》一书的内容蕴涵了《周易》作者作为社会变革领导者的治国理政的实践经验和思想。因此，我们有足够的理由推断，《周易》的成书与早期的治国思想相关，《周易》是参与国家治理的“王者之书”，是指导治国理政具体实践的政典。

二、《周易》古经的“德”释义与民本思想

《周易》古经中多次出现“德”字：

《讼·六三》：食旧德。

《恒·九三》：不恒其德。

《恒·六五》：恒其德。

《益·九五》：有孚惠我德。

“德”字本义是一只眼睛看木桩运行，金文则为左是行走之意，右上一竖叠加一点，表示太阳照在木桩上，右中部是一只眼睛在看，下部是心，“德”字之本义是以正心观看七曜运行，后来引申为直视所行之路。德，也有得到之意。《说文》：“德，升也。”[①]段玉裁注曰：“何曰：登读言得，得来之者，齐人语，齐人名求得为得来。作登来者，其言大而急。”[②]“德”的异体字是“悳”，“从直心，洪范三德，一曰正直”[③]。《讼》卦的“德”指恩惠、施舍。凡施舍、恩惠、仁爱皆为一种美好的品德。《恒》卦的“德”指人的心性、品格。《益》卦的“德”也指心性、德性。总之，三卦的“德”，在某种程度上已经具备了道德意义。若依据《周易》古经上下文看，德的意义表现在民本、诚信、谦虚、行中等方面。

周人的德，与其天命和民本思想紧密相关。周之统治者到了封地之后，“必求殷之贤人君子长者，问其先殷所以兴，所以亡，而务爱民”[④]。民的地位在国家

① (汉)许慎撰，(宋)徐铉校定：《说文解字》，中华书局2013年版，第37页。

② (清)段玉裁撰：《说文解字注》，中华书局2013年版，第76页下。

③ (清)段玉裁撰：《说文解字注》，中华书局2013年版，第507页上。

④ (汉)司马迁撰，(宋)裴骃集解，(唐)司马贞索隐，(唐)张守节正义：《卫康叔世家》，《史记》卷三十七，中华书局1982年版，第1590页。

治理中的突出，是周人对中国古代政治思想的巨大贡献，周人的重民思想是中国古代政治思想的一个里程碑，重民思想自周开始光大并绵延后世而不绝。敬天保民，构建了殷周之际天、统治者、民三者之间的合理关系，而敬天的目是明确的，即“祈天永命”“受天永命”(《召诰》)，重德保民是天命常有之根本，而天命只授于有德之君，这就要求获得天命授权的君王要想长期维护王权就必须要克制自己的私欲、检点自己的行为，从而最终体现为对民的重视。

周人认识到了天命的改变与民心的关系，如周公讲：“天视自我民视，天听自我民听。”[①](《尚书・泰誓》)“民之所欲，天必从之。”[②](《尚书・泰誓》)天命实取决于民心。殷周之际人文意识的初步觉醒在春秋时期也进一步发展与凸显，这在《左传》中有很多记载，如随国季梁说：“夫民，神之主也。是以圣王先成民而后致力于神。”[③](《左传・桓公六年》)虢国史官史嚚说：“国将兴，听于民；将亡，听于神。神，聪明正直而壹者也，依人而行。”[④](《左传・庄公三十二年》)“人”在与“天”“神”的相对关系中逐步占据了更为重要的位置。周之统治者所讲的天命是以民心为其内核的，民意即最大的天意，顺天就是顺民意，顺天应人的终极追求就是顺民意，顺民意就是最大的“德”，殷周之际“德”被视为政权合法性的核心因素。

周初统治者以戒慎恐惧的精神整饬自己的行为，把政治的目的安置于爱民之上。[⑤]《周易》成书于殷周剧变之际，以文王为代表的《周易》古经的作者，同时也是国家的管理者，目睹了殷之衰亡，更加重视人的价值，不仅仅是君子的价值，乃至于“小人”的价值也得到社会和国家管理者的承认。人的价值的提高，即所谓民本意识，其在《周易》古经中的体现具有一定普遍性。《离・上九》：“王用出征，有嘉折首，获匪其丑，无咎。”[⑥]主张君王以刚明之德、王道之威信去征服异方，附丽者必众。《解・六五》：“君子维有解，吉，有孚于小人。”[⑦]主张王居尊位纾解天下之难，以孚信之德感化“小人”等普通民众使其服而无怨。《观・九五》：“观我生，君子无咎。”[⑧]主张君王以盛德教化天下，并通过观民以自省，“君

① 王世舜、王翠叶译注：《尚书》，中华书局 2012 年版，第 436 页。
② 王世舜、王翠叶译注：《尚书》，中华书局 2012 年版，第 431 页。
③ 郭丹、程小青、李彬源译注：《左传》，中华书局 2012 年版，第 131 页。
④ 郭丹、程小青、李彬源译注：《左传》，中华书局 2012 年版，第 288 页。
⑤ 参见徐复观：《两汉思想史》(一)，九州出版社 2014 年版，第 90 页。
⑥ (清)李道平撰，潘雨廷点校：《周易集解纂疏》，中华书局 1994 年版，第 310 页。
⑦ (清)李道平撰，潘雨廷点校：《周易集解纂疏》，中华书局 1994 年版，第 372 页。
⑧ (清)李道平撰，潘雨廷点校：《周易集解纂疏》，中华书局 1994 年版，第 235 页。

子风著，已乃无咎。欲察己道，当‘观民’也”[①]。

《周易》古经所重视的民本思想与周之统治者所推崇的民本思想是一致的，以民为重，民为一切之本，民本思想是《周易》古经德治思想之基础。周人治国理政主体思想中的孚信于民的意识、明德慎罚的意识、让利于民的意识、忧患意识、修德思想、教化思想等则是民本思想的具体体现，这在《周易》的卦爻辞中多有体现。

(一)“孚”信于民，利涉大川

《中孚》卦，《杂卦》解释其为：“中孚，信也。”[②]《中孚》卦之卦象和卦爻辞贯穿了诚信精神。从卦象看，中间两阴爻，上下分别两阳爻，朱熹云：“孚，信也。为卦二阴在内，四阳在外，而二五之阳，皆得其中，以一卦言之为中虚，以二体言之为中实，皆孚信之象也。”[③]又上巽为风，下兑为泽，有广施诚信之意。孔颖达曰：“信发于中，谓之‘中孚’。”[④]从卦爻辞看，初爻讲安守诚信则吉；二爻以鸣鹤母子感应为例，说明诚信需交感互通；三爻以战争为例，讲上下诚信一致，出征方可取胜；上六爻讲丧失诚信会招致祸患。卦辞和九五爻辞讲诚信广施的重要意义，卦辞以小鱼小猪为例讲诚信要广施且施至于微会有助于成就大事业，九五爻辞讲国家管理者居尊位而广施诚信，治国可取信于民，如黄寿祺、张善文先生所言：“九五所取以‘诚信’牵系‘天下’之象，更蕴含着对‘有国者’必须‘取信于民’的期望，与卦辞申言‘信及豚鱼’而感化万物的观点相合。……中孚卦所发‘诚信’之义，既泛及一般的社会道德，又兼及特殊的政治理论。”[⑤]

一卦之六爻，由下至上排列，象征事物的发展是自微而著、由低渐高的变化过程。初爻，位一卦六爻之下，事之始也，如《乾》卦初爻为“潜龙”，《剥》卦初爻为“剥床以足”，《艮》卦初爻“艮其趾”。《系辞下》曰：“其初难知，其上易知，本末也。初辞拟之，卒成之终。”[⑥]初爻言“孚”的有《晋・初六》：“晋如摧如，贞吉。罔

① (清)李道平撰，潘雨廷点校：《周易集解纂疏》，中华书局1994年版，第235页。

② (清)李道平撰，潘雨廷点校：《周易集解纂疏》，中华书局1994年版，第733页。

③ (宋)朱熹撰，廖名春点校：《周易本义》，中华书局2009年版，第209页。

④ (魏)王弼注，(晋)韩康伯注，(唐)孔颖达疏，于天宝点校：《宋本周易注疏》，中华书局2018年版，第357页。

⑤ 黄寿祺、张善文：《周易译注》，上海古籍出版社2007年版，第356页。

⑥ (清)李道平撰，潘雨廷点校：《周易集解纂疏》，中华书局1994年版，第670页。

孚，裕无咎。”[①]《大壮·初九》：“壮于趾。征凶，有孚。”[②]《比·初六》：“有孚比之，无咎。有孚盈缶，终来有它，吉。”[③]《萃·初六》：“有孚不终，乃乱乃萃。若号，一握为笑，勿恤，往无咎。”[④]《周易》作者告诉人们，事业之始，安守诚信可以获吉，“有孚”至关重要，任何一项事业在走向成功的过程中，难免遭遇曲折、诘难与妄议，以诚信的态度开展事业是事业最终取得成功的关键。

九五爻处至尊之位，是有德性和权势的“大人”，即君王，其保持言行诚信在管理国家事务中尤为重要。《小畜·九五》曰：“有孚挛如，富以其邻。”[⑤]《大有·六五》曰：“厥孚交如，威如吉。”[⑥]《随·九五》曰：“孚于嘉，吉。”[⑦]《中孚·九五》曰：“有孚挛如，无咎。”[⑧]由此观之，周易重视德位相配，九五以中正居尊位，“孚信”之德不可或缺，以至诚至信之心施政于天下，发之于内而交之于下，上下内外，皆以诚信相通。以中正居尊位且孚信于民，是九五的为君之道、应配之德。

六十四卦，一卦之中多处言“孚”的是《革》卦，关于《革》卦的主题思想，虽然看法多有不同，但主流看法是将其定位在革命、变革之义上。关于《革》卦卦辞的解读与理解，分歧最大的是“巳日乃孚”的第一个字，到底是读作己(jǐ)还是已(yǐ)或者是巳(sì)？各家说法不一。王弼读作已(yǐ)，意思为初行改革之时，众人半信半疑，不愿意积极跟随，等到改革成功了，才能获得众人信任并使众人跟随(故革之为道，即日不孚，已日乃孚也……已日而不孚，革不当也[⑨])。姜光辉认为应当读作巳(sì)。“巳”是十二地支(子、丑、寅、卯、辰、巳、午、未、申、酉、戌、亥)中的第六位，十二地支用以纪月，表示十二个月，子是夏历十一月，冬至之时，一阳初起，天气开始由寒转暖，丑是十二月，寅是正月，卯是二月，辰是三月，巳是四月，这是一年中阳气最盛之时。过了“巳月”，一阴初起，天气开始由暖转寒。所以到了“巳”月，节令开始转化，“巳”本身就有改的意思。“巳日乃孚”头一个字应该读作“巳(sì)”。就是说真正到了当变改之日，人们才会相信。只有

① (清)李道平撰，潘雨廷点校：《周易集解纂疏》，中华书局1994年版，第339页。
② (清)李道平撰，潘雨廷点校：《周易集解纂疏》，中华书局1994年版，第334页。
③ (清)李道平撰，潘雨廷点校：《周易集解纂疏》，中华书局1994年版，第143页。
④ (清)李道平撰，潘雨廷点校：《周易集解纂疏》，中华书局1994年版，第411～412页。
⑤ (清)李道平撰，潘雨廷点校：《周易集解纂疏》，中华书局1994年版，第152页。
⑥ (清)李道平撰，潘雨廷点校：《周易集解纂疏》，中华书局1994年版，第191～192页。
⑦ (清)李道平撰，潘雨廷点校：《周易集解纂疏》，中华书局1994年版，第215页。
⑧ (清)李道平撰，潘雨廷点校：《周易集解纂疏》，中华书局1994年版，第519页。
⑨ (魏)王弼撰，楼宇烈校释：《周易注》，中华书局2011年版，第266页。

这时进行改革，才会大亨而有利于守正，悔才可以亡去。[①] 还有一种解释认为“巳”通“祀”，高亨先生《周易大传今注》云：“巳借为祀。革，改也。古人祭祀，皆先占筮日期，改期则另占筮。”[②]意谓在祭祀之日才进行改革，以“改革是神意”为幌子取信于众。无论哪种解释，其实都指向一点，即改革、革命的时机和取信于众对于改革、革命的成功很重要。卦辞“巳日乃孚”明确地指出了影响改革成功的两个因素，即时机和取信于众，改革时机把握得适当才能推行正道，适当的时机是外在条件，取信于众则是内在因素，内外互济才能“革”而成之。《革·彖》曰：“己日乃孚，革而信之。”[③]所以，选择合适的变革时机是取信的关键，倘若变革时机恰当并取信于众，则天下人必将纷纷信从，众皆来附，《革》卦反复强调并充分注意到了改革过程中“有孚”“乃孚”，即争取民心对改革的信任的极端重要性。《周易尚氏学》曰：“四时相代实相革，期无或爽，信也。汤武革命，天人皆应，亦信也。不信则不能革，故时之所关甚大，此其义也。”[④]

《革·九三》爻辞曰：“征凶，贞厉。革言三就，有孚。”[⑤]《周易集解》引崔憬曰：“夫安者，有其危也，故受命之君，虽诛元恶，未改其命者，以即行改命，习俗不安，故曰‘征凶’。犹以正自危，故曰‘贞厉’。是以武王克纣，不即行周命，乃反商政，一就也；释箕子囚，封比干墓，式商容闾，二就也；散鹿台之财，发钜桥之粟，大赉于四海，三就也。故曰‘革言三就’。”[⑥]黄寿祺和张善文是这样阐释的：九三爻处《革》下卦之上，有“革”道初见端倪之象（《重定费氏学》引李翱曰“重卦之内至于三位，则有小成变革之理”），宜于审慎稳进，但三以阳居阳，刚亢躁行，故戒以“征凶，贞厉”；又谓此时的变革措施须以暂退求进，即“三就”于旧制，抚慰人心，安定大局，巩固成果，如此则能以“孚诚”取信于民，稳步推行改革。此亦《象传》所云“革而当，其悔乃亡”之义。[⑦] 有学者认为：“崔氏将‘三就’直接对应了具体的历史事件，九三爻虽然处于当革之位，但却不能急躁冒进，在完成了夺取政权的革命之后，必须要经过‘三就’才可以继续进行变革社会制度的革命。这‘三就’便是：一就商政，而不立即改行周命；二就殷商贵族，尊崇、厚待

① 参见姜光辉：《易经演讲录》，中华书局 2013 年版，第 224 页。
② 高亨：《周易大传今注》，清华大学出版社 2010 年版，第 310 页。
③ （清）李道平撰，潘雨廷点校：《周易集解纂疏》，中华书局 1994 年版，第 437 页。
④ （清）尚秉和著，张善文点校：《周易尚氏学》，中华书局 2016 年版，第 223 页。
⑤ （清）李道平撰，潘雨廷点校：《周易集解纂疏》，中华书局 1994 年版，第 439～440 页。
⑥ （清）李道平撰，潘雨廷点校：《周易集解纂疏》，中华书局 1994 年版，第 440 页。
⑦ 参见黄寿祺、张善文：《周易易注》，上海古籍出版社 2011 年版，第 288 页。

之；三就广大百姓，使大众百姓能享有革命所获之利。”[①]李零先生对“革言三就”的解释也很有代表性，他认为“革言三就”是讲王命变更的事情，王命变更必须重复三遍，才能被执行，强调王命变更前舆论宣传的重要性。[②] 王命变更前的舆论宣传就是为了取信于民。《革・九五》：“大人虎变，未占有孚。”[③]《周易正义》曰：“九五居中处尊，以大人之德为革之主，损益前王，创制立法，有文章之美，焕然可观，有似‘虎变’，其文彪炳。则是汤武革命，顺天应人，不劳占决，信德自著。”[④]《周易集解》引马融曰：“虎变威德，折冲万里，望风而信。”[⑤]

《革》之卦爻辞讲述了变革或革命是一个循序渐进的过程，要选取合适的时机，要取得民众对改革的信任（“巳日乃孚，革而信之”），才能顺利成功（“文明以说，大亨以正”）。其次，强调改革过程的初始，切忌轻举妄动，经过一段时间准备，可以开始发动了，但也需要“革言三就”，反复宣传，直到取得民众对改革的信任，“有孚，改命吉”。再次，到了改革时机成熟时，则“大人虎变，其文炳也”；再到改革初成，正当“君子豹变，小人革面”之时，又不宜多有妄动，“征凶，居贞吉”，力求稳定并巩固改革的成果。《革》卦内蕴的社会改革意识，既强调“革之时大矣哉”“革而当，其悔乃亡”，又充分注意到在改革过程中“有孚”“乃孚”，即争取民心对信任改革的极端重要性。

《周易》成书于殷周剧变之际，以文王为代表的《周易》古经的作者，同时也是国家和社会的管理者，目睹了殷商的衰亡历程，更加重视人的价值。人的价值的提高，即所谓民本思想，其在《周易》古经中的体现是具有一定的普遍性的，如《解・六五》：“君子惟有解吉，有孚于小人。”[⑥]主张王居尊位纾解天下之难，以孚信之德感化“小人”等普通民众。《周易》古经中用“孚”字如此之多，说明了作者对“孚”信于民的高度重视。

---

① 张蝶：《各家注〈周易・革〉卦新释——论革命的策略、道德价值观与合理性》，《现代哲学》2016年第6期。

② 参见李零：《死生有命，富贵在天：〈周易〉的自然哲学》，生活・读书・新知三联书店2013年版，第248页。

③ （清）李道平撰，潘雨廷点校：《周易集解纂疏》，中华书局1994年版，第442页。

④ （魏）王弼注，（晋）韩康伯注，（唐）孔颖达疏，于天宝点校：《宋本周易注疏》，中华书局2018年版，第301页。

⑤ （清）李道平撰，潘雨廷点校：《周易集解纂疏》，中华书局1994年版，第442页。

⑥ （清）李道平撰，潘雨廷点校：《周易集解纂疏》，中华书局1994年版，第372页。

(二)损上益下,让利于民

《损》《益》两卦,从卦象上看,似来自《泰》卦和《否》卦,《否》卦减少上卦一阳爻增至下卦,是谓《益》卦;《泰》卦减少下卦一阳爻增至上卦是谓《损》卦。很明显,《损》《益》两卦设置体现了国家管理者对民众的态度,国家管理者克制私欲,将天下之利用之于民、施惠于民、取悦于民。

《益》卦六爻,六四柔正居上卦之始,九五刚中而居尊位,此二爻体现了国家管理者损上益下、让利于民的为政之道。《益·九五》:"有孚惠心,勿问元吉:有孚惠我德。"九五以阳刚中正之德居尊位,下应六二,程颐在解释"有孚惠我德"时特别强调了人君对"益下"的"至诚":"有孚惠我德:人君至诚,益于天下,天下之人,无不至诚爱戴,以君之德泽为恩惠也。"[①]《周易折中》引郑氏维岳曰:"《损》之六五,受下益者也。《益》之九五,益下者也。《损》六五受益而获'元吉',《益》九五但知民之当益而已,'勿问元吉'也,此惠心之出于'有孚'者也。然上虽不望德于民,而民固德其惠矣。其德其惠,亦出于'有孚'也,故曰王道本于诚意。"[②]反之亦然,《屯·九五》:"屯其膏,小贞吉,大贞凶。"马王堆帛书《缪和》:"'屯其膏',此言自闰者也。夫处上位,厚自利而不自血下,小之犹可,大之必凶。"[③]

"民心无常,惟惠之怀"(《尚书·蔡仲之命》),《周易》古经让利于民的思想与儒家一直推崇的"民为贵,社稷次之,君为轻"(《孟子·尽心下》),"民悦之则取之,民不悦则不取"(《孟子·梁惠王下》)的民本思想是一致的。《损》《益》二卦,意旨互补:损下益上,上又施惠于下;损上益下,受惠之下可转益于上。孔子读《易》至于《损》《益》两卦时,慨然曰:"自损者益,自益者缺。"[④]"益损者,其王者之事与?事或欲以利之,适足以害之;或欲害之,乃反以利之。利害之反,福祸之门户,不可不察也。"[⑤]施惠天下,让利于民,是治国理政之大事。

(三)履谦有终,亲比万民

在《周易》的作者看来,谦和虚心是一种美德,《谦》卦以自然之象再现这种

---

① (宋)程颐撰,王孝鱼点校:《周易程氏传》,中华书局2016年版,第188页。

② (清)李光地编纂,刘大钧整理:《周易折中》,巴蜀书社2006年版,第223页。

③ 廖名春:《帛书〈周易〉论集》,上海古籍出版社2008年版,第392页。

④ (汉)刘向撰,向宗鲁校证:《说苑校证》,中华书局1987年版,第241页。

⑤ 陈广忠译注:《淮南子》,中华书局2012年版,第1042页。

人间美德。《谦》卦,《周易集解》引郑玄曰:"'艮为山','坤为地'。山体高,今在地下。其于人道,高能下下,谦之象。"[①]《谦》卦辞曰:"亨。君子有终。"[②]"君子有终"强调了"谦德"是国家管理者应该秉承的诸"德"之中最重要的一"德","谦德"之重要性,从周公旦对伯禽的告诫可知:"故《易》曰:'有一道,大足以守天下,中足以守国家,小足以守其身,谦之谓也。'"[③]《韩诗外传》卷八也记载周公曾训诫其子曰:"故德行宽容而守之以恭者荣,土地广大而守之以俭者安,位尊禄重而守之以卑者贵,人众兵强而守之以畏者胜,聪明睿智而守之以愚者哲,博闻强记而守之以浅者不隘。此六者皆谦德也。《易》曰:'谦,亨,君子有终,吉。'能以此终吉者,君子之道也。贵为天子,富有四海,而德不谦,以亡其身,桀纣是也,而况众庶乎?"[④]《周易》古经是王者之书,履谦有终是王者实现盛德大业最重要的德治之实践。

谦虚是古人管理国家和为人处事的美德之一。《谦》一卦六爻,下三爻皆吉而无凶,上三爻皆利而无害,卦爻辞皆无凶险之意,六十四卦之中唯此一卦。一卦之六爻,没有凶咎悔吝,说明了"君子有终"的另外一层含义,君子对"谦德"的遵守是始终不渝的,是履"谦"有终的,非"谦"于一时的,"有终"是极其难得的,"靡不有初,鲜克有终"[⑤](《诗·荡》)。《谦》卦六爻之辞皆与谦虚有关,《谦·初六》:"谦谦君子,用涉大川,吉。"[⑥]初六,处《谦》卦之始,其位最下,谦而又谦,可获吉也。《谦·六二》:"鸣谦,贞吉。"[⑦]六二柔顺居中且正,虽有名声闻于外,却能谦虚恪守中正,可获吉也。《谦·六四》:"无不利。㧑谦。"[⑧]六四处三之上,五之下,乘三承五,柔顺得正。六四是"多惧"之位,对上对下,均要发挥谦德,竭力"㧑谦"。《谦·六五》:"不富以其邻。利用侵伐,无不利。"[⑨]六五以谦德居尊位,但对骄逆者却未必用谦姑息,而要以"侵伐"制服之,做到力与德的合理配合,正如文王的克商方略"大国畏其力,小国怀其德"。《谦·上六》:"鸣谦。利用行

① (清)李道平撰,潘雨廷点校:《周易集解纂疏》,中华书局 1994 年版,第 194 页。
② (清)李道平撰,潘雨廷点校:《周易集解纂疏》,中华书局 1994 年版,第 193～194 页。
③ (汉)刘向撰,向宗鲁校证:《说苑校证》,中华书局 1987 版,第 241 页。
④ (韩)韩婴撰,许维遹校释:《韩氏外传集释》,中华书局 1980 年版,第 302 页。
⑤ 高亨注:《诗经今注》,上海古籍出版社 2009 年版,第 429 页。
⑥ (清)李道平撰,潘雨廷点校:《周易集解纂疏》,中华书局 1994 年版,第 197 页。
⑦ (清)李道平撰,潘雨廷点校:《周易集解纂疏》,中华书局 1994 年版,第 198 页。
⑧ (清)李道平撰,潘雨廷点校:《周易集解纂疏》,中华书局 1994 年版,第 198 页。
⑨ (清)李道平撰,潘雨廷点校:《周易集解纂疏》,中华书局 1994 年版,第 199 页。

师，征邑国。”[①]朱熹曰：“谦极有闻，人之所与，故可用行师。”[②]《谦》卦六爻，无不揭示行谦德方可获吉的道理。而九三爻则专门强调履谦“有终”的重要意义，《谦・九三》：“劳谦，君子有终，吉。”[③]九三为卦中唯一的阳爻，处上、下之际，居下卦之终，以刚健承应于上，勤劳而又谦虚，是谓“劳谦”也。王弼《周易注》曰：“居谦之世，何可安尊？上承下接，劳谦匪解，是以吉也。”[④]杨万里引周公之史解释此爻的象辞：“万民服者，非服其劳也。服其劳而谦、谦而终也。大哉，谦乎！大哉，谦之有终乎！周公公孙硕肤，上也。”[⑤]“公孙硕肤”出自《诗・豳风・狼跋》：“狼跋其胡，载疐其尾。公孙硕肤，赤舄几几。”[⑥]清代方玉润《诗经原始》：“解此诗者，多牵涉成王不信周公，愚殊不取，已数辩之矣。”[⑦]周公是“劳谦君子”“有德不居”且“履谦有终”的万世楷模。

屈躬下物、先人后己是帝王成就大业所应具备的品德。《谦》卦所言就是这样一种品德。《象传》在解释九三爻时说：“劳谦君子，万民服也。”[⑧]君子屈躬待下，目的是争取万民来附。亲比民众也当以诚敬之心孚信于民，《比・初六》：“有孚比之，无咎。有孚盈缶，终来有它，吉。”[⑨]廖名春先生认为：“这里的‘有孚，比之，无咎’是一条件复句。‘有孚’，‘比之’，就能‘无咎’，说明‘比’要以‘有孚’为条件，‘孚’至关重要。‘有孚盈缶（饱），终来有它，吉’也是一条件复句。‘有孚盈缶（饱）’，‘终来有它’，终于招徕了不宁之邦。‘有孚盈缶（饱）’是条件，而‘终来有它，吉’则是结果。‘盈缶（饱）’是对‘有孚’程度的强调，说明一般之‘有孚’还不足以‘终来有它’，非得‘盈缶（饱）’不可。”[⑩]《比・九五》：“显比。王用三驱，失前禽。邑人不诫，吉。”[⑪]《比》卦勾画了周易作者所期许的上下亲善和睦的理想政治境界。李镜池认为《临》卦是“政治之卦。前半说的感化、诚和、优宽。是指政策而言；后半说的躬亲、明智、淳厚，是指统治者的品质而言”。他认为

---

① （清）李道平撰，潘雨廷点校：《周易集解纂疏》，中华书局1994年版，第199页。
② （宋）朱熹撰，廖名春点校：《周易本义》，中华书局2009年版，第87页。
③ （清）李道平撰，潘雨廷点校：《周易集解纂疏》，中华书局1994年版，第198页。
④ （魏）王弼著，楼宇烈校释：《周易注》，中华书局2011年版，第89页。
⑤ （宋）杨万里撰，宋淑洁点校：《诚斋易传》，九州出版社2008年版，第60页。
⑥ 高亨注：《诗经今注》，上海古籍出版社2009年版，第215页。
⑦ （宋）朱熹：《诗经集传》，上海古籍出版社1987年版，第65～66页。
⑧ （清）李道平撰，潘雨廷点校：《周易集解纂疏》，中华书局1994年版，第198页。
⑨ （清）李道平撰，潘雨廷点校：《周易集解纂疏》，中华书局1994年版，第143页。
⑩ 廖名春：《〈周易〉比、履、离、泰四卦爻辞零释》，《周易研究》2010年第5期。
⑪ （清）李道平撰，潘雨廷点校：《周易集解纂疏》，中华书局1994年版，第145～146页。

《临·初九》是讲“以感化政策治民”，《临·九二》是讲“以温和政策治民”，《临·六三》是讲“与咸临相反的拑制政策，没有带来任何好处。做到忧民之所忧，关心百姓疾苦，才可以无咎”。①

履谦是王者之事，履谦则“大足以守天下，中足以守国家，小足以守其身”②，履谦非一朝一夕之举措，需要长期坚持，履谦有终是王者实现盛德大业重要的德治之实践，《谦》卦所讲的谦恭待下，《比》卦所讲的亲比万民，《临》卦所讲的温和、感化的治民之策等皆是《周易》古经民本思想的具体实践方式。

(四)小惩大诫，教民明耻

对作奸犯科之人小惩大诫，施以礼教，使其改过迁善，悔过自新的思想在《周易》古经中也有体现。《困·初六》：“臀困于株木。入于幽谷，三岁不觌。”③高亨先生引《周礼·司圜》：“掌收教罢民，凡害人者弗使冠饰而加明刑焉，任之以事，而收教之，能改者上罪三年而舍，中罪二年而舍，下罪一年而舍。”释之为：“受刑杖，入囹圄三年。”④

除了小惩大诫，《周易》古经还倡导教民明耻，懂法守法，使民止恶于未萌、防罪于未然。《家人·初六》：“闲有家，悔亡。”⑤王弼《周易注》：“凡教在初，而法在始。家渎而后严之，志变而后治之，则悔矣。”⑥学界基本认同《蒙》卦言教育、论教的特殊之处在于《蒙·初六》和《蒙·上九》所阐发的与刑罚相关的教化方式。《蒙·初六》：“发蒙，利用刑人，用说桎梏；以往吝。”⑦刑，即“型”，用如动词，指以典型、法式教人。⑧ 桎梏有刑具的意思。以反面典型为案例，教人于蒙稚之时，可免于后期犯罪。《蒙·上九》：“击蒙，不利为寇，利御寇。”⑨《周易程氏传》：“治人之蒙，乃‘御寇’也。肆为刚暴，乃为寇也。若舜之征有苗，周公之诛三监，御寇也；秦皇、汉武穷兵诛伐，为寇也。”⑩《蒙》卦阐发的教育观念是“基于教育而

---

① 李镜池：《周易通义》，中华书局 1981 年版，第 41 页。
② (汉)刘向撰，向宗鲁校证：《说苑校证》，中华书局 1987 版，第 241 页。
③ (清)李道平撰，潘雨廷点校：《周易集解纂疏》，中华书局 1994 年版，第 422 页。
④ 徐正英、常佩雨译注：《周礼》，中华书局 2014 年版，第 737 页。
⑤ (清)李道平撰，潘雨廷点校：《周易集解纂疏》，中华书局 1994 年版，第 352 页。
⑥ (魏)王弼著，楼宇烈校释：《周易注》，中华书局 2011 年版，第 200 页。
⑦ (清)李道平撰，潘雨廷点校：《周易集解纂疏》，中华书局 1994 年版，第 108 页。
⑧ 参见黄寿祺、张善文：《周易易注》，上海古籍出版社 2011 年版，第 36 页。
⑨ (清)李道平撰，潘雨廷点校：《周易集解纂疏》，中华书局 1994 年版，第 111 页。
⑩ (宋)程颐著，王孝鱼点校：《周易程氏传》，中华书局 2016 年版，第 24 页。

有刑禁,因有刑禁而促成教化,刑禁有教育之涵义而不失于严猛,教化因刑禁之正法而不流于放纵”[①]。以刑罚案例教化民众可使民懂法进而守法,达到《震·六三》中“震苏苏,震行无眚”[②]之目的。《大畜·六四》:“童牛之牿,元吉。”[③]高亨先生释之为:“童牛角初生,喜触,其角未坚,易折,牿之则不致触伤人物,或伤其角。”[④]《大畜·六五》:“豮豕之牙,吉。”[⑤]《周易程氏传》:“豕,刚躁之物,而牙为猛利,若强制其牙,则用力劳而不能止其躁猛,虽絷之维之,不能使之变也。若豮去其势,则牙虽存,而刚躁自止,其用如此,所以吉也。”[⑥]此二爻有止恶于未萌、防罪于未然之意。小惩大诫、不尚威刑,教民明廉耻之道,也是《周易》古经所重视的民本思想之一。

三、以修德为核心的忧患意识

文王被囚羑里期间同时做了两件大事,一是下定了图谋天下的决心并制定了图谋天下的决策与方略,二是“演周易”。鉴于当时的情况,文王于狱中“演易”时其忧患之情蕴涵于卦爻辞之中是顺其自然的事情,故而其辞危而隐。

武王继承文王之志,完成了“小邦周”对“大邑商”的消灭,周人虽然赢得了伐殷的胜利,但周初的社会政治形态是极其复杂的,《逸周书·度邑》谓武王克商后整夜难以入眠,原因是天下未宁、新都未定。殷商遗民对周人一直有文化上的优越感,在殷商遗民看来,周人仅仅是凭武力得天下,并没有掌握治理天下的文德,因而他们对对新政权的合法性及其管理国家的能力提出质疑与挑战。周初之殷商遗民及其军事同盟仍坚持认为王权来自天命,认为周仅仅是凭借武力取得天下,并非来自天命,周政权在某种意义上是不合法的。除了来自殷商遗民的压力以外,周人内部也是矛盾重重,也影响到了政权的稳定。

周初统治者对国家治理的忧虑丝毫不亚于伐纣之恍,殷周剧变之际周人得天下之初的治国理政的主线就是“忧患”,殷周之际社会的剧烈变革和动荡激发了周初统治者深切的忧患意识。《周易正义》曰:“以当纣世忧畏灭亡,故作《易》辞,多

---

① 张立文:《和境:易学与中国文化》,人民出版社 2005 年版,第 136 页。

② (清)李道平撰,潘雨廷点校:《周易集解纂疏》,中华书局 1994 年版,第 457 页。

③ (清)李道平撰,潘雨廷点校:《周易集解纂疏》,中华书局 1994 年版,第 279 页。

④ 高亨:《周易古经今注》,清华大学出版社 2010 年版,第 198 页。

⑤ (清)李道平撰,潘雨廷点校:《周易集解纂疏》,中华书局 1994 年版,第 280 页。

⑥ (宋)程颐撰,王孝鱼点校:《周易程氏传》,中华书局 2016 年版,第 115 页。

述忧危之事，亦以垂法于后，使保身危惧，避其患难也。”[①]李镜池释《乾·九三》曰：“乾九三：‘君子终日乾乾，夕惕若，厉，无咎。’占筮的原意是，有个当官的，处境严重，整天战战兢兢，夜里更加害怕。他占筮，得的兆是‘厉’和‘无咎’。但在卦、爻辞里可变成这样的意思：君子能白天谨慎，夜里警惕，则处境虽然恶劣，终能平安无事。因为从乾卦整个体系来说，以上天垂象，天威可畏，作为论点的根据，体现在人事上，人们要以敬慎戒惧的态度来应付恶劣的环境，处理困难的事物。”[②]

《周易》古经是周人为完成克商、建国及治国理政之大业而宣传其治国思想的主要载体，《周易》古经是参与国家治理的“王者之书”，是参与治国理政实践的政典。忧患意识，是中华传统文化中特有的道德价值观念、人文价值理想和精神境界，最早、最鲜明、最集中地蕴含在《周易》古经之中。

（一）诸卦初爻蕴涵的忧患意识

《周易》六十四卦，每一卦均各自象征某一事物或某一现象在特定背景中的产生、发展、变化的全过程。六十四卦每卦六爻，分初、二、三、四、五、上六位。爻位不同，影响到爻辞的意义，也代表了事物的不同处境。六十四卦除《乾》《坤》二卦外，其他各卦均是阴阳爻相互错杂。一卦之六爻，由下至上排列，象征事物的发展自微而著、由低渐高的发展变化过程。初爻，位一卦六爻之初，代表事之始也。《系辞下》曰：“其初难知，其上易知，本末也。初辞拟之，卒成之终。”[③]《周易正义》：“‘其初难知’者，谓卦之初始，起于微细，始拟议其端绪，事未显著，故难知也……‘初辞拟之’者，复释‘其初难知’也。以初时以辞拟议其始，故难知也。”[④]

《周易折中》卷首对初位之论述如下：

> 许氏衡曰：初，位之下，事之始也，以阳居之，才可以有为矣。或恐其不安于分也，以阴居之，不患其过越矣。或恐其懦弱昏滞，未足以趋时也。大

---

① （魏）王弼注，（晋）韩康伯注，（唐）孔颖达疏，于天宝点校：《宋本周易注疏》，中华书局2018年版，第466页。

② 李镜池：《周易探源》，中华书局2007年版，第7页。

③ （清）李道平撰，潘雨廷点校：《周易集解纂疏》，中华书局1994年版，第670页。

④ （魏）王弼注，（晋）韩康伯注，（唐）孔颖达疏，于天宝点校：《宋本周易注疏》，中华书局2018年版，第463页。

抵柔弱则难济，刚健则易行。或诸卦柔弱而致凶者，其数居多。若总言之，居初者，易贞。居上者，难贞。易贞者，由其所适之道多。难贞者，以其所处之位极。故六十四卦初爻多得免咎，而上每有不可救者。始终之际，其难易之不同盖如此。[①]

初爻处于卦之始，一卦之最低端，与二爻相比，又有不中、无为、不利出行之象，所以其行动策略是韬光养晦、不可妄动，对未来之发展当以忧患之心谨慎思虑。杨万里于其《诚斋易传》中释《小畜·初九》爻辞曰："启君之善在初，止君之不善亦在初。故伊尹告太甲以'谨厥初'，召公告成王以'若生子'。纵于初、禁于末，晚矣。"[②]释《艮·初六》爻辞曰："止不善必在初。止之于初，犹不能止之于末，而况肆之于初者乎？"[③]所以初爻之辞对忧患意识体现得最多。

《坤·初六》《屯·初九》《坎·初六》《小过·初六》《困·初六》《鼎·初六》《渐·初六》《小过·初六》《未济·初六》《井·初六》《旅·初六》《明夷·初九》等描述了事情初创时期的艰难。《坤·初六》："履霜坚冰至。"[④]《周易正义》："初六阴气之微，似若初寒之始，但履践其霜，微而积渐，故坚冰乃至。"[⑤]《屯·初九》："磐桓，利居贞，利建侯。"[⑥]王弼《周易注》："处《屯》之初，动则难生。不可以进，故'磐桓'也。"[⑦]可见初创之艰难。《坎·初六》："习坎，入于坎窞凶。"[⑧]《周易本义》："以阴柔居重险之下，其陷益深。"[⑨]《小过·初六》："飞鸟以凶。"[⑩]王弼《周易注》："小过，上逆下顺，而应在上卦。进而之逆，无所错足，飞鸟之凶也。"[⑪]《未济·初六》："濡其尾，吝。"[⑫]王弼《周易注》："处《未济》之初，最居险下，不可以济者也。而欲之其应，进则溺身。"[⑬]《困·初六》："臀困于株木。入于幽谷，三

① (清)李光地编纂，刘大钧整理：《周易折中》，巴蜀书社2006年版，第10页。
② (宋)杨万里撰，宋淑洁点校：《诚斋易传》卷三，九州出版社2008年版，第39页。
③ (宋)杨万里撰，宋淑洁点校：《诚斋易传》卷十四，九州出版社2008年版，第186页。
④ (清)李道平撰，潘雨廷点校：《周易集解纂疏》，中华书局1994年版，第76页。
⑤ (魏)王弼注，(晋)韩康伯注，(唐)孔颖达疏，于天宝点校：《宋本周易注疏》，中华书局2018年版，第43页。
⑥ (清)李道平撰，潘雨廷点校：《周易集解纂疏》，中华书局1994年版，第99页。
⑦ (魏)王弼撰，楼宇烈校释：《周易注》，中华书局2011年版，第25页。
⑧ (清)李道平撰，潘雨廷点校：《周易集解纂疏》，中华书局1994年版，第299页。
⑨ (宋)朱熹撰，廖名春点校：《周易本义》，中华书局2009年版，第123页。
⑩ (清)李道平撰，潘雨廷点校：《周易集解纂疏》，中华书局1994年版，第523页。
⑪ (魏)王弼撰，楼宇烈校释：《周易注》，中华书局2011年版，第324页。
⑫ (清)李道平撰，潘雨廷点校：《周易集解纂疏》，中华书局1994年版，第536页。
⑬ (魏)王弼撰，楼宇烈校释：《周易注》，中华书局2011年版，第335页。

岁不觌。”[①]王弼《周易注》:“最处底下,沉滞卑困,居无所安,故曰‘臀困于株木’也……进不获拯,必隐遁者也,故曰‘入于幽谷’也。困之为道,不过数岁者也,以困而藏,困解乃出,故曰‘三岁不觌’也。”[②]《鼎·初六》:“鼎颠趾。利出否,得妾以其子,无咎。”[③]王弼《周易注》:“凡阳为实而阴为虚。鼎之为物,下实而上虚,而今阴在下,则是为覆鼎也,鼎覆则趾倒矣。否,谓不善之物也。”[④]《渐·初六》:“鸿渐于干,小子厉,有言无咎。”[⑤]《周易正义》:“初之始进,未得禄位,上无应援,体又穷下,若鸿之进于河之干,不得安宁也……始进未得显位,易致陵辱,则是危于小子,而被毁于谤言。”[⑥]《井·初六》:“井泥不食,旧井无禽。”[⑦]王弼《周易注》:“最在井底,上又无应,沉滞滓秽。”[⑧]《旅·初六》:“旅琐琐,斯其所取灾。”[⑨]《周易程氏传》:“六以阴柔在旅之时,处于卑下,是柔弱之人,处旅困而在卑贱,所存污下者也……当旅困之时,才质如是,上虽有援,无能为也。”[⑩]以上诸卦之初爻辞和王弼的解释淋漓尽致地描绘了事物初创时期的艰难情状。

对事情初创之艰难,不同卦的初爻之辞也提供了不同的应对之策。《乾·初九》《需·初九》《遁·初六》《蹇·初六》讲“潜龙勿用”、远难待时、避难并等待时机之成熟。《乾·初九》:“潜龙勿用。”初爻,位之始,位卑力弱,且处时机未至之时,潜而隐为上策,故诫以“勿用”。“勿用”并非代表消极待时,而是等待形势逆转时可“飞龙在天”。《周易折中》引崔憬曰:“‘潜’,隐也。‘龙’下隐地,潜德不彰,是以君子韬光待时,未成其行,故曰‘勿用’。”[⑪]《需·初九》:“需于郊,利用恒,无咎。”[⑫]《周易正义》:“难在于坎,初九去难既远,故待时在于郊。郊者是境上之地,亦去水远也……恒,常也;远难待时以避其害,故宜利保守其常,所以无

① (清)李道平撰,潘雨廷点校:《周易集解纂疏》,中华书局 1994 年版,第 422 页。
② (魏)王弼著,楼宇烈校释:《周易注》,中华书局 2011 年版,第 256 页。
③ (清)李道平撰,潘雨廷点校:《周易集解纂疏》,中华书局 1994 年版,第 447 页。
④ (魏)王弼著,楼宇烈校释:《周易注》,中华书局 2011 年版,第 271 页。
⑤ (清)李道平撰,潘雨廷点校:《周易集解纂疏》,中华书局 1994 年版,第 466 页。
⑥ (魏)王弼注,(晋)韩康伯注,(唐)孔颖达疏,于天宝点校:《宋本周易注疏》,中华书局 2018 年版,第 320 页。
⑦ (清)李道平撰,潘雨廷点校:《周易集解纂疏》,中华书局 1994 年版,第 431 页。
⑧ (魏)王弼撰,楼宇烈校释:《周易注》,中华书局 2011 年版,第 262 页。
⑨ (清)李道平撰,潘雨廷点校:《周易集解纂疏》,中华书局 1994 年版,第 491 页。
⑩ (宋)程颐撰,王孝鱼点校:《周易程氏传》,中华书局 2016 年版,第 251 页。
⑪ (清)李光地编纂,刘大钧整理:《周易折中》,巴蜀书社 2006 年版,第 27 页。
⑫ (清)李道平撰,潘雨廷点校:《周易集解纂疏》,中华书局 1994 年版,第 114 页。

咎。”[①]《遁・初六》:“遁尾,厉,勿用有攸往。”[②]《周易集解》引陆绩曰:“避难当在前,而在后,故‘厉’。往则与灾难会,故‘勿用有攸往’。”[③]《蹇・初六》:“往蹇,来誉。”[④]王弼《周易注》:“处难之时,居止之初,独见前识,睹险而止,以待其时,知矣哉!故往则遇蹇,来则得誉。”[⑤]

《恒・初六》《晋・初六》讲尽管处于事情发展之艰难困苦初期,仍要守持正固,仍要恪守目标而不弃,为最终成功做好最好的准备。《恒・初六》:“浚恒贞凶,无攸利。”[⑥]《周易义海撮要》引陆希声曰:“常之为义,贵久于其道,日以浸深。初为常始,宜以渐为常,而体巽性躁,遽求深入,是失久于其道之义,不可以为常。”[⑦]初六居下卦之初,为事之始,欲求大业的最终成功,自始至终坚持正道即“久于其道”很重要。《晋・初六》:“晋如摧如,贞吉。罔孚,裕无咎。”[⑧]《周易尚氏学》:“然初虽应于四,以为二三所隔,应之甚难,故曰罔孚。裕,缓也。言初与四终为正应,缓以俟之,则无咎也。”[⑨]任何一项事业在走向成功的过程中,难免遭遇曲折、诘难与妄议,正确的策略是始终坚持追求正道,不放弃对事业成功的追求,对困难宜淡然处之。

《无妄・初九》《颐・初九》《大壮・初九》《豫・初六》《剥・初六》讲蹇难之时,不可妄动,妄动则凶。《无妄・初九》:“无妄,往吉。”[⑩]《周易折中》引何楷曰:“此爻足蔽《无妄》全卦。震阳初动,诚一未分,是之谓《无妄》。以此而往,动与天合,何不吉之有?”[⑪]《颐・初九》:“舍尔灵龟,观我朵颐,凶。”[⑫]《周易本义》:“初九阳刚在下,足以不食,乃上应六四之阴而动于欲,凶之道也。”[⑬]《豫・初六》:“鸣豫,凶。”[⑭]王弼《周易注》:“处《豫》之初,而特得志于上。乐过则淫,志穷

---

① (魏)王弼注,(晋)韩康伯注,(唐)孔颖达疏,于天宝点校:《宋本周易注疏》,中华书局 2018 年版,第 66 页。

② (清)李道平撰,潘雨廷点校:《周易集解纂疏》,中华书局 1994 年版,第 329 页。

③ (清)李道平撰,潘雨廷点校:《周易集解纂疏》,中华书局 1994 年版,第 329 页。

④ (清)李道平撰,潘雨廷点校:《周易集解纂疏》,中华书局 1994 年版,第 364 页。

⑤ (魏)王弼撰,楼宇烈校释:《周易注》,中华书局 2011 年版,第 210 页。

⑥ (清)李道平撰,潘雨廷点校:《周易集解纂疏》,中华书局 1994 年版,第 323 页。

⑦ (宋)李衡:《周易义海撮要》,上海古籍出版社 1989 年版,第 108 页。

⑧ (清)李道平撰,潘雨廷点校:《周易集解纂疏》,中华书局 1994 年版,第 339 页。

⑨ (清)尚秉和著,张善文点校:《周易尚氏学》,中华书局 2016 年版,第 164 页。

⑩ (清)李道平撰,潘雨廷点校:《周易集解纂疏》,中华书局 1994 年版,第 272 页。

⑪ (清)李光地编纂,刘大钧整理:《周易折中》,巴蜀书社 2006 年版,第 139 页。

⑫ (清)李道平撰,潘雨廷点校:《周易集解纂疏》,中华书局 1994 年版,第 286 页。

⑬ (宋)朱熹撰,廖名春点校:《周易本义》,中华书局 2009 年版,第 118 页。

⑭ (清)李道平撰,潘雨廷点校:《周易集解纂疏》,中华书局 1994 年版,第 205 页。

则凶，豫何可鸣？”[①]《剥·初六》：“剥床以足，蔑贞凶。”[②]初六处位最为卑下，失正且无应，唯有趋“正”，才可以防“凶”。《姤·初六》云：“系于金柅，贞吉。有攸往，见凶。”[③]守持正固，吉；妄动，则凶。

《离·初九》《师·初六》《谦·初六》《大过·初六》《解·初六》《夬·初九》讲以慎重、谦卑、柔顺之道应对事情初创之蹇难情状，如能恐惧修德，亦可无咎。《离·初九》：“履错然，敬之无咎。”[④]王弼《周易注》曰：“处《离》之始，将进而盛，未在既济，故宜慎其所履，以敬为务，辟其咎也。”[⑤]廖名春先生认为：“离卦初九爻辞‘履错然，敬之，无咎’，是说行走敬慎，慎重待人，必无咎害。”[⑥]《师·初六》：“师出以律，否臧凶。”《周易本义》：“律，法也；否臧，谓不善也……在卦之初，为师之始，出师之道，当谨其始，以律则吉，不臧则凶。戒占者当谨始而守法者也。”[⑦]《谦·初六》：“谦谦君子，用涉大川，吉。”[⑧]王弼《周易注》：“处《谦》之下，谦之谦者也。能体谦谦，其唯君子，用涉大难，物无害也。”[⑨]《大过·初六》：“藉用白茅，无咎。”[⑩]《周易集解》引侯果曰：“以柔处下，履非其正，咎也。苟能絜诚，肃恭不怠，虽置羞于地，可以荐奉。况‘藉用白茅’，重慎之至，何咎之有矣？”[⑪]《解·初六》：“无咎。”[⑫]《周易本义》：“难既解矣。以柔在下，上有正应，何咎之有。”[⑬]《夬·初九》：“壮于前趾，往不胜为咎。”[⑭]王弼《周易注》：“居健之初，为决之始，宜审其策以行其事。壮其前趾，往而不胜，宜其咎也。”[⑮]《周易正义》：“体健处下，徒欲果决壮健，前进其趾，以此而往，必不克胜，非决之谋。”[⑯]《震·初

---

① (魏)王弼撰，楼宇烈校释：《周易注》，中华书局 2011 年版，第 93 页。

② (清)李道平撰，潘雨廷点校：《周易集解纂疏》，中华书局 1994 年版，第 255 页。

③ (清)李道平撰，潘雨廷点校：《周易集解纂疏》，中华书局 1994 年版，第 403 页。

④ (清)李道平撰，潘雨廷点校：《周易集解纂疏》，中华书局 1994 年版，第 307 页。

⑤ (魏)王弼撰，楼宇烈校释：《周易注》，中华书局 2011 年版，第 165 页。

⑥ 廖名春：《〈周易〉比、履、离、泰四卦爻辞零释》，《周易研究》2010 年第 5 期。

⑦ (宋)朱熹撰，廖名春点校：《周易本义》，中华书局 2009 年版，第 63 页。

⑧ (清)李道平撰，潘雨廷点校：《周易集解纂疏》，中华书局 1994 年版，第 197 页。

⑨ (魏)王弼撰，楼宇烈校释：《周易注》，中华书局 2011 年版，第 88 页。

⑩ (清)李道平撰，潘雨廷点校：《周易集解纂疏》，中华书局 1994 年版，第 291 页。

⑪ (清)李道平撰，潘雨廷点校：《周易集解纂疏》，中华书局 1994 年版，第 292 页。

⑫ (清)李道平撰，潘雨廷点校：《周易集解纂疏》，中华书局 1994 年版，第 370 页。

⑬ (宋)朱熹撰，廖名春点校：《周易本义》，中华书局 2009 年版，第 153 页。

⑭ (清)李道平撰，潘雨廷点校：《周易集解纂疏》，中华书局 1994 年版，第 396 页。

⑮ (魏)王弼撰，楼宇烈校释：《周易注》，中华书局 2011 年版，第 234 页。

⑯ (魏)王弼注，(晋)韩康伯注，(唐)孔颖达疏，于天宝点校：《宋本周易注疏》，中华书局 2018 年版，第 270 页。

九》:“震来虩虩,后笑言哑哑,吉。”王弼《周易注》:“体夫刚德,为卦之先,能以恐惧修其德也。”①《既济·初九》:“曳其轮,濡其尾,无咎。”②《周易本义》曰:“轮在下,尾在后,初之象也。曳轮则车不前,濡尾则狐不济。既济之初,谨戒如是,无咎之道。”③

《中孚·初九》《比·初六》《萃·初六》讲处卦之始,唯有安守诚信才能获吉,有孚至关重要,如有孚不终,终则不吉。《中孚·初九》:“虞吉,有它不燕。”④《周易集解》引荀爽曰:“虞,安也。初应于四,宜自安虞,无意于四则吉,故曰‘虞吉’也。四者承五,有它意于四则不安,故曰‘有它不燕’也。”⑤初九处卦之始,唯有安守诚信才能获吉。《比·初六》:“有孚比之,无咎。有孚盈缶,终来有它,吉。”⑥廖名春先生认为:“充满诚信,‘有它’‘终来’,这也是孔子所谓‘远人不服,则修文德以来之’(《论语·季氏》)的思想。”⑦《萃·初六》:“有孚不终,乃乱乃萃。若号,一握为笑,勿恤,往无咎。”⑧《周易本义》:“初六上应九四,而隔于二阴,当萃之时,不能自守,是‘有孚’而‘不终’,志乱而妄聚也。”⑨

《小畜·初九》《泰·初九》《复·初九》《临·初九》《益·初九》《讼·初六》《归妹·初九》《升·初六》《涣·初六》等讲虽处事之初,事之难,如果不消极等待而是积极寻求恰当、有效的应对之策,亦可获终吉、无咎。《小畜·初九》:“复自道,何其咎,吉。”⑩此谓初九以阳居《小畜》之始,上应六四,有“被畜”之象,但初质尚弱,被畜必危,遂知几自复阳道,故无咎获吉。⑪《泰·初九》:“拔茅茹,以其汇,征吉。”⑫王弼《周易注》:“茅之为物,拔其根而相牵引者也。茹,相牵引之貌也。三阳同志,俱志在外;初为类首,已举则从,若茅茹也。上顺而应,不为违距,进皆得志,故以其类征吉。”⑬《复·初九》:“不远复,无祇悔,元吉。”⑭王弼

---

① (魏)王弼撰,楼宇烈校释:《周易注》,中华书局 2011 年版,第 277 页。
② (清)李道平撰,潘雨廷点校:《周易集解纂疏》,中华书局 1994 年版,第 529 页。
③ (宋)朱熹撰,廖名春点校:《周易本义》,中华书局 2009 年版,第 216 页。
④ (清)李道平撰,潘雨廷点校:《周易集解纂疏》,中华书局 1994 年版,第 517 页。
⑤ (清)李道平撰,潘雨廷点校:《周易集解纂疏》,中华书局 1994 年版,第 517 页。
⑥ (清)李道平撰,潘雨廷点校:《周易集解纂疏》,中华书局 1994 年版,第 143 页。
⑦ 廖名春:《〈周易〉比、履、离、泰四卦爻辞零释》,《周易研究》2010 年第 5 期。
⑧ (清)李道平撰,潘雨廷点校:《周易集解纂疏》,中华书局 1994 年版,第 411～412 页。
⑨ (宋)朱熹撰,廖名春点校:《周易本义》,中华书局 2009 年版,第 167 页。
⑩ (清)李道平撰,潘雨廷点校:《周易集解纂疏》,中华书局 1994 年版,第 150 页。
⑪ 参见黄寿祺、张善文:《周易译注》,上海古籍出版社 2011 年版,第 64 页。
⑫ (清)李道平撰,潘雨廷点校:《周易集解纂疏》,中华书局 1994 年版,第 166 页。
⑬ (魏)王弼撰,楼宇烈校释:《周易注》,中华书局 2011 年版,第 69 页。
⑭ (清)李道平撰,潘雨廷点校:《周易集解纂疏》,中华书局 1994 年版,第 265 页。

《周易注》："不远而复，几悔而反，以此修身，患难远矣。"[①]《临·初九》："咸临，贞吉。"[②]《周易程氏传》："四，近君之位。初得正位，与四感应，是以正道为当位所信任，得行其志，获乎上而得行其正道，是以吉也。"[③]《益·初九》："利用为大作，元吉，无咎。"[④]王弼《周易注》："处《益》之初，居动之始，体夫刚德，以莅其事，而之乎巽，以斯大作，必获大功。夫居下非厚事之地，在卑非任重之处，大作非小功所济，故元吉，乃得无咎也。"[⑤]《讼·初六》："不永所事，小有言，终吉。"[⑥]《周易正义》："初六应于九四。然九四刚阳，先来非理犯己，初六阴柔，见犯乃讼，虽不能不讼，是不获已而讼也，故'小有言'；以处讼之始，不为讼先，故'终吉'。"[⑦]《归妹·初九》："归妹以娣，跛能履，征吉。"[⑧]《丰·初九》："遇其配主。虽旬无咎，往有尚。"[⑨]《升·初六》："允升，大吉。"[⑩]《周易折中》引何楷曰："初六巽主居下，犹木之根也，而得地气以滋之，其升也允矣。所以为升者巽也，所以为巽者初也。'大吉'孰如之？"[⑪]《涣·初六》："用拯马壮，吉。"[⑫]《周易本义》："居卦之初，涣之始也。始涣而拯之，为力既易，又有壮马，其吉可知。初六非有济涣之才，但能顺乎九二，故其象占如此。"[⑬]

（二）忧患之时，修德为本

《周易》古经成书于忧患多难之世，前文也分析过《周易》乃王者之书，其中蕴涵着建国者、治国者的理想与策略，处忧患多难之世，可以"潜龙勿用"，可以远难待时，虽不可妄动，但亦不能消极逃避，《周易》作者的目的之一就是告诫人们处忧患之时要以修德为本，正如孔颖达所云："以为忧患兴德为本

---

① （魏）王弼撰，楼宇烈校释：《周易注》，中华书局 2011 年版，第 132 页。
② （清）李道平撰，潘雨廷点校：《周易集解纂疏》，中华书局 1994 年版，第 225 页。
③ （宋）程颐撰，王孝鱼点校：《周易程氏传》，中华书局 2016 年版，第 85 页。
④ （清）李道平撰，潘雨廷点校：《周易集解纂疏》，中华书局 1994 年版，第 384 页。
⑤ （魏）王弼撰，楼宇烈校释：《周易注》，中华书局 2011 年版，第 228 页。
⑥ （清）李道平撰，潘雨廷点校：《周易集解纂疏》，中华书局 1994 年版，第 122 页。
⑦ （魏）王弼注，（晋）韩康伯注，（唐）孔颖达疏，于天宝点校：《宋本周易注疏》，中华书局 2018 年版，第 72 页。
⑧ （清）李道平撰，潘雨廷点校：《周易集解纂疏》，中华书局 1994 年版，第 474 页。
⑨ （清）李道平撰，潘雨廷点校：《周易集解纂疏》，中华书局 1994 年版，第 482 页。
⑩ （清）李道平撰，潘雨廷点校：《周易集解纂疏》，中华书局 1994 年版，第 417 页。
⑪ （清）李光地编纂，刘大钧整理：《周易折中》，巴蜀书社 2006 年版，第 240 页。
⑫ （清）李道平撰，潘雨廷点校：《周易集解纂疏》，中华书局 1994 年版，第 508 页。
⑬ （宋）朱熹撰，廖名春点校：《周易本义》，中华书局 2009 年版，第 205 页。

也。六十四卦悉为修德防患之事。”[①]《易》卦多危辞，在卦爻辞中，悔、吝、凶等负面占断之辞占了绝大多数，《周易》就是要告诉国家管理者，事物总是处于不断变化之中，要有强烈的忧患意识，在平泰之时要保有警惕戒惧之心，要居安思危、防微杜渐；在身处逆境时则反身自省，化险为夷，所以《周易》被称为“寡过之书”。要有忧患意识是告诫自身保持警惕，但这并不代表《周易》表达的是悲观消极的思想。《周易》其辞危的目的正如《系辞》所云：“危者使平，易者使倾。其道甚大，百物不废。惧以终始，其要无咎。此之谓易之道也。”[②]杨万里于《诚斋易传》中指出，危难中的君王当“至夕犹惕惕若而自惧，勤于德而惧于位，则危者安矣”[③]。

所以说，处忧患之世之时，“潜龙勿用”、远难待时是权宜之计，不忘恐惧、修德、安守诚信从而进德修业、德治天下才是建国者、治国者的长久之策。《周易》古经中“修德防患”“进德修业”的思想，在诸卦九五爻辞和《乾》卦爻辞中得到了集中的体现。

一卦之六爻，下（内）卦正中间的“二”，上（外）卦正中间的“五”，称为“中”或“得中”，与“三”和“上”处于极顶相比，“二”“五”比“三”与“上”好。所以“二”与“五”是正位，是“不失其正”。二处中和，故多誉也；阳爻居五乃“贵者刚居”，故“多功”也。程颐这样解释二爻中正之义：“在卦之正中，为得正中之义。庸信庸谨，造次必于是也。既处无过之地，则唯在闲邪。邪既闲，则诚存矣。善世而不伐，不有其善也。德博而化，正己而物正也。皆大人之事，虽非君位，君之德也。”[④]“五多功”，《乾·文言》曰：“君子进德修业。忠信，所以进德也。修辞立其诚，所以居业也。”[⑤]“君子进德修业，欲及时也。”[⑥]所以九五爻之功在“正心诚意”“修德防患”“进德修业”。

阳刚中正，是诸卦九五爻之共有大德，也是九五之君进德修业之根本也。王者践行正心诚意、德治天下之道，何为重，中正也。杨万里曰：“斯道何道也？中正而已矣。唯中为能中天下之不中，唯正为能正天下之不正。中正立而万变通。”[⑦]杨万里注解《周易》时特别重视五爻中正之德，释《益·九五》曰：“九五以

---

① （魏）王弼注，（晋）韩康伯注，（唐）孔颖达疏，于天宝点校：《宋本周易注疏》，中华书局2018年版，第458页。

② （清）李道平撰，潘雨廷点校：《周易集解纂疏》，中华书局1994年版，第677～678页。

③ （宋）杨万里撰，宋淑洁点校：《诚斋易传》，九州出版社2008年版，第2页。

④ （宋）程颐撰，王孝鱼点校：《周易程氏传》，中华书局2016年版，第5页。

⑤ （清）李道平撰，潘雨廷点校：《周易集解纂疏》，中华书局1994年版，第48页。

⑥ （清）李道平撰，潘雨廷点校：《周易集解纂疏》，中华书局1994年版，第50页。

⑦ （宋）杨万里撰，宋淑洁点校：《诚斋易传》，九州出版社2008年版，“序”。

刚阳之才、中正之德，居益之时……上下交孚，而九五之志得矣。"[①]释《涣·九五》曰："九五以刚明中正之德，谦抑卑巽之度，为一卦之主，用群臣之贤，将何以大慰天下之望，尽散天下之难乎？不有大号令、大建立、大更革，未见其可。"[②]释《中孚·九五》曰："九五以刚健中正诚实之德，来天人万物之应，方且惕然如拘，挛而不少肆，歉然自敛，退而不敢居，若不足以受大人万物之归己，而不足以当天下之正位者。此九五有孚之至也。"[③]释《丰·六五》有曰："我是以用之于先。知六二之中正孚信，虽疑疾而不改度也。"[④]释《蹇·九五》有曰："然仅能施其中正之节者，君刚而臣柔也。"[⑤]《丰·六五》与《蹇·九五》均谈到了"中正"之"度"的问题。其他如《讼·九五》《夬·九五》《井·九五》《巽·九五》《节·九五》诸爻讲以中正之德，处理天下事物，齐乖争之俗，中行可以无咎。《讼·九五》曰："讼元吉。"[⑥]《周易集解》引王肃曰："以中正之德，齐乖争之俗，'元吉'者也。"[⑦]王弼《周易注》："处得尊位，为讼之主。用其中正，以断枉直。中则不过，正则不邪，刚无所溺，公无所偏：故'讼，元吉'。"[⑧]《夬·九五》曰："苋陆夬夬，中行无咎。"[⑨]王弼《周易注》："五处尊位，最比小人，躬自决者也。以至尊而敌至贱，虽其克胜，未足多也。处中而行，足以免咎而已，未足光也。"[⑩]《周易程氏传》："五若如苋陆，虽感于阴而决断之易，则于中行无过咎矣，不然，则失其中正也。感阴多之物，苋陆为易断，故取为象。"[⑪]《井·九五》曰："井洌，寒泉食。"[⑫]《周易集解》引崔憬曰："洌，清洁也。居中得正，而比于上，则是井渫水清，既寒且洁，汲上可食于人者也。"[⑬]《巽·九五》曰："贞吉悔亡，无不利。无初有终。先庚三日，后庚三日，吉。"[⑭]《周易程氏传》："处得中正，尽巽之善，然巽者，柔顺之道，所利

① (宋)杨万里撰，宋淑洁点校：《诚斋易传》，九州出版社 2008 年版，第 150 页。
② (宋)杨万里撰，宋淑洁点校：《诚斋易传》，九州出版社 2008 年版，第 216 页。
③ (宋)杨万里撰，宋淑洁点校：《诚斋易传》，九州出版社 2008 年版，第 223 页。
④ (宋)杨万里撰，宋淑洁点校：《诚斋易传》，九州出版社 2008 年版，第 200 页。
⑤ (宋)杨万里撰，宋淑洁点校：《诚斋易传》，九州出版社 2008 年版，第 139 页。
⑥ (清)李道平撰，潘雨廷点校：《周易集解纂疏》，中华书局 1994 年版，第 125 页。
⑦ (清)李道平撰，潘雨廷点校：《周易集解纂疏》，中华书局 1994 年版，第 125 页。
⑧ (魏)王弼撰，楼宇烈校释：《周易注》，中华书局 2011 年版，第 42 页。
⑨ (清)李道平撰，潘雨廷点校：《周易集解纂疏》，中华书局 1994 年版，第 399 页。
⑩ (魏)王弼撰，楼宇烈校释：《周易注》，中华书局 2011 年版，第 236 页。
⑪ (宋)程颐撰，王孝鱼点校：《周易程氏传》，中华书局 2016 年版，第 193 页。
⑫ (清)李道平撰，潘雨廷点校：《周易集解纂疏》，中华书局 1994 年版，第 434 页。
⑬ (清)李道平撰，潘雨廷点校：《周易集解纂疏》，中华书局 1994 年版，第 434 页。
⑭ (清)李道平撰，潘雨廷点校：《周易集解纂疏》，中华书局 1994 年版，第 500 页。

在贞，非五之不足，在巽当戒也。既贞则吉而悔亡，无所不利。贞，正中也。处巽出令，皆以中正为吉。”[①]《节·九五》曰：“甘节，吉。往有尚。”[②]王弼《周易注》：“当位居中，为节之主，不失其中，不伤财，不害民之谓也。”[③]

九五之君德泽天下，亲比民众，发现与培养贤才而用之，修身诚意以待之，自身修德不忘用贤；九五尊居君位，下求贤才，二为贤臣上应九五，从而形成君行王道、臣有贤德、众皆来附之治国理政的理想局面。《屯·九五》《需·九五》《益·九五》讲德泽于天下，《比·九五》讲亲比于天下，《姤·九五》《萃·九五》讲求贤于天下。《屯·九五》曰：“屯其膏，小贞吉，大贞凶。”[④]《周易程氏传》曰：“五居尊得正，而当屯时，若有刚明之贤为之辅，则能济屯矣。……若盘庚、周宣修德用贤，复先王之政，诸侯复朝，谓以道驯致，为之不暴也。又非恬然不为，若唐之僖、昭也，不为则常屯，以至于亡矣。”[⑤]《需·九五》曰：“需于酒食，贞吉。”[⑥]《周易学说》引王逢曰：“酒食，德泽之谓也；九五之君，当天中正，以泽乎民。”[⑦]《比·九五》曰：“显比。王用三驱，失前禽。邑人不诫，吉。”[⑧]《周易本义》：“一阳居尊，刚健中正，卦之群阴皆来比己。显其比而无私。”[⑨]九五处《比》尊位，阳刚中正，信而亲下，众皆来附，“士民不亲附，则汤武不能以必胜也”[⑩]（《荀子·议兵》），足见“显比”之德对“修业”之重要性。《姤·九五》曰：“以杞苞瓜，含章。有陨自天。”[⑪]程颐解释此爻时着重突出人君求贤的“至诚”之心：“九五尊居君位，而下求贤才，以至高而求至下，犹以杞叶而包瓜，能自降屈如此；又其内蕴中正之德，充实章美，人君如是，则无有不遇所求者也。虽屈己求贤，若其德不正，贤者不屑也，故必含蓄章美，内积至诚，则有陨自天矣，犹云自天而降，言必得之也。自古人君至诚降屈，以中正之道，求天下之贤，未有不遇者也。高宗感于梦

① (宋)程颐撰，王孝鱼点校：《周易程氏传》，中华书局 2016 年版，第 256 页。
② (清)李道平撰，潘雨廷点校：《周易集解纂疏》，中华书局 1994 年版，第 514 页。
③ (魏)王弼撰，楼宇烈校释：《周易注》，中华书局 2011 年版，第 316 页。
④ (清)李道平撰，潘雨廷点校：《周易集解纂疏》，中华书局 1994 年版，第 103 页。
⑤ (宋)程颐撰，王孝鱼点校：《周易程氏传》，中华书局 2016 年版，第 19 页。
⑥ (清)李道平撰，潘雨廷点校：《周易集解纂疏》，中华书局 1994 年版，第 117 页。
⑦ 马振彪著，张善文整理：《周易学说》，花城出版社 2002 年版，第 78 页。
⑧ (清)李道平撰，潘雨廷点校：《周易集解纂疏》，中华书局 1994 年版，第 145～146 页。
⑨ (宋)朱熹撰，廖名春点校：《周易本义》，中华书局 2009 年版，第 67 页。
⑩ 梁启雄：《荀子简释》，中华书局 1983 年版，第 190 页。
⑪ (清)李道平撰，潘雨廷点校：《周易集解纂疏》，中华书局 1994 年版，第 406～407 页。

寐，文王遇于渔钓，皆由是道也。”[①]《姤·象》曰：“刚遇中正，天下大行也。”[②]《周易集解》引翟玄曰：“刚谓九五，遇中处正，教化大行于天下也。”[③]《萃·九五》曰：“萃有位无咎。匪孚，元永贞，悔亡。”[④]《周易程氏传》曰：“九五居天下之尊，萃天下之众而君临之，当正其位，修其德。”[⑤]《益·九五》曰：“有孚惠心，勿问元吉。有孚惠我德。”[⑥]《周易程氏传》曰：“有孚惠我德：人君至诚，益于天下，天下之人，无不至诚爱戴，以君之德泽为恩惠也。”[⑦]《同人·九五》曰：“同人，先号咷，而后笑，大师克相遇。”《周易程氏传》：“人君当与天下大同，而独私一人，非君道也。”[⑧]《同人·九五》强调了德泽天下不能失去中正，人君当与天下大同，而独私一人，非君道也。

《小畜·九五》《随·九五》《中孚·九五》讲九五以中正居尊位而孚信于民，以至诚至信之心展扬为君之道。《小畜·九五》曰：“有孚挛如，富以其邻。”[⑨]《周易程氏传》：“五以中正居尊位，而有孚信，则其类皆应之矣。”[⑩]《随·九五》曰：“孚于嘉，吉。”[⑪]《周易程氏传》：“九五居尊得正而中实，是其中诚在于随善，其吉可知。”[⑫]《周易折中》引杨万里曰：“九五以阳刚居兑之中正，为一卦说随之主，此圣君至诚乐从天下之善者也，吉孰大焉？‘孚’，诚也。‘嘉’，善也。”[⑬]《中孚·九五》曰：“有孚挛如，无咎。”[⑭]《周易折中》引胡瑗曰：“居尊而有中正之德，是有至诚至信之心，发之于内而交之于下，以挛天下之心，上下内外，皆以诚信相通，是得为君之道，何咎之有。”[⑮]

《观·九五》言九五以自身之修德教化天下，《家人·九五》言王者之道，修

---

① (宋)程颐撰，工孝鱼点校：《周易程氏传》，中华书局 2016 年版，第 198 页。
② (清)李道平撰，潘雨廷点校：《周易集解纂疏》，中华书局 1994 年版，第 402 页。
③ (清)李道平撰，潘雨廷点校：《周易集解纂疏》，中华书局，1994 年版，第 402 页。
④ (清)李道平撰，潘雨廷点校：《周易集解纂疏》，中华书局 1994 年版，第 414 页。
⑤ (宋)程颐撰，王孝鱼点校：《周易程氏传》，中华书局 2016 年版，第 203 页。
⑥ (清)李道平撰，潘雨廷点校：《周易集解纂疏》，中华书局 1994 年版，第 389 页。
⑦ (宋)程颐撰，王孝鱼点校：《周易程氏传》，中华书局 2016 年版，第 188 页。
⑧ (宋)程颐撰，王孝鱼点校：《周易程氏传》，中华书局 2016 年版，第 60 页。
⑨ (清)李道平撰，潘雨廷点校：《周易集解纂疏》，中华书局 1994 年版，第 152 页。
⑩ (宋)程颐撰，王孝鱼点校：《周易程氏传》，中华书局 2016 年版，第 44 页。
⑪ (清)李道平撰，潘雨廷点校：《周易集解纂疏》，中华书局 1994 年版，第 215 页。
⑫ (宋)程颐撰，王孝鱼点校：《周易程氏传》，中华书局 2016 年版，第 78 页。
⑬ (清)李光地编纂，刘大钧整理：《周易折中》，巴蜀书社 2006 年版，第 108 页。
⑭ (清)李道平撰，潘雨廷点校：《周易集解纂疏》，中华书局 1994 年版，第 519 页。
⑮ (清)李光地编纂，刘大钧整理：《周易折中》，巴蜀书社 2006 年版，第 310 页。

身以齐家，家正而天下治矣。《观·九五》曰："观我生，君子无咎。"[①]王弼《周易注》曰："上之化下，犹风之靡草，故观民之俗，以察己道。"[②]《周易折中》引孔氏颖达曰："九五居尊，为《观》之主。四海之内，由我而化。我教化善，则天下有君子之风；教化不善，则天下著小人之俗。"[③]《家人·九五》曰："王假有家，勿恤吉。"[④]王弼《周易注》："居于尊位，而明于家道，则下莫不化矣。父父、子子、兄兄、弟弟、夫夫、妇妇，六亲和睦，交相爱乐，而家道正。正家而天下定矣。"[⑤]《周易程氏传》："夫王者之道，修身以齐家，家正而天下治矣。自古圣王，未有不以恭己正家为本。"[⑥]

《否·九五》《兑·九五》言当以忧患之心戒惧危亡，《坎·九五》《蹇·九五》讲处难之时，履险有方，履难济险，不消极不逃避。《否·九五》曰："休否，大人吉。其亡其亡，系于包桑。"[⑦]《朱子语类》："有戒惧危亡之心，则便有苞桑系固之象。盖能戒惧危亡，则如系于苞桑，坚固不拔矣。"[⑧]《坎·九五》曰："坎不盈，祇既平，无咎。"[⑨]处于险境之时，九五必阳刚中正，履险有方，方可无咎。《蹇·九五》曰："大蹇，朋来。"王弼《周易注》："然居不失正，履不失中，执德之长，不改其节。"[⑩]

《无妄·九五》《遁·九五》《既济·九五》言修业当选择时机，时机未到不可妄动，要把握动态变化，处得中正之道，时止时行，治国理政时为大。《无妄·九五》曰："无妄之疾，勿药有喜。"[⑪]《周易程氏传》："五既处无妄之极，故唯戒在动，动则妄矣。"[⑫]《遁·九五》曰："嘉遁贞吉。"[⑬]《周易程氏传》："九五中正，遁之嘉美者也。处得中正之道，时止时行，乃所谓嘉美也，故为贞正而吉。"[⑭]《既济·九五》曰："东邻杀牛，不如西邻之禴祭，实受其福。"[⑮]《周易折中》引潘士藻曰："五

---

① (清)李道平撰，潘雨廷点校：《周易集解纂疏》，中华书局1994年版，第235页。
② (魏)王弼撰，楼宇烈校释：《周易注》，中华书局2011年版，第111页。
③ (清)李光地编纂，刘大钧整理：《周易折中》，巴蜀书社2006年版，第120页。
④ (清)李道平撰，潘雨廷点校：《周易集解纂疏》，中华书局1994年版，第354页。
⑤ (魏)王弼撰，楼宇烈校释：《周易注》，中华书局2011年版，第201页。
⑥ (宋)程颐撰，王孝鱼点校：《周易程氏传》，中华书局2016年版，第163页。
⑦ (清)李道平撰，潘雨廷点校：《周易集解纂疏》，中华书局1994年版，第177～178页。
⑧ (宋)黎靖德编，王星贤点校：《朱子语类》，中华书局1986年版，第1762页。
⑨ (清)李道平撰，潘雨廷点校：《周易集解纂疏》，中华书局1994年版，第303页。
⑩ (魏)王弼撰，楼宇烈校释：《周易注》，中华书局2011年版，第211页。
⑪ (清)李道平撰，潘雨廷点校：《周易集解纂疏》，中华书局1994年版，第274页。
⑫ (宋)程颐撰，王孝鱼点校：《周易程氏传》，中华书局2016年版，第111页。
⑬ (清)李道平撰，潘雨廷点校：《周易集解纂疏》，中华书局1994年版，第331页。
⑭ (宋)程颐撰，王孝鱼点校：《周易程氏传》，中华书局2016年版，第147页。
⑮ (清)李道平撰，潘雨廷点校：《周易集解纂疏》，中华书局1994年版，第532页。

以阳刚中正，当物大丰盛之时，故借东邻祭礼以示警惧。大祭，时为大，时苟得矣，则明德馨而黍稷可荐，明信昭而沼毛可羞。”[①]

而《乾》卦诸爻则同样讲述了一个完整的进德修业的过程，一个刚健有为、自强不息的道德升华过程，一个知行合一、时止时行、崇德广业的道德实践过程。《乾·初九》讲“潜龙勿用”，喻事之初，方向未明且位卑力薄，虽时机未到，但不忘心志，为长远之发展暂行潜藏，养精蓄锐。《周易集解》引沈麟士曰：“称龙者，假象也。天地之气有升降，君子之道有行藏。龙之为物，能飞能潜，故借龙比君子之德也。初九既尚潜伏，故言‘勿用’。”[②]“潜龙勿用”，强调时机未至之时，宜韬光养晦，潜藏以俟时也。《乾·九二》曰：“见龙在田，利见大人。”[③]谓时机已至，又得大人提擢，则可出潜离隐，伺机而动。事之初变，九二亦阳刚渐增，居中不偏，则可迈出崇德广业的重要一步。《乾·九三》曰：“君子终日乾乾，夕惕若，厉，无咎。”[④]喻君子当修德防患，恭谨戒慎，兢兢业业，方可无咎。《周易集解》引干宝曰：“君子以之忧深思远，朝夕匪懈。仰忧嘉会之不序，俯惧义和之不逮，反复天道，谋始反终，故曰‘终日乾乾’。”[⑤]《乾·九四》曰：“或跃在渊，无咎。”[⑥]谓在复杂多变的环境中，当审时度势，待机奋进。《乾·九五》曰：“飞龙在天，利见大人。”九五爻，《乾》卦中的最吉之爻，事物发展变化过程中的最佳时刻。《乾·上九》讲“亢龙有悔”，乃谓其物极必反之理，事物发展处于极盛之时当思虑急流勇退，适时退隐。所以说《乾》卦以六爻之时位，描绘了一个完整的动态的正心诚意、修德防患、进德修业的发展过程。

四、《周易》之“德要配位”

（一）“天命靡常”与“以德配天”

自恃有天命护佑的纣王曾大言不惭地说：“我不有命在天。”认为上天赐予殷的天命永久不变，于是骄奢淫逸，为所欲为，天命在殷朝统治者们那里是作为

① （清）李光地编纂，刘大钧整理：《周易折中》，巴蜀书社2006年版，第320页。
② （清）李道平撰，潘雨廷点校：《周易集解纂疏》，中华书局1994年版，第28页。
③ （清）李道平撰，潘雨廷点校：《周易集解纂疏》，中华书局1994年版，第29页。
④ （清）李道平撰，潘雨廷点校：《周易集解纂疏》，中华书局1994年版，第30页。
⑤ （清）李道平撰，潘雨廷点校：《周易集解纂疏》，中华书局1994年版，第30页。
⑥ （清）李道平撰，潘雨廷点校：《周易集解纂疏》，中华书局1994年版，第32页。

政权合法性的根据而存在的。但"小邦周"最终战胜了"大邦殷",专恃天命的殷纣也最终灭亡,这引起了周人对天命的警觉,使周人对天命有了新的思考、新的认识。在周取代殷商的过程中,周人看到了"皇天上帝,改厥元子,兹大国殷之命"[①](《召诰》)和"惟命不于常"[②](《康诰》)的严酷现实,周人认识到天命对一朝君王的眷顾并非永久不变,周人因此对天命的看法发生了重大改变,即认识到了"天命靡常""惟命不于常"。

殷亡周兴,朝代更替的变革是剧烈的,周人虽然夺取了政权,取得了革命的胜利,但在文化上、在社会生产力发展方面是落后于殷人的,在某种意义上,周人还没有做好如何在思想上、文化上管理国家的准备,因而如何向民众特别是殷商遗民诠释新政权的合法性是摆在周人面前最为紧迫的任务。

针对殷人对周之伐殷、代殷合法性的质疑与挑战,周初统治者通过"天命转移"论来宣传其伐殷、代殷的合法性。周人在一系列征伐平叛中打着"恭行天之罚""不敢替上帝命""将天明威,致王罚"等上帝天命的口号,周初的统治者继续用"天命靡常"解释周兴与殷亡,"穆穆文王,于缉熙敬止。假哉天命!有商孙子。商之孙子,其丽不亿。上帝既命,侯于周服。侯服于周,天命靡常"[③]。三监之乱和武庚叛乱之后,周公将殷都遗民迁往洛邑时,向殷之遗民发布诰令:"我其敢求位,惟帝不畀。惟我下民秉为,惟天明畏。"[④]

周对天命的认识是"有常"与"无常"的统一,"无常"是指天所命赐给某一王朝的人间统治权不是永恒的,是可以改变的;"有常"是指天意天命不是喜怒无常的,而是有确定的伦理性格。很明显,这里的天命都是指一种"历史与社会的主宰"的意志体现,而不是指自然的秩序与法则。从此,天不再是喜怒无常的暴君,而是善恶有则的裁判。[⑤]

周人通过夏殷两朝的盛衰兴亡进一步认识到"天命靡常"的根本原因,即"不敬厥德"。《召诰》说:"我不可不监于有夏,亦不可不监于有殷。我不敢知曰,有夏服天命,惟有历年;我不敢知曰,不其延。惟不敬厥德,乃早坠厥命。我不敢知曰,有殷受天命,惟有历年;我不敢知曰:不其延。惟不敬其德,乃早坠

① 王世舜、王翠叶译注:《尚书》,中华书局 2012 年版,第 219 页。
② 王世舜、王翠叶译注:《尚书》,中华书局 2012 年版,第 195 页。
③ 高亨注:《诗经今注》,上海古籍出版社 2009 年版,第 370 页。
④ 王世舜、王翠叶译注:《尚书》,中华书局 2012 年版,第 244 页。
⑤ 参见陈来:《殷商的祭祀宗教与西周的天命信仰》,《中原文化研究》2014 年第 2 期。

厥命。”[①]

晁福林先生认为：“先秦时期的‘德’观念经历了三个阶段，一是天德、祖宗之德；二是制度之德；三是精神品行之德。在很长的历史时期内，‘德’观念都没有能够摆脱天道观念的影响。‘德’观念走出天命神意的迷雾是西周时代的事情，然而将它深入到人的心灵的层面则是春秋战国时期思想家们的贡献。”晁福林先生指出了殷人、周人“德”观念的不同，他认为：“商人之‘德(得)’是从两个方面获取的：一是‘天命’。……二是‘高祖’。在商人的观念中，高祖既是天意的代表，又是与人关系最为密切者。”又说：“经过商周之际的社会大变动，‘德’观念在周代已逐渐显现出与商代不同的面貌。不过，这同样经历了一个比较长期的发展过程。周代思想发展的一个突出之处就在于比较深入地思考人自身得以存在的根据和个体生命的意义问题。殷商时代，人们用‘天德’的观念来进行回答，认为一切都是神灵赐予的结果，将‘德’定位于从天和祖先神那里有所‘得’。……周初亦保存了殷人的这种观念。”[②]

周人认为殷商初立也是以德获得天下，因为其早期统治者“经德秉哲”，殷商是以失德而失政权，因为其末代统治者“不敬厥德”。而周人之所以能兴周灭商，夺取政权，是因为周之立国者们“疾敬德”，“克明德慎罚”。

周人获取政权后关于“德”的宣传是从两方面着手的，一是宣扬周之历代先王对德的重视，一是攻击前朝殷商之末代统治者的失德。

周人对“殷商失德”的宣传也是程度激烈的，而且周人对商王朝的攻击主要集中于商纣身上，将殷商灭亡的原因归结于商纣失德，这就说明周对德是极其看重的，而且明白德对于维护王权统治合法性的重要。周人对德的认识，比商人又提升了一大步。

周人对自己的先王、先公的美好品德的宣扬是毫不吝啬的，《尚书·无逸》中，周公如此宣扬太王、王季、文王的美德：“呜呼！厥亦惟我周太王、王季，克自抑畏。文王卑服，即康功田功。徽柔懿恭，怀保小民，惠鲜鳏寡。自朝至于日中昃，不遑暇食，用咸和万民。文王不敢盘于游田，以庶邦惟正之供。”[③]《尚书·康诰》中周公曰：“惟乃丕显考文王，克明德慎罚，不敢侮鳏寡，庸庸，祗祗，威威，

① 王世舜、王翠叶译注：《尚书》，中华书局2012年版，第224页。

② 晁福林：《先秦时期“德”观念的起源及其发展》，《中国社会科学》2005年第4期。

③ 王世舜、王翠叶译注：《尚书》，中华书局2012年版，第257页。

显民。”①

周人的聪明之处就是既宣扬自己先王的德政，又宣扬殷人先王的德政。周人对殷纣先王之贤德并未掩盖，而是肯定与认可。《尚书·君奭》谓：

> 率惟兹有陈保乂有殷，故殷礼陟配天，多历年所。天惟纯佑命，则商实百姓王人，罔不秉德明恤。小臣屏侯甸，矧咸奔走。惟兹惟德称，用乂厥辟。故一人有事于四方，若卜筮，罔不是孚。②

周公在赞扬了商王朝的伊尹、保衡、伊陟、臣扈、巫贤、甘盘之后说了上述的话。孟世凯先生将这段话大致翻译如下：

> 正是有了这些有道德的贤臣辅佐治理殷国，所以殷礼是能配天，殷王死后都能升至天国称后、称王。经过许多的年代，都得上天专一佑助，因此商朝的异姓和同姓的人们，没有不保持美德而贤明的，朝臣和诸侯们，全都奔走效力。也正是这些官吏们崇尚道德，以此来辅佐他们的国君，所以国君对天下四方颁布政令，就如同占卜、占筮一样，没有人不相信的。③

为使殷人彻底臣服，在《多士》《多方》中，周公反复论说夏亡汤兴、殷亡周兴的原因，反复宣传天命转移的思想，将天命转移与人间君王的行为合理地结合在一起。这种融入了历史人事的天命转移的告诫显然对殷人具有极强的震撼力，因为历史人事是现实的，现实的经验教训远比虚无缥缈的天命说教更具有警示意义。④《多士》向殷人分析了殷代夏的原因，认为夏桀逆天伤民，为政欠善，于是天降惩戒，于是“命尔先祖成汤革夏”，所以殷代夏是顺从“天命”，而殷代夏后“自成汤至于帝乙，罔不明德恤祀”。周公也重点强调，殷革夏命是记载在殷的典册里的，是确定无疑的，即“惟殷先人有册有典”。而周革殷命也是顺从“天命”，伐殷、代殷是合法的，因为殷纣重蹈夏桀覆辙，违逆天道，多行恶政，于是天降惩戒，“诞淫厥泆，罔顾于天显民祗。惟时上帝不保，降若兹大丧”⑤。而上天之所以选择周“割绝殷命”，是因为周文王、周武王能明德恤祀，勤奉天

① 王世舜、王翠叶译注：《尚书》，中华书局 2012 年版，第 181 页。

② 王世舜、王翠叶译注：《尚书》，中华书局 2012 年版，第 265～267 页。

③ 孟世凯：《商史与商代文明》，上海科学技术文献出版社 2012 年版，第 146 页。

④ 参见李建：《西周初期人文意识与历史观念的转变及其意义》，《孔子研究》2004 年第 4 期。

⑤ 王世舜、王翠叶译注：《尚书》，中华书局 2012 年版，第 246 页。

命，能“丕灵承帝事”。夏桀与殷纣有恶政，故天罚之灭之，“惟天不畀不明厥德。凡四方小大邦丧，罔非有辞于罚”①。周有德，故天立之，周革殷命是秉承天意，顺承天意，是具备合法性的。

而《多方》突出的地方在于提出了天选“民主”的思想，民主即民之主。夏桀不尊天道，为恶于民，于是上天“惟时求民主，乃大降显休命于成汤，刑殄有夏”②，选择成汤“代夏作民主”③。殷纣没有遵循先王成汤德政于民的治国理政思想，残虐于民，因而被诛灭，所以上天选择周来取代殷非周之过，乃是上天的选择，即周文王因为有德，上天才支持其建立周王朝；殷纣王因为失德，才导致殷商的灭亡。周公指出“非天庸释有夏，非天庸释有殷”，是因为夏桀殷纣的失德于民，才导致“天降时丧”。天之所以选择周代殷，是因为“惟王灵承于旅，克堪用德，惟典神天。天惟式教我用休，简畀殷命，尹尔多方”④。上天选择有德有能尊天之人为“民主”，通过这种思想的宣传，告诉殷民和“四国多方”，周代殷是上天的正确选择，“我周王，享天之命”，“惠王熙天之命”，殷民和“四国多方”遵从周之统治，是必须执行的敬信天命之举，如违反王命就是自犯天威，必将受到天之裁罚，“我则致天之罚”。

周人对政权合法性的认识从“天命”转向“天命＋德治”，虽然没有完全否定“天命”，但是认识到了“天命”不是政权合法性的唯一来源。周人将牧野一战的胜利归结为天命。当时，周邦以蕞尔小国之力战胜实力远强于自己的商，周人分析为是上天(或上帝)对有德之周的护佑，对无德之商的放弃，以此说明周亦膺受天命⑤。周人天命思想转变的主要内容是以德和天命取得天下，以德治天下求政权之长久。

天命降于周王，周王就必须对上天负起道德的责任。《尚书·君奭》曰：“我道惟宁王德延，天不庸释于文王受命。”⑥周人治国理政的方针是以继承文王之德为核心，只有延续文王敬奉天命的传统，才能得到上天长期的眷顾。关于天命与文王的内在关系至少包含三个层次的逻辑关系。其一，文王受命于天，“在

① 王世舜、王翠叶译注：《尚书》，中华书局2012年版，第246页。
② 王世舜、王翠叶译注：《尚书》，中华书局2012年版，第278页。
③ 王世舜、王翠叶译注：《尚书》，中华书局2012年版，第280页。
④ 王世舜、王翠叶译注：《尚书》，中华书局2012年版，第282页。
⑤ 参见许倬云：《西周史》，生活·读书·新知三联书店1994年版，第92～98页。
⑥ 王世舜、王翠叶译注：《尚书》，中华书局2012年版，第265页。

昔上帝割申劝宁王之德，其集大命于厥躬”[1]（《尚书·君奭》），“文王在上，于昭于天”[2]（《诗·文王》），“秉文之德，对越在天”[3]（《诗·清庙》）。其二，上天授命于文王不是无条件的、理所当然的，而是有选择的，周人坚信文王之所以膺受天命，根据是文王之“德”。文王之“德”是文王膺受天命的前提条件，“亦惟纯佑秉德，迪知天威，乃惟时昭文王迪见冒，闻于上帝，惟时受有殷命”[4]（《尚书·君奭》）。其三，周人已经认识到“天命靡常”，要想得到上天永久的眷顾，唯有“明德”，正如周公所感叹：“君奭，弗吊，天降丧于殷，殷既坠厥命。我有周既受，我不敢知曰厥基永孚于休。若天棐忱，我亦不敢知曰其终出于不祥。”[5]

既然“天命靡常”，天命可以转移，那么“受命”的统治者如何“保命”又是周初统治者必须要解决的问题。《多方》中已经指出过，从成汤到帝乙，无不“明德慎罚”，施政劝善，所以才能“享天之命”。亲身经历过殷周之际社会巨变的周初统治者，在“割绝殷命”之后，不仅劝导殷民顺从“天命”，更重要的是其自身如何鉴于夏桀殷纣的失“天命”而永保“天命”，稳定政权。周公平定三监叛乱之后，在任命康叔治理殷商遗民的命令《康诰》中指出，文王、武王是因为德政于民而得天命，“皇天无亲，惟德是辅”，“天畏棐忱，民情大可见，小人难保”，有德是上天选择“民主”的主要因素。德不配位则“天命靡常”。周之统治者告诉殷商遗民，桀、纣的失德即“惟不敬厥德”是其灭亡并失去政权的根本原因。周之统治者也同时告诉周人，因为汤、武“克明德慎罚”，所以汤、武取得天下，“天命”转移。

周人的“天”与“天命”已经确定无疑地具备了道德内涵，天命对一朝君王的眷顾也确定与道德相关，上天会以道德为准绳改变对人间君主的任命。相对于殷商君权神授的思想，周人则有了一套明确的规范原则，天命对一朝君王眷顾的久暂受到道德的约束。所以，道德成为政治合法性的关键问题，君王等统治者的统治合法性来自天命，而天命最核心的内涵就是“德”，从而将天命眷顾的久暂与人的行为的道德属性联系在了一起。

周人创造性地提出了“天命靡常”的思想，并创造性地将天命转移的枢纽系在“德”的身上，即天命并非一成不变地保佑与维护统治者已有的政权，而

---

① 王世舜、王翠叶译注：《尚书》，中华书局2012年版，第268页。

② 高亨注：《诗经今注》，上海古籍出版社2009年版，第369页。

③ 高亨注：《诗经今注》，上海古籍出版社2009年版，第475页。

④ 王世舜、王翠叶译注：《尚书》，中华书局2012年版，第269页。

⑤ 王世舜、王翠叶译注：《尚书》，中华书局2012年版，第263页。

是会依据统治者的“德行”进行取舍转移，也就是说“皇天无亲，惟德是辅”。周人很聪明地用“德”的兴废存亡解释了夏、商、周三代政权的更替，这样就旗帜鲜明地告诉民众特别是殷商遗民，天命以“德”为根据的转移并非始于周人，而是自夏商政权交替时就已经开始了，相当于告诉殷商遗民：你们殷人祖先也是靠“德”获得政权治理天下的，你们的末代统治者殷纣是因为“失德”而失去政权、失去天下的。统治者之德性是决定政权兴替的重要因素，夏商之亡国，是因为其末代统治者“不敬厥德”，导致上天厌弃并抛弃他们。王国维先生说：“周自大王以后，世载其德。自西土邦君，御事小子，皆克用文王教。至于庶民，亦聪听祖考之彝训。是殷周之兴亡，乃有德与无德之兴亡。故克殷之后，尤兢兢以德治为务。”[①]

周人“以德配天”的思想，实际上将统治者之德性宣扬为左右天命的决定性力量，是天命转移的根据所在，相比于商纣王的恶德丑行，文王的高尚德操是其膺受天命的前提条件，在周人看来，文王因“得天命”而得天下，天命的获取又源于文王之“德”，在当时的社会条件下合理地解释了殷亡周兴的重大政权革命，化解了“小邦周”取代“大邦殷”后周人新政所面临的种种危机，而其中最大的危机就是殷代商的合法性危机，这样就使民众特别是殷商遗民从思想上接受了周人的统治。

（二）《周易》之“德要配位”

卦爻象之言位，有阴阳之位、尊卑之位和三才之位之说。关于阴阳之位，即以初、三、五爻为阳位，以二、四、上爻为阴位。凡阳爻居阳位者，阴爻居阴位者，称为当位、得位、正位、位正当等；凡阳爻居阴位者，阴爻居阳位者，称为不当位、位不当、失位、未得位等。爻位之高下也影响到尊卑贵贱，《京房易传》中以初爻当元士，二爻为大夫，三爻为三公，四爻为诸侯，五爻为国君，上爻为宗庙。也有人以三爻为诸侯，四爻为宰辅，上爻为太上皇。

《周易折中》卷首分析了德、爻位间的关系：

> **位**
>
> 贵贱上下之谓“位”。王弼谓中四爻有位，而初上两爻无位，非谓无阴阳之位也，乃谓爵位之位耳。五，君位也。四，近臣之位也。三虽非近，而

---

① 王国维：《殷周制度论》，《观堂集林（附别集）》卷十，中华书局1959年版，第479页。

位亦尊者也。二虽不如三四之尊，而与五为正应者也。此四爻皆当时用事，故谓之有位。初上则但以时之始终论者为多，若以位论之，则初为始进而未当事之人，上为既退而在事外之人也，故谓之无位。

……

德

刚柔中正不中正之谓“德”。刚柔各有善不善，时当用刚，则以刚为善也；时当用柔，则以柔为善也。惟中与正，则无有不善者。然正尤不如中之善，故程子曰：正未必中，中则无不正也。六爻当位者未必皆吉，而二五之中，则吉者独多，以此故尔。[①]

关于德、才、位之间的相互关系，杨万里在阐释《中孚·上九》时说道：

天下之理，德之小者不可以侥大任，才之下者不可以慕高位，无其资者不可以过其望也。上九处中孚之外，非中孚之徒，无中孚之实，为中孚之声，此妄而盗真，诈而盗诚者也。而乃挟其声之善鸣，下欲以动夫众，上欲以动夫君，而躐取高显之位，求之亦不可得，得之亦不可久，虽正亦凶，况不正乎。如此樊笼之鸡，乃欲一飞而登天，可乎？夫一举千里者，鸿鹄也；翔于万仞者，凤凰也；怒而九万者，鹏也。何也？彼诚有其才德也。曾谓一鸡而能登天乎？晋之王衍、唐之训注是也。[②]

杨万里阐释《益·初九》曰：

不有益天下之大才，不可以任益天下之大事；不有益天下之大德，不可御益天下之大才。初九以阳刚之才，为震动之主，得六四近臣之应。是故位一卦之最下，而利于作益天下之大事。然圣人喜其才而忧其心，何也？大事者，非常之事也。如唐、虞之禅，汤、武之革，伊、霍之废立，旦、息姑之摄是也。有“利用为大作”之才，而无至善之德，且挟专权自厚之心，是于天下国家能吉而无咎乎？“元者，善之长也”，夫惟有天德之人为众善之长，且有不自厚其事之心，斯可以作天下之大事，兴天下之大利，为天下之大益，吉而无咎矣。不然，子之即尧、舜，吴濞即汤、武，桓温即伊、霍，王莽即周

① (清)李光地编纂，刘大钧整理：《周易折中》，巴蜀书社2006年版，第17页。
② (宋)杨万里撰，宋淑洁点校：《诚斋易传》，九州出版社2008年版，第224页。

公、鲁隐乎！[①]

杨万里于此指出了位、才、德之间的关系：德重于位，位重于才。《盐铁论·遵道》篇也曾指出位、才、德之间的关系："《易》曰：'小人处盛位，虽高必崩。不盈其道，不恒其德，而能以善终身，未之有也。是以初登于天，后人于地。'"[②]

周代的"德""才""位"往往与"大人""小人"联系在一起。《周易》卦爻辞中"大人""小人"出现频率不低，"大人"与"小人"其内涵区别何在？发挥作用何异？特别是爻辞中多次明确提到"小人勿用"，如《师·上六》"大君有命，开国承家，小人勿用"[③]。这让我们认识到，"大人"与"小人"其才、德不同，其位不同，其用也不同，其中蕴涵着丰富的"德要配位"的思想内涵。

关于卦爻辞中"大人"的含义，有多种不同的理解，但基本没有太大的差异。大人一般有两种含义：其一，指有道德有作为的人；其二，有道德并居高位的人。[④] 大人：有位者之称，这里（按：《乾》卦九二爻辞）指贵族。[⑤]《易》中大人皆指德位兼具的人。[⑥] 大人者，有官位者之称也。[⑦]

卦爻辞言"大人"者共十卦十二处，卦辞中出现6次，分别为《讼》《师》《萃》《升》《困》《巽》。

《讼》："有孚，窒惕，中吉，终凶。利见大人，不利涉大川。"[⑧]大人指九五，九五以刚健中正之德居于尊位，德高望重，能调停并裁决争讼，是听讼之主。《师》："贞，丈人吉无咎。"[⑨]《周易集解》引崔憬曰："《子夏传》作'大人'。"李鼎祚曰："《子夏传》作'大人'，是也。"[⑩]吴澄曰："丈字盖大字之讹。"姚配中曰："此当从《子夏传》作大人。"高亨先生认同诸说。[⑪]《萃》："王假有庙。利见大人，亨利

---

① （宋）杨万里撰，宋淑洁点校：《诚斋易传》，九州出版社2008年版，第148页。

② （汉）桑弘羊撰，王利器校注：《盐铁论校注》，中华书局1985年版，第293页。

③ （清）李道平撰，潘雨廷点校：《周易集解纂疏》，中华书局1994年版，第136～137页。

④ 黄寿祺、张善文：《周易译注》，上海古籍出版社2011年版，第2页。

⑤ 参见李镜池：《周易通义》，中华书局1981年版，第2页。

⑥ 参见金景芳、吕绍刚：《周易全解》，上海古籍出版社2010年版，第7页。

⑦ 高亨：《周易古经今注》，清华大学出版社2010年版，第124页。

⑧ （清）李道平撰，潘雨廷点校：《周易集解纂疏》，中华书局1994年版，第119～120页。

⑨ （清）李道平撰，潘雨廷点校：《周易集解纂疏》，中华书局1994年版，第128页。

⑩ （清）李道平撰，潘雨廷点校：《周易集解纂疏》，中华书局1994年版，第128页。

⑪ 参见高亨：《周易古经今注》，清华大学出版社2010年版，第142页。

贞。用大牲吉，利有攸往。”[①]《周易折中》：“‘王假有庙’者，神人之聚也。‘利见大人’者，上下之聚也。‘用大牲吉’，广言群祀，由假庙而推之，皆所以聚于神也。‘利有攸往’，广言所行，由见大人而推之，皆所以聚于人也。”[②]本卦九五正具“大人”之象。王弼《周易注》：“聚得大人，乃得通而利正也。”[③]《升》：“元亨。用见大人，勿恤。南征吉。”[④]《困》：“亨，贞大人吉，无咎，有言不信。”[⑤]王弼《周易注》：“穷必通也，处困而不能自通者，小人也。”[⑥]反之，处困而能自通，必是履正体大之人。《周易集解》引虞翻曰：“‘贞大人吉’谓五。”[⑦]王弼《周易注》曰：“大人用之，道愈隆也。”[⑧]“大人”有大德、居尊位，德位相符相配；“大人”德位相配，是履正体大之人，能弘正道，进而可以进德修业。

爻辞中言“大人”者共有 6 处，分别为《乾》九二、九五，《否》六二、九五，《蹇》上六，《革》九五。《乾・九五》：“飞龙在天，利见大人。”[⑨]九五德位兼具，有别于九二之大人。九五德高位亦高，刚健中正纯粹，已进入圣人的境界。圣人是君子大人中最高明最伟大的，他的修养、智慧、能力和地位足以应对任何困难，犹如飞龙在天上，圣洁高贵，腾越自由，以至于云雷风雨交集而下，普天之下感受其利。这样的大人是天下人所利见的。[⑩]《否・九五》：“休否，大人吉。其亡其亡，系于包桑。”[⑪]《周易程氏传》：“五以阳刚中正之德，居尊位，故能休息天下之否，大人之吉也。大人当位，能以其道休息天下之否，以驯致于泰。”[⑫]九五是卦之主爻，居其位，有其德，得其时，阳刚中正且居尊位，且居安思危，时时有戒惧危亡之心。休否者，惧否塞之来也。即安而不忘危，治而不忘乱，存而不忘亡也。有位者能如此则吉。[⑬]《革・九五》：“大人虎变，未占有孚。”[⑭]九五居中处

① (清)李道平撰，潘雨廷点校：《周易集解纂疏》，中华书局 1994 年版，第 408 页。
② (清)李光地编纂，刘大钧整理：《周易折中》，巴蜀书社 2006 年版，第 235 页。
③ (魏)王弼撰，楼宇烈校释：《周易注》，中华书局 2011 年版，第 244 页。
④ (清)李道平撰，潘雨廷点校：《周易集解纂疏》，中华书局 1994 年版，第 416 页。
⑤ (清)李道平撰，潘雨廷点校：《周易集解纂疏》，中华书局 1994 年版，第 420～421 页。
⑥ (魏)王弼撰，楼宇烈校释：《周易注》，中华书局 2011 年版，第 254 页。
⑦ (清)李道平撰，潘雨廷点校：《周易集解纂疏》，中华书局 1994 年版，第 421 页。
⑧ (魏)王弼撰，楼宇烈校释：《周易注》，中华书局 2011 年版，第 304 页。
⑨ (清)李道平撰，潘雨廷点校：《周易集解纂疏》，中华书局 1994 年版，第 33 页。
⑩ 参见金景芳、吕绍刚：《周易全解》，上海古籍出版社 2010 年版，第 9 页。
⑪ (清)李道平撰，潘雨廷点校：《周易集解纂疏》，中华书局 1994 年版，第 177～178 页。
⑫ (宋)程颐撰，王孝鱼点校：《周易程氏传》，中华书局 2016 年版，第 56 页。
⑬ 参见高亨：《周易古经今注》，清华大学出版社 2010 年版，第 159 页。
⑭ (清)李道平撰，潘雨廷点校：《周易集解纂疏》，中华书局 1994 年版，第 442 页。

尊,有大人之德,为"革"之主。《蹇·上六》:"往蹇,来硕。吉,利见大人。"[①]爻辞中出现的"大人",除了《蹇》卦"大人"在第六爻,其余的均出现于二爻或五爻,而《蹇·上六》爻辞中的"大人"也是指九五爻。

二爻和五爻均位于下卦、上卦的中爻,分别位于下卦、上卦的中心位置,《系辞下》曰:"二与四同功而异位。其善不同。二多誉,四多惧,近也。柔之为道,不利远者,其要无咎,其用柔中也。三与五同功而异位。三多凶,五多功,贵贱之等也。"[②]第五爻居上卦之中,往往为卦中最吉之爻,也象征着事物发展过程中最美好的阶段,也常被称为"君位"。九二居中不偏,虽非君位而有君德,也可以指有道德有作为的人,所以《乾·九二》曰:"见龙在田,利见大人。"[③]《否·六二》:"包承,小人吉,大人否亨。"[④]王弼《周易注》:"居否之世,而得其位;用其至顺,包承于上。小人路通,内柔外刚;大人否之,其道乃亨。"[⑤]

爻辞言"小人"者共十卦十处,分别为《师》上六、《大有》九三、《否》六二、《观》初九、《剥》上九、《遁》九四、《大壮》九三、《解》六五、《革》上六、《既济》九三。《师·上六》:"大君有命,开国承家,小人勿用。"[⑥]开国承家,为国之大事,须用君子,勿用小人。《大有·九三》:"公用亨于天子,小人弗克。"[⑦]《否·六二》:"包承,小人吉。大人否亨。"[⑧]《经义述闻》:"六二包承于五,小人之道也;九五之大人若与二相包承,则以君子而入小人之群,是'乱群'也。故必不与相包承,而其道乃亨。"[⑨]当否之时,上下不交。小人"包承",于小人为吉,但《易》为君子谋,不为小人谋,大人否定小人之道,方可亨通。《观·初六》:"童观。小人无咎,君子吝。"[⑩]《周易集解》引王弼曰:"失位处下,最远朝美,无所鉴见,故曰'童观'。处'大观'之时而'童观',趣顺而已。小人为之无可咎责。君子为之,鄙吝之道。"[⑪]

---

① (清)李道平撰,潘雨廷点校:《周易集解纂疏》,中华书局1994年版,第366页。
② (清)李道平撰,潘雨廷点校:《周易集解纂疏》,中华书局1994年版,第674~675页。
③ (清)李道平撰,潘雨廷点校:《周易集解纂疏》,中华书局1994年版,第29页。
④ (清)李道平撰,潘雨廷点校:《周易集解纂疏》,中华书局1994年版,第176页。
⑤ (魏)王弼撰,楼宇烈校释:《周易注》,中华书局2011年版,第74页。
⑥ (清)李道平撰,潘雨廷点校:《周易集解纂疏》,中华书局1994年版,第136~137页。
⑦ (清)李道平撰,潘雨廷点校:《周易集解纂疏》,中华书局1994年版,第190页。
⑧ (清)李道平撰,潘雨廷点校:《周易集解纂疏》,中华书局1994年版,第176页。
⑨ (清)王引之:《经义述闻》(卷一),江苏古籍出版社1985年版,第15页。
⑩ (清)李道平撰,潘雨廷点校:《周易集解纂疏》,中华书局1994年版,第232页。
⑪ (清)李道平撰,潘雨廷点校:《周易集解纂疏》,中华书局1994年版,第232页。

《剥·上九》："硕果不食，君子德车，小人剥庐。"[①]《周易集解》引侯果释曰："处《剥》之上，有刚直之德，群小人不能伤害也，故果至硕大，不被剥食矣。君子居此，万姓赖安，若得乘其车舆也。小人处之，则庶方无控，被剥其庐舍。"[②]《遁·九四》："好遁，君子吉，小人否。"[③]尚秉和先生曰："当祸患未形之时，从容而遁也。然知几其神，惟君子能之。"[④]《大壮·九三》："小人用壮，君子用罔，贞厉。羝羊触藩，羸其角。"[⑤]"小人"强壮之时，可能会妄用进取。九三居下乾之终，此时若为"君子"，必守正养德而不妄用其强；若为"小人"，则会恃强妄动，凶险即至。《解·六五》："君子惟有解吉，有孚于小人。"[⑥]王弼《周易注》曰："以君子之道解难释险，小人虽暗，犹知服之而无怨矣，故曰'有孚于小人'也。"[⑦]《革·上六》："君子豹变，小人革面。征凶，居贞吉。"[⑧]《既济·九三》："高宗伐鬼方，三年克之，小人勿用。"[⑨]《观·初六》："童观。小人无咎，君子吝。"[⑩]从某种程度和角度，指出了"小人"是境界不远、眼光浅显的人，像小孩一样看问题，蒙昧无知，幼稚而浅陋。这种境界对"小人"来说是正常的，"君子"如像"小人"一样"童观"则是"鄙吝之道"了。

《周易》对待"小人"的态度是很明确的，即"小人勿用"。爻辞中多次提到"小人勿用"，《师·上六》："大君有命，开国承家，小人勿用。"[⑪]开国承家，按照程颐的解释即为分封诸侯和卿大夫。对于《师·上六》中"小人勿用"的含义，朱熹辨析曰："'小人勿用'，则是勿更用他与之谋议经画耳。汉光武能用此义，自定天下之后，一例论功行封；其所以用之在左右者，则邓禹、耿弇、贾复数人，他不与焉。"[⑫]"小人勿用"不是指不论功行封，而是指"勿更用他与之谋议经画耳"，即国家管理的大事不能与"小人"谋划。为何？恐与"小人"不具备管理国家的才

① (清)李道平撰，潘雨廷点校：《周易集解纂疏》，中华书局 1994 年版，第 259 页。
② (清)李道平撰，潘雨廷点校：《周易集解纂疏》，中华书局 1994 年版，第 259～260 页。
③ (清)李道平撰，潘雨廷点校：《周易集解纂疏》，中华书局 1994 年版，第 331 页。
④ (清)尚秉和著，张善文点校：《周易尚氏学》，中华书局 2016 年版，第 158 页。
⑤ (清)李道平撰，潘雨廷点校：《周易集解纂疏》，中华书局 1994 年版，第 334～335 页。
⑥ (清)李道平撰，潘雨廷点校：《周易集解纂疏》，中华书局 1994 年版，第 372 页。
⑦ (魏)王弼撰，楼宇烈校释：《周易注》，中华书局 2011 年版，第 216 页。
⑧ (清)李道平撰，潘雨廷点校：《周易集解纂疏》，中华书局 1994 年版，第 443 页。
⑨ (清)李道平撰，潘雨廷点校：《周易集解纂疏》，中华书局 1994 年版，第 530 页。
⑩ (清)李道平撰，潘雨廷点校：《周易集解纂疏》，中华书局 1994 年版，第 232 页。
⑪ (清)李道平撰，潘雨廷点校：《周易集解纂疏》，中华书局 1994 年版，第 136～137 页。
⑫ (宋)黎靖德编，王星贤点校：《朱子语类》，中华书局 1986 年版，第 1753 页。

能有关。《师》卦重在阐发用兵之道,《师·六五》指出君王择将的标准是“长子帅师,弟子舆尸”,王弼《周易注》:“柔非军师,阴非刚武,故不躬行,必以授也。授不得正,则众不从,故长子帅师可也。弟子之凶,固其宜也。”[①]用兵与管理国家,当用德位皆具之人,对于才能不具备的“小人”,则不可与其“谋议经画”。《大有·九三》:“公用亨于天子,小人弗克。”[②]讲“小人”德劣与位不相配,不能担当大任,否则容易招致祸害。《既济·九三》:“高宗伐鬼方,三年克之,小人勿用。”[③]小人居盛不虑其衰,成功不虑其难,国家中兴之时,由未济而既济,小人之才能与态度,是难当大任的,只有具备文明之德、刚武之威的殷高宗之类的“大人”才能担当大任。

《遁·九四》:“好遁,君子吉,小人否。”指出了“小人”不知进退。《大壮·九三》:“小人用壮,君子用罔。”阳刚盛长正是阳刚当止则止的时候,而“小人”却“用壮”,也指出了“小人”不知进退的一面。这说明才能不具的“小人”不具备把握时机、掌控时势的能力。而《夬》卦则具体地指出了君子如何远离“小人”,“君子”如何对决于“小人”。《夬》卦,下乾上兑,五个阳爻(视作大人或君子)在下,一个阴爻(视作小人)在上。《夬》卦辞:“扬于王庭。”君子如何对决于小人,当公正而无私隐,可将决断之事发扬于王者之庭。

对于卦爻辞中的“小人”,高亨先生认为:“小人为无官位之平民。”[④]就位而言,卦爻辞中的“小人”,指普通的劳动者,没有特殊的才能与技能。古经卦爻辞中的“小人”并无过多贬义,与道德的关涉并不明显。卦爻辞对于“小人”与“大人”的区别,并没有明显地从道德上指出不同,虽然指出了“大人”是有位有德,德位兼具,但并没有鲜明地指出“小人”无德,而是指出了“小人”能力上、方法上、态度和智慧上与“大人”的不同,并指出了在有关国家大事的处理上,如“开国承家”“公用亨于天子”“高宗伐鬼方”等重大政治生活中,要做到“小人勿用”。正如《淮南子·主术训》所说:“有大略者,不可责以捷巧;有小智者,不可任以大功。人有其才,物有其形,有任一而太重,或任百而尚轻。”[⑤]“大人”“小人”须各归其位,各守本分,行事与各自之才德相适应,即“德要配位”。

① (魏)王弼撰,楼宇烈校释:《周易注》,中华书局2011年版,第49页。
② (清)李道平撰,潘雨廷点校:《周易集解纂疏》,中华书局1994年版,第190页。
③ (清)李道平撰,潘雨廷点校:《周易集解纂疏》,中华书局1994年版,第530页。
④ 高亨注:《周易古经今注》,清华大学出版社2010年版,第124页。
⑤ 陈广忠译注:《淮南子》,中华书局2012年版,第460页。

《易经》由卦爻符号与卦爻辞组成，关于《易经》的卦爻符号与卦爻辞在文化精神上的关系，余敦康先生曾给出三点说明："第一，它给卦爻符号题了确定的卦名与爻名，可以借助文字的提示作用，从中引发出一种象数的思维模式。第二，在卦爻辞中，记录了当时人们所掌握的各种知识，这些都是直接来源于现实生活的经验总结，带有一定程度的人文主义色彩。第三，它接受了当时发展起来的以德配天的天命神学观念，使之与卜筮相结合，构成了一个以天人之学为理论基础的巫术操作系统。以上三点也可以简约地概括为象数与义理两个方面。其卦爻符号就是象数，天命神学观念以及某些人文主义的知识内容就是义理，二者相互依存，不可或缺，共同构成为一个巫术操作系统，这就是《易经》所显示出来的文化意义。"[①]周人"以德配天"的思想在《周易》卦爻辞中有着充分的体现，"大人""小人"之别及其在国家管理、社会管理中的不同作用只是其中的一方面。在《周易》的视野之下，具有"以德配天"精神和视野的人，践行"以德配位"之精神，因循天道，恪守自然规律，参赞天地之化育，以求"自天祐之，吉无不利"之境界。

---

① 余敦康:《易学今昔》，广西师范大学出版社2005年版，第16页。

第三章 《易传》的德治思想

《易传》与《周易》古经均蕴含丰富的德治思想,《易传》德治思想本之于《周易》古经,即《易传》德治思想通过解释《周易》古经而形成。但《易传》德治思想与《周易》古经德治思想已经有了很大的区别,这与他们成书的时代背景有着很大的关系,《周易》古经成书于殷周之际,面临的政治与社会环境是革故鼎新、内忧外患,《易传》成书面临的则是“礼崩乐坏”的时代背景。《易传》接续《周易》古经,继续讲忧患治国之道,《易传》视忧患意识为立国长久的重要政治智慧。《易传》的语言风格与《周易》古经已经有了明显的差异,孔子及其后学的使命感、紧迫感蕴涵在《易传》的德治思想之中,相对于《周易》古经卦爻辞中德治思想的危而隐,《易传》对德治思想的表达是直抒胸臆的。德治思想肇始于《周易》古经,发扬光大于《易传》,《周易》古经中的德治思想重在阐释具体的德治行为,以德治之“术”为主,《易传》中的德治思想则以“道”为主,重在建立宏大的德治之大“道”。

《易传》是否为孔子所作,争论颇多,但就《易传》思想出于孔子及其弟子这一点则基本达成共识,以孔子为代表的儒家对《周易》古经的德性诠释是《易传》德治思想的核心内涵。从帛书《易传》的记载不难看出,孔子对“祝卜”与“德义”的先后关系问题的看法是很明确的,即孔子把人文性的“德义”置于祈神的“祝卜”之前。在研《易》的宗旨上,孔子的态度与方法都与“史巫之筮”有着明显的不同,孔子研《易》把“德义”放在首位,对《易》的核心价值由“史巫之筮”向“观亓德义”进行转移与改造,这是孔子晚年易学观的突出标志,孔子说:“吾求其德而已”,“君子德行焉求福,故祭祀而寡也;仁义焉求吉,故卜筮而希也”。[1]《易传》对《周易》是“圣王之治”“明君之守”的政治经典的认定是很明确的,从天人合

① 廖名春:《帛书〈周易〉论集》,上海古籍出版社2008年版,第389页。

德、天道与人道合一的高度论证了《周易》何以由卜筮之书转为政治经典。

在《周易》古经德治思想的基础上,《易传》的德治思想既有继承又有发展。"《易》所以会天道人道也。"[①](《郭店楚简·语丛一》)《易传》(主要是《系辞》部分)对于"天人合一"观念做了深入的阐发。《周易》古经的德治思想的最高追求和境界就是"以德配天"的天命思想,发展到了《易传》,"天人合一"则是德治思想的最高、终极之追求。《易传》通篇开示了对于天地的敬畏和对于天地之大德的赞美,是圣人仰观俯察、"穷理尽性"之作。"易与天地准","穷理尽性以至于性命",《易》指导人们通过推求卦爻象变化的法则进而对阴阳变易的法则有透彻的了解,从而来了解天道和地道,使人的行为遵循天道的规范,以天地之大德为最高追求来规范与提高人们的道德境界,这也是德治思想所要遵循的最根本的依据,最终达到"和顺于道德而理于义"这一境界。

与《周易》古经一样,民本思想同样也是《易传》德治思想的基础,而体现民本思想的修德思想、尚贤思想等特别是教化思想则有了更为系统化、体系化的发展。《易传》认识到了民对国家治理的重要性,《易传》认为重民才能成就大业,重民就要养民、保民,顺应民心;民众应该受到敬畏,统治者当损上益下,谦对万民;重民还要解决民生问题,安民而厚生。《易传》要求统治者当抱有以民为本的治国理民精神,统治者须约束自身,减少自己的利益并用之于民众,取悦于民众,如此对于治理国家与社会来说,则获得最大效益;相反,如果统治者搜刮民脂民膏,损民利己,其后果则是很严重的,小则有令不行,大则官逼民反,社会秩序失去稳定。修德是统治者治国理民的起点,修德思想发端于对王权的限制。《易传》把"养贤"视为效法天道的必然之举,天地养育万物,圣人培养贤人。"养贤"意义重大,它关系到国家管理的成功。

总体来说,《易传》的德治思想中,民本思想是基础,以民为本是《易传》德治思想的基本追求,教化思想、修德思想、尚贤思想等等无非就是落实民本思想的实践途径与策略。其中,教化思想则是德治思想得以顺利实施的重要手段与措施。周人将蕴含"德义"内容的《易》以卜筮的形式包装,进而实现神道设教,《周易》的教化功能得到了历代易学者的认可,其教化功能是多位一体的。教化是德治思想得以最终实现的最重要的实践过程。

---

① 翟信斌、郑孝华主编,龙永芳执笔:《郭店楚简简明读本》(五),湖北人民出版社2007年版,第32页。

一、《易传》对《周易》古经的德性诠释

《易传》是对《周易》最早的系统性阐释之作，欧阳修、姚际恒等先儒对“孔子作《易传》或者《易传》中某些篇章”的怀疑态度成为近代以来疑古风潮涌起时一些疑古过勇者的研究依据，但随着考古资料的不断出土，特别是马王堆帛书《易传》的出土，疑古过勇者的论断基本不攻自破。帛书《易传》《要》篇详细记载了孔子与弟子论《易》的内容，尤为重要的是，帛书《要》篇记录了孔子对《周易》占筮的态度和他研《易》的内容，虽然《要》篇后来失传，但是孔子在这篇文字中为易学奠定了研究基调，这对后人治《易》产生了极其重大的影响，《二三子问》《要》篇肯定了《史记·孔子世家》中关于孔子“晚而喜《易》”的记载，肯定了孔子晚而喜《易》、与弟子谈《易》、赞《易》、传《易》的事实。纵然《易传》是否为孔子所作争论颇多，但《易传》的思想出于孔子及其弟子则基本已经成为共识。

在研《易》的宗旨上，孔子的态度与方法都与“史巫之筮”有着明显的不同，孔子提出了“幽赞而达乎数，明数而达乎德，又仁[守]者而义行之耳”[①]的研《易》路径与方法。发展到《易传》这一时期，《周易》已不仅仅是占筮用的典籍，更是有助于人遵循天道治理天下和提升道德修养的教科书。

（一）孔子与《周易》的关系

孔子与《周易》的关系历来是易学发展史上、中国学术史上和中国文化史上一个敏感而又重要的问题。

按照传世文献的记载，孔子与《周易》的关系本不是问题，即孔子好《易》并作《易传》，《易传》反映了孔子主要的易学思想。传世文献中关于孔子和《周易》关系的记载相当多，其中重要的有如下几个。

《论语·述而》中“加我数年”章，按照阮元校刻《十三经注疏》所收《论语注疏》的断句，是这样的：

> 子曰：“加我数年，五十以学《易》，可以无大过矣。”[②]

《史记·孔子世家》云：

---

① 廖名春：《帛书〈周易〉论集》，上海古籍出版社2008年版，第389页。

② （清）阮元校刻：《十三经注疏》（清嘉庆刊本），中华书局2009年版，第5397页。

孔子晚而喜《易》，序《彖》《系》《象》《说卦》《文言》，读《易》，韦编三绝。曰："假我数年，若是，我于《易》则彬彬矣。"[①]

《汉书·儒林传》也说，孔子"盖晚而好《易》，读之韦编三绝，而为之传"[②]。同书《艺文志》亦云："孔氏为之《彖》《象》《系辞》《文言》《序卦》之属十篇。"[③]

以上是传世文献中关于孔子与《周易》关系最重要的记载，也是揭示孔子与《周易》特殊关系的最好证据。

然而，对以上记载持怀疑态度的说法亦甚嚣尘上。持怀疑态度的说法之一来源于对"加我数年，五十以学《易》，可以无大过矣"的不同理解。

三国何晏在其《论语集解》中注解此章云："《易》穷理尽性以至于命，年五十而知天命，以知命之年读至命之书，故可以无大过。"[④]此注解认为"五十"指五十岁。南朝梁皇侃《论语义疏》云："当孔子尔时年已四十五六，故云'加我数年，五十以学《易》'也。所以必五十而学《易》者，人年五十，是知命之年也。《易》有大衍之数五十，是穷理尽命之书，故五十而学《易》也。"[⑤]宋代邢昺《论语注疏》云："加我数年，方至五十，谓四十七时也。"[⑥]

朱子于《四书章句集注》中说："刘聘君见元城，刘忠定公自言尝读他《论》，'加'作'假'，'五十'作'卒'。盖'加''假'声相近而误读，'卒'与'五十'字相似而误分也。愚按：此章之言，《史记》作'假我数年，若是我于《易》，则彬彬矣'。'加'正作'假'，而无'五十'字。盖是时孔子年已几七十矣，'五十'字误无疑也。"[⑦]

还有一些学者把《论语》和《史记》所引区别为两个时期，如元代李治《敬斋古今黈》云："大抵《论语》所载，则是未系《易》时语。而司马迁所记，则作十翼时言之也。言本不同，乃欲强比而同之，宜乎若是之纷纷也。"[⑧]清刘宝楠《论语正义》也主张："《世家》与《论语》所述，不在一时，解者多失之。"[⑨]

① （汉）司马迁撰，（宋）裴骃集解，（唐）司马贞索隐，（唐）张守节正义：《孔子世家》，《史记》卷四十七，中华书局1982年版，第1586页。

② （汉）班固撰，（唐）颜师古注：《儒林传》，《汉书》卷八十八，中华书局2012年版，第3090页。

③ （汉）班固撰，（唐）颜师古注：《艺文志》，《汉书》卷三十，中华书局2012年版，第1517页。

④ （魏）何晏，（唐）陆德明，（宋）邢昺：《论语注疏》，广西师范大学出版社2019年版，第182页。

⑤ （梁）皇侃：《论语义疏》，广西师范大学出版社2018年版，第240页。

⑥ （魏）何晏，（唐）陆德明，（宋）邢昺：《论语注疏》，广西师范大学出版社2019年版，第182页。

⑦ （宋）朱熹：《四书章句集注》，齐鲁书社1992年版，第66页。

⑧ （元）李治撰：《敬斋古今黈》，中华书局1995年版，第157页。

⑨ （清）刘宝楠撰，高流水点校：《论语正义》，中华书局1990年版，第268页。

清人姚际恒《易传通论》、康有为《新学伪经考》等则完全推翻了孔子作《易传》的传统说法，并断言《说卦传》《续卦传》《杂卦传》三篇为汉人伪作。康有为曰：

> 史迁《太史公自序》，称“《系辞》”为“《易大传》”，盖《系辞》有“子曰”，则非出孔子手笔，但为孔门弟子所作，商瞿之徒所传授，故太史谈不以为经而为传也。至《说卦》《序卦》《杂卦》三篇，《隋志》以为后得，盖本《论衡·正说篇》“河内后得《逸易》”之事，《法言·问神篇》“《易》损其一也，虽惷知阙焉”，则西汉前《易》无《说卦》可知。扬雄、王充尝见西汉博士旧本，故知之。《说卦》与孟、京《卦气图》合，其出汉时伪托无疑。《序卦》肤浅，《杂卦》则言训诂，此则歆(引者案，指刘歆)所伪窜，并非河内所出，宋叶适尝攻《序卦》《杂卦》为后人伪作矣(《习学记言》)。歆既伪《序卦》《杂卦》二篇，为西汉人所未见。又于《儒林传》云“费直徒以《彖》《象》《系辞》十篇文言解说上下经”，此云“孔氏为之《彖》《象》《系辞》《文言》《序卦》之属十篇”；又叙《易经》十二篇而托之为施、孟、梁丘三家；又于《史记·孔子世家》窜入“孔子晚而喜《易》，序《彖》《系》《象》《说卦》《文言》”，颠倒眩乱，学者传习，熟于心目，无人明其伪窜矣。[①]

对此，李学勤先生认为：“《论语·述而》和《史记·孔子世家》都说明孔子非常重视《周易》一书。到了晚年，有其喜好，从而撰作《易传》，他的实际行为，印证了他说过的话。《论语》和《史记》文字虽有出入，彼此并没有什么矛盾。”[②]

持怀疑态度的另一个说法来源于唐代陆德明的《经典释文》，其《论语音义》云：“如字，鲁读易为亦，今从古。”[③]

“鲁”指《鲁论》，“古”指“古论”。这处异文意义重大，如依《鲁论》，“易”应为“亦”字，连下读作“亦可以无大过矣”，那么这一章便与《周易》无关了。《论语》中只有此章讲到《易》，如此记载排除，等于说和孔子最有关系的《论语》一书中不再有《易》的任何存在。今人以钱穆、李镜池为代表学者，以此否定了孔子读

---

① 康有为：《新学伪经考》，中华书局2012年版，第51～52页。

② 李学勤：《周易溯源》，巴蜀书社2006年版，第69页。

③ (魏)何晏集解，(唐)陆德明音义，(宋)邢昺疏：《论语注疏》，广西师范大学出版社2019年版，第182页。

《易》。[①]

对于以上疑问，李学勤先生于《周易溯源》一书中有详细的论证，并总结说："《论语·述而篇》所载孔子自言'五十以学《易》'等语，是孔子同《周易》一书直接有关的明证。虽有作'亦'的异文，实乃晚起，与作'易'的本子没有平等的价值。我们探讨《周易》与孔子的关系时，可以放心地引用《述而》这一章，不必顾虑种种异说的干扰。"[②]林忠军教授以陆德明《经典释文》《周易》之《大壮》六五与《旅》上九皆曰"丧羊于易"，《系辞传》"六爻之义易以贡"中"易"读音为"亦"为据，证明"易"读"亦"只是读音，改"易"为"亦"则语意不通，从而推翻了惠氏等人的观点。[③] 本书认为，孔子读《易》的事实不可轻易否定，帛书《易传》出土也证明了孔子读《易》的事实。

今本《易传》是解释《周易》经文的文集，有《彖传》上下篇、《象传》上下篇、《文言传》《系辞传》上下篇、《说卦传》《序卦传》《杂卦传》七种十篇。这十篇自汉代起，又被称为"十翼"。"翼"有辅助之意，表示他们是解释《周易》经文的。先秦时期，《易传》有多种，但今本《易传》之地位最高、影响最大。

从司马迁的《史记·太史公自序》到唐孔颖达《周易正义》，人们都认为《易传》十篇为孔子所作，系圣人之言。自宋代欧阳修起，到清代的崔述，尤其是到近现代，人们对《易传》的作者及其成书年代提出了疑问与不同的看法。欧阳修作《易童子问》对《系辞传》为孔子所作之说提出质疑；崔述作《洙泗考信录》认为《易传》不出孔子而出于孔子七十子以后之儒者。近人如张岱年先生提出《易传》或出于战国中期[④]，冯友兰先生认为《易传》是战国末至秦汉之际儒家之人的作品。[⑤] 李镜池认为："彖象二传的著作年代，最早不出于战国末，最迟不到汉宣帝。大概以作于秦汉间为最可能。秦皇不是推行新政策，焚书坑儒吗？只有《周易》以卜筮之书没有殃及，儒家既把它尊为'经'典，所以在这独存而不禁的书上做功夫，把儒家思想附存上去。"[⑥]高亨先生认为："《易传》虽是筮书的注解，然而超出筮书的范畴，进入哲学书的领域。作者虽然不是一人，而其世界观并

---

① 参见钱穆：《论十翼非孔子作》，黄寿祺、张善文主编：《周易研究论文集》（第一辑），北京师范大学出版社 1987 年版，第 180 页；李镜池：《周易探源》，中华书局 1978 年版，第 292～293 页。

② 李学勤：《周易溯源》，巴蜀书社 2006 年版，第 83 页。

③ 参见林忠军：《孔子与易传》，上海古籍出版社 2012 年版，第 80～81 页。

④ 参见张岱年：《论〈易大传〉的著作年代与哲学思想》，《中国哲学》（第一辑），生活·读书·新知三联书店 1981 年版，第 121 页。

⑤ 参见冯友兰：《〈易传〉的哲学思想》，《哲学研究》1960 年第 7 期。

⑥ 李镜池：《周易探源》，中华书局 1978 年版，第 310 页。

无矛盾。各种互相补充,构成独具特色的思想体系。"[1]对于《易传》的成书年代,廖名春先生认为"《易传》七种十篇的下限都不出于战国。其中《大象传》等可能要早些,《序卦传》等可能要晚些"[2]。对于《易传》的作者,廖名春先生认为"总体说来,《易传》的思想源于孔子,孔子与《易传》有着密切的联系。但战国时期的孔子后学对《易传》各篇也做了许多创造、发挥工作。因此,《易传》的作者主要应是孔子及其后学"[3]。

《易传》是对《周易》最早的系统性阐释之作,其内容反映了相当多的儒家思想,欧阳修、姚际恒等先儒对"孔子作《易传》或者《易传》中某些篇章"的怀疑态度成为近代以来疑古风潮涌起时一些疑古过勇者的研究依据,但随着马王堆帛书《易传》等考古资料的不断出土,疑古过勇者的论断基本不攻自破。帛书《要》篇详细记载了孔子与弟子论《易》的内容,孔子对《周易》占筮的态度,为易学奠定了研究基调,这对后人治《易》产生了极其重大的影响,《二三子问》《要》篇肯定了《史记·孔子世家》中关于孔子"晚而喜《易》"的记载,肯定了孔子晚而喜《易》、与弟子谈《易》、赞《易》、传《易》的事实。纵然《易传》是否为孔子所作争论颇多,但《易传》之思想出于孔子及其弟子则已经成为基本共识。

(二)从帛书《易传》看孔子易学观的转变

在先秦文献里,称举最多的是《诗》《书》《礼》《乐》,其次是《诗》《书》《礼》《乐》《春秋》,《诗》《书》《礼》《乐》《易》《春秋》并称最少,仅见于《庄子》之《天运》《天下》篇,再加上《礼记·经解》。而"六经"的次序,传统文献亦有不同的排列,最大的差别为《易》的位置居《诗》《书》《礼》《乐》之前或其后。而"六经"次序的变化,实与孔子晚年前后易学观的变化密切相关。

廖名春教授曾撰文专门探讨"六经"的次序问题,他认为:"'以《诗》为首'的'六经'次序,并非出于今文家;而'用《易》居前'的'六经'次序,虽然出于古文家,但也渊源有自。《易》居《诗》《书》《礼》《乐》之前或居《诗》《书》《礼》《乐》之后,这两种'六经'次序的形成,实与孔子晚年前后经学思想的变化密切相关。陆德明'用《易》居前'本于'著述早晚',周予同'以《诗》为首''按《六经》内容深度的浅深'的论断,文献尚难坐实。从帛书《要》篇提供的线索看,是孔子晚年以

---

① 高亨:《周易大传今注》,清华大学出版社 2010 年版,第 3 页。

② 廖名春:《〈周易〉经传与易学史新论》,中国人民大学出版社 2014 年版,第 222 页。

③ 廖名春:《〈周易〉经传与易学史新论》,中国人民大学出版社 2014 年版,第 224 页。

前轻视《周易》，所以殿《易》于《诗》《书》《礼》《乐》之后；晚年以后重《易》而轻《诗》《书》《礼》《乐》，所以冠《易》于《诗》《书》《礼》《乐》之前。'六经'这两种不同的次序，其经学史的背景和意义可谓大矣深矣。”[①]

1973年底在长沙马王堆3号汉墓(埋葬于公元前168年)出土的帛书《周易》有经、传两部分，传包括《二三子问》上下、《系辞》《易之义》《要》《缪和》《昭力》等6篇，“其中除《系辞》篇与通行本大致相同外，其他几篇都是早已佚失了的另本《易传》”[②]。

关于帛书《周易》的内容结构，李学勤先生在其文《帛书〈周易〉的几点研究》中有详细论述，李学勤先生综合分析了晓菡的《长沙马王堆汉墓帛书的概述》、于豪亮的《帛书〈周易〉的见解》、韩仲民的《帛〈易〉概述》、傅举有和陈松长的《马王堆汉墓文物》所附《综述》、《马王堆帛书专号》所载廖名春《帛书〈易之义〉简说》和张立文《帛书周易注释》。根据综合分析，李学勤先生认为，《帛书》周易包括两件帛书，可称作上下卷。

上卷　经文
　　　《二三子问》上下篇
下卷　《系辞》
　　　《易之义》
　　　《要》
　　　《缪和》
　　　《昭力》

传文共六种七篇。

李学勤先生开启了帛书《易传》研究的先河，对帛书《易传》与孔子的关系，与子思子的关系、与荀子一系《易》学的关系分别进行了早期的研究。李学勤先生陆续发表了《帛书〈系辞〉论略》[③]《从帛书〈易传〉看孔子与〈易〉》[④]《〈易传〉与〈子思子〉》[⑤]《帛书〈周易〉与荀子一系〈易〉学》[⑥]等一系列文章。

---

① 廖名春：《“六经”次序探源》，《历史研究》2002年第2期。
② 陈松长：《帛书史话》，社会科学文献出版社2012年版，第105页。
③ 李学勤：《帛书〈系辞〉论略》，《齐鲁学刊》1989年第4期。
④ 李学勤：《从帛书〈易传〉看孔子与〈易〉》，《中原文物》1989年第2期。
⑤ 李学勤：《〈易传〉与〈子思子〉》，《中国文化》创刊号，1989年。
⑥ 李学勤：《帛书〈周易〉与荀子一系〈易〉学》，《中国文化》创刊号，1989年。

1992年后，湖南出版社出版了傅举有、陈松长编著的《马王堆汉墓文物》①，书中发表了帛书《周易》经文和《系辞》的照片图版和释文；1993年，陈鼓应主编的《道家文化研究》第三辑《马王堆帛书专号》上发表了张政烺先生的《马王堆帛书〈周易·系辞〉校读》和经过重订的《系辞》释文以及《二三子问》《易之义》《要》的释文；同时，一些有影响力的研究专著相继出版，如李学勤先生的《周易经传溯源》②、韩仲民先生的《帛易说略》③、张立文先生的《帛书周易注释》④、陈鼓应先生的《易传与道家思想》⑤。

关于帛书《易传》内容的总体概况，李学勤先生的《帛书〈周易〉的几点研究》一文做了很好的总结：

> 传文并非作于一时一手。这在各篇辞语和体例上都有好多证据，如《二三子问》述及孔子时称"孔子"，《系辞》和《易之义》称"子"，《要》则称"夫子"。还有六十四卦之名，各篇多用通假字，又各有差异，例如《讼》卦，帛书经文作"讼"，《易之义》作"容"；《姤》卦，经文作"狗"，《易之义》作"㛖"；《艮》卦，经文作"根"，而《易之义》作"谨"。这种种，都说明其来源不一。
>
> 虽然如此，帛书《周易》经传的编排还是经过精心考虑的。经文在最前面，随后《二三子问》到《要》均系孔子说《易》之语。《二三子问》分说经文，列于传文诸篇之首。《系辞》《易之义》通论大义，排在其次。《要》篇于论说外又有记事，续于后面。最后的《缪和》《昭力》，乃是传《易》经师的言论。因此，帛书《周易》是一部有自己体系的完整书籍。⑥

帛书《易传》大部分异于传世"十翼"，彼此都有的是《系辞》。过去，整理帛书的学者认为帛书有《系辞》上下两篇。最近经深入探讨，多以为应以一篇为《系辞》，另一篇改称作《易之义》。⑦ 传文部分除了《系辞》以外，其余五篇的大部分内容均不见于今本《易传》。从形式和内容上看，帛书《易传》缺少系统性，比较零散。

---

① 傅举有、陈松长编著：《马王堆汉墓文物》，湖南出版社1992年版。
② 李学勤：《周易经传溯源》，长春出版社1992年版。
③ 韩仲民：《帛易说略》，北京师范大学出版社1992年版。
④ 张立文：《帛书周易注释》，中州古籍出版社1992年版。
⑤ 陈鼓应：《易传与道家思想》，（台北）台湾商务印书馆1994年版。
⑥ 李学勤：《周易溯源》，巴蜀书社2006年版，第320页。
⑦ 参见张立文：《帛书周易浅说（卷首）》，《帛书周易注释》，中州古籍出版社1992年版，第2～3页。

帛书《周易》有经有传，其中有六篇帛书“易传”，共一万六千余字。其中第四篇名《要》，记字“千六百四十八”。此篇对研究孔子的易学观极其重要。帛书《要》篇中有一节文字，详细记载了孔子“老而好《易》”而和其弟子子赣(贡)辩论的情况，其文曰：

夫子老而好《易》，居则在席，行则在橐。子赣曰：“夫子它日教此弟子曰：‘德行亡者，神灵之趋；知谋远者，卜筮之蘩。赐以此为然矣。以此言取之，赐缗行之为也。夫子何以老而好之乎？”夫子曰：“君子言以榘方也，前羊而至者，弗羊而巧也。察亓要者，不邋亓福。《尚书》多仒矣，《周易》未失也，且又古之遗言焉。予非安亓用也，予乐[亓辞也，予何]尤于此乎？”[子赣曰]：“如是，则君子已重过矣。赐闻诸夫子曰：‘孙正而行义，则人不惑矣。’夫子今不安亓用而乐亓辞，则是用倚于人也，而可乎？”子曰：“校戋(谬)，赐！吾告女《易》之道……夫《易》，冈者使知瞿，柔者使知冈，愚人为而不忘，僌人为而去詐。文王仁，不得亓志，以成其虑。纣乃无道，文王作，讳而辟咎，然后《易》始兴也。予乐其知……”子赣曰：“夫子亦信亓筮乎？”子曰：“吾百占而七十当，唯周梁山之占也，亦必从亓多者而已矣。”子曰：“《易》，我后亓祝卜矣！我观亓德义耳也。幽赞而达乎数，明数而达乎德，又仁[守]者而义行之耳。赞而不达于数，则亓为之巫；数而不达于德，则亓为之史。史巫之筮，乡之而未也，好之而非也。后世之士疑丘者，或以《易》乎？吾求亓德而已，吾与史巫同涂而殊归者也。君子德行焉求福，故祭祀而寡也；仁义焉求吉，故卜筮而希也。祝巫卜筮亓后乎？”①

帛书《要》篇的可信性，已经得到学界的普遍认可，本书不做讨论。文中孔子与子贡的对话，可以帮助我们发现关于孔子易学观转变的有意义的线索。

通过《要》篇的记载，我们可以知道孔子“老而好《易》”的程度，即“居则在席，行则在橐”。此记载与《史记》记载孔子之“读《易》韦编三绝”有异曲同工之妙。孔子好易与否，历代皆有争论，马王堆帛书《周易》的出土及《易传》诸篇的载述，不仅回答了孔子“好易与否”的问题，也解答了“夫子为何老而好易”的疑惑。

通过子贡的责难，我们可以知道孔子“老而好《易》”之前对《周易》的认识与

① 廖名春：《帛书〈周易〉论集》，上海古籍出版社2008年版，第388～389页。

态度，即“德行亡者，神灵之趋；知谋远者，卜筮之繁”，德行丧失之人往往求证于神灵，智谋匮乏之人往往卜筮频繁。孔子晚年以前，视《周易》仅为卜筮之书，视《周易》为求“德行”“孙正而行义”之对立面，孙即遵循。[①] 这时的孔子视《周易》为卜筮之书，君子当远之，只有“德行亡者”“智谋远者”才近之。这应该是晚年以前的孔子及其弟子对《周易》的一致看法，并“缗行之为也”。

通过孔子对子贡的答复，我们可以知道，孔子“老而好《易》”的原因，即发现“《周易》未失也，且又古之遗言焉”，认为《尚书》多有疏漏之处；“《易》之道……刚者使知惧，柔者使知刚，愚人为而不忘，僭人为而去诈”，发现《周易》可以教刚者“知惧”，教柔者“知刚”，教人“不妄”“去诈”。

通过孔子对子贡的答复，我们可以知道《周易》成书的历史背景，即“文王仁，不得亓志，以成其虑。纣乃无道，文王作，讳而辟咎，然后《易》始兴也”。也就是说，《周易》产生于“纣乃无道，文王作”的年代，是周文王“讳而避咎”之作，反映了文王的仁义思想（“文王仁”）和忧国忧民的意识（“以成其虑”）。孔子是“乐其知”蕴藏于《周易》一书中的“德义”才“好《易》”的。

帛书《要》篇另外一段文字“孔子繇（籀）《易》”节：

> 故《易》又天道焉，不可以日、月、生、辰尽称也，故为之以阴阳；又地道焉，不可以水、火、金、土、木尽称也，故律之以柔刚；又人道焉，不可以父子、君臣、夫妇、先后尽称也，故要以之上下；又四时之变焉，不可以万勿尽称也，故为之以八卦。故《易》之为书也，一类不足以亟之，变以备亓请者也。故胃之《易》又君道焉，五官六府不足尽称之，五正之事不足以产之，而《诗》《书》《礼》《乐》不[止]百扁，难以致之。不闻于古法，不可顺以辞令，不可求以志善。能者繇一求之，所胃得一而君毕者，此之胃也。[②]

此文中，孔子认为《易》有天道、地道、人道、君道，读《易》可以“得一而君毕”。而《诗》《书》《礼》《乐》不止百篇，从中获得天道、地道、人道、君道，则“难以致之”，并非容易之事。《周易》里讲“阴阳”“柔刚”以见天地之道，有“八卦”以见“四时之变”，有“上下”以见“人道”“君道”。《诗》《书》《礼》《乐》的道理在《周易》的损益之道里均可寻见。孔子之所以可以“老而好《易》，居则在席，行则在橐”，

---

① 李学勤先生认为：“‘孙’读为‘循’，音近通假。”（李学勤：《周易溯源》，巴蜀书社 2006 年版，第 374 页。）

② 廖名春：《帛书〈周易〉论集》，上海古籍出版社 2008 年版，第 389 页。

可以无惧“后世之疑丘”，可以置《易》居六经之首，这或许是重要的内在根源之一。

从帛书《易传》的记载不难看出，孔子对“祝卜”与“德义”的先后关系问题是很明确的，即孔子把人文性的“德义”置于祈神的“祝卜”之前。在研《易》的宗旨上，孔子的态度与方法都与“史巫之筮”有着明显的不同，孔子提出了“幽赞而达乎数，明数而达乎德，又仁[守]者而义行之耳”的研《易》路径与方法。孔子研《易》把“德义”放在首位，对《易》的核心价值由“史巫之筮”向“观亓德义”进行转移与改造，是其晚年易学观的突出标志，他说：“君子德行焉求福，故祭祀而寡也；仁义焉求吉，故卜筮而希也”“吾求其德而已。”帛书《易传》对《周易》是“圣王之治”“明君之守”的政治经典的认定是很明确的，从天人合德、天道与人道合一的高度论证了《周易》何以由卜筮之书转为政治经典。

（三）《易传》对《周易》古经的德性诠释

《易传》有两套语言，一是关于占筮的语言，是解释卦象、爻象、爻位、筮法的；一是哲学的语言，挖掘并强调《周易》的德性修养之用，探求法天因人的社会发展规律。

《易传》诠释《周易》卦爻辞中道德修养的哲学意蕴，并以此提高人的道德修养境界，而不仅仅局限于只关注占问的吉凶祸福。这一点，《彖传》与《文言传》尤其突出，从各个角度展现了对生命的尊重。《乾·文言》曰：“元者，善之长也。亨者，嘉之会也。利者，义之和也。贞者，事之干也。君子体仁，足以长人。嘉会，足以合礼。利物，足以和义。贞固，足以干事。君子行此四德者，故曰《乾》元亨利贞。”[①]何谓善？《系辞传》：“一阴一阳之谓道，继之者善也，成之者性也。”[②]继，传继。此言道生万物，万物秉承道而具有善性。善性，指生生之德性，《系辞传》曰：“生生之谓易”[③]，“天地之大德曰生”[④]。亨，为亨通，即阴阳交感、会通而形成事物，也就是《乾·彖传》所言“大哉乾元，万物资始，乃统天。云行雨施，品物流形”[⑤]。利，中和而适宜，如荀爽所言“阴阳相合，各得其宜，然后利矣”。贞，正也，阴阳正而位当，是言事物形成后各具其位、和谐相处，故可生生

① （清）李道平撰，潘雨廷点校：《周易集解纂疏》，中华书局1994年版，第41～44页。
② （清）李道平撰，潘雨廷点校：《周易集解纂疏》，中华书局1994年版，第558～559页。
③ （清）李道平撰，潘雨廷点校：《周易集解纂疏》，中华书局1994年版，第561页。
④ （清）李道平撰，潘雨廷点校：《周易集解纂疏》，中华书局1994年版，第619页。
⑤ （清）李道平撰，潘雨廷点校：《周易集解纂疏》，中华书局1994年版，第35～36页。

不息，即“各正性命，保和大和”[①]。《文言》在此言元、亨、利、贞万物形成之四德，是人之四德形成的基石，人之四德就是仁、礼、义、智。唐代李鼎祚曰：“夫‘在天成象’者，‘乾元亨利贞’也。言天运四时，以生成万物。‘在地成形’者，仁义礼智信也。言君法五常，以教化于人。元为善长，故能体仁。仁主春生，东方木也。亨为嘉会，足以合礼。礼主夏养，南方火也。利物为宜，足以合义。义主秋成，西方金也。贞为事干，以配于智。智主冬藏，北方水也。故孔子曰：‘仁者乐山，智者乐水’，则智之明证矣。不言信者，信主土而统属于君。”[②]

《彖传》与《象传》在对《周易》德性的诠释上尤为突出，《彖传》及《小象传》义理相合，作用相同。《彖传》是卦辞的说明，通论一卦之大义，整卦的精义表现在此。《小象传》随爻注疏，是解释爻辞的，其解说分为取义说和爻位说两种，进入更具体的人生情境的智慧提炼。《小象传》的体例是根据每爻的性质、处位特点，分析爻义吉凶利弊之所以然，其思想主要与修养论、伦理道德和政治理论相关，《小象传》在政治观上重视民本思想，体现了亲民、惠民的思想。《大象传》与《彖传》同为解释全卦，《彖传》重在阐述辞意，发挥广远之义理，《大象传》在许多地方是对《彖》的继续发挥与解释。譬如《乾·彖》说：“万物资始，乃统天。”[③]《乾·象》则说：“天行健。君子以自强不息。”[④]《坤·彖》说：“坤厚载物，德合无疆。”[⑤]《坤·象》则说：“地势坤。君子以厚德载物。”[⑥]《泰·彖》说：“则是天地交而万物通也。”[⑦]《泰·象》则说：“天地交，泰。后以财成天地之道。”[⑧]《否·彖》说：“则是天地不交而万物不通也。”[⑨]《否·象》则说：“天地不交，否。”[⑩]李镜池先生认为：“彖传把刚柔说、天道观和人道观结合起来解易，大象是儒生读易心得，着重发挥儒家的政治、修养思想。”[⑪]所以说，发展到《易传》这一时期，《周易》已不仅仅是占筮用的典籍，更是遵循天道治理天下和进行道德修养的教科书。

---

① (清)李道平撰，潘雨廷点校：《周易集解纂疏》，中华书局 1994 年版，第 37 页。
② (清)李道平撰，潘雨廷点校：《周易集解纂疏》，中华书局 1994 年版，第 43 页。
③ (清)李道平撰，潘雨廷点校：《周易集解纂疏》，中华书局 1994 年版，第 35～36 页。
④ (清)李道平撰，潘雨廷点校：《周易集解纂疏》，中华书局 1994 年版，第 38 页。
⑤ (清)李道平撰，潘雨廷点校：《周易集解纂疏》，中华书局 1994 年版，第 72 页。
⑥ (清)李道平撰，潘雨廷点校：《周易集解纂疏》，中华书局 1994 年版，第 75 页。
⑦ (清)李道平撰，潘雨廷点校：《周易集解纂疏》，中华书局 1994 年版，第 164 页。
⑧ (清)李道平撰，潘雨廷点校：《周易集解纂疏》，中华书局 1994 年版，第 165 页。
⑨ (清)李道平撰，潘雨廷点校：《周易集解纂疏》，中华书局 1994 年版，第 174 页。
⑩ (清)李道平撰，潘雨廷点校：《周易集解纂疏》，中华书局 1994 年版，第 174 页。
⑪ 李镜池：《周易探源》，中华书局 2007 年版，第 368 页。

正如《系辞上》所言：

易有圣人之道四焉。以言者尚其辞，以动者尚其变，以制器者尚其象，以卜筮者尚其占。是故君子将有为也，将有行也，问焉而以言。其受命也如向，无有远近幽深，遂知来物。非天下之至精，其孰能与于此。①

《周易集解》引崔憬曰："圣人德合天地，智周万物，故能用此易道，大略有四，谓尚辞、尚变、尚象、尚占也。"②

林义正先生认为："依笔者多年来研究之心得，推断孔子之诠释六艺原有其一贯的态度与方法。从《春秋》之'借史明义'，《诗》之'借诗明志'，何尝不'借筮明德'？今由《帛书易传·要》的出土更证实'德义'确为孔子诠释《周易》的归结处。从诠释史上看，以德义言《易》乃是春秋以来士大夫的解释传统，今本《大象传》乃是袭自《易象》，为孔子所系。今观《大象传》旨意，纯是君子凭其直觉，依由上而下之成象以为法；但观《彖传》则明显着眼于卦象由下而上之生序，此与爻称的提出必有重大关联，其对卦象吉凶之解释重在所以然的道理，是一种生象的德性学诠释，它对《大象传》'观象修德'之直觉途径提供另一种理性解说，共同将占筮《易》转化成学术《易》。总之，《大象传》与《彖传》是孔子直接扣紧春秋《周易》文本从事诠释的双璧，其特点就在即天道明人道，即人道以见天道。"③

刘大钧先生指出，真正系统地体现阐发"观亓德义"的文字，应当是传说为孔子所撰的《彖》上下、《象》上下、《系辞》上下、《文言》、《说卦》、《序卦》、《杂卦》等十篇文字。这些文字传至汉代，凭借孔子之名，成为《周易》古经的权威性解释，称为"十翼"。至此，《易》的研究基本上脱离了卜筮，而多以"吾求其德"的人事说之了。④

帛书《要》篇中有段文字刻画了孔子对《易经》的态度，这段文字中孔子对巫、史、圣与《易》的关系做了深刻分辨，对于史巫之辨则是"赞而不达于数，则亓为之巫；数而不达于德，则亓为之史"⑤。于圣人则是"我后其祝卜矣！我观亓德

---

① (清)李道平撰，潘雨廷点校：《周易集解纂疏》，中华书局 1994 年版，第 589～591 页。

② (清)李道平撰，潘雨廷点校：《周易集解纂疏》，中华书局 1994 年版，第 589 页。

③ 林义正：《论孔子如何诠释〈周易〉》，《2013 第五届海峡两岸国学论坛论文集——〈周易〉：经典、释读与传承》，第 88 页。

④ 参见刘大钧总主编：《百年易学菁华集成初编》，上海科学技术文献出版社 2010 年版，"前言"，第 6 页。

⑤ 廖名春：《帛书〈周易〉论集》，上海古籍出版社 2008 年版，第 389 页。

义耳也"[①]。作为圣者,其必统摄巫史,而以达德为其最终之追求。

从《易传》和《论语》中对国家管理者的德性要求这一角度也可以窥见《易传》对《周易》古经的德性诠释。从《周易》古经到《易传》、到《论语》,其"大人""小人""君子"的内涵是发展变化的,这也可以让我们看到《易传》乃至儒家对国家管理者德性的要求也是发展变化的。

如果说《周易》卦爻辞提出了"大人"当德位兼备,那《易传》则详细规划了"大人之德"的内涵。《易传》中,"大人"共出现 17 次,《文言》中出现 5 次(均见于《乾·文言》);《彖传》中出现 6 次(其中《讼》《蹇》《萃》《升》《巽》《困》各出现 1 次);《象传》中出现 6 次(其中《否》2 次,《乾》《离》《蹇》《革》各 1 次)。

《乾·文言》给出了"大人之德"的内涵:"夫大人者,与天地合其德,与日月合其明,有四时合其序,与鬼神合其吉凶。先天而天弗违,后天而逢天时。天且弗违,况于人乎,况于鬼神乎。"[②]清人刘沅释之曰:"覆载无私之谓德,照临无私之谓明,生息无私之谓序,祸福无私之谓吉凶。"[③]《周易正义》:"此论大人之德无所不合,广言所合之事。与天地合其德者,庄氏云:谓覆载也。与'日月合其明者',谓照临也。'与四时合其序者',若赏以春夏、刑以秋冬之类也。'与鬼神合其吉凶者',若福善祸淫也。"[④]

《乾·文言》从多个角度解释了"利见大人",从而指出了何谓大人之德。

> 九二曰:"见龙在田,利见大人。"何谓也?子曰:"龙德而正中者也。庸言之信,庸行之谨,闲邪存其诚。善世而不伐,德博而化。《易》曰:'见龙在田,利见大人',君德也。"[⑤]
>
> 君子学以聚之,问以辩之,宽以居之,仁以行之。《易》曰:"见龙在田利见大人",君德也。[⑥]

《彖传》讲大人之德共有 6 次,"大人"于《象传》中共出现 6 次,言及最多的

① 廖名春:《帛书〈周易〉论集》,上海古籍出版社 2008 年版,第 389 页。

② (清)李道平撰,潘雨廷点校:《周易集解纂疏》,中华书局 1994 年版,第 64～66 页。

③ (宋)杨万里撰:《诚斋易传》卷一,四库全书本,第 18～19 页。

④ (魏)王弼注,(晋)韩康伯注,(唐)孔颖达疏,于天宝点校:《宋本周易注疏》,中华书局 2018 年版,第 36 页。

⑤ (清)李道平撰,潘雨廷点校:《周易集解纂疏》,中华书局 1994 年版,第 46～47 页。

⑥ (清)李道平撰,潘雨廷点校:《周易集解纂疏》,中华书局 1994 年版,第 62～63 页。

则是“中正”之德。如《讼·彖》：“‘利见大人’，尚中正也。”[①]此处讲九五以公无所偏的中正之德决断枉直而被崇尚。其他如《萃·彖》：“利见大人亨，聚以正也。”[②]《巽·彖》：“重巽以申命，刚巽乎中正而志行。柔皆顺乎刚，是以小亨，利有攸往，利见大人。”[③]《困·彖》：“贞大人吉，以刚中也。”[④]《革·九五·象》：“大人虎变，其文炳也。”[⑤]九五中正居尊，德位皆具，推动变革之时雷厉风行，德威皆具，天下信从。

《易传》中“君子”共出现105次，其中《彖传》11次，《大象传》54次，《小象传》10次，《乾文言》8次，《坤文言》2次，《系辞上》11次，《系辞下》8次，《杂卦传》1次。《易传》提及君子者，以《大象传》比例最高。其语多有道德教诲的意义，由卦象而启发，法象乃至法天、顺天，是君子的价值追求。如：

> 天行健。君子以自强不息。[⑥]（《乾·象》）
> 风行天上，小畜。君子以懿文德。[⑦]（《小畜·象》）
> 天与火，同人。君子以类族辨物。[⑧]（《同人·象》）
> 火在天上，大有。君子以遏恶扬善，顺天休命。[⑨]（《大有·象》）
> 泽中有火，革。君子以治历明时。[⑩]（《革·象》）

《易传》中关于“小人”的表述，比《周易》卦爻辞中的表述更多了一些道德上的判断，《易传》认为小人是目光短浅、不知进退、恃强用壮、革面顺上、不守礼法、品德低劣之人。如《系辞上》：“《易》曰：‘负且乘，致寇至。’负也者，小人之事也。乘也者，君子之器也。小人而乘君子之器，盗思夺之矣。上慢下暴，盗思伐之矣。”[⑪]《周易折中》引胡瑗曰：“小人居君子之位，不唯盗之所夺，抑亦为盗之侵伐矣。盖在上之人，不能选贤任能，遂使小人乘时得势而至于高位，非小人之然

---

① （清）李道平撰，潘雨廷点校：《周易集解纂疏》，中华书局1994年版，第121页。
② （清）李道平撰，潘雨廷点校：《周易集解纂疏》，中华书局1994年版，第410页。
③ （清）李道平撰，潘雨廷点校：《周易集解纂疏》，中华书局1994年版，第495～496页。
④ （清）李道平撰，潘雨廷点校：《周易集解纂疏》，中华书局1994年版，第421页。
⑤ （清）李道平撰，潘雨廷点校：《周易集解纂疏》，中华书局1994年版，第442页。
⑥ （清）李道平撰，潘雨廷点校：《周易集解纂疏》，中华书局1994年版，第38页。
⑦ （清）李道平撰，潘雨廷点校：《周易集解纂疏》，中华书局1994年版，第149～150页。
⑧ （清）李道平撰，潘雨廷点校：《周易集解纂疏》，中华书局1994年版，第182页。
⑨ （清）李道平撰，潘雨廷点校：《周易集解纂疏》，中华书局1994年版，第188～189页。
⑩ （清）李道平撰，潘雨廷点校：《周易集解纂疏》，中华书局1994年版，第438页。
⑪ （清）李道平撰，潘雨廷点校：《周易集解纂疏》，中华书局1994年版，第576～577页。

也。”[①]《系辞下》：“子曰：‘小人不耻不仁，不畏不义，不见利不动，不威不徵。小徵而大戒，此小人之福也。《易》曰：“屦校灭趾，无咎。”此之谓也。’”[②]“善不积，不足以成名。恶不积，不足以灭身。小人以小善为无益而弗为也，以小恶为无伤而弗去也。故恶积而不可掩，罪大而不可解。”[③]

《易传》也指出了“小人”的危害，小则“不利有攸往”“小人害也”，大则“必乱邦也”。《泰·象》：“内阳而外阴，内健而外顺，内君子而外小人，君子道长，小人道消也。”[④]《周易集解》引何妥曰：“顺而阴居外，故曰‘小往’；健而阳在内，故曰‘大来’。”又引崔憬曰：“阳为君子，在内健于行事，阴为小人，在外顺以听命。”[⑤]《否·象》：“内阴而外阳，内柔而外刚，内小人而外君子。小人道长，君子道消也。”[⑥]《剥·象》：“剥，剥也，柔变刚也。不利有攸往，小人长也。”[⑦]《周易集解》引郑玄曰：“五阴一阳，小人极盛，君子不可有所之，故‘不利有攸往’也。”[⑧]《师·上六·象》：“小人勿用，必乱邦也。”[⑨]言明用“小人”或可危乱邦国。《大有·九三·象》：“公用亨于天子，小人害也。”[⑩]小人若担当王公之大任向天子献礼，则必致祸害。《周易正义》：“小人德劣，不能胜其位，必致祸害。”[⑪]

《易传》对“小人”的态度比《周易》卦爻辞所体现的方式与态度更为智慧一些，对待小人要“不恶而严”。《遁·象》：“天下有山，遁。君子以远小人，不恶而严。”[⑫]《遁》之卦象，上乾为天，下艮为山，《周易集解》引崔憬曰：“天喻君子，山比小人。小人浸长，若山之侵天。君子遁避，若天之远山。”[⑬]《周易集解》引侯果曰：“群小浸盛，刚德殒削，故君子避之。高尚林野，但矜严于外，亦不憎恶于内，所谓‘吾家耄逊于荒’也。”[⑭]《周易集解纂疏》：“‘吾家耄逊于荒’，《书·微子》文。

---

① (清)李光地编纂，刘大钧整理：《周易折中》，巴蜀书社2006年版，第564页。

② (清)李道平撰，潘雨廷点校：《周易集解纂疏》，中华书局1994年版，第644～645页。

③ (清)李道平撰，潘雨廷点校：《周易集解纂疏》，中华书局1994年版，第645～646页。

④ (清)李道平撰，潘雨廷点校：《周易集解纂疏》，中华书局1994年版，第164～165页。

⑤ (清)李道平撰，潘雨廷点校：《周易集解纂疏》，中华书局1994年版，第164页。

⑥ (清)李道平撰，潘雨廷点校：《周易集解纂疏》，中华书局1994年版，第174页。

⑦ (清)李道平撰，潘雨廷点校：《周易集解纂疏》，中华书局1994年版，第253～254页。

⑧ (清)李道平撰，潘雨廷点校：《周易集解纂疏》，中华书局1994年版，第254页。

⑨ (清)李道平撰，潘雨廷点校：《周易集解纂疏》，中华书局1994年版，第138页。

⑩ (清)李道平撰，潘雨廷点校：《周易集解纂疏》，中华书局1994年版，第190页。

⑪ (魏)王弼注，(晋)韩康伯注，(唐)孔颖达疏，于天宝点校：《宋本周易注疏》，中华书局2018年版，第122页。

⑫ (清)李道平撰，潘雨廷点校：《周易集解纂疏》，中华书局1994年版，第328页。

⑬ (清)李道平撰，潘雨廷点校：《周易集解纂疏》，中华书局1994年版，第328页。

⑭ (清)李道平撰，潘雨廷点校：《周易集解纂疏》，中华书局1994年版，第328页。

言吾家老成之人，皆逃遁于荒野之外。引以明远小人之意。”①君子对小人即使疾恶过甚，也不显露憎恶情态，而且能俨然矜庄，所以遁避，不恶而严。其他如《解·六五·象》：“君子有解，小人退也。”②《遁·九四·象》：“君子好遁，小人否也。”③《革·上六·象》：“小人革面，顺以从君也。”④但对待“小人”的最终态度是确定无疑，即“小人剥庐，终不可用也”⑤。

在《论语》中，“君子”107 见，“小人”24 见，“君子”与“小人”同时出现者则 19 见。

《论语》中“君子”“小人”的含义，大致有如下三种解释。第一，不同的生存地位。君子指位尊者（士大夫）；小人指位卑者（平民）。第二，不同的生存状态。君子指本真的生存状态；小人指非本真的生存状态。第三，不同的生存追求。君子指追求“道”的人，小人指追求“利”的人。⑥ 杨伯峻先生说：“《论语》中的‘君子’，有时指‘有德者’，有时指‘有位者’。”⑦张恒寿说：“君子一词，古代本来是指统治阶级的贵族士大夫而言，不论在《尚书》《诗经》等书中，没有例外。到了《论语》写作时，君子一词就有不同用法了。”他指出，君子一词的用法，一方面沿用以前专指有管理地位的贵族的用法，另一方面则发展出专指有高尚道德品质的人的用法。这是孔子的贡献。⑧《易经》中的“君子”与“小人”发展到儒家后期阶段，则已经具备了明显的道德品质的意蕴了。

周国正先生对《论语》中的君子的含义做了综合的分析，并提出了四个不同的表述：

(1)仅从位言——管治者

(2)仅从德言——有德者

(3)位德兼言——有德者的管治者

(3a)地位修养兼言——有德有才的管治者——简称之为有修养的官

---

① (清)李道平撰，潘雨廷点校：《周易集解纂疏》，中华书局 1994 年版，第 328 页。

② (清)李道平撰，潘雨廷点校：《周易集解纂疏》，中华书局 1994 年版，第 372 页。

③ (清)李道平撰，潘雨廷点校：《周易集解纂疏》，中华书局 1994 年版，第 331 页。

④ (清)李道平撰，潘雨廷点校：《周易集解纂疏》，中华书局 1994 年版，第 443 页。

⑤ (清)李道平撰，潘雨廷点校：《周易集解纂疏》，中华书局 1994 年版，第 259 页。

⑥ 参见孙冠臣：《〈论语〉中的：“君子”“小人”——现象学语境中的一种阅读尝试》，《齐鲁学刊》2006 年第 5 期。

⑦ 杨伯峻译注：《论语译注》，中华书局 2015 年版，第 3 页。

⑧ 参见张恒寿：《孔丘》，《近四十年来孔子研究论文选编》，齐鲁书社 1989 年版，第 298 页。

治者,即传统上所说的贤士大夫

周先生同时认为自孔子思想体系看,孔子要求弟子所做的君子,是第(3a)义——有德、有才,且有位。[①]

《论语》中有关"君子"之论的几个方面如下。

1.恭谨修身的言行追求

子曰:"君子欲讷于言而敏于行。"[②](《论语·里仁》)

子曰:"君子耻其言而过其行。"[③](《论语·宪问》)

子曰:"君子不重,则不威;学而不固。主忠信。无友不如己者。过,则勿惮改。"[④](《论语·学而》)

子谓子产:"有君子之道四焉:其行己也恭,其事上也敬,其养民也惠,其使民也义。"[⑤](《论语·公冶长》)

子路问君子。子曰:"修己以敬。"曰:"如斯而已乎?"曰:"修己以安人。"曰:"如斯而已乎?"曰:"修己以安百姓。修己以安百姓,尧舜其犹病诸。"[⑥](《论语·宪问》)

子曰:"君子义以为质,礼以行之,孙以出之,信以成之。君子哉!"[⑦](《论语·卫灵公》)

2.谋道求义的高尚精神境界

子曰:"君子食无求饱,居无求安,敏于事而慎于言,就有道而正焉,可谓好学也已。"[⑧](《论语·学而》)

子曰:"君子谋道不谋食。耕也,馁在其中矣;学也,禄在其中矣。君子忧道不忧贫。"[⑨](《论语·卫灵公》)

---

① 参见周国正:《孔子对君子与小人的界定——从〈论语〉"未有小人而仁者也"的解读说起》,《北京大学学报》(哲学社会科学版)2011年第3期。

② 杨伯峻:《论语译注》,中华书局2015年版,第58页。

③ 杨伯峻:《论语译注》,中华书局2015年版,第223页。

④ 杨伯峻:《论语译注》,中华书局2015年版,第8页。

⑤ 杨伯峻:《论语译注》,中华书局2015年版,第69页。

⑥ 杨伯峻:《论语译注》,中华书局2015年版,第229页。

⑦ 杨伯峻:《论语译注》,中华书局2015年版,第240页。

⑧ 杨伯峻:《论语译注》,中华书局2015年版,第12页。

⑨ 杨伯峻:《论语译注》,中华书局2015年版,第245页。

子曰："富与贵，是人之所欲也；不以其道得之，不处也。贫与贱，是人之所恶也；不以其道得之，不去也。君子去仁，恶乎成名？君子无终食之间违仁，造次必于是，颠沛必于是。"①(《论语·里仁》)

子曰："君子道者三，我无能焉：仁者不忧，知者不惑，勇者不惧。"子贡曰："夫子自道也。"②(《论语·宪问》)

司马牛问君子。子曰："君子不忧不惧。"曰："不忧不惧，斯谓之君子已乎？"子曰："内省不疚，夫何忧何惧？"③(《论语·颜渊》)

3.君子、小人同论

子曰："君子喻于义，小人喻于利。"④(《论语·里仁》)

子曰："君子坦荡荡，小人长戚戚。"⑤(《论语·述而》)

子曰："君子泰而不骄，小人骄而不泰。"⑥(《论语·子路》)

孔子曰："君子有三畏：畏天命，畏大人，畏圣人之言。小人不知天命而不畏也，狎大人，侮圣人之言。"⑦(《论语·季氏》)廖名春先生训"畏"为"敬"。

子曰："君子成人之美，不成人之恶；小人反是。"⑧(《论语·颜渊》)

子曰："君子和而不同，小人同而不和。"⑨(《论语·子路》)

子曰："君子周而不比，小人比而不周。"⑩(《论语·为政》)

子曰："君子求诸己，小人求诸人。"⑪(《论语·卫灵公》)

4.作为统治者的君子威仪和庄重

子曰："君子惠而不费，劳而不怨，欲而不贪，泰而不骄，威而不猛。"子张曰："何谓惠而不费？"子曰："因民之所利而利之，斯不亦惠而不费乎？择可劳

---

① 杨伯峻：《论语译注》，中华书局2015年版，第51页。
② 杨伯峻：《论语译注》，中华书局2015年版，第223页。
③ 杨伯峻：《论语译注》，中华书局2015年版，第179页。
④ 杨伯峻：《论语译注》，中华书局2015年版，第56页。
⑤ 杨伯峻：《论语译注》，中华书局2015年版，第114页。
⑥ 杨伯峻：《论语译注》，中华书局2015年版，第205页。
⑦ 杨伯峻：《论语译注》，中华书局2015年版，第255页。
⑧ 杨伯峻：《论语译注》，中华书局2015年版，第185页。
⑨ 杨伯峻：《论语译注》，中华书局2015年版，第203页。
⑩ 杨伯峻：《论语译注》，中华书局2015年版，第24页。
⑪ 杨伯峻：《论语译注》，中华书局2015年版，第241页。

而劳之,又谁怨?欲仁而得仁,又焉贪?君子无众寡,无小大,无敢慢,斯不亦泰而不骄乎?君子正其衣冠,尊其瞻视,俨然人望而畏之,斯不亦威而不猛乎?"[①](《论语·尧曰》)

孔子是儒家德行体系的创立者,儒家的德行体系在继承西周德行概念的基础上加入了新的道德精神,儒家德行体系对于西周德行论既有继承,也有发展。从《周易》,到《易传》《论语》,"君子""大人"的主要意义变化不大,皆是指德位皆具的人;"小人"在《周易》卦爻辞中,只有位的体现,从《易传》到《论语》慢慢增加了"德"的要求。"君子喻于义,小人喻于利。"[②](《论语·里仁》)"君子上达,小人下达。"[③](《论语·宪问》)"君子""小人"成了判断道德高下的标准,"小人"成了"没有道德的人"的代名词,"君子"也逐渐成为追求崇高社会理想和道德理想的"高尚"人的典范。

二、德治的依据——天地之德

(一)《易》与天地准之"天"

古代很多文献有关于周代"天事必象"的记载。所谓"天事必象",就是指上天对人发布命令需借助天象、人事的变化或行事的吉凶,上天都会有所先兆或暗示。《淮南子·兵略训》有"武王伐纣,东面而迎岁,至汜而水,至共头而坠,彗星出而授殷人其柄"[④]的记载。《宋书·天文志》说:"周将伐殷,五星聚房;齐桓将霸,五星聚箕;汉高入秦,五星聚东井。"[⑤]周时期的人们相信天主宰包括百物生育、个人生死、本族与国家兴亡等在内的一切事情,也相信只有顺应上天意志才能保证自己以及本族之安泰。同时人们也相信天的意志是通过天象来表达的,不同的天象被看作是天给予人的不同提示,而且不同提示也被赋予不同的意义。因此,天象往往成为当时人们行为的依据。

《易传》旗帜鲜明地认为《周易》是天人之学。"《易》与天地准,故能弥纶天

① 杨伯峻:《论语译注》,中华书局 2015 年版,第 303～304 页。
② 杨伯峻:《论语译注》,中华书局 2015 年版,第 56 页。
③ 杨伯峻:《论语译注》,中华书局 2015 年版,第 221 页。
④ 陈广忠译注:《淮南子》,中华书局 2012 年版,第 868 页。
⑤ (梁)沈约撰:《宋书》,中华书局 1974 年版,第 735～736 页。

地之道。”[1]“《易》之为书,广大悉备。有天道焉,有人道焉,有地道焉。兼三才而两之,故六。六者非它也,三才之道也。”[2]这是《易传》对《周易》性质的基本认定。

根据苗润田教授的统计,《易传》中“天”字共出现208次:《象传》上下篇61见,《象传》上下篇29见,《文言》25见,《系辞》上下篇84见,《说卦》6见,《序卦》3见。它有时单独使用,如:“乾,天也,故称乎父。”(《说卦》)“在天成象,在地成形,变化见矣。”(《系辞》)有时则与其他词语结合在一起,以“天命”“天道”“天则”“天德”“天地”“天时”等复合词的形式出现,如:“易与天地准,故能弥纶天下之道。”“易之为书也,广大悉备,有天道焉,有人道焉,有地道焉。”“易无思也,无为也,寂然不动,感而遂通天下之故。”(《系辞》)“先天而天弗违,后天而奉天时。”“飞龙在天,乃位乎天德。”“乾元用九,乃见天则。”(《文言》)“‘用大牲吉,利有攸往’,顺天命也。”(《彖传》)无论是以单纯词还是以复合词的形式出现,“天”在《易传》中都是一个极为重要的概念。[3]

张岱年先生指出,《易大传》中“多数的天字指自然之天;少数的天字表示有意志的天”[4]。蒙培元先生认为,《易传》之天“明显涉及两个方面的内容,‘天’或者是神,或者是自然界”[5]。苗润田教授认为:“《易传》之‘天’有时确是指‘苍苍者’,其天地、阴阳、乾坤并举下的‘天’通常指‘苍苍之天’即自然之天;有时则是指‘主宰者’,如‘天佑’‘天垂象’‘天生神物’(《象传》)语境下的‘天’即含有主宰之天或意志之天的精神,是一种超越性的存在。……《易传》之‘天’除了自然之天和主宰之天的意涵,也还有义理之天义,如其‘天命’之天,‘天道’之天等。”[6]

(二)天地之大德曰生

《乾·文言》曰:“元者,善之长也。”“君子体仁足以长人。”[7]《系辞上》云:“阴阳之义配日月,易简之善配至德。”[8]“一阴一阳之谓道,继之者善也,成之者性

① (清)李道平撰,潘雨廷点校:《周易集解纂疏》,中华书局1994年版,第553页。

② (清)李道平撰,潘雨廷点校:《周易集解纂疏》,中华书局1994年版,第675页。

③ 苗润田:《论〈易传〉的天人学说》,《周易研究》2011年第6期。

④ 参见张岱年:《中国哲学发微》,山西人民出版社1981年版,第378页。

⑤ 蒙培元:《人与自然——中国哲学生态观》,人民出版社2004年版,第110页。

⑥ 苗润田:《论〈易传〉的天人学说》,《周易研究》2011年第6期。

⑦ (清)李道平撰,潘雨廷点校:《周易集解纂疏》,中华书局1994年版,第41～44页。

⑧ (清)李道平撰,潘雨廷点校:《周易集解纂疏》,中华书局1994年版,第565页。

也。”[①]牟宗三先生说：“《易传》讲‘继之者，善也；成之者，性也。’是本体宇宙论的讲法。”[②]道德意义上的人性源于天地阴阳之气，“天地絪縕，万物化醇。男女构精，万物化生”[③]（《系辞下》）。人性之善源于天道，这个善是阴阳之道本身所具有的大化流行、生生不息的高尚的品格和属性。善，生生万物，故有仁爱之意。由以上可知，善之德乃自然界形成之基，其他德性皆由此而发。因天具有四德，万物形成，生生不息。而人为万物之灵长，本之天地自然而生，故善也是人类最基本的德性。

按照《易传》的理解，道内含阴阳，分阴分阳，而形成天地，天是最大的阳，地是最大的阴。“乾阳物，坤阴物也。”（《系辞下》）天地本之于道，秉承了道的生生之德性，具备了生万物之功能，可以“广生”“大生”万物：

> 夫易，广矣，大矣。以言乎远则不御，以言乎迩则静而正，以言乎天地之间则备矣。夫乾，其静也专，其动也直，是以大生焉。夫坤，其静也翕，其动也辟，是以广生焉。[④]（《系辞上》）

此节本义是说易之理即乾坤阴阳之理存在天地之间，乾坤具有生生属性，六十四卦之所以形成，在于乾坤生生之德性。乾坤效法天地之象而形成，“法象莫大乎天地”[⑤]，“成象之谓乾，爻法之谓坤”[⑥]（《系辞上》），故乾坤之德性即是天地之德性。“乾，阳物也。坤，阴物也。阴阳合德而刚柔有体，以体天地之撰，以通神明之德。”[⑦]《系辞传》以拟人化形式说明乾坤天地具备了生育功能，乾坤动静如同人类男女生殖器变化一样，可以广生大生。《系辞传》具体描述了天地交感如同男女构精化生万物的状态：“天地絪縕，万物化醇。男女构精，万物化生。”[⑧]“《咸》，感也。柔上而刚下，二气感应以相与。止而说，男下女，是以亨利贞，取女吉也。天地感而万物化生，圣人感人心而天上和平。观其所感，而天地万物之情可见矣。”[⑨]这说明交感之事是存在于宇宙中的极为普遍的现象。

---

① （清）李道平撰，潘雨廷点校：《周易集解纂疏》，中华书局1994年版，第558～559页。
② 牟宗三：《周易哲学演讲录》，华东师范大学出版社2004年版，第54页。
③ （清）李道平撰，潘雨廷点校：《周易集解纂疏》，中华书局1994年版，第652～653页。
④ （清）李道平撰，潘雨廷点校：《周易集解纂疏》，中华书局1994年版，第563～564页。
⑤ （清）李道平撰，潘雨廷点校：《周易集解纂疏》，中华书局1994年版，第603页。
⑥ （清）李道平撰，潘雨廷点校：《周易集解纂疏》，中华书局1994年版，第561页。
⑦ （清）李道平撰，潘雨廷点校：《周易集解纂疏》，中华书局1994年版，第656～657页。
⑧ （清）李道平撰，潘雨廷点校：《周易集解纂疏》，中华书局1994年版，第652～653页。
⑨ （清）李道平撰，潘雨廷点校：《周易集解纂疏》，中华书局1994年版，第314～315页。

因为天地生万物，万物也具有不同的属性，“乾道成男，坤道成女”[①]，“本乎天者亲上，本乎地者亲下”[②]说的就是由道产生的事物和人自然分为善恶、吉凶两类，这里的男女，不仅指物性上的差别，也指善恶吉凶之意蕴，阳善吉，阴恶凶。当然，《易传》这种善恶划分不是绝对的，《说卦》：“是以立天之道，曰阴与阳。立地之道，曰柔与刚。立人之道，曰仁与义。……分阴分阳，迭用柔刚，故易六位而成章。”[③]此言天本为阳，地本为阴，当是阳中有阴，阴中有阳，自然界德性则具有善恶两重性，而这种善恶是可以相互转化的，《系辞上》所谓“爱恶相攻而吉凶生”[④]说的就是吉凶善恶的转化。就人而言，阴阳则表现为“君臣、夫妇、父子以及以仁义为核心的伦理道德”[⑤]。阴阳之道即“君臣之道、男女之道、夫妇之道、父子之道等以仁义为核心的人伦之道。《易传》从今本六十四卦符号出发，将六十四卦符号排列解读为自然界演化过程，即从自然界万物到人、家庭、社会和礼仪的形成过程。认为在这个过程中，随着卦符‘非覆即变’，相因和转化，阴阳之道贯穿始终，最终形成人和社会及其道德礼仪的形成过程。上经三十卦表达的是万物生成的天道，下经是人类社会生成的人道。‘有天地然后有万物，有万物然后有男女，有男女然后有夫妇，有夫妇然后有父子，有父子然后有君臣，有君臣然后有上下，有上下然后礼义有所错。’（《序卦》）这种天道人道前后有序，一致而贯通。先天道而后人道，人道本于天道，而体现天道”[⑥]。天道与人道的关系，一方面说明“天地之道即阴阳、刚柔，表示自然界的结构与功能；人之道即仁义，则表示社会的人伦道德，这在性质上显然是有区别的”[⑦]。另一方面人与天地紧密相连，是同构关系，仁表现了阴柔的一面，义表现了阳刚的一面，从“类”上说，他们是一致的，从“本”上说，则不离天地之道。此为人之德性形成的基础。自然界阴阳转化，表现于人上，则人性虽然有善恶之分，却不是固定不变的，它是可塑的。发掘人之善性并见之行动，也即教化，教化就是完善和

---

① （清）李道平撰，潘雨廷点校：《周易集解纂疏》，中华书局1994年版，第544页。

② （清）李道平撰，潘雨廷点校：《周易集解纂疏》，中华书局1994年版，第53页。

③ （清）李道平撰，潘雨廷点校：《周易集解纂疏》，中华书局1994年版，第691～692页。

④ （清）李道平撰，潘雨廷点校：《周易集解纂疏》，中华书局1994年版，第683页。

⑤ 林忠军：《论〈易传〉的解释学：交感与会通——兼论〈易传〉解释学与西方解释学之异同》，《周易研究》2008年第5期。

⑥ 林忠军：《〈易传〉符号解释视域下的儒道互补会通》，《山西大学学报》（哲学社会科学版）2009年第3期。

⑦ 林忠军：《〈易传〉符号解释视域下的儒道互补会通》，《山西大学学报》（哲学社会科学版）2009年第3期。

成就人的德性。按照《易传》的这个理论，人人皆可成尧舜，这既是德治思想的出发点也是德治思想之目标。《易传》人性可塑论是其德治思想的基础理论之一。

三、《易传》的民本思想

民本思想是德治之基，是古代最为重要的治国理民方略之一。

“民”字在《易传》出现 31 次，称“万民”的有 3 次。《周易》古经则不见“民”字。《系辞传》中的天、地、人“三才之道”确立了以人为“天地之心”的人本思想，以“君子以裒多益寡，称物平施”“观民设教”“君子以厚德载物”“君子以容民畜众”等强调国家管理者要爱民、顺民、惠民、让民，认为作为一个成功的国家管理者，当以“养贤”和“尚贤”的人才管理模式来力图化解国家管理者和民众之间的矛盾，使之达到天道、地道、人道和谐平衡的人文化成的理想境界。《易传》认识到了民对于国家治理的重要性，统治集团只有明君与贤臣组成而缺乏万民之拥戴是没有意义的，没有万民强大的力量支持，治国理政岂不是一场空。所以《颐·象》：“天地养万物，圣人养贤以及万民，颐之时大矣哉！”[①]正如孔子对统治阶级的告诫：处理不好国家管理者与贤臣和万民的关系，将出现“贵而无位，高而无民，贤人在下位而无辅，是以动而有悔也”[②]的局面。杨万里在分析总结武王伐纣的历史教训时曰：“八百诸侯、三千臣心皆欲伐纣，则伐纣非武王。”[③]又曰：“无德以得民，无位以临民，而又远民，宜吾民之归九二，而去我也。君而无民，无民而举事，安得不凶？”[④]

《易传》认为重民乃是顺应天道本然之举，重民才能成就大业，重民就要养民、保民。《师·象》说：“君子以容民蓄众。”[⑤]《井·象》：“木上有水，井。君子以劳民劝相。”[⑥]杨万里在论述《萃·象》时揭示了天地、万物、君臣与万民的关系：“萃者，天下生聚，全盛之极也。天地聚而阴阳和，万物聚而食货充，君臣聚而大

---

① (清)李道平撰，潘雨廷点校：《周易集解纂疏》，中华书局 1994 年版，第 284～285 页。

② (清)李道平撰，潘雨廷点校：《周易集解纂疏》，中华书局 1994 年版，第 54 页。

③ (宋)杨万里撰，宋淑洁点校：《诚斋易传》，九州出版社 2008 年版，第 31 页。

④ (宋)杨万里撰，宋淑洁点校：《诚斋易传》，九州出版社 2008 年版，第 157 页。

⑤ (清)李道平撰，潘雨廷点校：《周易集解纂疏》，中华书局 1994 年版，第 131 页。

⑥ (清)李道平撰，潘雨廷点校：《周易集解纂疏》，中华书局 1994 年版，第 431 页。

道行，万民聚而天下熙。”[①]

《易传》认为重民当顺应民心。《兑·彖》：“兑，说也。刚中而柔外，说以利贞，是以顺乎天而应乎人。说以先民，民忘其劳。说以犯难，民忘其死。说之大，民劝矣哉。”[②]《周易折中》引吕祖谦曰：“当适意时而说，与处安平时而说，皆未足为难，惟当劳苦患难而说，始见真说。圣人以此先之，故能使之任劳苦而不辞，赴患难而不畏也。”[③]《诚斋易传》：“劝民与民自劝相去远矣，是以圣人大之曰：‘说之大，民劝矣哉！’”[④]统治者之言行符合民众的心愿，则民众诚心诚意地服从而不在乎其劳苦，甚至喜悦地去冒险犯难而不惧死亡，主动勤勉地为统治者效劳。

《易传》认为民众应该受到敬畏，统治者当损上益下，谦对万民。《系辞》告诫曰：“危以动，则民不与也。惧以语，则民不应也。无交而求，则民不与也。莫之与，则伤之者至矣。”[⑤]《谦·九三·象》：“劳谦君子，万民服也。”[⑥]统治者将民众的信服看得很重，统治者以劳谦之德善待民众以求民众之归附与服从。《屯·初九·象》曰：“以贵下贱，大得民也。”[⑦]治国者为得民心，可以尊贵之躯下居卑位。《二三子》也提出了敬畏民众的施政思想，《二三子》云：

> 《易》曰：“抗龙有悬(悔)。”孔子曰：“此言为上而骄下，骄下而不佁者，未之有也。(圣)人之立(莅)正也，若遁(循)木，愈高愈畏下。故曰‘抗龙有悬(悔)’。”[⑧]

《易传》认为重民则要解决民生问题，安民而厚生。孔子认为施政最重要的有三件事，他说：“足食，足兵，民信之矣。”[⑨](《论语·颜渊》)可见养民足食，是治国理政之要务。《系辞》曰：“神而化之，使民宜之。”[⑩]“富有之谓大业，日新之谓盛德。”[⑪]“何以聚人？曰财。理财正辞，禁民为非，曰义。”[⑫]《节·彖》：“天地节

---

① (宋)杨万里撰，宋淑洁点校：《诚斋易传》，九州出版社2008年版，第159页。
② (清)李道平撰，潘雨廷点校：《周易集解纂疏》，中华书局1994年版，第502～503页。
③ (清)李光地编纂，刘大钧整理，《周易折中》，巴蜀书社2006年版，第398页。
④ (宋)杨万里撰，宋淑洁点校：《诚斋易传》，九州出版社2008年版，第210页。
⑤ (清)李道平撰，潘雨廷点校：《周易集解纂疏》，中华书局1994年版，第655页。
⑥ (清)李道平撰，潘雨廷点校：《周易集解纂疏》，中华书局1994年版，第198页。
⑦ (清)李道平撰，潘雨廷点校：《周易集解纂疏》，中华书局1994年版，第99页。
⑧ 廖名春：《帛书〈周易〉论集》，上海古籍出版社2008年版，第370页。
⑨ 杨伯峻：《论语译注》，中华书局2015年版，第181页。
⑩ (清)李道平撰，潘雨廷点校：《周易集解纂疏》，中华书局1994年版，第626页。
⑪ (清)李道平撰，潘雨廷点校：《周易集解纂疏》，中华书局1994年版，第561页。
⑫ (清)李道平撰，潘雨廷点校：《周易集解纂疏》，中华书局1994年版，第620页。

而四时成，节以制度，不伤财不害民。”[①]统治者效法天地之运行规律，制定相关制度，不伤财不害民，关注民生，富民养民，使民各得其宜。

从春秋筮例可以看出，春秋时期筮占思想的主要变化体现在易筮中人谋或人为因素相对于鬼神地位的提高，这标志着易占开始不受卦爻辞束缚，筮占不再以卦爻辞为绝对标准，而是向着人事行为伦理道德方面发展。切合人事、关注伦理道德行为修养成为易学发展的新方向。可见，当时的人文语境已经为《易传》民本思想的形成做好了准备，《易传》民本思想的形成已经具备了丰厚的文化土壤。

(一)井养而不穷

《易传》重视对人善性的发掘和道德的培育。《周易》古经提出了“有孚惠我德”的民本思想，把诚信施惠于民众、以德育人视为管理国家和治理社会的重要工具。儒家则更进一步提出“道之以德”，即倡导以合乎天道的仁义礼智信之仁政与文明的手段发掘和培养人的善性与道德，而不是采取野蛮的、暴力的、强制的手段。“道之以德”，所谓“德”，其含义比《周易》古经意义更明确，更宽泛，它包含“仁义”“孝悌”“忠恕”“孚信”等。《易传》提出“果行育德”“振民育德”等。“果行育德”，说的是在蒙昧之时，果断行动，养育其德性。“振民育德”讲的是在多事之秋，君子能以恩泽下赈济于民育养其德。《易传》认为“仁爱”是德的核心，通过道德的教育来使民众保持仁爱之心，从而使民众具有为社会做贡献的道德自律性。

德行培育，当从细微小事做起，“君子以慎德积小，以成高大”[②](《升・象》)。点滴地积累，也能完善德性，成就个人的事业，不仅自己获得福庆，而且可以使后代受益。相反，若不进行德性修养，不但不能成就德性，小则会招来杀身之祸，大则会祸国殃民。《易传》特别关注不注重道德培育的后果，提出防微杜渐的方法，如它指出：“积善之家，必有余庆，积不善之家，必有余殃。臣弑其君，子弑其父，非一朝一夕之故，其所由来者渐矣。由辩之不早辩也。《易》曰‘履霜坚冰至’，盖言顺也。”[③](《坤・文言》)子曰：“小人不耻不仁，不畏不义，不见利不动，不威不惩。小惩而大戒，此小人之福也。《易》曰：‘履校灭趾，无咎。’此之谓

① (清)李道平撰，潘雨廷点校：《周易集解纂疏》，中华书局1994年版，第511～512页。

② (清)李道平撰，潘雨廷点校：《周易集解纂疏》，中华书局1994年版，第417页。

③ (清)李道平撰，潘雨廷点校：《周易集解纂疏》，中华书局1994年版，第88页。

也。”“善不积,不足以成名。恶不积,不足以灭身。小人以小善为无益而弗为也,以小恶为无伤而弗去也。故恶积而不可掩,罪大而不可解。《易》曰:‘何校灭耳,凶。’”[①](《系辞下》)

“日新之谓盛德”“日新其德”,道德的培育是一个不间断的过程,也是一个自我更新的过程,这个过程就像井水养人一样,井水养人无穷无尽,道德的培育也当永无止境。人生来而有欲望,有过错在所难免,重要的是有错要改。“君子以见善则迁,有过则改。”[②](《益·象》)“子曰:‘颜氏之子,其殆庶几乎!有不善,未尝不知。知之,未尝复行也。’《易》曰:‘不远复,无祇悔,元吉。’”[③](《系辞》)《易传》也因此非常强调个人的道德修养,告诫人们应当进德修业,用很大篇幅讲述“进德”“明德”“崇德”等,其中涉及道德修养的方法,如《文言》云:“君子进德修业。忠信,所以进德也。修辞立其诚,所以居业也。”“君子进德修业,欲及时也。”[④]“君子敬以直内,义以方外,敬义立而德不孤。”[⑤]如《大畜·象》云:“君子以多志前言往行,以畜其德。”[⑥]《易传》所谓“多识前言往行”主要指学习周文王修德的经验,周文王的德性修养主要体现于《周易》九卦,即所谓“三陈九德”。

国家管理者成就德性之后,再以德性和品性感化民众,如“君子以果行育德”[⑦](《蒙·象》),“君子以反身修德”[⑧](《蹇·象》),“君子以振民育德”[⑨](《蛊·象》),“君子以教思无穷,容保民无疆”[⑩](《临·象》)。《恒·彖》说:“日月得天而能久照。四时变化而能久成。圣人久于其道,而天下化成。”[⑪](《咸·彖》)“圣人感人心而天下和平。”[⑫]要通过不厌其烦的、没有止境的不间断教育和自身的品性感化来完成对民众道德的培育。除了德以外,《易传》也关注礼,德是控制人的内在行为,礼作为礼义制度规范人的外在行为,崔觐曰:“履,礼也。”[⑬]《大

① (清)李道平撰,潘雨廷点校:《周易集解纂疏》,中华书局1994年版,第644～646页。
② (清)李道平撰,潘雨廷点校:《周易集解纂疏》,中华书局1994年版,第383页。
③ (清)李道平撰,潘雨廷点校:《周易集解纂疏》,中华书局1994年版,第651～652页。
④ (清)李道平撰,潘雨廷点校:《周易集解纂疏》,中华书局1994年版,第48、50页。
⑤ (清)李道平撰,潘雨廷点校:《周易集解纂疏》,中华书局1994年版,第90页。
⑥ (清)李道平撰,潘雨廷点校:《周易集解纂疏》,中华书局1994年版,第277页。
⑦ (清)李道平撰,潘雨廷点校:《周易集解纂疏》,中华书局1994年版,第108页。
⑧ (清)李道平撰,潘雨廷点校:《周易集解纂疏》,中华书局1994年版,第364页。
⑨ (清)李道平撰,潘雨廷点校:《周易集解纂疏》,中华书局1994年版,第219页。
⑩ (清)李道平撰,潘雨廷点校:《周易集解纂疏》,中华书局1994年版,第224页。
⑪ (清)李道平撰,潘雨廷点校:《周易集解纂疏》,中华书局1994年版,第322页。
⑫ (清)李道平撰,潘雨廷点校:《周易集解纂疏》,中华书局1994年版,第315页。
⑬ (清)李道平撰,潘雨廷点校:《周易集解纂疏》,中华书局1994年版,第154页。

壮·象》云:“君子以非礼弗履。”[①]《履·象》:“君子以辩上下、定民志。”[②]它要求管理者行仁政,行仁政则会合礼,如《文言》所云:“君子体仁,足以长人。嘉会,足以合礼。”[③]

(二)裒多益寡,施禄及下

《论语》中,“仁”字大约出现过109次,其含义宽泛而多变,但最重要的含义就是“爱人”,“夫仁者,己欲立而立人,己欲达而达人”[④](《论语·雍也》)。“仁”的核心内涵就是尊重人、爱护人、以人为本。《易传》中反复阐述孔子这一思想:

> 继之者善也,成之者性也。[⑤](《系辞》)
>
> 安土敦乎仁,故能爱。[⑥](《系辞》)
>
> 元者,善之长也。亨者,嘉之会也。利者,义之和也。贞者,事之干也。君子体仁,足以长人。嘉会,足以合礼。利物,足以和义。贞固,足以干事。[⑦](《文言》)
>
> 君子学以聚之,问以辨之,宽以居之,仁以行之。[⑧](《文言》)
>
> 君子以容民畜众。[⑨](《师·象》)
>
> 君子以教思无穷,容保民无疆。[⑩](《临·象》)
>
> 王假有家,交相爱也。[⑪](《家人·九五·象》)

“安土敦乎仁,故能爱。”《周易折中》引《朱子语类》曰:“安土者,随寓而安也。‘敦乎仁’者,不失其天地生物之心也,安土敦乎仁,则无适而非仁矣,所以能爱也。”[⑫]作为国家管理者当像天地一样以仁爱之心对待民众,容纳之,畜养之,爱护之,从而形成一个上与上、下与下、上与下交相爱的世界。

---

① (清)李道平撰,潘雨廷点校:《周易集解纂疏》,中华书局1994年版,第334页。
② (清)李道平撰,潘雨廷点校:《周易集解纂疏》,中华书局1994年版,第157页。
③ (清)李道平撰,潘雨廷点校:《周易集解纂疏》,中华书局1994年版,第42页。
④ 杨伯峻:《论语译注》,中华书局2015年版,第95页。
⑤ (清)李道平撰,潘雨廷点校:《周易集解纂疏》,中华书局1994年版,第558~559页。
⑥ (清)李道平撰,潘雨廷点校:《周易集解纂疏》,中华书局1994年版,第557页。
⑦ (清)李道平撰,潘雨廷点校:《周易集解纂疏》,中华书局1994年版,第41~43页。
⑧ (清)李道平撰,潘雨廷点校:《周易集解纂疏》,中华书局1994年版,第62~63页。
⑨ (清)李道平撰,潘雨廷点校:《周易集解纂疏》,中华书局1994年版,第131页。
⑩ (清)李道平撰,潘雨廷点校:《周易集解纂疏》,中华书局1994年版,第224页。
⑪ (清)李道平撰,潘雨廷点校:《周易集解纂疏》,中华书局1994年版,第354页。
⑫ (清)李光地编纂,刘大钧整理:《周易折中》,巴蜀书社2006年版,第548页。

《易传》认为国家管理者爱民要有同情之心。即当民众之间发生利益冲突时，当合理平等对待，当富有同情心扶微助弱。如《谦·象》曰："君子以裒多益寡，称物平施。"[①]裒，通"掊"，有取之意，"裒多"，是说多者当减损。"益寡"，是说寡者当增益。"称物平施"说的是均平施物，使物多少平衡。此言君子用谦道平衡众寡多少，取多益寡，均平施爱。就人而言，强者当用谦道损之，弱者当救助之；在上者当损之，在下者当增益之。作为国家管理者，当防止事物两极分化，尤其是人的分化，对于弱者要展现出极大的怜悯和同情之心。

《易传》认为国家管理者爱民要克制私欲，施禄及下。在这个问题上，《易传》阐发了《周易》古经思想。《益·象》："损上益下，民说无疆。自上下下，其道大光。"[②]国家管理者克制私欲，施恩惠于民众，取悦于民众，有利于治国理民的顺利进行。相反，如果管理者搜刮民财，损人利己，损公肥私，小则有令不行，大则官逼民反，社会就不会太平。《剥·象》云："上以厚下安宅。"[③]《夬·象》云："君子以施禄及下，居德则忌。"[④]《易传》反复说明重视下层民众的重要性。上下关系相互依存，无下则无上，上当以下为重，"上以厚下安宅"说的就是此意。故作为高高在上的国家管理者应当关心民众，"施禄及下"，民众则喜悦。《兑》卦就是讲如何取悦民众的卦。兑，说也，"兑以说之"的"说"就是喜悦。《兑·象》云："兑，说也。刚中而柔外，说以利贞，是以顺乎天而应乎人。说以先民，民忘其劳。说以犯难，民忘其死。说之大，民劝矣哉！"[⑤]《易传》这种重民和取悦于民的思想，与孟子的"民为贵，社稷次之，君为轻"(《孟子·尽心下》)，"民悦之则取之，民不悦则不取"(《孟子·梁惠王下》)的思想一致不二。

(三)尚贤思想

《系辞》认为尚贤是天道之要求，《系辞》曰：

> 《易》曰："自天右之，吉无不利。"子曰："右者，助也。天之所助者，顺也。人所助者，信也。履信思乎顺，有以尚贤也。是以'自天右之，吉无不

---

① (清)李道平撰，潘雨廷点校：《周易集解纂疏》，中华书局1994年版，第196页。
② (清)李道平撰，潘雨廷点校：《周易集解纂疏》，中华书局1994年版，第382页。
③ (清)李道平撰，潘雨廷点校：《周易集解纂疏》，中华书局1994年版，第255页。
④ (清)李道平撰，潘雨廷点校：《周易集解纂疏》，中华书局1994年版，第396页。
⑤ (清)李道平撰，潘雨廷点校：《周易集解纂疏》，中华书局1994年版，第502～503页。

利’也。”[①]

尚贤分为三层意思，尚贤、养贤和小人勿用。

所谓贤人，是指仁人，具有大德之人，具有高尚道德情操的人，能完成大业的人。“贤人”能践行仁德，多行利人之举，能成利民利国之大业。所谓“尚贤”则是指崇尚贤人，尊重贤人，蓄养贤人，重用贤人。

所谓“养贤”，就是培养与供养贤人。通过“养贤”使贤人不为衣食生活而忧虑，从而能使其集中精力于管理国家和治理社会。《易传》把养贤视为效法天道的必然之举。天地养育万物，国家管理者要遵循天道，崇尚贤人，培养贤人。

《易传》主张贤人政治，只有贤君而无贤臣，则君孤立无援，不能完成国家的治理。《大畜·彖》：“大畜，刚健笃实，辉光日新。其德刚上而尚贤。能健止，大正也。不家食吉，养贤也。利涉大川，应乎天也。”[②]“刚上而尚贤”，刚乃指上九，在上能礼贤于下，王弼《周易注》：“谓上九也。处上而大通，刚来而不距，尚贤之谓也。”[③]上九是“大畜”最为完美的象征，既包含“自身道德盛美”的深意，也体现了“天下贤路大开”的景象。“养贤”，王弼《周易注》：“有大畜之实，以之养贤，令贤者不家食，乃吉也。”[④]高亨先生曰：“《大畜》之卦象既是国君尚贤，乃用人得其正也；又是健而止，则行事得其正也。此皆正之大者。”《周易折中》亦引郑汝谐曰：“‘畜’有三义，以蕴畜言之，畜德也。以畜养言之，畜贤也。以畜止言之，畜健也。‘刚健笃实辉光，日新其德’，此蕴畜之大者。‘养贤’以及万民，此畜养之大者。乾天下之至健，而四五能畜之，此畜止之大者。故《彖传》兼此三者言之。”[⑤]

《颐·彖》：“颐，贞吉，养正则吉也。观颐，观其所养也。自求口实，观其自养也。天地养万物，圣人养贤以及万民，颐之时大矣哉！”[⑥]圣人通过养贤以养万民，颐养的重要性何其大矣。《周易程氏传》：“圣人极言颐之道，而赞其大。天地之道，则养育万物；养育万物之道，正而已矣。圣人则养贤才，与之共天位，使之食天禄，俾施泽于天下，养贤以及万民也，养贤所以养万民也。”[⑦]《鼎·彖》：

---

① (清)李道平撰，潘雨廷点校：《周易集解纂疏》，中华书局1994年版，第607～608页。
② (清)李道平撰，潘雨廷点校：《周易集解纂疏》，中华书局1994年版，第276～277页。
③ (魏)王弼撰，楼宇烈校释：《周易注》，中华书局2011年版，第143页。
④ (魏)王弼撰，楼宇烈校释：《周易注》，中华书局2011年版，第143页。
⑤ (清)李光地编纂，刘大钧整理：《周易折中》，巴蜀书社2006年版，第360页。
⑥ (清)李道平撰，潘雨廷点校：《周易集解纂疏》，中华书局1994年版，第284～285页。
⑦ (宋)程颐著，王孝鱼点校：《周易程氏传》，中华书局2016年版，第117页。

"鼎,象也。以木巽火,亨饪也。圣人亨以享上帝,而大亨以养圣贤。巽而耳目聪明,柔进而上行,得中而应乎刚,是以元亨。"①《周易正义》:"此明鼎用之美。亨饪所须,不出二种,一供祭祀,二当宾客。若祭祀则天神为大,宾客则圣贤为重,故举其重大,则轻小可知。享帝直言'亨',养人则言'大亨'者,享帝尚质,特牲而已,故直言'亨'。圣贤既多,养须饱饫,故'亨'上加'大'字也。"②享上帝与养贤是有区别的,享上帝只用一个享字,而养贤则用"大亨",这是因为"享帝贵诚,用犊而已;养贤则饔飧牢礼当极其盛,故曰'大亨'"③。《井·象》:"井养而不穷也。"④《周易正义》曰:"叹美井德,愈汲愈生,给养于人,无有穷已也。"⑤鼎卦卦义与井卦卦义有相似之义,井卦主养民,鼎卦主享帝养贤,而养贤是根本也。

帛书《易传》也蕴含尚贤思想,《二三子问》有曰:

> 孔子曰:"鼎大矣。鼎之迁也,不自往,必人举之,大人之贞也。鼎之举也,不以亓止,以□□□□□□□□□□□□□□□贤以举忌也,明君立正,贤辅(弼)之,将何为而不利?故曰'大吉'。"⑥

此乃释《鼎·上九》爻辞"鼎玉铉,大吉,无不利"。举贤才辅佐明君立政,可获大吉。

《二三子问》有曰:

> 孔子曰:此言人君高志求贤,贤者在上。⑦

此乃释《解·上六》爻辞"公用射隼于高庸之上,获之无不利"⑧。言人君"高志求贤",且"贤者在上",求贤且重用贤也。

谈到尚贤,就不能回避"小人勿用"的问题。对于任用小人之后果,《系辞下》说:"小人不耻不仁,不畏不义,不见利不动,不威不惩,小惩而大戒。"《系辞

---

① (清)李道平撰,潘雨廷点校:《周易集解纂疏》,中华书局1994年版,第445~446页。

② (魏)王弼注,(晋)韩康伯注,(唐)孔颖达疏,于天宝点校:《宋本周易注疏》,中华书局2018年版,第304页。

③ (宋)朱熹撰,廖名春点校:《周易本义》,中华书局2009年版,第180页。

④ (清)李道平撰,潘雨廷点校:《周易集解纂疏》,中华书局1994年版,第430页。

⑤ (魏)王弼注,(晋)韩康伯注,(唐)孔颖达疏,于天宝点校:《宋本周易注疏》,中华书局2018年版,第293页。

⑥ 廖名春:《帛书〈周易〉论集》,上海古籍出版社2008年版,第371页。

⑦ 廖名春:《帛书〈周易〉论集》,上海古籍出版社2008年版,第374页。

⑧ (清)李道平撰,潘雨廷点校:《周易集解纂疏》,中华书局1994年版,第372页。

传》解释《鼎》卦曰："德薄而位尊，知少而谋大，力少而任重，鲜不及矣。《易》曰'鼎折足，覆公餗，其刑渥，凶。'言不胜其任也。"[①]

《象传》极其重视"小人勿用"的问题。如《师·上六·象》："大君有命，以正功也。小人勿用，必乱邦也。"[②]小人有了战功，可以赏之，但不可重用之，不可与其共谋管理国家之大事，否则小人将危邦乱国。朱熹有一段关于"小人勿用"的辨析，可资参考，曰："'开国承家，小人勿用'，旧时说只作论功行赏之时，不可及小人。今思量看理去不得。他既一例有功，如何不及他得！看来'开国承家'一句，是公共得底，未分别君子小人在。'小人勿用'，则是勿更用他与之谋议经画耳。汉光武帝能用此义，自定天下之后，一例论功行封。其所以用之在左右者，则邓禹、耿弇、贾复数人，他不与焉。"[③]《剥·上九·象》："小人剥庐，终不可用也。"[④]《遁·象》曰："天下有山，遁。君子以远小人，不恶而严。"[⑤]《象传》在这里指出了"远小人"之道，即"不恶而严"。对待小人，不能让他知道你厌恶他，否则小人将加害于你。但是与小人的界限要严格遵守，不可让步，要始终矜严自守，不与苟同。《周易集解》引侯果曰："群小浸盛，刚德殒削，故君子避之。高尚林野，但矜严于外，亦不憎恶于内，所谓'吾家耄逊于荒'也。"[⑥]《周易集解纂疏》曰："'吾家耄逊于荒'，《书·微子》文。言吾家老成之人，皆逃遁于荒野之外。引以明'远小人'之意。"[⑦]所以《易传》主张远小人，用贤人。用小人可能乱邦，用贤人才能成就伟大事业。

（四）礼法合治，德主刑辅

礼本由祭祀的仪式发展而来，西周依"亲亲"关系建立严格的宗法制，又在宗法制的基础上建立起封建等级制（分封建国）。自此，礼开始逐渐从单纯祭祀仪式中脱离出来而表现出其政治、伦理、道德诸人文的意义。礼，天之经也，地之义也，民之行也；礼是天、地、人的普遍法则；礼是法天因地的，即"天地之经，而民实则之。则天之明，因地之性，生其六气，用其五行"[⑧]。礼是法天则地的产

---

① （清）李道平撰，潘雨廷点校：《周易集解纂疏》，中华书局 1994 年版，第 648 页。
② （清）李道平撰，潘雨廷点校：《周易集解纂疏》，中华书局 1994 年版，第 138 页。
③ （宋）黎靖德编，王星贤点校：《朱子语类》，中华书局 1986 年版，第 1753 页。
④ （清）李道平撰，潘雨廷点校：《周易集解纂疏》，中华书局 1994 年版，第 259 页。
⑤ （清）李道平撰，潘雨廷点校：《周易集解纂疏》，中华书局 1994 年版，第 328 页。
⑥ （清）李道平撰，潘雨廷点校：《周易集解纂疏》，中华书局 1994 年版，第 328 页。
⑦ （清）李道平撰，潘雨廷点校：《周易集解纂疏》，中华书局 1994 年版，第 328 页。
⑧ 郭丹、程小青、李彬源译注：《左传》，中华书局 2012 年版，第 1967 页。

物,礼是天经地义的体现,礼是政治和伦理关系的法则。[①]

周初的礼,包含了纲纪人心的道德规范、礼义规范和典章制度,周崇尚德治与礼治,但并没有排斥法,也重视礼法的结合。禹、汤、文、武等圣君一直将法视为巩固与维护统治的重要手段。《左传·昭公六年》载:"夏有乱政,而作《禹刑》;商有乱政,而作《汤刑》;周有乱政,而作《九刑》。"[②]特别是西周曾多次制定刑律,《逸周书·尝麦解》载成王四年"王命大正正《刑书》","太史策形书九篇,以升,授太正"[③]。穆王时又作《吕刑》(又称《甫刑》)。[④] 礼,也是顺天应人的具体体现。相对于刑,周初更重视礼对于维系统治秩序的重要性,徐复观先生指出:"维系封建政治秩序的工具,主要是礼而不是刑。……春秋世纪,是礼的世纪。……到了春秋的后期,封建制度已经崩坏得差不多了,于是统治的工具,自然由礼转移到刑的上面。"[⑤]

周时期的政治实践和政治哲学应该是德、礼、法并重,维系国家统治秩序的政治哲学思维是"德主刑辅""礼法合治",强调"德"在政治领导与民众教化中的作用,重视被统治者的需要和利益,也注重"礼"和"法"作为政治制度和统治形式的基础意义。周之德、礼、法的关系并不是对立的,而是统一的,道德教化、社会规范与法律强制是有机的统一,在政治实践的过程中相互补充和交替使用。

周朝"德主刑辅""礼法合治"的国家治理思想在《易传》中也有一定的体现。《履》:"《履》虎尾,不咥人,亨利贞。"[⑥]惠栋《周易述》:"《荀子大略》曰:礼者,人之所履也。失所履,则颠蹶陷溺。所失微而其为乱大者,礼。是以取义于虎尾也。"[⑦]《履·象》:"上天下泽,《履》。君子以辩上下,定民志。"[⑧]《周易正义》曰:"君子法此履卦之象,以分辨上下尊卑,以定正民之志意,使尊卑有序也。"[⑨]

---

① 参见陈来:《中国早期政治哲学的三个主题》,《天津社会科学》2007 年第 2 期。

② 郭丹、程小青、李彬源译注:《左传》,中华书局 2012 年版,第 1664 页。

③ 黄怀信、张懋镕、田旭东撰,黄怀信修订,李学勤审定:《逸周书汇校集注》(修订本),上海古籍出版社 2007 年版,第 722、741 页。

④ (汉)司马迁撰,(宋)裴骃集解,(唐)司马贞索隐,(唐)张守节正义:《周本纪》,《史记》卷四,中华书局 1982 年版,第 139 页。

⑤ 徐复观:《两汉思想史》(一),九州出版社 2014 年版,第 66 页。

⑥ (清)李道平撰,潘雨廷点校:《周易集解纂疏》,中华书局 1994 年版,第 155 页。

⑦ (清)惠栋撰,郑万耕点校:《周易述》,中华书局 2007 年版,第 34 页。

⑧ (清)李道平撰,潘雨廷点校:《周易集解纂疏》,中华书局 1994 年版,第 157 页。

⑨ (魏)王弼注,(晋)韩康伯注,(唐)孔颖达疏,于天宝点校:《宋本周易注疏》,中华书局 2018 年版,第 98 页。

《履・上九・象》:“元吉在上,大有庆也。”[①]《周易集解》引卢氏曰:“王者履礼于上,则万方有庆于下。”[②]可以看出“履”与“礼”的关系,正如郑玄《礼序》所说:“礼者,体也,履也。统之于心曰体,践而行之曰履。”[③]《大壮・象》云:“雷在天上,《大壮》。君子以非礼弗履。”[④]《序卦》:“物畜然后有礼,故受之以《履》。”[⑤]礼,强调的是合乎社会规范的秩序;履,则强调践行。所以,《序卦》又曰:“有天地,然后有万物。有万物,然后有男女。有男女,然后有夫妇。有夫妇,然后有父子。有父子,然后有君臣。有君臣,然后有上下。有上下,然后礼义有所错。”[⑥]《家人・象》:“父父子子,兄兄弟弟,夫夫妇妇,而家道正,正家而天下定矣。”[⑦]“礼”,关注的也是“德”,而且强调了实践性,“礼治”的核心也是“德治”。

《易传》推崇德主刑辅,先德而后刑。《贲・象》:“山下有火,贲。君子以明庶政,无敢折狱。”[⑧]《周易程氏传》:“君子观山下有火明照之象,以修明其庶政,成文明之治。”[⑨]《解・象》:“雷雨作,解。君子以赦过宥罪。”[⑩]罪责过轻可以赦免处之,而重罪也可视具体原因和情状适当宽宥处之。《旅・象》:“山上有火,旅。君子以明慎用刑而不留狱。”[⑪]此为要求刑罚当审慎动用,《周易程氏传》曰:“火之在高,明无不照。君子观明照之象,则以明慎用刑,明不可恃,故戒于慎明,而止亦慎象。观火行不处之象,则不留狱。”[⑫]《中孚・象》:“泽上有风,中孚。君子以议狱缓死。”[⑬]此乃言统治者效法中孚之象,行德政,慎用刑狱,宽缓死刑,《周易尚氏学》曰:“议狱缓死,欲孚及罪人而向善也。”[⑭]这些都是统治者所标榜的仁政的具体表现。理想的治理状态则是如《乾・文言》所言“德博而化”,《周

---

① (清)李道平撰,潘雨廷点校:《周易集解纂疏》,中华书局 1994 年版,第 162 页。
② (清)李道平撰,潘雨廷点校:《周易集解纂疏》,中华书局 1994 年版,第 162 页。
③ (清)阮元校刻:《十三经注疏》(清嘉庆刊本),中华书局 2009 年版,第 2659 页。
④ (清)李道平撰,潘雨廷点校:《周易集解纂疏》,中华书局 1994 年版,第 333~334 页。
⑤ (清)李道平撰,潘雨廷点校:《周易集解纂疏》,中华书局 1994 年版,第 154 页。
⑥ (清)李道平撰,潘雨廷点校:《周易集解纂疏》,中华书局 1994 年版,第 724 页。
⑦ (清)李道平撰,潘雨廷点校:《周易集解纂疏》,中华书局 1994 年版,第 350~351 页。
⑧ (清)李道平撰,潘雨廷点校:《周易集解纂疏》,中华书局 1994 年版,第 247 页。
⑨ (宋)程颐撰,王孝鱼点校:《周易程氏传》,中华书局 2016 年版,第 97 页。
⑩ (清)李道平撰,潘雨廷点校:《周易集解纂疏》,中华书局 1994 年版,第 369 页。
⑪ (清)李道平撰,潘雨廷点校:《周易集解纂疏》,中华书局 1994 年版,第 490 页。
⑫ (宋)程颐撰,王孝鱼点校:《周易程氏传》,中华书局 2016 年版,第 251 页。
⑬ (清)李道平撰,潘雨廷点校:《周易集解纂疏》,中华书局 1994 年版,第 517 页。
⑭ (清)尚秉和著,张善文点校:《周易尚氏学》,中华书局 2016 年版,第 271 页。

易正义》曰："德能广博，而变化于世俗。"[①]《豫·象》："圣人以顺动，则刑罚清而民服。"[②]刑罚清明，百姓才会纷纷服从。《易传》特别强调以德教民、以德化民的作用，所谓"先王以省方，观民设教"[③]（《观·象》），"观乎人文，以化成天下"[④]（《贲·象》），"君子以教思无穷，容保民无疆"[⑤]（《临·象》），"重明以丽乎正，乃化成天下"[⑥]（《离·象》），"天地感而万物化生，圣人感人心而天下和平"[⑦]（《咸·象》），"圣人久于其道，而天下化成"[⑧]（《恒·象》）等。《乾·文言》则用形象的比喻说明化成天下的情态，"云行雨施，天下平也"。"教化"非以威刑相胁迫强制推行，潜移默化的教化也可以做到"民服"，诚如孔子所谓"道之以德，齐之以礼，有耻且格"，而非"道之以政，齐之以刑，民免而无耻"[⑨]。

后世儒家德治思想在发展的过程中有人治的倾向，也有重德治轻法治的倾向，儒家德治思想因而遭受种种质疑与攻击，从上文的分析可以看出，无论是《周易》古经还是《易传》均蕴含着丰富的法治思想，《周易》经传并非一味地只讲德治，忽略法治。所以，后世儒家德治思想发展过程中出现的人治化的倾向、重德治轻法治的倾向，其根柢不在《周易》经传。

四、《易传》的教化思想

《礼记·经解》曰："洁静、精微，《易》教也。"[⑩]《周易正义》云："盖以圣人作《易》，本以垂教，教之所备，本备于有。"[⑪]宋代易学名家李觏云："圣人作《易》，本以教人。"（《易论第一》，《李觏集》卷三）周人将蕴涵"德义"内容的《易》包装为卜筮形式进而实现神道设教，《周易》之教化功能，得到历代易学者之认可，《周易》

---

① （魏）王弼注，（晋）韩康伯注，（唐）孔颖达疏，于天宝点校：《宋本周易注疏》，中华书局 2018 年版，第 23 页。

② （清）李道平撰，潘雨廷点校：《周易集解纂疏》，中华书局 1994 年版，第 202 页。

③ （清）李道平撰，潘雨廷点校：《周易集解纂疏》，中华书局 1994 年版，第 231 页。

④ （清）李道平撰，潘雨廷点校：《周易集解纂疏》，中华书局 1994 年版，第 246 页。

⑤ （清）李道平撰，潘雨廷点校：《周易集解纂疏》，中华书局 1994 年版，第 224 页。

⑥ （清）李道平撰，潘雨廷点校：《周易集解纂疏》，中华书局 1994 年版，第 306 页。

⑦ （清）李道平撰，潘雨廷点校：《周易集解纂疏》，中华书局 1994 年版，第 315 页。

⑧ （清）李道平撰，潘雨廷点校：《周易集解纂疏》，中华书局 1994 年版，第 322 页。

⑨ 杨伯峻：《论语译注》，中华书局 2015 年版，第 17 页。

⑩ 胡平生、张萌译注：《礼记》，中华书局 2017 年版，第 951 页。

⑪ （魏）王弼注，（晋）韩康伯注，（唐）孔颖达疏，于天宝点校：《宋本周易注疏》，中华书局 2018 年版，第 9 页。

教化功能是多位一体的。教化是德治思想得以最终实现的最重要的实践过程。

《彖传》认为人道当效法天道,"法天因人",教化民众的"神道设教"思想出自《彖传》,《观·彖》曰:"观天之神道,而四时不忒。圣人神道设教,而天下服矣。"[1]《彖传》思想丰富而深刻,《彖传》认为天道是最根本的,《彖传》从阴阳、刚柔、健顺、时行、往复、终始、消息、上下、感应、中正等德义来诠释《周易》的卦象与卦辞,阐明了天地之道。《象传》认为"观民设教"乃国家管理者的责任,《观·象》:"风行地上,观。先王以省方,观民设教。"[2]

圣人教化天下之"道"众多,"中正"之道尤为被重视,即教人以中正也。《象传》与《彖传》一样,皆推崇"中道",以居中为美德,以"中正"为行为的准则。《象传》与《彖传》视"中正"为自君至臣均要修养之"德",也是教化万民之"德"。中则吉,不中则凶,《象传》与《彖传》已经把"中"视为理想人格和社会的价值尺度,教化人们尚中避偏,"中"已具有某种道德意义。在治国理政决策时,"中"是最合适的尺度。尚中,则不会出现过激行为,以"中"求上下之同心,以"中"求社会之和谐,因此"中"成为古代社会治国理民的重要原则,也成为《易传》教化思想的重要内容之一。

"设教"的目的是"育德","育德"的过程也不是一帆风顺的,《大象传》通过《蒙》《小畜》《蛊》和《涣》等卦,指出"育德"过程中需要应对不同环境与困境。对于"育德"的方式,《象传》特别强调了"反身修德"。《孟子·离娄上》曰:"行有不得者皆反求诸己。"[3]程颐据此解释《大象传》"反身修德"曰:"君子之遇艰阻,必反求诸己而益自修。"[4]统治者修德于前,再以德性和品性感化民众。如"君子以果行育德"[5](《蒙·象》),"君子以反身修德"[6](《蹇·象》),"君子以振民育德"[7](《蛊·象》),"君子以教思无穷,容保民无疆"[8](《临·象》),"圣人感人心而天下和平"[9](《咸·彖》)。《恒·彖》说:"日月得天而能久照。四时变化而能久成。

① (清)李道平撰,潘雨廷点校:《周易集解纂疏》,中华书局1994年版,第230~231页。
② (清)李道平撰,潘雨廷点校:《周易集解纂疏》,中华书局1994年版,第231页。
③ 杨伯峻:《孟子译注》,中华书局2010年版,第152页。
④ (宋)程颐撰,王孝鱼点校:《周易程氏传》,中华书局2016年版,第172页。
⑤ (清)李道平撰,潘雨廷点校:《周易集解纂疏》,中华书局1994年版,第108页。
⑥ (清)李道平撰,潘雨廷点校:《周易集解纂疏》,中华书局1994年版,第364页。
⑦ (清)李道平撰,潘雨廷点校:《周易集解纂疏》,中华书局1994年版,第219页。
⑧ (清)李道平撰,潘雨廷点校:《周易集解纂疏》,中华书局1994年版,第224页。
⑨ (清)李道平撰,潘雨廷点校:《周易集解纂疏》,中华书局1994年版,第315页。

圣人久于其道，而天下化成。”[①]圣人修德恒久不已，坚持不懈，施行正道，天下则遵从圣人之教化，进而“天下化成”。

统治者体会了天之神道，理解了天不言语而四时运行无有差忒的奥妙，统治者仿效天之神道，无声无形，尽诚尽信，以观感化物，以德教服民，施行神道于社会，这就是以神道设教。统治者模仿天之神道以神道设教，施行自己的德教，不言而信，不动而敬，百姓在不知不觉中即可受到潜移默化的影响，从而达到“天下服矣”之目的。“教化”不只是“教民”，同时也在“教君”和“教统治者”遵循天道。“教化”就是在“天下服矣”的基础上达到维护统治秩序、维护统治者统治权合法性的终极目的。

（一）神道设教

“神道设教”一词的最早记载出现于《彖》对于《观》卦辞的解释。

《观》卦的卦辞：盥而不荐，有孚颙若。

盥与荐，是宗庙祭祀中的两个步骤。祭祀开始之时，承祭人先盥手，此时应诚敬肃穆。盥，古代宗庙祭祀时用香酒浇灌地面的降神之礼。李镜池引《书·洛诰》的“王入太室祼”、《诗·文王》的“祼将于京”，他认为“盥”同“祼”，灌酒以祭为祼，祼、将都是祭名。[②] 荐，献也，祭祀中向神献飨之礼。马融曰：“进爵灌地以降神也。此是祭祀盛时。”[③]王弼《周易注》曰：“王道之可观者，莫盛乎宗庙。宗庙之可观者，莫盛乎盥也。至荐，简略不足复观，故观盥而不观荐也。”[④]《周易正义》曰：“观盥礼盛则休而止，是观其大，不观其细。”[⑤]“观‘盥’而不观‘荐’”是说君上为了给臣民做出庄敬严肃的样子，让他们观仰而受教育，自己必须保持类似祭祀中盥手而未荐时的那种诚敬专一的心境。[⑥] 颙，肃敬之意，《周易正义》曰：“严正之貌。”[⑦]马融曰：“以下观上，见其至盛之礼。万民敬信，故云

① （清）李道平撰，潘雨廷点校：《周易集解纂疏》，中华书局1994年版，第322页。

② 参见李镜池：《周易通义》，中华书局1981年版，第42页。

③ （清）李道平撰，潘雨廷点校：《周易集解纂疏》，中华书局1994年版，第227页。

④ （魏）王弼撰，楼宇烈校释：《周易注》，中华书局2011年版，第109页。

⑤ （魏）王弼注，（晋）韩康伯注，（唐）孔颖达疏，于天宝点校：《宋本周易注疏》，中华书局2018年版，第150页。

⑥ 参见金景芳、吕绍刚：《周易全解》，上海古籍出版社2010年版，第183页。

⑦ （魏）王弼注，（晋）韩康伯注，（唐）孔颖达疏，于天宝点校：《宋本周易注疏》，中华书局2018年版，第150页。

‘有孚颙若’。”[①]

《观·彖》曰：“大观在上，顺而巽，中正以观天下。观，盥而不荐，有孚颙若，下观而化也。观天下之神道，而四时不忒。圣人以神道设教，而天下服矣。”[②]《周易程氏传》释之曰：“五居尊位，以刚阳中正之德，为下所观，其德甚大，故曰大观在上。下坤而上巽，是能顺而巽也。五居中正，以巽顺中正之德为观于天下也。”[③]“下观而化”，《周易集解》引虞翻曰：“下观其德而顺其化。”“观天下之神道，而四时不忒。圣人神道设教，而天下服矣。”[④]《周易本义》释之曰：“极言观之道也。‘四时不忒’，天之所以为观也。‘神道设教’，圣人之所以为观也。”[⑤]《观·象》曰：“风行地上，观。先王以省方，观民设教。”[⑥]《诚斋易传》释之曰：“风行地上而无不周，故万物曰见天；王省天下而无不至，故天下曰见圣人。随其地、观其俗，因其情、设其教，此‘省方’之本意也。”[⑦]刘牧指出：“风行地上，无所不至。散采万国之声诗，省察其俗，有不同者，教之使同。”[⑧]《大象传》所阐发之“观民设教”，已经把下观上与上观下融合为一体，为“上”如何“设教于民”指出了方向。《序卦传》曰：“临者，大也。物大然后可观，故受之以观。”[⑨]《观》卦之意，阐发了观仰美德之事物可以感化人心、教化人民的道理。

1.关于“神道”

唐孔颖达疏：“神道者，微妙无方，理不可知，目不可见，不知所以然而然，谓之神道。”[⑩]盖上古之世，人类战胜自然之力量甚微，迷信神道之意识甚浓，有所举事，往往探求神之指示。筮即探求神之指示之一种巫术，故筮法之兴起当甚早，筮书之编作亦不能过迟，其用途又广，因而逐渐增多，乃必然之事也。[⑪]

神道，祭天地、祀鬼神，也可理解为沟通天地、接引鬼神的路径或过程。以

① （清）李道平撰，潘雨廷点校：《周易集解纂疏》，中华书局1994年版，第227页。

② （清）李道平撰，潘雨廷点校：《周易集解纂疏》，中华书局1994年版，第229～231页。

③ （宋）程颐撰，王孝鱼点校：《周易程氏传》，中华书局2016年版，第88页。

④ （清）李道平撰，潘雨廷点校：《周易集解纂疏》，中华书局1994年版，第230～231页。

⑤ （宋）朱熹撰，廖名春点校：《周易本义》，中华书局2009年版，第98页。

⑥ （清）李道平撰，潘雨廷点校：《周易集解纂疏》，中华书局1994年版，第231页。

⑦ （宋）杨万里撰，宋淑洁点校：《诚斋易传》，九州出版社2008年版，第75页。

⑧ （宋）李衡：《周易义海撮要》，上海古籍出版社1989年版，第71页。

⑨ （清）李道平撰，潘雨廷点校：《周易集解纂疏》，中华书局1994年版，第722页。

⑩ （魏）王弼注，（晋）韩康伯注，（唐）孔颖达疏，于天宝点校：《宋本周易注疏》，中华书局2018年版，第151页。

⑪ 参见高亨著，王大庆整理：《高亨〈周易〉九讲》，中华书局2011年版，第8页。

出土文物“玉琮”为例可知古人对沟通天地、接引鬼神的重视。1976年，在商代的妇好墓中出土了十四件玉琮；1982年在江苏武进寺良渚文化遗址4号墓出土玉琮，现收藏于南京博物馆；1986年在浙江余杭反山良渚文化遗址12号墓出土玉琮，现收藏于浙江文物考古研究所。经此可以判断，玉琮的时代可以追溯到三千年以前。部分学者认为玉琮是古代一件非常重要的礼器，张光直认为：“琮是天地贯通的象征，也便是贯通天地的一项手段或法器。”[①]《周礼·大宗伯》中说：“以玉作六器，以礼天地四方。以苍璧礼天，以黄琮礼地，以青圭礼东方，以赤璋礼南方，以白琥礼西方，以玄璜礼北方。”[②]郑玄注中说：“礼神者必象其类，璧圆象天，琮八方象地。”[③]葛兆光认为：“琮的形制象征了天与地，并且刻有种种协助神秘力量的动物图案，又由于这种据说可以通神的质料制成，根据人类学家的推测，古代人的联想是按照相似性原则进行的，玉琮是玉所制，本身十分圣洁，它的外部被雕成方形，与古人心目中的大地相同，而它的内部又是圆形，与古人心目中的天穹相似，它的中间是空的，能够象征天地上下的相通，所以可以在祭祀时供奉天地，拥有沟通天地、接引鬼神的神秘力量。”[④]

而祭祀与卜筮也是商周时期沟通天地、接引鬼神最主要的路径或过程。神道的执行人员，垄断了人与神之间沟通的权力，祭祀与卜筮是由专人管理与具体执行。《左传·昭公二年》记载韩宣子于鲁太史处见到《易象》一书，并盛赞周公之德。《易象》藏于鲁而不藏于别国，应该与周公及其子伯禽的巫史身份有密切的关系，周公父子身为太祝，有权管理《易象》和《鲁春秋》等文化典章制度文献。相关学者认为，周公就是当时周王朝宗教职务之首脑。陈梦家先生曾根据卜辞断言，作为最高统治者的王者自己，“虽然是政治领袖，仍为群巫之首”[⑤]。与此相关的记载有很多，如武王克殷二年，武王有疾，“周公于是乃自以为质，设三坛，周公北面立，戴璧秉圭，告于太王、王季、文王”，“成王少时，病，周公乃自揃其蚤沈之河，以祝于神”[⑥]。《尚书·大诰》载，武王崩，周公摄政称王，三监及淮夷叛，周公决计平乱，而邦君庶士不同意。周公则亲自占卜并将占卜结果告

① 张光直：《中国青铜器时代》(二集)，生活·读书·新知三联书店1990年版，第71页。

② (清)阮元校刻：《十三经注疏》(清嘉庆刊本)，中华书局2009年版，第1644页。

③ (清)阮元校刻：《十三经注疏》(清嘉庆刊本)，中华书局2009年版，第1644页。

④ 葛兆光：《中国思想史》(第一卷)，复旦大学出版社2001年版，第17页。

⑤ 李泽厚：《历史本体论》，生活·读书·新知三联书店2003年版，第159页。

⑥ (汉)司马迁撰，(宋)裴骃集解，(唐)司马贞索隐，(唐)张守节正义：《鲁周公世家》，《史记》卷三十三，中华书局1982年版，第1516、1520页。

诉邦君庶士，其中说“用宁(文)王遗我大宝龟”[1]，即表明其占卜特权是文王给予的。西周金文中亦可知，周公子伯禽为鲁侯又兼任周王室太祝，邢伯为周公后裔，亦为太祝。据此也可以推断《周易》成书之初，应该掌于祝卜之手。早期的神道设教体现的是神道与政道的合一，那个时代对“神道”的敬畏，无论是统治者还是民众，本能的、自发的成分较多，也有部分来自传统礼俗的约定俗成。

2.“神道”与“教”的关系辨析

关于神道设教之“神”存在着不同的理解，即使在《易传》中，“神”字也有不同的含义。《系辞》有“神无方而易无体”[2]“阴阳不测之谓神”[3]“知己，其神乎”[4]“利用出入，民咸用之谓之神”[5]等说法。《说卦传》有“神也者，妙万物而为言也”。神表现为“天不言语而四时不忒”。其非宗教观念上的神。《易传》中的“神”还有另外一个含义。《系辞》有“易与天地准，故能弥纶天地之道。仰以观于天文，俯以察于地理，是故知幽明之故。原始反终，故知死生之说。精气为物，游魂为变。是故知鬼神之情状，与天地相似，故不违”[6]，“大衍之数五十，其用四十有九。……显道神德行，是故可与酬酢，可与祐神矣”[7]。《谦·文言》有“夫大人者，与天地合其德，与日月合其明，与四时合其序，与鬼神合其吉凶。先天而天弗违，后天而奉天时。大且弗违，而况于人乎，况于鬼神乎”[8]。统治阶级提倡祭祀，愚弄百姓迷信鬼神，以便使百姓驯顺接受统治，而统治阶级自己并不相信真的有鬼有神。这也是以神道设教，“神道设教”是政治上的统治手段。[9]这是对神道设教的另外一种看法。

以鬼神解释神道的还有另外一种看法，即“神道助教”。《左传·僖公十五年》记载：“震夷伯之庙，罪之也，于是展氏有隐慝焉。”[10]雷击展氏之庙，是因为其有隐恶。杜预注曰：

---

① 王世舜、王翠叶译注：《尚书》，中华书局2012年版，第169页。
② (清)李道平撰，潘雨廷点校：《周易集解纂疏》，中华书局1994年版，第558页。
③ (清)李道平撰，潘雨廷点校：《周易集解纂疏》，中华书局1994年版，第562页。
④ (清)李道平撰，潘雨廷点校：《周易集解纂疏》，中华书局1994年版，第648页。
⑤ (清)李道平撰，潘雨廷点校：《周易集解纂疏》，中华书局1994年版，第600页。
⑥ (清)李道平撰，潘雨廷点校：《周易集解纂疏》，中华书局1994年版，第553～555页。
⑦ (清)李道平撰，潘雨廷点校：《周易集解纂疏》，中华书局1994年版，第578～587页。
⑧ (清)李道平撰，潘雨廷点校：《周易集解纂疏》，中华书局1994年版，第64～66页。
⑨ 参见金景芳、吕绍刚：《周易全解》，上海古籍出版社2010年版，第188页。
⑩ 郭丹、程小青、李彬源译注：《左传》，中华书局2012年版，第409页。

> 是以圣人因天地之变，自然之妖，以感动之。知达之主，则识先圣之情以自厉，中下之主，亦信妖祥以不妄。神道助教，唯此为深。[①]

钱锺书对《观》卦“神道设教”的解读体现了“借鬼神之盛，以声其教”的看法：

> 《彖》：“圣人以神道设教，而天下服矣。”按《礼记·祭义》：“因物之精，制为之极，明命鬼神，以为黔首则，百众以畏，万民以服”；可申说此二句，古人政理之要言也。《管子·牧民》篇论“守国之度”“顺民之经”，所谓“明鬼神”“祇山川”“敬宗庙”“恭祖旧”，不外《观》《彖》语意。《淮南子·氾论训》历举俗忌“飨大高者，而彘为上牲；葬死人者，裘不可以藏；相戏以刃者，太祖軵其肘枕户橉而卧者，鬼神跖其首”；而抉其隐曰：“凡此之属，皆不可胜著于书策竹帛而藏于官府者也，故以禨祥明之。为愚者之不知其害，乃借鬼神之盛，以声其教。”《论衡·四讳》篇亦曰：“夫忌讳非一，必讬之神怪，若设以死亡，然后世人信用。”皆可为“神道设教”示例。盖世俗之避忌禁讳(taboos)，宗教之命脉系焉，礼法之萌芽茁焉，未可卑为不足道也。[②]

有学者将“神道设教”分开来看，视“神道”与“教”的关系为手段与目的关系。如郑万耕认为：“‘神道设教’这一命题，是《周易·彖传》提出来的。顾名思义，它包括两层含义：一是尊崇神道，祭天地、祀鬼神；二是推行教化，明礼仪、善风俗。前者是手段，后者是目的，最终用以巩固宗法等级制度的统治秩序。”[③]宗教活动是手段，人文教化是目的，寓人伦教化于宗教活动之中，这就是“神道设教”说的实质。[④] 本书并不认同这种将“神道”与“设教”分开来理解的看法，如果非要从手段与目的的思路来分析“神道设教”，那么也不应将“神道”与“设教”一个视为手段，一个视为目的，其实二者均可视为手段，是一体化的手段，是一个手段的两个阶段性过程，而且真正的目的不是设教，真正的目的是“而天下服矣”，而手段是“以神道设教”。钱锺书说：“夫设教济政法之穷，明鬼为官吏之佐，乃愚民以治民之一道。”[⑤]魏源《默觚上·学篇一》曰：“鬼神之说，其有益于人

① (清)阮元校刻：《十三经注疏》(清嘉庆刊本)，中华书局2009年版，第3923页。

② 钱锺书：《管锥编》第1册，中华书局1986年版，第18页。

③ 郑万耕：《易学与哲学》，上海科学技术文献出版社2013年版，第98页。

④ 参见郑万耕：《易学与哲学》，上海科学技术文献出版社2013年版，第69页。

⑤ 钱锺书：《管锥编》第1册，中华书局1986年版，第18页。

心，阴辅王教者甚大，王法显诛所不及者，惟阴教足以慑之。”[①]《荀子·天论》有言：“日月食而救之，天旱而雩，卜筮然后决大事，非以为得求也，以文之也。故君子以为文，而百姓以为神。”荀子之所谓“文”，杨倞《注》曰：“顺人之情，以为文饰则无害。”[②]

余平以现象学的角度对“神道设教”的诠释或可从另外一个角度理解“神道设教”为“一体的手段”的认知。他说：“观之为观首先不是一种主体对客体的‘认知’现象，而是一种‘生存’现象，一种人之在世的生存现象。”“既然盥乃为祭或向祭而在，既然在盥之际信仰的此在已经先行发生，那么，在盥中到场的就不只是‘孚信在中’而澡雪身心的人，在盥中临在的还有祭天之‘天’，灌地之‘地’，降神之‘神’。天、地、人、神在作为信仰之此在的盥中聚集着到达。”

神道设教关于“教”的两个层次，一为“教君”，二为“教民”，目的统一为“天下服矣”[③]。《论语·八佾》曰：“禘自既灌而往者，吾不欲观之矣。”[④]此与“观盥而不观荐”有着相似的意思，都表达了举行以酒灌地迎神之大礼时的庄重、敬畏与诚敬。王弼《周易注》曰：“王道之可观者，莫盛乎宗庙。宗庙之可观者，莫盛于盥也。至荐，简略不足复观，故观盥而不观荐也。”[⑤]唐代孔颖达疏曰：“‘圣人以神道设教，而天下服矣’者，此明圣人用此天之神道，以‘观’设教而天下服矣。天既不言而行，不为而成，圣人法则天之神道，唯身自行善，垂化于人，不假言语教戒，不须威刑恐逼，在下自然观化服从，故云‘天下服矣’。”[⑥]《论语·子路》曰：“其身正，不令而行；其身不正，虽令不从。”[⑦]《论语·为政》曰：“为政以德，譬如北辰，居其所而众星共之。”[⑧]《论语·颜渊》曰：“君子之德风，小人之德草。草上之风，必偃。”[⑨]《礼记·祭义》：“因物之精，制为之极，明命鬼、神，以为黔首则，百众以畏，万民以服。”[⑩]统治者的言行举止，民众在看在学，并据此采取相应的

① （清）魏源：《魏源集》，中华书局2018年版，第5页。

② 梁启雄：《荀子简释》，中华书局1983年版，第228页。

③ 余平：《“神道设教”的现象学视域》，《四川大学学报》（哲学社会科学版），2007年第5期。

④ 杨伯峻：《论语译注》，中华书局2015年版，第38页。

⑤ （魏）王弼撰，楼宇烈校释：《周易注》，中华书局2011年版，第109页。

⑥ （魏）王弼注，（晋）韩康伯注，（唐）孔颖达疏，于天宝点校：《宋本周易注疏》，中华书局2018年版，第151页。

⑦ 杨伯峻：《论语译注》，中华书局2015年版，第195页。

⑧ 杨伯峻：《论语译注》，中华书局2015年版，第16页。

⑨ 杨伯峻：《论语译注》，中华书局2015年版，第186页。

⑩ 胡平生、张萌译注：《礼记》，中华书局2017年版，第907页。

行动。

神就是无言无语的自然界的运动变化，神就是人的意志不能左右的变化多端与奥妙无穷。为什么要敬鬼神？因为通过敬神的活动可以营造一种敬畏感、神秘感和庄严的仪式感，从而使人自然而然地产生对更高存在的崇高感和神圣感。统治者体会了天之神道，理解了天不言不语而四时运行无有差忒的奥妙，统治者仿效天之神道，无声无形，尽诚尽信，以观感化物，以德教服民，施行神道于社会，这就是以神道设教。统治者模仿天之神道以神道设教，施行自己的德教，不言而信，不动而敬，百姓不知不觉中即可受到潜移默化的影响，从而达到"天下服矣"之目的。神道设教不只为"教民"，同时也在"教君"和"教统治者"，统治者法天垂化于人而民从之，从而天下服矣，这才是完整的"神道设教"思想。所以说神道设教就是在"天下服矣"的基础上达到维护统治秩序、维护统治者治权合法性的终极目的。

3.神道设教与祭祀

《左传·成公十三年》曰："国之大事，在祀与戎。"①先秦时期，祭祀与战争是国家同等重要的大事，《周易》卦爻辞中有不少关于祭祀的记载。

《周易》言"王用享"者共三处。《益·六二》曰："王用享于帝，吉。"②《周易正义》曰："帝，天也。王用此时，以享祭于帝，明灵降福，故曰'王用享于帝吉'也。"③《升·六四》曰："王用亨于岐山，吉无咎。"④《升·六四·象》："'王用亨于岐山'，顺事也。"⑤《周易正义》："顺物之情而立功立事。"⑥《随·上六》曰："王用亨于西山。"⑦祭祀的目的之一就是祈求天地鬼神的护佑与赐福。

《萃》曰："王假有庙。利见大人，亨利贞。用大牲吉，利有攸往。"⑧《周易尚氏学》曰："王假有庙，言王以至诚，格于宗庙而有事也。"⑨《周易折中》引龚焕曰：

---

① 郭丹、程小青、李彬源译注：《左传》，中华书局2012年版，第974页。

② （清）李道平撰，潘雨廷点校：《周易集解纂疏》，中华书局1994年版，第385页。

③ （魏）王弼注，（晋）韩康伯注，（唐）孔颖达疏，于天宝点校：《宋本周易注疏》，中华书局2018年版，第266页。

④ （清）李道平撰，潘雨廷点校：《周易集解纂疏》，中华书局1994年版，第418页。

⑤ （清）李道平撰，潘雨廷点校：《周易集解纂疏》，中华书局1994年版，第419页。

⑥ （魏）王弼注，（晋）韩康伯注，（唐）孔颖达疏，于天宝点校：《宋本周易注疏》，中华书局2018年版，第286页。

⑦ （清）李道平撰，潘雨廷点校：《周易集解纂疏》，中华书局1994年版，第215页。

⑧ （清）李道平撰，潘雨廷点校：《周易集解纂疏》，中华书局1994年版，第408页。

⑨ （清）尚秉和著，张善文点校：《周易尚氏学》，中华书局2016年版，第207页。

"王者致祭于宗庙,以己之精神感格祖考之精神,所以为萃也。"又案曰:"'王假有庙'者,神人之聚也。'利见大人'者,上下之聚也。'用大牲吉',广言群祀,由假庙而推之,皆所以聚于神也。'利有攸往',广言所行,由见大人而推之,皆所以聚于人也。"[①]《周易正义》曰:"聚而无主,不散则乱。惟有大德之人能弘正道,乃得常通而利正。"[②]王弼《周易注》曰:"聚,得'大人'乃得通而利正也。"[③]又释《萃·象》曰:"方以类聚,物以群分;情同而后乃聚,气合而后乃群。"[④]《萃·彖》:"王假有庙,致孝享也。"[⑤]《涣》曰:"王假有庙。利涉大川,利贞。"[⑥]《周易折中》曰:"《涣》与《萃》对。'假庙'者,所以聚鬼神之既散也;涉川者,所以聚人力之不齐也。盖尽诚以感格,则幽明无有不应。秦越而共舟,则心力无有不同。此二者,涣而求聚之大端也。然不以正行之,则必有黩神犯难之事,故曰'利贞'。"[⑦]《涣·彖》:"王假有庙,王乃在中也。"[⑧]《涣·象》曰:"风行水上,涣。先王以享于帝立庙。"[⑨]《周易程氏传》:"收合人心,无如宗庙。祭祀之报,出于其心。故享帝立庙,人心之所归也。系人心,合离散之道,无大于此。"[⑩]风行水上,有"涣散"之象,统治者以宗庙祭祀凝聚人心,从另外一个角度体现了宗庙祭祀是统治者"神道设教"的重要方式。

古代祭祀依阶级划分,等级鲜明,制度森严,其敬畏感、神圣感也是统治阶级所需要的。《礼记·曲礼下》云:"天子祭天地,祭四方,祭山川,祭五祀,岁遍。诸侯方祀,祭山川,祭五祀,岁遍。大夫祭五祀,岁遍。士祭其先。"[⑪]《礼记·王制》云:"天子祭天下名山大川,五岳视三公,四渎视诸侯。诸侯祭名山大川之在其地者。"[⑫]古代中国文明中,宗庙所在地成为聚落的中心,政治身份的世袭和宗主身份的传递相结合,成为商周文明社会国家的突出特点。政治身份与宗法身

---

① (清)李光地编纂,刘大钧整理:《周易折中》,巴蜀书社2006年版,第235页。

② (魏)王弼注,(晋)韩康伯注,(唐)孔颖达疏,于天宝点校:《宋本周易注疏》,中华书局2018年版,第278页。

③ (魏)王弼撰,楼宇烈校释:《周易注》,中华书局2011年版,第244页。

④ (魏)王弼撰,楼宇烈校释:《周易注》,中华书局2011年版,第245页。

⑤ (清)李道平撰,潘雨廷点校:《周易集解纂疏》,中华书局1994年版,第410页。

⑥ (清)李道平撰,潘雨廷点校:《周易集解纂疏》,中华书局1994年版,第506页。

⑦ (清)李光地编纂,刘大钧整理:《周易折中》,巴蜀书社2006年版,第299页。

⑧ (清)李道平撰,潘雨廷点校:《周易集解纂疏》,中华书局1994年版,第507页。

⑨ (清)李道平撰,潘雨廷点校:《周易集解纂疏》,中华书局1994年版,第507页。

⑩ (宋)程颐著,王孝鱼点校:《周易程氏传》,中华书局2016年版,第262页。

⑪ 胡平生、张萌译注:《礼记》,中华书局2017年版,第86页。

⑫ 胡平生、张萌译注:《礼记》,中华书局2017年版,第259页。

份的合一，或政治身份依赖于宗法身份，发展出一种治家与治国融为一体的政治形态和传统。[①] 历代皇帝都是通过祭祀创业者及其继承者的宗庙确认自己的权力渊源。[②] 宗庙乃祭祀祖考之地，宗庙祭祀可以激励起民众的宗族意识、家国意识，归系民众之心与凝聚力。庙祭最主要的目的是聚合天下之人，并以庄严之仪式、至诚之精神萃聚天下人心。庙祭是宣示治权合法性的场所，庙祭也是教化民众之特殊途径。宗庙乃庄重祭祀祖考之地，“王者”在宗庙聚集民众举行祭祀仪式，是想利用宗庙这一场所的特殊性与庄严性，使民众通过庄严的祭祀程序，感受虔诚敬畏的氛围，内心油然而生敬上、尊贤、尚德之情，庙祭因而可以达到萃合人心、总摄众志、感化心灵、教化民众之目的。所以，庙祭是神道设教最合适的场所。

(二)《彖传》的教化思想

《彖传》是今本《易传》七种中的一种，分为上下两篇。彖，本指卦辞，《彖传》是用来解释《周易》六十四卦的卦象、卦名和卦辞的。《周易》六十四卦共有六十四条卦辞，《彖传》因而也有六十四条。除乾卦外，在通行本《周易》中，彖辞逐条附于每一卦的卦辞之下。《彖传》一般先释卦名，后释卦辞，其目的为解释一卦之要义和主旨，《周易正义》曰：“夫子所作《彖辞》，统论一卦之义，或说其卦之德，或说其卦之义，或说其卦之名。”[③]《周易集解》引褚氏、庄氏曰：“彖者，断也，断定一卦之义。”[④]《系辞》曰：“彖者，材也。”[⑤]材，指一卦的卦义。十翼之中其他部分文字或疑不是孔子所作，唯独《彖传》怀疑者少。帛书《易传》《要》篇记载了孔子晚年易学观的重大转变，从早年排斥《易》，反对筮占，到晚年读到《易象》后，发现《易》辞蕴涵的“古之遗言”，发现《易》之“德义”，孔子易学观因而发生了重大转变，认为《周易》并非仅仅是占筮吉凶，更有“观象修德”的微言大义，在“观象修德”的基础之上，更推究卦象之所以然，《彖传》正是这一方面的著作。

《彖传》思想丰富而深刻，《彖传》认为天道是根本，《彖传》从阴阳、刚柔、健顺、时行、往复、终始、消息、上下、感应、中正等德义来诠释《周易》的卦象与卦

---

① 参见陈来：《中国早期政治哲学的三个主题》，《天津社会科学》2007 年第 2 期。

② 参见[日]渡边信一郎：《中国古代的王权与天下秩序》，徐冲译，中华书局 2008 年版，第 130 页。

③ (魏)王弼注，(晋)韩康伯注，(唐)孔颖达疏，于天宝点校：《宋本周易注疏》，中华书局 2018 年版，第 11 页。

④ (清)李道平撰，潘雨廷点校：《周易集解纂疏》，中华书局 1994 年版，第 37 页。

⑤ (清)李道平撰，潘雨廷点校：《周易集解纂疏》，中华书局 1994 年版，第 634 页。

辞，阐释天地之道。《彖传》认为人道当效法天道，“法天因人”教化民众的“神道设教”思想就是出自《彖传》。《观·彖》曰：“观天之神道，而四时不忒。圣人神道设教，而天下服矣。”[①]《贲·彖》曰：“观乎天文，以察时变。观乎人文，以化成天下。”[②]《周易集解》引干宝曰：“四时之变，悬乎日月。圣人之化，成乎文章。观日月而要其会通，观文明而化成天下。”[③]《周易程氏传》曰：“天文谓日月星辰之错列，寒暑阴阳之代变。观其运行，以察四时之迁改也。”“观人文以教化天下，天下成其礼俗，乃圣人用贲之道也。”[④]廖名春先生引金景芳、吕绍纲《周易全解》曰：“‘观乎天文’就是法天，‘观乎人文’就是因人。”[⑤]圣人效法天道之变化而设教于天下，天下人信服而从圣人之教。

《谦·彖》《豫·彖》《离·彖》《咸·彖》《恒·彖》《归妹·彖》《丰·彖》均是前句讲天道的变化规律，后句讲人道如何效法天道。如《谦·彖》曰：“天道下济而光明，地道卑而上行。天道亏盈而益谦，地道变盈而流谦，鬼神害盈而福谦，人道恶盈而好谦。谦尊而光，卑而不可逾，君子之终也。”[⑥]分别举“天道”“地道”“鬼神”“人道”为例，讲天地鬼神和人君贵谦而恶盈，说明世间之事理无不抑盈扬谦，也说明人道之恶盈好谦与天道、地道及鬼神一样。人道与天道是一致的，人道在天道里必有反映，此即谓法天因人也。《豫·彖》说：“豫，刚应而志行。顺以动，豫。豫顺以动，故天地知之，而况建侯行师乎。天地以顺动，故日月不过而四时不忒。圣人以顺动，则刑罚清而民服。豫之时义大矣哉。”[⑦]天、地、人三才之行动，当遵循“天地以顺动”。治国理政之大事，既要顺应天理，又要合乎人心。圣人顺应天道“以顺动”，才可以“刑罚清而民服”。《离·彖》曰：“离，丽也。日月丽乎天，百谷草木丽乎土，重明以丽乎正，乃化成天下。柔丽乎中正，故亨，是以畜牝牛吉也。”[⑧]上下卦均为离，犹如两明相重。《周易正义》曰：“‘重明’，谓上下俱离。‘丽乎正’也者，谓两阴在内，既有重明之德，又附于正道，所

---

① (清)李道平撰，潘雨廷点校：《周易集解纂疏》，中华书局1994年版，第230～231页。
② (清)李道平撰，潘雨廷点校：《周易集解纂疏》，中华书局1994年版，第246页。
③ (清)李道平撰，潘雨廷点校：《周易集解纂疏》，中华书局1994年版，第246页。
④ (宋)程颐撰，王孝鱼点校：《周易程氏传》，中华书局2016年版，第96页。
⑤ 廖名春：《〈周易〉经传十五讲》，北京大学出版社2009年版，第238页。
⑥ (清)李道平撰，潘雨廷点校：《周易集解纂疏》，中华书局1994年版，第194～196页。
⑦ (清)李道平撰，潘雨廷点校：《周易集解纂疏》，中华书局1994年版，第201～203页。
⑧ (清)李道平撰，潘雨廷点校：《周易集解纂疏》，中华书局1994年版，第305～306页。

以'化成天下'也。"[1]重明且附丽于正道,则利于推行教化,以化成天下。

圣人教化天下之"道"众多,而其"中正"之道尤为被重视,即教人以中正也。《周易》卦象言"中",所指包括两个方面:一由内外卦象言,指二、五两爻,认为一卦之中,二与五爻居于下上卦之中位;一由全卦象言,指三、四两爻,乃以三才之位言之。通常情况下,中位往往为吉位,"中正"为事物的最佳状态,而《象传》之言"中"者甚多,明言"中"者即多达三十六卦。

如《观·象》曰:"大观在上,顺而巽,中正以观天下。观,盥而不荐,有孚颙若,下观而化也。观天之神道,而四时不忒。圣人以神道设教,而天下服矣。"[2]九五居大观之位,有顺巽之德,所居既中且正,以所居之中正,观示天下;居上位仍然尽诚尽敬,无声无息,臣民居下而颙望,进而下观而化。作为统治者的圣人,体会天之神道,掌握天四时运行无有差忒的奥妙,施行德教。因此,圣人效法天象变化之道而以神道设教于天下,教化天下之民,天下之民无不诚服。

杨万里于《观·象》亦有关于"中正"之论,"中正"之德的养成方式为设教,通过"至诚"设教"能立天下之中正"。"惟天下之正,为能化天下之不中不正",从而达"中正以观天下"之境界。

> 教莫大于观感而政令为下,故曰"大观"。孰能"大观"?九五是也。何大乎九五?以"中正"也。九五之圣人以阳刚之资,体中正之德,形于上,观于下,而天下之不中者中,不正者正矣。孰不内顺而外巽、心服而身化哉?何其神也?"观天之神道"而法之耳。"天之神道"安在哉?中正而已。"四时不忒",是天之中正也。运四时而无形者莫如风,此天之神也,谓巽也;感天下而无形者莫如诚,此圣人之神也,谓九五之中实也。惟天下之至诚,为能立天下之中正;惟天下之中正,为能化天下之不中不正。故既曰"中正以观天下",又曰"有孚颙若"。"孚",诚也。《中庸》曰"至诚如神",故曰"圣人以神道设教,而天下服"。[3]

"中"的思想源远流长,除了《周易》讲"中"之外,其他文献中也屡见"中"的记载。

---

① (魏)王弼注,(晋)韩康伯注,(唐)孔颖达疏,于天宝点校:《宋本周易注疏》,中华书局2018年版,第205页。

② (清)李道平撰,潘雨廷点校:《周易集解纂疏》,中华书局1994年版,第229~230页。

③ (宋)杨万里撰,宋淑洁点校:《诚斋易传》,九州出版社2008年版,第75页。

《论语·尧曰篇》引尧让位于舜时之辞：

尧曰：咨！尔舜！天之历数在尔躬，允执其中。①

《尚书·大禹谟》记载舜让位于大禹时，舜命大禹之辞：

予懋乃德。嘉乃丕绩，天之历数在汝躬，汝终陟元后。人心惟危，道心惟微，惟精惟一，允执厥中。②

《尚书·洪范篇》记载了箕子向周文王献陈九畴一事，九畴是大禹以来相沿传承的治国大法之集大成，其中九畴之五为"建用皇极"，"皇极"即"大中"，皇训"大"，极训"中"。对于"大中"，《洪范》曰：

无偏无陂，遵王之义；无有作好，遵王之道；无有作恶，遵王之路。无偏无党，王道荡荡；无党无偏，王道平平；无反无侧，王道正直。会其有极，归其有极。曰：皇极之敷言，是彝是训，于帝其训。③

从筮法看，中是指卦的二、五位，正是指阳居奇位，阴居偶位。从义理看，中为行之中，正为位之正。有时候爻虽不当位，得中有应，也获吉，"得中"可以弥补位不当之失，"有应"可以弥补失位之憾，如《蒙·彖》曰："蒙，山下有险，险而止，蒙。蒙亨，以亨行时中也。匪我求童蒙，童蒙求我，志应也。初筮告，以刚中也。再三渎，渎则不告，渎蒙也。蒙以养正，圣功也。"④九二以阳刚处中，与阴柔之六五阴阳相应，《周易集解》引崔憬曰："以二刚中，能发于蒙也。"⑤《周易正义》对《蒙》卦卦辞"利贞"的解释为："贞，正也。言蒙之为义，利于养正。"⑥而养正，则是致圣之功，《周易程氏传》："以纯一未发之蒙而养其正，乃作圣之功也。"⑦如《大有·彖》："柔得尊位大中而上下应之，曰大有。其德刚健而文明，应乎天而

① 杨伯峻：《论语译注》，中华书局2015年版，第300页。

② 王世舜、王翠叶译注：《尚书》，中华书局2012年版，第360～361页。

③ 王世舜、王翠叶译注：《尚书》，中华书局2012年版，第149页。

④ （清）李道平撰，潘雨廷点校：《周易集解纂疏》，中华书局1994年版，第106～107页。

⑤ （清）李道平撰，潘雨廷点校：《周易集解纂疏》，中华书局1994年版，第107页。

⑥ （魏）王弼注，（晋）韩康伯注，（唐）孔颖达疏，于天宝点校：《宋本周易注疏》，中华书局2018年版，第59页。

⑦ （宋）程颐著，王孝鱼点校：《周易程氏传》，中华书局2016年版，第21页。

时行，是以元亨。”①王弼《周易注》曰：“处尊以柔，居中以大，体无二阴以分其应，上下应之，靡所不纳，大有之义也。”②《周易正义》曰：“柔处尊位，是其大也；居上卦之内，是其中也。”③如《临·彖》：“刚浸而长。说而顺，刚中而应。大亨以正，天之道也。”④九二上应六五，《周易折中》曰：“刚中得应，则上下交而志同。此其所以德泽及于天下，而足以有临也。”⑤也同时指出了以中正之道化育天下，《周易程氏传》：“化育之功所以不息者，刚正和顺而已。以此临人，临事，临天下，莫不大亨而得正也。”⑥如《睽·彖》：“火动而上，泽动而下。二女同居，其志不同行。说而丽乎明，柔进而上行，得中而应乎刚，是以小事吉。”⑦《周易程氏传》曰：“六五以柔居尊位，有说顺丽明之善，又得中道而应刚。”⑧如《解·彖》：“其来复吉，乃得中也。”⑨《周易正义》曰：“无难可解，退守静默，得理之中。”⑩如《升·彖》：“柔以时升，巽而顺，刚中而应，是以大亨。”⑪王弼《周易注》曰：“柔以时升，乃得升也。……纯柔则不能自升，刚亢则物不从。既以时升，巽而顺，刚中而应，以此而升，故得大亨。”⑫均言九二、六五之爻虽不当位，但得中有应，六五以柔中下应二刚，“得中”可以弥补位不当之失，“有应”可以弥补失位之憾，也可获吉。但九二不能刚之太过，否则为不“中”，则“虽正亦凶”。《鼎·彖》：“巽而耳目聪明，柔进而上行，得中而应乎刚，是以元亨。”⑬六五上行居尊，得处中位；六五以柔中应九二之刚。王弼《周易注》曰：“谓五也。有斯二德，故能成新而获大亨也。”⑭《未济·彖》：“柔得中也。小狐汔济，未出中也。濡其尾，无攸利，不续终也。虽

---

① (清)李道平撰，潘雨廷点校：《周易集解纂疏》，中华书局1994年版，第188页。

② (魏)王弼撰，楼宇烈校释：《周易注》，中华书局2011年版，第83页。

③ (魏)王弼注，(晋)韩康伯注，(唐)孔颖达疏，于天宝点校：《宋本周易注疏》，中华书局2018年版，第119页。

④ (清)李道平撰，潘雨廷点校：《周易集解纂疏》，中华书局1994年版，第223页。

⑤ (清)李光地编纂，刘大钧整理：《周易折中》，巴蜀书社2006年版，第351页。

⑥ (宋)程颐撰，王孝鱼点校：《周易程氏传》，中华书局2016年版，第84页。

⑦ (清)李道平撰，潘雨廷点校：《周易集解纂疏》，中华书局1994年版，第355～356页。

⑧ (宋)程颐撰，王孝鱼点校：《周易程氏传》，中华书局2016年版，第165页。

⑨ (清)李道平撰，潘雨廷点校：《周易集解纂疏》，中华书局1994年版，第368页。

⑩ (魏)王弼注，(晋)韩康伯注，(唐)孔颖达疏，于天宝点校：《宋本周易注疏》，中华书局2018年版，第252页。

⑪ (清)李道平撰，潘雨廷点校：《周易集解纂疏》，中华书局1994年版，第416页。

⑫ (魏)王弼撰，楼宇烈校释：《周易注》，中华书局2011年版，第250～251页。

⑬ (清)李道平撰，潘雨廷点校：《周易集解纂疏》，中华书局1994年版，第446页。

⑭ (魏)王弼撰，楼宇烈校释：《周易注》，中华书局2011年版，第271页。

不当位,刚柔应也。”[①]《周易正义》曰:“此就六五以柔居中,下应九二,释未济所以得亨。柔而得中,不违刚也。”[②]王弼《周易注》:“位不当,故未济;刚柔应,故可济。”[③]九二与九五虽不当位,但刚柔相应,亦可得亨。

有些卦虽无应,以“得中”故仍吉,但总不如有应之吉的力度,故多言“亨”。如《噬嗑·彖》:“柔得中而上行。虽不当位,利用狱也。”[④]《离·彖》:“柔丽乎中正,故亨,是以畜牝牛吉也。”[⑤]《旅·彖》:“旅小亨,柔得中乎外而顺乎刚。止而丽乎明。”[⑥]六五虽不当位,但柔中居尊,六五以柔居中,为用柔得中之义。有些卦属于九二九五居中但无应,如《讼·彖》:“讼有孚窒惕中吉,刚来而得中也。……尚中正也。”[⑦]《小畜·彖》:“健而巽,刚中而志行乃亨。”[⑧]《履·彖》:“刚中正,履帝位而不疚,光明也。”[⑨]《大过·彖》:“刚过而中,巽而说行。利有攸往,乃亨。”[⑩]《坎·彖》:“行险而不失其信。维心亨,乃以刚中也。行有尚,往有功也。”[⑪]九二、九五虽无应,但九二刚中,九五中正,刚虽过,而二五皆得中,是不失中道也,但仍不宜恃刚乘险。《姤·彖》:“刚遇中正,天下大行也。”[⑫]以中正之道教化天下,方可大行矣。

有些卦则得中得正且有应,以六二应九五则为最佳之应,既中且正且有应才是最理想的状态。如《比·彖》:“原筮元永贞无咎,以刚中也。不宁方来,上下应也。”[⑬]《观·彖》:“大观在上,顺而巽,中正以观天下。”[⑭]《无妄·彖》:“刚自外来而为主于内。动而健,刚中而应。大亨以正,天之命也。”[⑮]《既济·彖》:“柔

---

① (清)李道平撰,潘雨廷点校:《周易集解纂疏》,中华书局1994年版,第535～536页。

② (魏)王弼注,(晋)韩康伯注,(唐)孔颖达疏,于天宝点校:《宋本周易注疏》,中华书局2018年版,第372页。

③ (魏)王弼撰,楼宇烈校释:《周易注》,中华书局2011年版,第335页。

④ (清)李道平撰,潘雨廷点校:《周易集解纂疏》,中华书局1994年版,第238页。

⑤ (清)李道平撰,潘雨廷点校:《周易集解纂疏》,中华书局1994年版,第306页。

⑥ (清)李道平撰,潘雨廷点校:《周易集解纂疏》,中华书局1994年版,第490页。

⑦ (清)李道平撰,潘雨廷点校:《周易集解纂疏》,中华书局1994年版,第120～121页。

⑧ (清)李道平撰,潘雨廷点校:《周易集解纂疏》,中华书局1994年版,第148页。

⑨ (清)李道平撰,潘雨廷点校:《周易集解纂疏》,中华书局1994年版,第156页。

⑩ (清)李道平撰,潘雨廷点校:《周易集解纂疏》,中华书局1994年版,第290页。

⑪ (清)李道平撰,潘雨廷点校:《周易集解纂疏》,中华书局1994年版,第297页。

⑫ (清)李道平撰,潘雨廷点校:《周易集解纂疏》,中华书局1994年版,第402页。

⑬ (清)李道平撰,潘雨廷点校:《周易集解纂疏》,中华书局1994年版,第141页。

⑭ (清)李道平撰,潘雨廷点校:《周易集解纂疏》,中华书局1994年版,第229页。

⑮ (清)李道平撰,潘雨廷点校:《周易集解纂疏》,中华书局1994年版,第270页。

得中也。”[①]九五居乎天子之位，又以阳居阳，正而得中，刚而处中，具备刚阳中正之德，为下所观，其德甚大，以巽顺中正之德为观于天下；六二柔顺中正，上应九五；九五以刚处中，六二应之，刚中而应；而且六二、九五俱得中得正且应。

国家管理者理解并掌握了中正的道理并应用到治国理政的实践之中，则会变通趋时，趋吉避凶，从容应对有利与不利之环境。如《同人·彖》：“柔得位得中而应乎乾，曰同人。……文明以健，中正而应，君子正也。唯君子为能通天下之志。”[②]《同人·彖》指出在顺境之时，二五同心，中正而应，以正道“能通天下之志”。《蹇·彖》：“蹇，难也，险在前也。见险而能止，知矣哉。蹇利西南，往得中也。不利东北，其道穷也。利见大人，往有功也。当位贞吉，以正邦也。”[③]《蹇·彖》则指出在逆境蹇难之时，二五当反身修德，以中正而非躁动之道，见险而止，和衷共济，渡过蹇难。

在作为吉凶之断的依据上，“中”的重要性在某种程度上高于“位”和“时”。“中”与“不中”是人的主观作为，中正且秉德履践中道之人，虽一时不得位、不得时，但其为君子追求中道的风骨未变，履践中道是人力可行之德。不中正之人，得位、时之助或反而更长其恶，所以说在作为吉凶之断的依据上，“中”的重要性高于“位”和“时”。

如前所述，《彖传》则继续发扬“教人以中正”的释《易》方向，中则吉，不中则凶，已经把“中”视为理想人格和社会的价值尺度，教化人们尚中避偏，“中”已具有某种道德意义。在治国理政决策时，“中”是最合适的尺度。尚中则不会出现过激行为，以“中”求上下之同心，以“中”求社会之和谐，因此“中”成为古代社会治国理政最为坚持的原则，也成为《彖传》教化天下的重要内容之一。

(三)《象传》的教化思想

《象传》认为“观民设教”乃“王”或“君”等国家管理者的责任。

《观·象》：“风行地上，观。先王以省，方观民设教。”[④]此一解释，说明了“观”的两重意义，一是“观仰”，即下观上，“风行地上”释《观》卦上巽为风、下坤为地之象；二是“观视”，即上观下，即“先王”效法《观》卦之象，广泛省察下情。

① (清)李道平撰，潘雨廷点校：《周易集解纂疏》，中华书局1994年版，第528页。
② (清)李道平撰，潘雨廷点校：《周易集解纂疏》，中华书局1994年版，第180～182页。
③ (清)李道平撰，潘雨廷点校：《周易集解纂疏》，中华书局1994年版，第363～364页。
④ (清)李道平撰，潘雨廷点校：《周易集解纂疏》，中华书局1994年版，第231页。

“观仰”与“观视”目的是一致的,“观视”指的是正确设教于民,统治者效法《观》卦的卦象,巡查各方民情,推行教化,让民“观仰”,使民众受到教化和熏陶,形成统治者希望看到的良风美俗。统治者巡省天下之四方,考察民情风俗,即观民也,同时根据观民的情况设教以为民“观仰”。

《姤·象》《晋·象》等均言统治者法象以施教于天下,《姤·象》:“天下有风,姤。后以施命诰四方。”[①]统治者“后”观姤之象,应用到国家治理上,则“施命诰四方”,则统治者的号令传遍四方,民众皆知晓,皆遵从。《周易集解》引翟玄曰:“天下有风,风无不周布;故君以施令,告化四方之民矣。”[②]《晋·象》:“明出地上,晋。君子以自昭明德。”[③]《周易程氏传》:“君子观明出地上,而益明盛之象,而以自昭其明德。”[④]

“设教”的目的是“育德”,“育德”的过程也不是一帆风顺,《大象传》通过《蒙》《小畜》《蛊》和《涣》等卦,指出了“育德”过程中需要应对的不同环境与困境。《蛊·象》曰:“山下有风,蛊。君子以振民育德。”[⑤]以“山下有风”,风遇山而回,喻“振民育德”非容易之事,既需要果决的行动,又需要坚毅和百折不挠的心志。《小畜·象》曰:“风行天上,小畜。君子以懿文德。”[⑥]《周易集解》引《九家易》曰:“风者,天之命令也,今行天上,则是令未下行。畜而未下,‘小畜’之义也。”[⑦]《周易正义》:“以于其时施未得行,喻君子之人但修美文德,待时而发。”[⑧]《涣·象》曰:“风行水上,涣。先王以享于帝立庙。”[⑨]宗庙,乃祭祀祖考之地,宗庙祭祀可以激励起民众的宗族意识、家国意识,归系民众之心与凝聚力。风行水上,有“涣散”之象,统治者以宗庙祭祀凝聚人心,从另外一个角度体现了宗庙祭祀是统治者“神道设教”的重要方式。

所以说,君子“新民之道”“育德”之路是一个长期的过程,不是一蹴而就之事。在不同的社会环境下,可“果行”,可待时,可“观民”,可“振民”,最终化民成

---

① (清)李道平撰,潘雨廷点校:《周易集解纂疏》,中华书局 1994 年版,第 402 页。

② (清)李道平撰,潘雨廷点校:《周易集解纂疏》,中华书局 1994 年版,第 402 页。

③ (清)李道平撰,潘雨廷点校:《周易集解纂疏》,中华书局 1994 年版,第 339 页。

④ (宋)程颐撰,王孝鱼点校:《周易程氏传》,中华书局 2016 年版,第 153 页。

⑤ (清)李道平撰,潘雨廷点校:《周易集解纂疏》,中华书局 1994 年版,第 219 页。

⑥ (清)李道平撰,潘雨廷点校:《周易集解纂疏》,中华书局 1994 年版,第 150 页。

⑦ (清)李道平撰,潘雨廷点校:《周易集解纂疏》,中华书局 1994 年版,第 150 页。

⑧ (魏)王弼注,(晋)韩康伯注,(唐)孔颖达疏,于天宝点校:《宋本周易注疏》,中华书局 2018 年版,第 92 页。

⑨ (清)李道平撰,潘雨廷点校:《周易集解纂疏》,中华书局 1994 年版,第 507 页。

德，达到“观乎人文，以化成天下”(《贲·象》)的局面。

对于“育德”的方式，《象传》特别强调“反身修德”。《蹇·象》曰：“君子以反身修德。”[①]程颐曰：“君子之遇艰阻，必反求诸己而益自修。《孟子》曰：‘行有不得者，皆反求诸己。’故遇艰蹇，必自省于身：有失而致之乎？是反身也。有所未善则改之，无谦于心则加勉，乃自修其德也。”[②]统治者修德于前，再以德性和品性感化民众。“君子以果行育德”[③]，“君子以振民育德”[④]，“君子以教思无穷，容保民无疆”[⑤]，“圣人感人心而天下和平”[⑥]。《恒·象》说：“日月得天而能久照。四时变化而能久成。圣人久于其道，而天下化成。”[⑦]圣人恒久不已，坚持不懈，施行正道，天下则遵从圣人之教化，进而“天下化成”。

《晋·象》《乾·象》皆以君子自我的口气讲话。乾卦“大象”说“自强不息”，意谓用我之强。晋卦“大象”说“自昭明德”，意谓用我之明。[⑧]《复·初九·象》曰：“不远之复，以修身也。”[⑨]《周易程氏传》：“不远而复者，君子所以修其身之道也。学问之道无它也，唯其知不善则速改以从善而已。”[⑩]《系辞下》：“知不善未尝复行。”《蹇·象》曰：“山上有水，蹇。君子以反身修德。”[⑪]《周易正义》：“山者是岩险，水是阻难。水积山上，弥益危难，故曰‘山上有水，蹇’。‘君子以反身修德者’，蹇难之时，未可以进，惟宜反求诸身，自修其德，道成德立，方能济险，故曰‘君子以反身修德’也。”[⑫]君子处“蹇”之时，没有退缩，没有冒进，先“反身修德”，后济蹇涉难。《震·象》曰：“洊雷，震。君子以恐惧修省。”[⑬]君子处危虑安，战战兢兢，惩前毖后，修身自省。

君子处不善之时，当速改从善；处蹇难之时，处威危之时，则反求诸己，反省自身，战战兢兢修养道德。而反身修德也非一时一日之功，当修在长久，修在细

---

① (清)李道平撰，潘雨廷点校：《周易集解纂疏》，中华书局1994年版，第364页。

② (宋)程颐撰，王孝鱼点校：《周易程氏传》，中华书局2016年版，第172页。

③ (清)李道平撰，潘雨廷点校：《周易集解纂疏》，中华书局1994年版，第108页。

④ (清)李道平撰，潘雨廷点校：《周易集解纂疏》，中华书局1994年版，第219页。

⑤ (清)李道平撰，潘雨廷点校：《周易集解纂疏》，中华书局1994年版，第224页。

⑥ (清)李道平撰，潘雨廷点校：《周易集解纂疏》，中华书局1994年版，第315页。

⑦ (清)李道平撰，潘雨廷点校：《周易集解纂疏》，中华书局1994年版，第322页。

⑧ 金景芳、吕绍纲：《周易全解》修订本，上海古籍出版社2010年版，第184页。

⑨ (清)李道平撰，潘雨廷点校：《周易集解纂疏》，中华书局1994年版，第265页。

⑩ (宋)程颐撰，王孝鱼点校：《周易程氏传》，中华书局2016年版，第106页。

⑪ (清)李道平撰，潘雨廷点校：《周易集解纂疏》，中华书局1994年版，第364页。

⑫ (魏)王弼注，(晋)韩康伯注，(唐)孔颖达疏，于天宝点校：《宋本周易注疏》，中华书局2018年版，第248页。

⑬ (清)李道平撰，潘雨廷点校：《周易集解纂疏》，中华书局1994年版，第455页。

微之事，所以当效法前贤，迁善改过，畜成其德。《大畜》卦、《益》卦和《升》卦的《大象》给出了很好的解释。

《大畜·象》:“天在山中，大畜。君子以多志前言往行，以畜其德。”[①]前言往行，是指前代圣贤之言行，君子当效法学习之。《周易集解》引向秀曰:“止莫若山，大莫若天，天在山中，大畜之象。”[②]《周易程氏传》:“人之蕴畜，由学而大，在多闻前古圣贤之言与行，考迹以观其用，察言以求其心，识而得之，以畜成其德。”[③]《益·象》:“风雷，益。君子以见善则迁，有过则改。”[④]王弼《周易注》:“迁善改过，益莫大焉。”[⑤]《周易折中》:“雷者动阳气者也，故人心奋发而勇于善者如之；风者散阴气者也，故人心荡涤以消其恶者如之。”[⑥]德行培育，当从点滴小事做起，“君子以慎德积小，以成高大”[⑦]。经过点滴积累，才能完善德性，成就个人的事业，不仅自己获得福庆，而且可以使后代受益。《周易正义》曰:“地中生木，始于毫末，终至合抱；君子象之，以顺行其德，积其小善，以成大名，故《系辞》云‘善不积，不足以成名’是也。”[⑧]如程颐所云:“万物之进，皆以顺道也。善不积不足以成名。学业之充实，道德之崇高，皆由积累而至。”[⑨]

《观·象》则强调观民以设教。《周易正义》:“观者，王者道德之美而可观也。”[⑩]王者欲以美德教化“天下”，将美德作为民“观仰”的方向，当须自身具备道德之美。王者为具备道德之美，一要“观视”民情民俗，二要具忧患意识，时时告诫自省。《观·六三·象》:“观我生进退。未失道也。”[⑪]《观·六四·象》:“观国之光，尚宾也。”[⑫]王者有德，国家盛治，则贤才宾至，教化之道彰显。《观·九五·象》:“观我生，观民也。”[⑬]《周易程氏传》:“我生，出于己者。人君欲观己之

---

① (清)李道平撰，潘雨廷点校:《周易集解纂疏》，中华书局 1994 年版，第 277 页。

② (清)李道平撰，潘雨廷点校:《周易集解纂疏》，中华书局 1994 年版，第 277 页。

③ (宋)程颐撰，王孝鱼点校:《周易程氏传》，中华书局 2016 年版，第 113 页。

④ (清)李道平撰，潘雨廷点校:《周易集解纂疏》，中华书局 1994 年版，第 383 页。

⑤ (魏)王弼撰，楼宇烈校释:《周易注》，中华书局 2011 年版，第 228 页。

⑥ (清)李光地编纂，刘大钧整理:《周易折中》，巴蜀书社 2006 年版，第 489 页。

⑦ (清)李道平撰，潘雨廷点校:《周易集解纂疏》，中华书局 1994 年版，第 417 页。

⑧ (魏)王弼注，(晋)韩康伯注，(唐)孔颖达疏，于天宝点校:《宋本周易注疏》，中华书局 2018 年版，第 284 页。

⑨ (宋)程颐著，王孝鱼点校:《周易程氏传》，中华书局 2016 年版，第 205 页。

⑩ (魏)王弼注，(晋)韩康伯注，(唐)孔颖达疏，于天宝点校:《宋本周易注疏》，中华书局 2018 年版，第 150 页。

⑪ (清)李道平撰，潘雨廷点校:《周易集解纂疏》，中华书局 1994 年版，第 233 页。

⑫ (清)李道平撰，潘雨廷点校:《周易集解纂疏》，中华书局 1994 年版，第 234 页。

⑬ (清)李道平撰，潘雨廷点校:《周易集解纂疏》，中华书局 1994 年版，第 235 页。

施为善否,当观于民,民俗善则政化善也。王弼云'观民以察己之道'是也。"[①]《观·上九·象》:"观其生,志未平也。"[②]《周易程氏传》:"虽不在位,然以人观其德,用为仪法,故当自慎省,观其所生,常不失于君子,则人不失所望而化之矣。不可以不在于位故,安然放意无所事也。"[③]观卦所揭示的"观仰"作用,除了强调"上"者以美德感化于"下"之外,还体现了观"民风"可以正"君道"的思想,这从五、上两爻"观民"自省、其志"未平"的义理中不难看出。[④]

教化民众,除了"明德",还需"慎罚"。《噬嗑》卦之大象体现了"慎罚"的观念和事先"教育"的观念。《噬嗑·象》:"雷电,噬嗑。先王以明罚敕法。"[⑤]《周易集解》引侯果曰:"'明罚敕法',以示万物,欲万方一心也。"[⑥]《周易集解》引宋衷曰:"雷动而威,电动而明,二者合其道章也。用刑之道,威明相兼。若威而不明,恐致淫滥。明而无威,不能伏物。故须雷电并合,而噬嗑备。"[⑦]所谓"明罚"指作何事属于违法犯科,并将以何罪定之罚之,事先明确告知公众;所谓"敕法"指将法令制度公布于民众,以达到告诫之目的。"明罚"与"敕法"皆体现了在刑罚的问题上,统治者重在强调事先的防范与告诫,而不是只关注违法犯罪后的惩治。

五、《易传》的修德思想

《系辞》认为《易经》是体现圣人思想和圣人事业的典籍,是道德修养之书。《系辞》说:"盛德大业至矣哉。富有之谓大业,日新之谓盛德。"[⑧]《系辞》认为《易经》是圣人效法天地变化、四时运行规律,探讨事物的义理和变易法则的工具,是载有圣人治理天下之道的典籍。《系辞下》云:"圣人之大宝曰位。何以守位?曰仁。"[⑨]圣人以德居正位,《易传》把正位阐发为天地之大道,认为掌握此大道则可以做到"修齐治平",小可以治理家庭,大可以治理天下,如《家人·象》所云:

---

① (宋)程颐撰,王孝鱼点校:《周易程氏传》,中华书局2016年版,第90页。
② (清)李道平撰,潘雨廷点校:《周易集解纂疏》,中华书局1994年版,第236页。
③ (宋)程颐撰,王孝鱼点校:《周易程氏传》,中华书局2016年版,第90页。
④ 参见黄寿祺、张善文:《周易译注》,上海古籍出版社2011年版,第124页。
⑤ (清)李道平撰,潘雨廷点校:《周易集解纂疏》,中华书局1994年版,第239页。
⑥ (清)李道平撰,潘雨廷点校:《周易集解纂疏》,中华书局1994年版,第239页。
⑦ (清)李道平撰,潘雨廷点校:《周易集解纂疏》,中华书局1994年版,第239页。
⑧ (清)李道平撰,潘雨廷点校:《周易集解纂疏》,中华书局1994年版,第561页。
⑨ (清)李道平撰,潘雨廷点校:《周易集解纂疏》,中华书局1994年版,第619~620页。

"正家而天下定矣。"[①]《系辞》也认为《易经》是圣人探求事物变化方向，用来治理天下、教化百姓的典籍，是体现圣人思想和圣人事业的典籍，是道德修养之书。

孔子曾多次指明《周易》是讲德性的书。帛书《要》篇中提及"观其德义"，"求其德而已"。朱子亦说："皆反身修德以处忧患之事。"[②]《易传》非常强调个人的道德修养，多次告诫国家管理者应当进德修业，用很大篇幅对"进德""明德""崇德"等进行描述，其中涉及道德修养的方法，如《文言》云："君子进德修业。忠信，所以进德也。修辞立其诚，所以居业也。"[③]"君子进德修业，欲及时也。"[④]"君子敬以直内，义以方外，敬义立而德不孤。"[⑤]《易传》特别关注统治者不重视道德培育的后果，提出道德培育要防微杜渐，统治者若不进行德性修养，则不能成就德性，会祸国殃民。修德不是一瞬间可以完成的事情，它是一个循序渐进的过程，是一个不间断的过程，也是一个不断日新的过程，是一个无穷无尽不断改过、修正、提高的道德培育过程，"日新之谓盛德"说的就是此意。《系辞》作者在六十四卦中遴选出九卦专论道德修养。九德，《系辞传》讲了三遍，后人称之为"三陈九德"。"三陈九德"涉及德性修养的方方面面，组成完整的道德修养体系，《履》《谦》《复》《恒》《损》《益》《困》《井》《巽》分别代表了这一完整体系的不同侧面：基、柄、本、固、修、裕、辨、地、制，每一卦在修德方面都有不同的贡献。九卦，在各自修德的功能上不是孤立的，而是目标一致、相互补充、相互协同的整体。九卦所论修德，由内而外、由微而著讲修德的过程与实质；由小到大、由个人而社会讲修德的作用。《损》《益》二卦于九卦中尤为重要，这两卦体现了《易传》要求统治者当抱有以民为本的治国理民精神，在上之统治者，须约束自身，减少自己利益，以用于民众。修德是古代统治者治国理民的起点，修德思想发端于对王权的限制。

(一)《易传》认为《易经》是圣人以"德"治天下之书

1.《系辞》认为《易经》是体现圣人思想和圣人事业的道德修养之书

《系辞传》列今本《易传》第四种，分上、下两篇。"系辞"有两种不同的含义

① (清)李道平撰，潘雨廷点校：《周易集解纂疏》，中华书局1994年版，第351页。
② (宋)朱熹撰，廖名春点校：《周易本义》，中华书局2009年版，第254页。
③ (清)李道平撰，潘雨廷点校：《周易集解纂疏》，中华书局1994年版，第48页。
④ (清)李道平撰，潘雨廷点校：《周易集解纂疏》，中华书局1994年版，第50页。
⑤ (清)李道平撰，潘雨廷点校：《周易集解纂疏》，中华书局1994年版，第90页。

或说法：一是卦爻辞于卦爻象之下；一是总论所系卦爻辞之大义。《系辞传》在解释周易的过程中，大大地降低了《易经》的卜筮色彩，并在“古之遗言”“文王之德”的基础上继续以“德性”诠释《易经》。在《易传》的德性诠释下其哲理色彩愈加强烈，而其中关于道德的论述占了相当重的分量。

《系辞》认为《易经》是体现圣人思想和圣人事业的典籍，是道德修养之书。《系辞》上说：“盛德大业至矣哉。富有之谓大业，日新之谓盛德。”[①]《周易正义》释之曰：“圣人为功用之母，体同于道，万物由之而通，众事以之而理，是圣人极盛之德，广大之业至极矣哉。于行谓之德，于事谓之业。”《周易集解》引王凯冲曰：“物无不备，故曰‘富有’；变化不息，故曰‘日新’。”[②]正如《乾·文言》之所言：“君子进德修业，欲及时也，故无咎。”[③]“君子以成德为行，日可见之行也。”[④]

《系辞传》认为《易经》是圣人效法天地变化、四时运行之规律，探讨事物的义理和变易法则的工具，是载有圣人治理天下之道的典籍。《系辞》说：“是故天生神物，圣人则之。天地变化，圣人效之。天垂象，见吉凶，圣人象之。”[⑤]“夫易，圣人之所以极深而研几也。唯深也，故能通天下之志。唯几也，故能成天下之务。唯神也，故不疾而速，不行而至。”[⑥]

对于“深”和“几”，韩康伯注说：“极未形之理则曰深，适动微之会则曰几。”[⑦]金景芳、吕绍纲所著《周易全解》从辩证法的角度认为“几”是讲质变，“深”是讲量变，结合《杂卦传》所说“革，去故也；鼎，取新也”认为：“‘几’讲的就是‘去故’，‘深’讲的就是‘取新’。‘故’就是过去、往，‘新’就是将来、来，而‘故’易懂，‘新’难懂。”[⑧]《系辞》认为《易经》蕴藏着深刻的道理，圣人用《易经》来研究未形之理与细微未著的事物，圣人以它来通晓天下人的思想，成就天下人的事业。

《系辞传》也认为《易经》是圣人探求事物变化方向，用来治理天下、教化百姓的典籍，是体现圣人思想和圣人事业的典籍；是道德修养之书。《系辞传》下说：

---

① (清)李道平撰，潘雨廷点校：《周易集解纂疏》，中华书局1994年版，第561页。

② (清)李道平撰，潘雨廷点校：《周易集解纂疏》，中华书局1994年版，第561页。

③ (清)李道平撰，潘雨廷点校：《周易集解纂疏》，中华书局1994年版，第50页。

④ (清)李道平撰，潘雨廷点校：《周易集解纂疏》，中华书局1994年版，第62页。

⑤ (清)李道平撰，潘雨廷点校：《周易集解纂疏》，中华书局1994年版，第605～606页。

⑥ (清)李道平撰，潘雨廷点校：《周易集解纂疏》，中华书局1994年版，第593～594页。

⑦ (魏)王弼注，(晋)韩康伯注，(唐)孔颖达疏，于天宝点校：《宋本周易注疏》，中华书局2018年版，第414页。

⑧ 金景芳、吕绍纲：《周易全解》，上海古籍出版社2005年版，第553页。

《易》之兴也，其于中古乎。作《易》者，其有忧患乎。[①]

《易》之兴也，其当殷之末世，周之盛德邪，当文王与纣之事邪。是故其辞危。危者使平，易者使倾。其道甚大，百物不废。惧以终始，其要无咎。此之谓易之道也。[②]

《易》之为书也，不可远。为道也，娄迁。变动不居，周流六虚。上下无常，刚柔相易。不可为典要，唯变所适。其出入以度，外内使知惧，又明于忧患与故，无有师保，如临父母。[③]

《易经》卦爻辞中忧患之辞颇多，与其产生的时代背景有关。忧患之辞多，可以使人明白忧患之故，居安思危，不忘危亡之事。

《系辞》云："圣人之大宝曰位。何以守位？曰仁。"[④]圣人以德居正位，《易传》把正位阐发为天地之大道，认为掌握此大道则可以做到"修齐治平"，小可以治理家庭，大可以治理天下，如《家人·彖》所云："正家而天下定矣。"[⑤]

位，指空间。《周易》六十四卦每一卦六爻，各有其位，一三五属于奇数，为阳位；二四六属于偶数，为阴位。如阳爻居阳位、阴爻居阴位为得位、当位或得正位等，主吉。《大壮·彖》云："大者正也。正大而天地之情可见矣！"[⑥]古人以为"天地"既大且正，王弼《周易注》曰："天地之情，正大而已矣。弘正极大，则天地之情可见矣。"[⑦]《师·彖》云："贞，正也。能以众正，可以王矣。"[⑧]《家人·彖》云："女正位乎内，男正位乎外。男女正，天地之大义也。家人有严君焉，父母之谓也。父父子子，兄兄弟弟，夫夫妇妇，而家道正，正家而天下定矣。"[⑨]《周易正义》曰："此因二、五得正，以释'家人'之义，并明'女贞'之旨。"《周易集解》引陆绩曰："圣人教先从家始，家正则天下化之，修己以安百姓者也。"[⑩]古人的天人观认为天人是一致的，男女的关系与天地的关系是一个道理。家正则天下定，治国平天下由正家开始。

---

① （清）李道平撰，潘雨廷点校：《周易集解纂疏》，中华书局 1994 年版，第 659～660 页。
② （清）李道平撰，潘雨廷点校：《周易集解纂疏》，中华书局 1994 年版，第 677～679 页。
③ （清）李道平撰，潘雨廷点校：《周易集解纂疏》，中华书局 1994 年版，第 665～668 页。
④ （清）李道平撰，潘雨廷点校：《周易集解纂疏》，中华书局 1994 年版，第 619～620 页。
⑤ （清）李道平撰，潘雨廷点校：《周易集解纂疏》，中华书局 1994 年版，第 351 页。
⑥ （清）李道平撰，潘雨廷点校：《周易集解纂疏》，中华书局 1994 年版，第 333 页。
⑦ （魏）王弼撰，楼宇烈校释：《周易注》，中华书局 2011 年版，第 184 页。
⑧ （清）李道平撰，潘雨廷点校：《周易集解纂疏》，中华书局 1994 年版，第 129 页。
⑨ （清）李道平撰，潘雨廷点校：《周易集解纂疏》，中华书局 1994 年版，第 350～351 页。
⑩ （清）李道平撰，潘雨廷点校：《周易集解纂疏》，中华书局 1994 年版，第 351 页。

反之，阳爻居阴位、阴爻居阳位则为失位、不当位或不得位，多主凶。也就是说事物发展应有各自合适的空间，处于各自合适的空间，则各守其则，往往利于事情成功，失去空间或者占错空间，难以尽其责，则可能导致事情失败。“刚失位而不中，是以不可大事也。”[①]（《小过·彖》）《易传》非常重视“得位”，常常以君子和小人居位不当说明其害。君子无位或居位不当则行动会有悔吝。《系辞》：“贵而无位，高而无民，贤人在下位而无辅，是以动而有悔也。”[②]小人居君子之位，则会招致祸患。《系辞上》云：“为《易》者，其知盗乎。《易》曰：‘负且乘，致寇至’。负也者，小人之事也。乘也者，君子之器也。小人而乘君子之器，盗思夺之矣。上慢下暴，盗思伐之矣。慢藏悔盗，野容悔淫。《易》曰：‘负且乘，致寇至’。盗之招也。”[③]“德薄而位尊，知少而谋大，力少而任重，鲜不及矣。《易》曰：‘鼎折足，覆公𫗧，其形渥，凶。’言不胜其任也。”[④]在这个意义上，《易传》提出“君子以思不出其位”[⑤]（《艮·象》）。正如《周易程氏传》所云：“君子观艮止之象，而思安所止，不出其位也。位者，所处之分也。万事各有其所，得其所则止而安。若当行而止，当速而久，或过或不及，皆出其位也，况逾分非据乎？”[⑥]

六十四卦中，除了得位、失位，还有居中位问题。二、五两爻为中位，凡二五称中、称直、称黄（十翼中，也称中正、称正中、称正，称中直、称中道）。无论阴爻和阳爻，只要居中位，皆吉；如阳爻居五位，阴爻居二位，属于既得正，又得中，则为大吉。《易传》有时把中位解释为“中道”，中道是《易传》推崇的一种处理问题的方法，这种方法要求管理者观察问题、思考问题、处理问题时要做到不偏不倚，中正合理。《观·彖》云：“大观在上，顺而巽，中正以观天下。”[⑦]《周易程氏传》释之曰：“五居尊位，以刚阳中正之德，为下所观，其德甚大，故曰大观在上。下坤而上巽，是能顺而巽也。五居中正，以巽顺中正之德为观于天下也。”[⑧]如《大有·彖》云：“柔得尊位大中而上下应之，曰大有。”[⑨]王弼《周易注》曰：“处尊

① （清）李道平撰，潘雨廷点校：《周易集解纂疏》，中华书局1994年版，第522页。
② （清）李道平撰，潘雨廷点校：《周易集解纂疏》，中华书局1994年版，第54页。
③ （清）李道平撰，潘雨廷点校：《周易集解纂疏》，中华书局1994年版，第576～578页。
④ （清）李道平撰，潘雨廷点校：《周易集解纂疏》，中华书局1994年版，第648页。
⑤ （清）李道平撰，潘雨廷点校：《周易集解纂疏》，中华书局1994年版，第461页。
⑥ （宋）程颐撰，王孝鱼点校：《周易程氏传》，中华书局2016年版，第234页。
⑦ （清）李道平撰，潘雨廷点校：《周易集解纂疏》，中华书局1994年版，第229页。
⑧ （宋）程颐撰，王孝鱼点校：《周易程氏传》，中华书局2016年版，第88页。
⑨ （清）李道平撰，潘雨廷点校：《周易集解纂疏》，中华书局1994年版，第188页。

以柔，居中以大，体无二阴以分其应，上下应之，靡所不纳，大有之义也。”[①]《周易正义》曰：“柔处尊位，是其大也；居上卦之内，是其中也。”以不偏不倚、中正合理的方法即中道来观察问题、思考问题、处理问题正是《易传》所推崇的。

《系辞上》曰：“天尊地卑，乾坤定矣。卑高以陈，贵贱位矣。”[②]又言：“列贵贱者，存乎位。”[③]《周易正义》曰：“六爻之位，皆上贵而下贱也。”[④]《周易集解》引侯果曰：“二五为功誉位，三四爻为凶惧位。凡爻得位则贵，失位则贱。”[⑤]六十四卦爻位是固定的，而爻是变动的。这象征着人间尊卑贵贱之位是固定不变的，是永恒的，古人以爻位之高下象征尊卑贵贱，凡居尊位者高贵，凡居卑位者下贱，如五爻往往被视为人君之位，《临·六五》爻辞说“大君之宜”[⑥]，《家人·九五》爻辞说“王假有家”[⑦]。而居位者则是可以变化的，不固定的，高贵者与卑贱者位置发生互换，高贵者居下位（或卑位），变成卑贱者；卑贱者居上位（或尊位），变成尊贵者。而这一变化过程则可能会伴随着尔虞我诈的阴谋和斗争，为了避免这种情形发生，使社会保持平稳和谐，《易传》提出守位思想。依《易传》之见，守位的关键是礼，礼是约束人守位不越位的外在力量，《系辞上》云：“德言盛，礼言恭。谦也者，致恭以存其位者也。”[⑧]此是说谦德合礼，可以使人恭恭敬敬，安分守己不越位，德性修养是一种约束人不越位的内在力量。《系辞传》云：“圣人之大宝曰位。何以守位？曰仁。”[⑨]位对圣人也是极其重要，故曰“圣人之大宝曰位”。孔子是有德无位的典型代表，高亨先生说：“圣人有位则有政权，有政权则能建功业；无位则无政权，无政权则不能建功业。故位是圣人之大宝。”[⑩]《周易正义》曰：“言圣人大可宝爱者在于位耳。位是有用之地，宝是有用之物。若以居盛位，能广用无疆，故称‘大宝’也。”[⑪]《周易正义》也释仁为“仁爱”，“仁”是用

---

① （魏）王弼撰，楼宇烈校释：《周易注》，中华书局 2011 年版，第 83 页。

② （清）李道平撰，潘雨廷点校：《周易集解纂疏》，中华书局 1994 年版，第 541 页。

③ （清）李道平撰，潘雨廷点校：《周易集解纂疏》，中华书局 1994 年版，第 551 页。

④ （魏）王弼注，（晋）韩康伯注，（唐）孔颖达疏，于天宝点校：《宋本周易注疏》，中华书局 2018 年版，第 390 页。

⑤ （清）李道平撰，潘雨廷点校：《周易集解纂疏》，中华书局 1994 年版，第 551 页。

⑥ （清）李道平撰，潘雨廷点校：《周易集解纂疏》，中华书局 1994 年版，第 226 页。

⑦ （清）李道平撰，潘雨廷点校：《周易集解纂疏》，中华书局 1994 年版，第 354 页。

⑧ （清）李道平撰，潘雨廷点校：《周易集解纂疏》，中华书局 1994 年版，第 574 页。

⑨ （清）李道平撰，潘雨廷点校：《周易集解纂疏》，中华书局 1994 年版，第 619～620 页。

⑩ 高亨：《周易大传今注》，清华大学出版社 2010 年版，第 418 页。

⑪ （魏）王弼注，（晋）韩康伯注，（唐）孔颖达疏，于天宝点校：《宋本周易注疏》，中华书局 2018 年版，第 434 页。

来“保位”的。通过修养使人具有仁爱之心，拥有仁爱之心则有利于守位。居尊位者具有仁爱之心，且施爱于人，则人不会夺其位。居卑位者有仁爱之心，则不忍越位，戒绝非分之想。

2.《彖传》认为修德始于圣人

《彖传》认为修德始于圣人，能以众正，可以王也；唯君子能通天下之志。《师・彖》：“师，众也。贞，正也。能以众正，可以王矣。刚中而应，行险而顺。以此毒天下而民从之，吉又何咎矣。”[①]高亨先生曰：“王，动词，成王业也。”“战国时代，七国诸侯皆称王，但此王字非称王之谓也，乃统一天下（当时人称中国为天下），成就王业之谓也。《吕氏春秋・下贤》篇：‘王也者，天下之往也。’《风俗通・皇霸》篇引《尚书大传》：‘王者往也，为天下所归往也。’《韩诗外传》五：‘王者往也，天下往之谓之王。’《白虎通・号》篇：‘王者往也，天下所归往。’《说文》：‘王，天下所归往也。’是其意。《孟子》《荀子》等书多用王字代表统一天下之意。”[②]关于“毒”字，《周易集解纂疏》引马融云：“毒，治也。”[③]也有学者认为“毒”有“攻伐”的意思，《师・彖》的一段彖辞指出了攻伐天下，成就王业的几个要素，“民从”可以攻伐天下，“众正”可以成就王业。而要做到民从，则需要统治者“刚中”，即守中正之道，才能上下皆应，才可以行险而顺。民众向往与服从，统治者坚守贞正，从而可以成就王业。所以说，统治者攻伐天下、成就王业最根本的要素是统治者要具备“贞正”与“刚中”之德。《同人・彖》：“柔得位得中而应乎乾，曰同人。《同人》曰：同人于野亨利涉大川，乾行也。文明以健，中正而应，君子正也。唯君子为能通天下之志。”[④]此段彖辞，首先指出了君子当具备“文明以健，中正而应”之德行，更进一步指出《同人》卦的主旨，“唯君子为能通天下之志”，也就是说君子守中正之道，民众往而从之，君子最终“通天下之志”。《豫・彖》：“刚应而志行。顺以动，豫。《豫》顺以动，故天地如之，而况建侯行师乎。天地以顺动，故日月不过而四时不忒。圣人以顺动，则刑罚清而民服。”[⑤]《周易集解》引崔憬曰：“坤下震上，顺以动也。”[⑥]万事万物，“顺而动”才可“豫”，才可欢乐；“建侯

① （清）李道平撰，潘雨廷点校：《周易集解纂疏》，中华书局1994年版，第129～130页。
② 高亨：《周易大传今注》，清华大学出版社2010年版，第88、91页。
③ （清）李道平撰，潘雨廷点校：《周易集解纂疏》，中华书局1994年版，第130页。
④ （清）李道平撰，潘雨廷点校：《周易集解纂疏》，中华书局1994年版，第180～182页。
⑤ （清）李道平撰，潘雨廷点校：《周易集解纂疏》，中华书局1994年版，第201～202页。
⑥ （清）李道平撰，潘雨廷点校：《周易集解纂疏》，中华书局1994年版，第201页。

行师”之大事，更需“顺而动”。圣人以天道，顺民情，刑罚清明，民众则纷纷服从。

3.《象传》指导统治者法象修德

《象传》是对《周易》卦象和爻辞所作的解释，随经分上、下两篇，有“大象”与“小象”之分，释六十四卦卦名卦义者六十四条，为“大象”，针对全卦而言，列与《彖传》之后；释爻辞者三百八十六条，为“小象”，分别列于六爻之后。“大象”与“小象”共四百五十条。“其释卦名卦义也，皆以卦象为根据；其释爻辞也，亦多以爻象(包括爻位)为根据。”①对于《象传》在易学系统中的地位与作用，王夫之的认识非常具有代表性，王夫之很重视《象传》，尤其是《大象传》，有《周易大象解》之专著。王夫之认为“唯《大象》则纯乎学《易》之理”，“苟精其义，穷其理，但为一阴一阳所继而成象者，君子无不可用之以为静存动，察修己治人、拨乱反正之道”，“《大象》，圣人之所以学《易》也”。② 李镜池先生认为：“大象是作者的人生哲学，政治哲学。”③又认为：“他(象传作者)的长处在于他的政治哲学、人生哲学等哲学思想。他在每卦之下把自己的哲学思想附和上去。虽然他所说的未必与易旨符合，然而他总算经过一番安排，借了易来表现他这一派的思想了。”“大象专谈政治和修养，也就是彖传中的人道观。”④《大象传》企图将天道与人道统一起来，对卦义的解释，前句讲自然之现象，后句则讲人事生活之道理。《大象传》以自然现象比附人事活动，为人类的政治伦理行为在自然界找寻依据。《大象传》讲人在社会生活中所应遵守的规则和做人的准则，解释了《周易》何以是一部政治、伦理教科书。

《大象传》六十四条，分别解释《周易》六十四卦的卦名和卦义。通行本《周易》中，《大象传》分别附于每一卦的卦辞之下(在《彖传》后)，只有乾卦例外。

六十四卦《大象》形式大体相同，上言象，中言人，下言事。“《大象传》的体例，是先释每卦上下象相重之旨，然后从重卦的卦象中推衍出切近人事的象征意义，文辞多取‘君子’的言行、道德为喻。”⑤

《剥》《屯》二卦之《象》指出了为君之道。《剥・象》：“山附于地，剥。上以厚

① 高亨：《周易大传今注》，清华大学出版社 2010 年版，第 4 页。

② 梁韦铉：《王夫之〈周易大象解〉评解》，黑龙江人民出版社 2010 年版，第 261 页。

③ 李镜池：《周易探源》，中华书局 2007 年版，第 304 页。

④ 李镜池：《周易探源》，中华书局 2007 年版，第 304、306、344 页。

⑤ 黄寿祺、张善文：《周易译注》，上海古籍出版社 2011 年版，第 4 页。

下安宅。”[1]高亨先生解释曰：“《象传》又是以山比贵族，以地比庶民，以山附于地比贵族生存乃依附于庶民。王侯大夫观此卦象及卦名，从而厚待庶民，厚待庶民，则能取得庶民之拥戴，取得庶民之拥戴，则家不破而国不亡，可以安居而免于剥矣。”[2]统治者观《剥》卦之象，效法于施政之中，“厚下”于民众，恩加于百姓，方可求得“安宅”。这体现了“民为邦本，本固邦宁”的重民思想。《屯·象》：“云雷屯。君子以经论。”[3]屯难之世，万事失正，当是君子有为之时。“经论”在此处是治国理政之意，君子观《屯》之象，于时艰势难事务开创之初，奋发有为治理天下。高亨先生则说：“《象传》乃以雨比恩泽（云时未降之雨），以雷比刑，以云行于上，雷动于下而未有雨，比君之恩泽未降于民，而刑罚已施于下。君子观此卦象及卦名，则善于兼用恩泽与刑罚，以经纬国家。”[4]《屯卦·初九·象》：“以贵下贱，大得民也。”[5]初九为阳爻，为君为刚，处于众阴之下，喻统治者身处屯难之时，虽身份尊贵却甘愿下居卑位，则可大得民心，得到拥护。

《大象传》对卦义的阐述与分析或来源于卦名之义，如《观·象》曰：“风行地上，观。先王以省方，观民设教。”[6]“先王以省方，观民设教”这一卦义基于卦名“观”，省、观均有“察”之义；或来源于卦象之义，如《艮·象》曰：“兼山，艮。君子以思不出其位。”[7]艮为止，而“思不出其位”，是知思有所止之意。卦辞、爻辞本来有吉有凶，或者是吉凶相伴，但《大象传》所阐述之卦义却没有不吉的，《大象传》从别卦卦体、卦名中摄取卦义，只从正面立言，不谈负面意义，是《大象传》的一个明显特点。比如《剥·象》曰：“山附于地，剥。上以厚下安宅。”[8]《明夷·象》曰：“明入地中，明夷。君子以莅众，用晦而明。”[9]《剥》卦、《明夷》卦皆为凶卦，《大象传》却凶中取吉，未以凶解之。为何凶中取吉，如何化凶为吉，这是《大象传》一个很值得研究的地方。六十四卦卦象未必皆吉，而《大象》皆“以”之，是何原因与道理，项安世先生说：

① （清）李道平撰，潘雨廷点校：《周易集解纂疏》，中华书局1994年版，第255页。
② 高亨：《周易大传今注》，清华大学出版社2010年版，第175页。
③ （清）李道平撰，潘雨廷点校：《周易集解纂疏》，中华书局1994年版，第98页。
④ 高亨：《周易大传今注》，清华大学出版社2010年版，第67页。
⑤ （清）李道平撰，潘雨廷点校：《周易集解纂疏》，中华书局1994年版，第99页。
⑥ （清）李道平撰，潘雨廷点校：《周易集解纂疏》，中华书局1994年版，第231页。
⑦ （清）李道平撰，潘雨廷点校：《周易集解纂疏》，中华书局1994年版，第461页。
⑧ （清）李道平撰，潘雨廷点校：《周易集解纂疏》，中华书局1994年版，第255页。
⑨ （清）李道平撰，潘雨廷点校：《周易集解纂疏》，中华书局1994年版，第344页。

大抵卦有吉凶善恶，而《大象》无不善者，盖天下所有之理，君子皆当象之。遇卦之凶者，既不可象之以为凶德，则必于凶之中别取其吉，以为象焉。剥与明夷是也。人君无用阴剥阳之理，则当自剥以厚下；君子无用暗伤明之事，则当自晦以莅众，凡此皆于凶中取吉也。诸《大象》之例皆然。[1]

《大象传》文六十四条，条条皆为自然与人文思维结合的命题。《大象传》文直接从一卦上下两象的自然现象中推演出人伦行为的道德性准则，可谓已预设了《论语》《孟子》《中庸》连社会政治哲学方面的落实，表现出儒者的修养功夫与境界观念。所以《大象传》并没有形上义理的创造，它自身就是一组独立的社会政治思维，它与《易传》其他传文有共同的德性本体论预设，它在诠解卦义经文时着重卦名的释义，却又与《彖传》及《小象传》无关。[2]《大象传》词语简练，其六十四条皆由两段话组成。第一段话是分析别卦的卦象并由此点出卦名，第二段话讲君子等观象而获得的政治或道德启示。如《晋·象》曰："明出地上，晋。君子以自昭明德。"[3]

六十四卦《大象传》，用语规范，格式几乎一样，前半部分指明上下两象和卦名，中间部分指出人物（君子、先王、后以及大人），后半部分指出要做的事情以及如何做。《大象传》的第二段话大部分以"君子以"开头，少数称"先王以"或"后以"，其中，"君子以……"共五十三卦；"先王以……"共七卦，分别出现在《比》《豫》《观》《噬嗑》《复》《无妄》《涣》；"后以……"共二卦，出现在《泰》和《姤》；"大人以……"一卦，出现在《离》。君子，有德有位的人，涵盖整个统治阶级，天子、诸侯、大夫、士都包括在内。先王，指前时开国创典的天子。后，与先王均为统治者。第二段话与第一段话有着密切的联系，是作者对卦义的阐述、分析与引申。第二段所谓言事部分，重在讲述进德修业、治国理政之要道，如《乾》卦之"自强不息"、《坤》卦之"厚德载物"等讲述进德修业，《屯》卦之"君子以经纶"、《师》卦之"容民畜众"等讲述治国理政之道。《大象》指导君子、先王、后、大人等如何法象修德，对六十四卦卦象的解释，集中体现了《周易》对德治思想的重视，对儒家德治思想的开创与发展。《大象》站在儒家的立场，对统治阶级提出具体的治国理民的实践路径，极力宣传儒家所推崇的"修齐治平"之道。

---

① （宋）项安世著，杜兵点校：《周易玩辞》，中国社会科学出版社 2021 年版，第 124 页。

② 参见杜保瑞：《〈易传〉中的基本哲学问题》，《周易研究》1999 年第 4 期。

③ （清）李道平撰，潘雨廷点校：《周易集解纂疏》，中华书局 1994 年版，第 339 页。

(二)从《系辞传》“三陈九德”看“修德”

孔子曾多次指明《周易》是讲德性的书。帛书《要》篇中提及“观其德义”“求其德而已”。朱子释九卦为:“皆反身修德以处忧患之事也。”[①]

《易传》特别关注不重视道德培育的后果,提出道德培育要防微杜渐。相反,若不进行德性修养,则不能成就德性,大可以祸国殃民,小可以招来杀身之祸。如它指出:

> 积善之家,必有余庆,积不善之家,必有余殃。臣弑其君,子弑其父,非一朝一夕之故,其所由来者渐矣。由辩之不早辩也。《易》曰“履霜坚冰至”,盖言顺也。[②]（《坤·文言》)
>
> 子曰:“小人不耻不仁,不畏不义,不见利不动,不威不惩。小惩而大戒,此小人之福也。《易》曰:‘履校灭趾,无咎。’此之谓也。”“善不积,不足以成名。恶不积,不足以灭身。小人以小善为无益而弗为也,以小恶为无伤而弗去也。故恶积而不可弇,罪大而不可解。《易》曰:‘何校灭耳,凶。’”[③](《系辞下》)

“君子以多志前言往行,以畜其德。”[④](《大畜·象》)《周易程氏传》曰:“人之蕴蓄,由学而大,在多闻前古圣贤之言与行,考迹以观其用,察言以求其心,识而得之,以畜成其德。”[⑤]“前言往行”,指前代圣贤的言行,而儒家所谓“多识前言往行”主要指学习周文王修德的经验,在周人以及后世儒家的哲学体系中,文王实际表现为一伟大道德者的存在,是一尊永远挺立的道德丰碑。学习周文王德性修养要看《周易》九卦,即所谓“三陈九德”:

> 《易》之兴也,其于中古乎。作《易》者,其有忧患乎。是故《履》,德之基也。《谦》,德之柄也。《复》,德之本也。《恒》,德之固也。《损》,德之修也。《益》,德之裕也。《困》,德之辩也。《井》,德之地也。《巽》,德之制也。《履》和而至。《谦》尊而光。《复》小而辩于物。《恒》杂而不厌。《损》先难

---

① (宋)朱熹撰,廖名春点校:《周易本义》,中华书局2009年版,第254页。

② (清)李道平撰,潘雨廷点校:《周易集解纂疏》,中华书局1994年版,第88~89页。

③ (清)李道平撰,潘雨廷点校:《周易集解纂疏》,中华书局1994年版,第644~646页。

④ (清)李道平撰,潘雨廷点校:《周易集解纂疏》,中华书局1994年版,第277页。

⑤ (宋)程颐撰,王孝鱼点校:《周易程氏传》,中华书局2016年版,第113页。

而后易。《益》长裕而不设。《困》穷而通。《井》居其所而迁。《巽》称而隐。《履》以和行。《谦》以制礼。《复》以自知。《恒》以一德。《损》以远害。《益》以兴利。《困》以寡怨。《井》以辨义。《巽》以行权。[①]

九德,《系辞传》讲了三遍,所以后人称之为"三陈九德"。三陈九德可分为三个层次:一陈是讲九德的实质,二陈是讲九德的应用,三陈是讲九德的作用。

一陈乃"明九卦各与德为用也"[②]。《履》,德之基也。《履·象》说:"上天下泽,履。君子以辨上下,定民志。"[③]履,循礼,是树立道德的基础,为德之时,先须履践其礼。《谦》,德之柄也,《周易正义》释之为:"若行德不用谦,则德不施用,是谦为德之柄,犹斧刃以柯柄为用也。"[④]《复》,德之本也,陆九渊曰:"知物之为害,而能自反,则知善者乃吾性之固有,循吾固有而进德,则沛然无他适矣。故曰'《复》,德之本也'。"[⑤]也就是说人能复归善道,则为进德之根本。《恒》,德之固也,《周易正义》曰:"为德之时,恒能执守,始终不变,则德之坚固。"[⑥]《损》,德之修也,《周易集解》引荀爽曰:"'征忿窒欲',所以修德。"[⑦]也就是说人若能自损不善、减抑忿欲,方可修德。《益》,德之裕也,德行宽大,于物有益。《困》,德之辨也,《周易集解》引郑玄曰:"辩,别也。遭困之时,君子固穷,小人穷则滥,德于是别也。"[⑧]遭困之时,是否守操而不移,则可辨别何为小人之德,何为君子之德。《井》,德之地也,《周易集解》引姚信曰:"'井养而不穷',德居地也。"[⑨]《巽》,德之制也,《周易正义》曰:"巽申明号令,以示法制,故可与德为制度也。"[⑩]

二陈乃"辩九卦德性也"。关于《履》卦,《周易正义》云:"欲为德之时,先须

---

① (清)李道平撰,潘雨廷点校:《周易集解纂疏》,中华书局1994年版,第659~665页。

② (魏)王弼注,(晋)韩康伯注,(唐)孔颖达疏,于天宝点校:《宋本周易注疏》,中华书局2018年版,第459页。

③ (清)李道平撰,潘雨廷点校:《周易集解纂疏》,中华书局1994年版,第157页。

④ (魏)王弼注,(晋)韩康伯注,(唐)孔颖达疏,于天宝点校:《宋本周易注疏》,中华书局2018年版,第459页。

⑤ (宋)陆九渊著,钟哲点校:《陆九渊集》,中华书局1980年版,第416页。

⑥ (魏)王弼注,(晋)韩康伯注,(唐)孔颖达疏,于天宝点校:《宋本周易注疏》,中华书局2018年版,第459页。

⑦ (清)李道平撰,潘雨廷点校:《周易集解纂疏》,中华书局1994年版,第661页。

⑧ (清)李道平撰,潘雨廷点校:《周易集解纂疏》,中华书局1994年版,第661页。

⑨ (清)李道平撰,潘雨廷点校:《周易集解纂疏》,中华书局1994年版,第661页。

⑩ (魏)王弼注,(晋)韩康伯注,(唐)孔颖达疏,于天宝点校:《宋本周易注疏》,中华书局2018年版,第459页。

履践其礼，敬事于上，故履为德之初基也。"[①]《履》，和而至。至，到达或达到之意。《履》卦教人行为谨慎，顺和不违背礼，则可顺行到达终点，犹如行事达到目的。《履》以和行，《履》卦之用，贵在和，行为顺和，循礼而行。《谦》，尊而光。《谦》卦教人言行谦虚谨慎。《谦》以制礼，制有控制、裁制之意，即"德之柄"。关于《复》卦，陆九渊曰："复者，阳复，为复善之义。"[②]《复》，小而辨于物，小，指微小的征兆。《复》卦教人察辨善恶，辨析事物的细微征兆，知不正则速改，于事物发展初细微之时，即能辨别物之吉凶，及早复归善道。《复》以自知，《复》卦之用在于察辨不善以早复正道。《周易集解》引虞翻曰："'有不善，未尝不知'，故曰'自知'也。"[③]《恒》，杂而不厌，杂，指正邪相杂。《恒》卦教人操守要持之有恒，即使处于正邪相杂之时，亦能坚守正道不废弛。《恒》卦之用，在于守正不移，恒其一德，即"德之固""杂而不厌"。《周易正义》："恒能始终不移，是纯一其德也。"[④]关于《损》卦，《周易集解》引荀爽曰："'征忿窒欲'，所以修德。"[⑤]《损》，先难而后易，《损》卦教人自损不善而获益，自损则"先难"，获益则"后易"。《损》卦之用在于自损不善以修身避害。韩康伯注曰："止于修身，故可以远害而已。"[⑥]关于《益》卦，韩康伯注曰："能益物者，其德宽大也。"[⑦]《益》，长裕而不设，指广施其益，好处长久，就沿袭旧惯，不必改作。《益》以兴利，《益》卦之用，在于广施其益，益人益己。关于《困》卦，《周易集解》引郑玄曰："辩，别也。遭困之时，君子固穷，小人穷则滥，德于是别也。"[⑧]《困》，穷而通，《困》卦教人处穷困而守正以致通达。《困》以寡怨，《困》卦之用，在于教人处穷困而守德少抱怨。关于《井》卦，《周易集解》引姚信曰："'井养而不穷'，德居地也。"[⑨]《井》，居其所而迁，迁指广施泽惠于人，教人效"井养"之功。《井》以辩义，井乃"德之地"，当广施井养，辨明道义。

---

① (魏)王弼注，(晋)韩康伯注，(唐)孔颖达疏，于天宝点校：《宋本周易注疏》，中华书局2018年版，第458～459页。

② (宋)陆九渊，钟哲点校：《陆九渊集》，中华书局1980年版，第416页。

③ (清)李道平撰，潘雨廷点校：《周易集解纂疏》，中华书局1994年版，第664页。

④ (魏)王弼注，(晋)韩康伯注，(唐)孔颖达疏，于天宝点校：《宋本周易注疏》，中华书局2018年版，第460页。

⑤ (清)李道平撰，潘雨廷点校：《周易集解纂疏》，中华书局1994年版，第661页。

⑥ (魏)王弼注，(晋)韩康伯注，(唐)孔颖达疏，于天宝点校：《宋本周易注疏》，中华书局2018年版，第458页。

⑦ (魏)王弼注，(晋)韩康伯注，(唐)孔颖达疏，于天宝点校：《宋本周易注疏》，中华书局2018年版，第457页。

⑧ (清)李道平撰，潘雨廷点校：《周易集解纂疏》，中华书局1994年版，第661页。

⑨ (清)李道平撰，潘雨廷点校：《周易集解纂疏》，中华书局1994年版，第661页。

《巽》，称而隐。称，扬也；隐，藏也。《巽》卦教人因势利导，称其令而不露其威。《巽》以行权，《巽》卦之用，当在因势利导。

《周易正义》云："六十四卦悉为修德防患之事，但于此九卦，最是修德之甚，故特举以言焉。"[①]高亨先生于《周易大传今注》中，按《彖》《象》对此九卦的解释，释《履》为礼，《谦》为谦虚，《复》为复归善道，《恒》为坚持德操而不改，《损》为减损欲望与过行，《益》为增益善念与美行，《困》为处于困境能辨别是与非，《井》为以德施人而坚持正义，《巽》为退让。"三陈九德"涉及德性修养的方方面面，《系辞》作者在六十四卦中遴选出九卦专论道德修养，构成完整的道德修养体系，而《履》《谦》《复》《恒》《损》《益》《困》《井》《巽》分别代表了这一完整体系的不同侧面：基、柄、本、固、修、裕、辨、地、制，每一卦在修德方面都有不同的贡献。九卦，在各自修德的功能上不是孤立的，而是目标一致、相互补充、相互协同的整体。九卦所论修德，由内而外、由微而著讲修德的过程与实质，由小到大、由个人而社会讲修德的作用。

（三）损上益下，修德思想发端于对王权的限制

西周特别重视以道德的方式约束帝王的政治权力。《益・彖》云："损上益下，民说无疆。自上下下，其道大光。"[②]《损》《益》两卦体现了统治者以民为本的治国理民精神，在上之统治者，约束自身，减少自己利益，用于民众，取悦于民众，对于治理国家与社会来说，能获得最大效益，故称为益卦。相反，如果统治者搜刮民脂民膏，损民利己，其后果则是有令不行，社会也失去稳定的秩序。修德是古代统治者治国理民的起点，修德思想发端于对王权的限制。

1.《易传》对《损》《益》《谦》三卦的德性阐释

《系辞传》中三陈九德一章，反复从道德修养的角度，论述九卦的卦理。讲到《损》《益》两卦时说："《损》，德之修也。《益》，德之裕也。"损，即减损不当欲望与行为，则可以远离祸害，修养身心；益，即增益善念与善行，则可以扩充美德。

《易传》言《损》《益》者，除《彖》《象》二传之外，《系辞》有八条，《续卦》有两条，《杂卦》有一条。

---

① （魏）王弼注，（晋）韩康伯注，（唐）孔颖达疏，于天宝点校：《宋本周易注疏》，中华书局 2018 年版，第 458 页。

② （清）李道平撰，潘雨廷点校：《周易集解纂疏》，中华书局 1994 年版，第 382 页。

《损》《益》二卦，卦序前后，卦义相互关联，取名亦相互关联。《损·彖》："损下益上，其道上行。"[①]《周易折中》曰："如人臣之致身事主，百姓之服役奉公，皆损下益上之事也。必如此，然后上下交而志同，岂非'其道上行'乎！"[②]《损·象》曰："山下有泽，损。君子以惩忿窒欲。"[③]君子止忿堵欲，自损于不善。朱熹指出："君子修身所当损者，莫切于此。"[④]而《彖传》也进一步指出："损益盈虚，与时偕行。"[⑤]表明"损下"不可滥损，"益上"不可滥益，损益之道重在适"时"。《益·彖》曰："损下益上，民说无疆。自上下下，其道大光。"[⑥]意为减损于上，增益于下，民众则安居乐业，喜悦无疆；君上以谦卑之礼敬下民，施利于下，则此种道义必能大放光芒。

《损》《益》两卦体现了统治者以民为本的治国理民精神。在上之统治者约束自身，减少自己利益，用于民众，取悦于民众，对于治理国家与社会来说至关重要。《易传》对此的论述极为清楚，如《剥·象》云"上以厚下安宅"[⑦]，《夬·象》云"君子以施禄及下，居德则忌"[⑧]。《易传》通过《损》《益》两卦说明了重视下层民众对统治者的重要性。上下关系是相互依存的，无下则无上，上当以下为重，"上以厚下安宅"说的正是此意。诚如孔子所言："益损者，其王者之事与？"[⑨]

行"谦"道与履"谦"德也是统治阶级最看重的德行与政治品格。

《谦》卦是六十四卦中最为特殊的一卦，一卦之六爻，下三爻皆吉而无凶，上三爻皆利而无害。《谦》卦大象总括谦之要意在"裒多益寡，称物平施"，蕴含事物不可盈满之意，其"地中有山"亦蕴含"内高外卑"的谦德原则。

《谦》卦的大意，旨在弘扬"谦虚"的美德。全卦六爻，一一揭示行谦获益的道理。《谦·初六·象》："谦谦君子，卑以自牧。"[⑩]此爻处《谦》卦之始，位最下，"卑以自牧"揭示自我约束乃谦德之基础。《谦·六二·象》："鸣谦贞吉，中心得也。"[⑪]中正之德也是"谦德"的重要组成部分。《谦·九三·象》："劳谦君子，万

---

① (清)李道平撰，潘雨廷点校：《周易集解纂疏》，中华书局1994年版，第374页。
② (清)李光地编纂，刘大钧整理：《周易折中》，巴蜀书社2006年版，第378页。
③ (清)李道平撰，潘雨廷点校：《周易集解纂疏》，中华书局1994年版，第376页。
④ (宋)朱熹撰，廖名春点校：《周易本义》，中华书局2009年版，第155页。
⑤ (清)李道平撰，潘雨廷点校：《周易集解纂疏》，中华书局1994年版，第376页。
⑥ (清)李道平撰，潘雨廷点校：《周易集解纂疏》，中华书局1994年版，第382页。
⑦ (清)李道平撰，潘雨廷点校：《周易集解纂疏》，中华书局1994年版，第255页。
⑧ (清)李道平撰，潘雨廷点校：《周易集解纂疏》，中华书局1994年版，第396页。
⑨ 陈广忠译注：《淮南子》，中华书局2012年版，第1042页。
⑩ (清)李道平撰，潘雨廷点校：《周易集解纂疏》，中华书局1994年版，第197页。
⑪ (清)李道平撰，潘雨廷点校：《周易集解纂疏》，中华书局1994年版，第198页。

民服也。”[①]九三虽居下卦之上位，仍以“劳谦”服众。自强、勤奋也是谦德的重要组成部分。《谦·六四·象》：“无不利㧑谦，不违则也。”[②]六四处三之上、五之下，柔顺得正，无论对上对下，均能发挥“谦”德，其“利”在敬慎自修，努力“㧑谦”。《谦·六五·象》：“利用侵伐，征不服也。”[③]人君以文德治国，仍有不服者则可以诉诸武力。以武力征伐不服者，是正当的，“利用侵伐”并不妨碍统治者行谦之道。《谦·上六·象》：“鸣谦，志未得也。可用行师，征邑国也。”[④]德治并不排斥必要的暴力手段。

“以虚受之”“允恭以持之”“虚静以待之”“不敢当盛”即为“谦”的种种表现；“调其盈虚”“损盈益虚”，则说明损则惩忿窒欲，益则迁善改过，如此则可以保持谦德；从而“致恭以存其位”，进而“故能长久”。《周易集解》引崔憬云：“‘若日中则昃，月满则亏’。损有余以补不足，天之道也。”“‘高岸为谷，深谷为陵’，是为‘变盈而流谦’，地之道也。”[⑤]“谦，尊而光，卑而不可越逾，君子之终也。”[⑥]意思是说，具备谦虚美德的人，居于尊位，道德更加光明，具备了谦恭的美德，就会无所不利，此乃君子之美好归宿。

帛书《易传》则提倡为政者以“谦德”之道亲比万民，敬畏民众。

《缪和》云：

> 子曰：“天之道(崇)高神明而好下，故万勿归命焉；地之道精博以尚而安卑，故万勿得生焉。(圣)君之道尊严夐知而弗以骄人，嗛然比德而好后，故[天下归心焉]。《易》曰：‘溓，亨，君子又冬。’”……子曰：“天道毁盈而益嗛，地道销[盈而]流嗛，[鬼神害盈而福嗛]，人道亚盈而好溓。溓者，一物而四益者也；盈者，一物而四损者也。……溓之为道也，君子贵之。故曰：‘溓，亨，君[子又冬]。’盛盈[而能嗛]下，非君子亓孰当之？”[⑦]

这段话以《谦》卦为中心讲述为政者遵守谦德的重要性。“天之道崇高神明而好下，故万物归命焉；地之道精博以尚而安卑，故万物得生焉。”圣君效法此天

① (清)李道平撰，潘雨廷点校：《周易集解纂疏》，中华书局1994年版，第198页。
② (清)李道平撰，潘雨廷点校：《周易集解纂疏》，中华书局1994年版，第198页。
③ (清)李道平撰，潘雨廷点校：《周易集解纂疏》，中华书局1994年版，第199页。
④ (清)李道平撰，潘雨廷点校：《周易集解纂疏》，中华书局1994年版，第199页。
⑤ (清)李道平撰，潘雨廷点校：《周易集解纂疏》，中华书局1994年版，第95页。
⑥ (清)李道平撰，潘雨廷点校：《周易集解纂疏》，中华书局1994年版，第194页。
⑦ 廖名春：《帛书〈周易〉论集》，上海古籍出版社2008年版，第394页。

地之道，谦恭待下，可得民众之衷心拥护。帛书《系辞》云：

> 溓也者，至共以存亓立者也。[①]

而对于如何实践谦德，《缪和》则提出了屈己待人、不妄自尊大的具体措施，《缪和》云：

> 忿明夐知守以愚，[博]闻强识守以践，尊[时]贵官守以卑。若此，故能君人。非舜，亓孰能当之。[②]

2.孔子对《损》《益》两卦的重视

传世文献记载了孔子对《损》《益》两卦的关注，如《淮南子・人间训》：

> 孔子读《易》至《损》《益》，未尝不愤然而叹，曰："损益者，其王者之事与？"事或欲以利之，适足以害之；或欲害之，乃反以利之。利害之反，祸福之门户，不可不察也。[③]

《说苑・敬慎》：

> 孔子读《易》，至于"损益"，则喟然而叹。子夏避席而问曰："夫子何为叹？"孔子曰："夫自损者益，自益者缺，吾是以叹也。"子夏曰："然则学者不可以益乎？"孔子曰："否，天之道，成者未尝得久也。夫学者以虚受之，故曰得。苟不知持满，则天下之善言不得入其耳矣。昔尧履天子之位，犹允恭以持之，虚静以待下，故百载以逾盛，迄今而益章。昆吾自臧而满意，穷高而不衰，故当时而亏败，迄今而逾恶。是非损益之征与？吾故曰：谦也者，致恭以存其位者也。夫丰明而动，故能大；苟大，则亏矣。吾戒之，故曰："天下之善言不得入其耳矣。"日中则昃，月盈则食，天地盈虚，与时消息。是以圣人不敢当盛，升舆而遇三人则下，二人则轼。调其盈虚，故能长久也。"子夏曰："善！请终身诵之。"[④]

---

① 廖名春：《帛书〈周易〉论集》，上海古籍出版社2008年版，第376页。
② 廖名春：《帛书〈周易〉论集》，上海古籍出版社2008年版，第394页。
③ 陈广忠译注：《淮南子》，中华书局2012年版，第1042页。
④ （汉）刘向撰，向宗鲁校证：《说苑校证》，中华书局1987年版，第241～242页。

出土文献也记载孔子谈论《损》《益》两卦，见之于帛书《易传》中关于《损》《益》一段：

> 孔子繇《易》至于《损》《益》一〈二〉卦，未尚(尝)不废书而叹，戒门弟子曰：二厽(叁)子，夫《损》《益》之道不可不审察也，吉凶之□也。①
>
> 《益》之为卦也，春以授夏之时也，万勿(物)之所出也，长日之所至也，产之室也，故曰《益》。《损》者，秋之授冬之时也，万勿(物)之所老衰也，长[夕之]所至也，故曰[《损》]。②
>
> 产道穷焉，而产道□焉。《益》之始也吉，其冬(终)也凶；《损》之始凶，其冬(终)也吉。《损》《益》之道足以观天地之变，而君者之事已。③
>
> 是以察于《损》《益》之变者，不可动以忧患，故明君不时不宿，不日不月，不卜不筮，而知吉与凶，顺于天地之[□]也，此胃(谓)《易》道。④

由此不难看出，孔子对《损》《益》二卦极其重视，认为其攸关吉凶，"夫《损》《益》之道不可不审察也，吉凶之□也"，认为二卦"《损》《益》之道足以观天地之变，而君者之事已"。

篇中，孔子以《损》《益》分属于四时，《益》为盛之始，以《益》卦象征春季，万物所出，由春到夏，由微渐盛，夏至为其极点；《损》为衰之始，以《损》卦象征秋季，万物所老衰，由秋到冬，由盛渐衰，冬至为其极点。以《损》《益》两卦之转化与四时之变换相关联，说明世间万物兴衰枯荣、周而复始、循环往复的规律，也揭示了福祸、吉凶相互依存的关系。这段话与"古之君子时福至则进取，时亡则以让"(《缪和》)和"祸福毕至，知者知之"(《二三子》)有异曲同工之妙。

《损》始凶终吉，《益》始吉终凶，损、益之吉凶变化合乎万物四时的规律，孔子也于篇中提出"损益之道"是"吉凶之□"，作为当权者懂得了《易》之损益之道就"足以观天地之变"，"足以观得失"，就可以"不时不宿，不日不月，不卜不筮，而知吉与凶，顺于天地之[□]也"。所以损益之道是君者之事也，"不可不察也"。

《要》篇中"孔子繇(籀)《易》，至于《损》《益》一卦"后有一段孔子对门弟子所

---

① 李学勤：《周易溯源》，巴蜀书社 2006 年版，第 383 页。
② 李学勤：《周易溯源》，巴蜀书社 2006 年版，第 384 页。
③ 李学勤：《周易溯源》，巴蜀书社 2006 年版，第 384～385 页。
④ 李学勤：《周易溯源》，巴蜀书社 2006 年版，第 385 页。

发的言论：

《易》又(有)天道焉，而不可以日月生(星)辰尽称也，故为之以阴阳。又(有)地道焉，不可以水火金土木尽称也，故律之柔刚。又(有)人道焉，不可以父子君臣夫妇先后尽称也，故要以之上下。又(有)四时之变焉，不可以万勿(物)尽称也，故为之以八卦。故《易》之为书也，一类不足以亟(极)之，变以备其请(情)者也，故谓之易。又(有)君道焉，五官六府不足尽称之，五正之事不足以至之，而《诗》《书》《礼》《乐》不[止]百扁(篇)，难以致之。不问于古法，不可顺以辞令，不可求以志善。能者繇(由)一求之，所胃(谓)得一而君(群)毕者，此之胃(谓)也。①

廖名春先生认为："此段话系'孔子繇(籀)《易》，至于《损》《益》一卦'，对门弟子所发。认为《易》有天道、地道、人道、君道，囊括自然界和人类社会的规律，读易可以'得一而君(群)毕'。而《诗》《书》《礼》《乐》不止百篇，卷帙繁多，不止百篇之数，从中获取'天道''地道''四时之变'和'人道''君道'，不是容易之事，所以说'难以致之'。而《周易》有'阴阳''柔刚'以见天地之道，有'八卦'以见'四时之变'，有'上下'以见'人道''君道'，《诗》《书》《礼》《乐》的精华都浓缩在《周易》的损益之道里。"②

"得一而君(群)毕"表明了孔子对《损》《益》二卦的重视程度，也让人看出了此二卦在整个《周易》的体系中的特殊性与关键性，也有助于我们理解孔子为何视《损》《益》二卦为《周易》的"吉凶之门"。《损》《益》象征了自然变化的规律，足以观省天地之变。《易》道，又天道焉。《损》《益》之道，君者之事也。君者，效法《易》道、《损》《益》之道，效法自然的变化规律治理国家，足以观治国理政之得失。正如《论语·为政》所云："殷因于夏礼，所损益可知也。周因于殷礼，所损益可知也。"③

① 廖名春：《〈周易〉经传与易学史新论》(修订版)，中国人民大学出版社2014年版，第129页。
② 廖名春：《〈周易〉经传与易学史新论》(修订版)，中国人民大学出版社2014年版，第129页。
③ 杨伯峻：《论语译注》，中华书局2015年版，第30页。

六、顺天应人，天人合一——《易传》德治思想的终极追求

(一)顺天应人

《易传》开启了“本天道以立人道，法天文以开人文”的人在天地间的行事法则，主张人要顺天行事，要效法天道，要做到“与天地合其德，与日月合其明，与四时合其序，与鬼神合其吉凶。先天而天弗为，后天而奉天时”[①]，要达到“观乎于天文，以察时变。观乎人文，以化成天下”[②]，“顺乎天而应乎人”[③]的法天、顺天、因人的至高境界。

《易传》勾画了一个天、地、人合一的具有生机的体系：“《易》之为书，广大悉备。有天道焉，有人道焉，有地道焉。兼三才而两之，故六。六者非它也，三才之道也。”[④]（《系辞下》）“昔者圣人之作易也，将以顺性命之理。是以立天之道，曰阴与阳。立地之道，曰柔与刚。立人之道，曰仁与义。兼三才而两之，故易六画而成卦。分阴分阳，迭用柔刚，故易六位而成章。”[⑤]（《说卦》）刘大钧教授指出：“《系辞》所谓‘一阴一阳之道’者，乃专指天道也。”[⑥]而三才之道实际上也就是天人之道。

在《易传》看来，法天、顺天是根本。《乾·彖》曰：“大哉乾元，万物资始，乃统天。云行雨施，品物流形。大明终始，六位时成，时乘六龙以御天。”[⑦]《坤·彖》曰：“至哉坤元，万物资生，乃顺承天。”[⑧]《周易》卦爻符号的形成就是法天，《系辞传》：“古者包牺氏之王天下者……是故谓之爻。”故《周易》卦爻符号(象)成为天地万物的象征，在这个意义上说，卦爻“象”代表了自然之象。八卦代表八种自然之象，六十四卦代表六十四种事物，即《系辞下》所谓“爻也者，效此者也。象也者，像此者也”[⑨]。因此《大象传》所言卦象，实际上是指自然之象。法卦象即

---

① (清)李道平撰，潘雨廷点校：《周易集解纂疏》，中华书局1994年版，第64～65页。
② (清)李道平撰，潘雨廷点校：《周易集解纂疏》，中华书局1994年版，第246页。
③ (清)李道平撰，潘雨廷点校：《周易集解纂疏》，中华书局1994年版，第438页。
④ (清)李道平撰，潘雨廷点校：《周易集解纂疏》，中华书局1994年版，第675页。
⑤ (清)李道平撰，潘雨廷点校：《周易集解纂疏》，中华书局1994年版，第691～692页。
⑥ 参见刘玉建：《汉代易学通论》，齐鲁书社2007年版，第16页。
⑦ (清)李道平撰，潘雨廷点校：《周易集解纂疏》，中华书局1994年版，第35～37页。
⑧ (清)李道平撰，潘雨廷点校：《周易集解纂疏》，中华书局1994年版，第71～72页。
⑨ (清)李道平撰，潘雨廷点校：《周易集解纂疏》，中华书局1994年版，第618页。

法自然之象。“《大象传》主要是从卦象来解释卦辞的社会伦理道德意义，即天道；然后措之于人事，即所谓以‘物象明人事’，即人道。故就思维方式而言，《大象传》反映的是古代‘天人合一’的法象思维。”①高怀民先生分析了《易传》法天地的内涵，指出易经哲学主张人当效法天地，因为人与天地既为一道之分殊现象，而人又具有认识此道之流行之灵智，则人自当跻身于道，与道同往。② 并进一步指出效法天地之三义：一是法天地生生之德，二是法天地健顺之性，三是法天地变化之正。顺应天道才可以安身立命，法天地是君子安身立命的价值追求与行为准则。如《复·象》曰：“雷在地中，复。先王以至日闭关，商旅不行。后不省方。”③《白虎通·诛伐》：“冬至所以休兵，不举事，闭关，商旅不行，何？此日阳气微弱，王者承天理物，故率天下静，不复行役，扶助微气，成万物也。”④《周易集解》引宋衷曰：“商旅不行。自天子至公侯，不省四方之事。将以辅遂阳体，成致君之道也。制之者，王者之事。奉之者，为君之业也。故上言先王而下言后也。”⑤统治者观《复》卦之象，顺应天道，遵从自然规律，于阳气微弱之日，安静持养，以静养动。《无妄·象》：“天下雷行，物与无妄。先王以茂对时、育万物。”⑥“对时”，《周易程氏传》谓“顺合天时”⑦，统治者见此卦象，在治理天下时应顺应天时，“各正性命”不妄行。

在《易传》的天道观中，天道其实是为人道设立的一个形而上的价值本体。《大象传》最能体现以天道推衍人道，前半句讲天道，后半句讲人事，而且均以正面、积极的角度因顺天道、明晰人事。因顺天道推出的人事则包括对统治者提出的民本之道、道德修养之道等，顺天应人之“应人”就体现在民本、修德等方面。

《大象传》多处讲述了民本思想。《乾·象》曰：“天行健。君子以自强不

---

① 林忠军：《君子观象以进德修业》，彭鹏：《君子观象以进德修业：〈易大象〉导读》，九州出版社2019年版，“代序”。

② 参见高怀民：《易经哲学的人类文明之道》，刘大钧主编：《百年易学菁华集成初编·〈周易〉哲学卷》，上海科学技术文献出版社2010年版，第539页。

③ （清）李道平撰，潘雨廷点校：《周易集解纂疏》，中华书局1994年版，第264页。

④ （清）陈立撰，吴则虞点校：《白虎通疏证》，中华书局1994年版，第217页。

⑤ （清）李道平撰，潘雨廷点校：《周易集解纂疏》，中华书局1994年版，第264页。

⑥ （清）李道平撰，潘雨廷点校：《周易集解纂疏》，中华书局1994年版，第271页。

⑦ （宋）程颐著，王孝鱼点校：《周易程氏传》，中华书局2016年版，第109页。

息。”[①]《周易正义》:“此以人事法天所行,言君子之人用此卦象,自强勉力,不有止息。”[②]《师·象》曰:“地中有水,师。君子以容民畜众。”[③]民为兵之本。《谦·象》曰:“地中有山,谦。君子以裒多益寡,称物平施。”[④]“裒多益寡”与“损上益下”意同,“称物平施”则是指权衡各种事物间的利益关系并公平处之。《剥·象》曰:“山附于地,剥。上以厚下安宅。”[⑤]此乃说统治者只有厚下,恩惠百姓才能“安宅”,巩固统治。《比·象》曰:“地上有水,比。先王以建万国,亲诸侯。”[⑥]以“地上有水”释《比》卦上坎为水,下坤为地之象,体现“比”“亲”之意。《周易程氏传》:“夫物相亲比而无间者,莫如水在地上,所以为比也。……建立万国,所以比民也。亲抚诸侯,所以比天下也。”[⑦]先王见《比》卦“亲比”之象,以建立各个诸侯国,亲抚诸侯并通过诸侯亲比天下。“裒多益寡”“损上益下”“后下安宅”体现了让利于民的民本思想,通过让利于民可以达到“容民畜众”“亲比万民”之境界。

《大象传》也多处体现了顺应天道、修养道德的思想,譬如《坤·象》“君子以厚德载物”之“厚德”,《豫·象》“先王以作乐崇德,殷荐之上帝,以配祖考”[⑧]之“崇德”等等。《蒙·象》曰:“山下有泉,蒙。君子以果行育德。”[⑨]讲在果毅力行的实践中养育其道德。《大象传》也提出了“修省”“反身”“自强”“改过”的修德之道。《震·象》曰:“洊雷,震。君子以恐惧修省。”[⑩]《蹇·象》曰:“山上有水,蹇。君子以反身修德。”[⑪]《乾·象》曰:“天行健。君子以自强不息。”[⑫]《益·象》曰:“风雷,益。君子以见善则迁,有过则改。”[⑬]

顺天应人之“应人”也体现在《彖传》根据天道来说明人道,《彖传》从阴阳、

---

① (清)李道平撰,潘雨廷点校:《周易集解纂疏》,中华书局1994年版,第38页。
② (魏)王弼注,(晋)韩康伯注,(唐)孔颖达疏,于天宝点校:《宋本周易注疏》,中华书局2018年版,第16页。
③ (清)李道平撰,潘雨廷点校:《周易集解纂疏》,中华书局1994年版,第131页。
④ (清)李道平撰,潘雨廷点校:《周易集解纂疏》,中华书局1994年版,第196页。
⑤ (清)李道平撰,潘雨廷点校:《周易集解纂疏》,中华书局1994年版,第255页。
⑥ (清)李道平撰,潘雨廷点校:《周易集解纂疏》,中华书局1994年版,第142页。
⑦ (宋)程颐著,王孝鱼点校:《周易程氏传》,中华书局2016年版,第37页。
⑧ (清)李道平撰,潘雨廷点校:《周易集解纂疏》,中华书局1994年版,第204页。
⑨ (清)李道平撰,潘雨廷点校:《周易集解纂疏》,中华书局1994年版,第108页。
⑩ (清)李道平撰,潘雨廷点校:《周易集解纂疏》,中华书局1994年版,第455页。
⑪ (清)李道平撰,潘雨廷点校:《周易集解纂疏》,中华书局1994年版,第364页。
⑫ (清)李道平撰,潘雨廷点校:《周易集解纂疏》,中华书局1994年版,第38页。
⑬ (清)李道平撰,潘雨廷点校:《周易集解纂疏》,中华书局1994年版,第383页。

刚柔、健顺、时行、往复、终始、消息、上下、内外、感应、中正等德义来诠释《周易》的卦象与卦辞，阐明了天地之道。以天道结合人道来论易，以人事贯通天道之大端，以天道明人道，以人道现天道，《彖传》构成天人相即的诠易思路。《大有·彖》："柔得尊位大中而上下应之，曰大有。其德刚健而文明，应乎天而时行，是以元亨。"[①]王弼《周易注》释"其德刚健而文明，应乎天而时行"曰："德应于天，则行不失其时矣。刚健不滞，文明不犯，应天则大，时行无违，是以元亨。"[②]《豫·彖》："天地以顺动，故日月不过而四时不忒。圣人以顺动，则刑罚清而民服。"[③]对于人间政治，圣人效法天地日月四时变化，顺民情而动，于是刑罚清明，百姓纷纷服从。

《彖传》讲述了天地交人事泰、上下交其志同对于顺天应人之"应人"的重要性。《泰·彖》："天地交而万物通也，上下交而其志同也。内阳而外阴，内健而外顺，内君子而外小人，君子道长，小人道消也。"[④]关于"天地交而万物通也，上下交而其志同也"，《周易集解》引何妥曰："此明天道泰也。夫泰之为道，本以通生万物。若'天气上腾，地气下降'，各自闭塞，不能相交，则万物无由得生，明万物生由天地交也。""此明人事泰也。上之与下，犹君之与臣相，君臣相交感，乃可以济养万民也。"[⑤]《泰》卦在六十四卦中有着一定的特殊性，它刻画了一个君圣臣贤"天地交而万物通也，上下交而其志同也"的理想国家治理模式，天子在贤臣辅助之下体会天地通泰之象"财成天地之道"；根据自然界生物生长发育成熟的规律"辅相天地之宜"，教民稼穑畜养。《否》卦则刻画了与《泰》卦正好相反的"天地否""志不同"的局面，《否·彖》："天地不交而万物不通也，上下不交而天下无邦也。内阴而外阳，内柔而外刚，内小人而外君子，小人道长，君子道消也。"[⑥]关于"天地不交而万物不通"，《周易集解》引何妥曰："此明天道否也。"[⑦]关于"上下不交而天下无邦"，《周易集解》引何妥曰："此明人事否也。《泰》中言'志同'，《否》中云'无邦'者，言人志不同，必致离散而乱邦国。"[⑧]《复·彖》："反

---

① (清)李道平撰，潘雨廷点校：《周易集解纂疏》，中华书局1994年版，第188页。
② (魏)王弼撰，楼宇烈校释：《周易注》，中华书局2011年版，第83页。
③ (清)李道平撰，潘雨廷点校：《周易集解纂疏》，中华书局1994年版，第202页。
④ (清)李道平撰，潘雨廷点校：《周易集解纂疏》，中华书局1994年版，第164～165页。
⑤ (清)李道平撰，潘雨廷点校：《周易集解纂疏》，中华书局1994年版，第164页。
⑥ (清)李道平撰，潘雨廷点校：《周易集解纂疏》，中华书局1994年版，第174页。
⑦ (清)李道平撰，潘雨廷点校：《周易集解纂疏》，中华书局1994年版，第174页。
⑧ (清)李道平撰，潘雨廷点校：《周易集解纂疏》，中华书局1994年版，第174页。

复其道，七日来复，天行也。利有攸往，刚长也。《复》见其天地之心乎！”[①]“天行”“天地之心”，就是指天地阴阳运行“消息盈虚”的不以人的意志为转移的自然规律。《归妹·彖》：“归妹，天地之大义也，天地不交而万物不兴。归妹，人之终始也。说以动，所归妹也。征凶，位不当也。无攸利，柔承刚也。”[②]《咸·彖》：“咸，感也。柔上而刚下，二气感应以相与。止而说，男下女，是以亨利贞，取女吉也。天地感而万物化生，圣人感人心而天下和平。观其所感，而天地万物之情可见矣。”[③]交通天地，顺天应人，天地交人事泰，上下交其志同，志同则共守天地之大道，志同则天地万物交感而聚，本天道行人道，乐天知命，可无忧。

《革·彖》：“天地革而四时成，汤武革命，顺乎天而应乎人，革之时大矣哉！”[④]《周易正义》曰：“天地之道，阴阳升降；温暑凉寒，迭相变革，然后四时之序皆有成也……夏桀、殷纣，凶狂无度，天既震怒，人亦叛亡。殷汤、周武，聪明睿智，上顺天命，下应人心，放桀鸣条，诛纣牧野，革其王命，改其恶俗，故曰‘汤武革命，顺乎天而应乎人’。计王者相承，改正易服，皆有变革，而独举汤、武者，盖舜、禹禅让，犹或因循，汤、武干戈，极其损益，故取相变甚者以明人革也。”[⑤]革命的意义是推翻无道的政治统治，重建社会秩序，也意味着改朝换代。“汤武革命”或是中国文化里“革命传统”的开始，而“汤武革命”也重点讲了其革命是“顺乎天而应乎人”的，所以说中国流传几千年的“革命传统”是有两个层次的，即“政治上革命，文化上维新”。“政治上革命”是“顺乎天”的，“文化上维新”是“应乎人”的。什么叫“顺乎天而应乎人”呢？《乾》卦《文言》曰：“与天地合其德，与日月合其明，与四时合其序，与鬼神合其吉凶。先天而天弗违，后天而奉天时。”[⑥]革故鼎新是社会发展之必然规律，但如何适应客观规律，怎样实行变革或改革，则必须创造条件，注意过程，掌握时机，做到措施适当，做到“顺乎大而应乎人”，而其中关键在于取得民众的信任。汤武革命就是一个最好的例子，经过《易传》作者的理论加工，展示为一种从汤武革命等社会改革实践中总结出的严肃而慎重的社会改革思想，富有深意。殷周之际，“德”被视为政权合法性的核

① (清)李道平撰，潘雨廷点校：《周易集解纂疏》，中华书局 1994 年版，第 263 页。

② (清)李道平撰，潘雨廷点校：《周易集解纂疏》，中华书局 1994 年版，第 472～473 页。

③ (清)李道平撰，潘雨廷点校：《周易集解纂疏》，中华书局 1994 年版，第 314～315 页。

④ (清)李道平撰，潘雨廷点校：《周易集解纂疏》，中华书局 1994 年版，第 437～438 页。

⑤ (魏)王弼注，(晋)韩康伯注，(唐)孔颖达疏，于天宝点校：《宋本周易注疏》，中华书局 2018 年版，第 299 页。

⑥ (清)李道平撰，潘雨廷点校：《周易集解纂疏》，中华书局 1994 年版，第 64～65 页。

心因素,《革·象》将以征伐方式获取政权的“汤武革命”落脚于“顺乎天而应乎人”,也意味着民意即是最大的天意,顺天就是顺民意,顺天应人的终极追求就是顺民意,顺民意就是最大的“德”,这就是《易传》所展现的最重要的德治思想。

(二)天人合一

“天人合一”一直是中国传统思想文化的核心理念和重要命题。而《周易》可能是最早系统性讲述“天人合一”思想的书,如《郭店楚简·语丛一》所谓“《易》所以会天道人道也”①。《易传》认为《周易》蕴含了天地万物之生成、发展、变化、存在之理,天地万物的道理均蕴含于《周易》之中,如《系辞》所谓“范围天地之化而不过,曲成万物而不遗”②。

从效法天道到顺天应人乃至“天人合一”,天人关系的最高境界是《乾·文言》所描绘的“夫大人者,与天地合其德,与日月合其明,与四时合其序,与鬼神合其吉凶。先天而天弗违,后天而奉天时”③。这一境界全面地描述了“大人”崇高的“与天地合其德”的道德人格,因为“大人”崇高的道德人格,“大人”可“与日月合其明,与四时合其序,与鬼神合其吉凶”,在成就大业时可以“先天而天弗违,后天而奉天时”。

我国古代的“天人合一”思想是以“位育中和”为其核心内涵的,而“位育中和”在我国古代文化之中有其特殊的重要地位。正如《礼记·中庸》所说:“喜怒哀乐之未发,谓之中;发而皆中节,谓之和。中也者,天下之大本也;和也者,天下之达道也。致中和,天地位焉,万物育焉。”④这里首先讲的是君子的道德修养达到“中和”的境界,就能使天地有位、万物化育。这就将君子之修养与天地万物的化育有序地联系在一起,从而成为“天人合一”论之核心内涵。⑤“位育中和”实则蕴涵着“时”的思想、“位”的思想、“生生”的思想。

《周易》是讲“时”的哲学,六十四卦《彖传》对“时”的观念极为重视。《豫》《随》《遁》《姤》《旅》五卦言“时义大矣哉”,《坎》《睽》《蹇》三卦言“时用大矣哉”,《颐》《大过》《解》《革》四卦言“时大矣哉”,一共十二卦。“大矣哉”的语气揭示了对“时”的高度重视。

---

① 翟信斌、郑孝华主编,龙永芳执笔:《郭店楚简简明读本》(五),湖北人民出版社2007年版,第32页。

② (清)李道平撰,潘雨廷点校:《周易集解纂疏》,中华书局1994年版,第557～558页。

③ (清)李道平撰,潘雨廷点校:《周易集解纂疏》,中华书局1994年版,第64～65页。

④ 胡平生、张萌译注:《礼记》,中华书局2017年版,第1007页。

⑤ 参见曾繁仁:《中国古代“天人合一”思想与当代生态文化建设》,《文史哲》2006年第4期。

《损》《益》二卦之《象》言“与时偕行”。《损·象》曰:“损益盈虚,与时偕行。”王弼《周易注》:“自然之质,各定其分,短者不为不足,长者不为有余,损益将何加焉?非道之常,故必与时偕行也。”[①]《益·象》曰:“凡益之道,与时偕行。”王弼《周易注》曰:“益之为用,施未足也;满而益之,害之道也。故凡益之道,与时偕行也。”[②]

《乾》《蒙》《大有》《升》《小过》《丰》等卦之《象》分别以不同形式言及“时”。如《乾·象》之“六位时成”[③];《蒙·象》之“以亨行时中也”[④];《大有·象》之“其德刚健而文明,应乎天而时行”[⑤],王弼《周易注》:“德应于天,则行不失时矣。刚健不滞,文明不犯,应天则大,时行无违,是以元亨。”[⑥]《升·象》之“柔以时升,巽而顺,刚中而应,是以大亨”[⑦];《小过·象》之“过以利贞,与时行也”[⑧],《周易正义》:“矫枉过正,应时所宜,不可常也。”[⑨]《丰·象》之“天地盈虚,与时消息。而况于人乎!况于鬼神乎!”[⑩]诸卦之《象》均从不同角度阐释了顺势趋时、把握时机、与时俱进、德业日新的道理。

《周易》更是讲“变”的哲学,“生”是“天人合一”的魅力之所在,“生”成为天地人之间最高的准则。“天人合一”不是固化的,是动态的,是不断发展变化的,所谓“天地之大德曰生”。《系辞传》所说:“生生之谓易。成象之谓乾,爻法之谓坤。极数知来之谓占,通变之谓事。阴阳不测之谓神。”[⑪]《周易正义》曰:“生生,不绝之辞。阴阳变转,后生次于前生,是万物恒生谓之易也。”[⑫]生命的学问是最根本的易理,从某种意义上也可以说,《周易》之根本就是“生生”。《系辞上》曰:“易有太极,是生两仪,两仪生四象,四象生八卦。”[⑬]陈鼓应先生和朱伯崑先生都

---

① (魏)王弼撰,楼宇烈校释:《周易注》,中华书局2011年版,第220页。

② (魏)王弼撰,楼宇烈校释:《周易注》,中华书局2011年版,第228页。

③ (清)李道平撰,潘雨廷点校:《周易集解纂疏》,中华书局1994年版,第36页。

④ (清)李道平撰,潘雨廷点校:《周易集解纂疏》,中华书局1994年版,第106页。

⑤ (清)李道平撰,潘雨廷点校:《周易集解纂疏》,中华书局1994年版,第188页。

⑥ (魏)王弼撰,楼宇烈校释:《周易注》,中华书局2011年版,第83页。

⑦ (清)李道平撰,潘雨廷点校:《周易集解纂疏》,中华书局1994年版,第416页。

⑧ (清)李道平撰,潘雨廷点校:《周易集解纂疏》,中华书局1994年版,第522页。

⑨ (魏)王弼注,(晋)韩康伯注,(唐)孔颖达疏,于天宝点校:《宋本周易注疏》,中华书局2018年版,第363页。

⑩ (清)李道平撰,潘雨廷点校:《周易集解纂疏》,中华书局1994年版,第481页。

⑪ (清)李道平撰,潘雨廷点校:《周易集解纂疏》,中华书局1994年版,第561～562页。

⑫ (魏)王弼注,(晋)韩康伯注,(唐)孔颖达疏,于天宝点校:《宋本周易注疏》,中华书局2018年版,第399页。

⑬ (清)李道平撰,潘雨廷点校:《周易集解纂疏》,中华书局1994年版,第600～602页。

认为“太极”一词最早或出现于先秦文献《庄子·大宗师》:“在太极之先而不为高,在六极之下而不为深。”[①]陈先生认为,《系辞上》中的“太极”是指宇宙本体,《庄子·天下》称之为“太一”,也就是老子的“道”。“两仪”或指天地,或指阴阳。[②] 张岱年先生认为,“易”是宇宙变化的大历程。宇宙变化的大历程始于太极。太极是至极无以复加之义,指至高无上的本始。由太极而生两仪,两仪即是阴阳。[③] 冯友兰先生认为,“一阴一阳之谓‘道’”可与“易有太极,是生两仪”互换。“道”等于“太极”,“阴”“阳”相当于“两仪”。[④]《说卦》曰:“观变于阴阳而立卦,发挥于刚柔而生爻。”[⑤]在《周易》的宏大视野下,天地、宇宙、万物、刚柔、仁义、发展、变化等复杂多变的事物与现象简约地统一在“太极”“天人”“阴阳”与“八卦”的生生体系之中,这是一个天、地、人合一的具有无限生机的体系。

《彖传》说:“乾道变化,各正性命,保合太和,乃利贞。”[⑥]这既道出了“天人合一”之“合”的深度,所谓太和;也道出了“天人合一”之“合”的广度,所谓普遍和谐,包含着天人的和谐,也包含着人与人的和谐以及人自我身心内外的和谐乃至万事万物的和谐。

“《易》所以会天道人道也。”[⑦](《郭店楚简·语丛一》)圣人作《易》的目的是由天道而人道,所以要“《乾》道变化,各正性命”[⑧](《乾·彖》),所以才会“易简而天下之理得矣。天下之理得,而易成位乎其中矣”[⑨]。天道包含人道,挺立于天地之间的人践行天道。由天道而人道,故而“以通天下之志,以定天下之业,以断天下之疑”[⑩](《系辞上》),进而“能成天下之务”[⑪](《系辞上》)。所以我们可以说《周易》是经世致用之书,开物成务之书,《周易》所讲的天人之道最终落脚于道德实践,它不是虚无缥缈的,是积极地恭行天道并参与人间之事物的,“夫易,圣人之所以崇德而广业也”[⑫]。天、人是相际不离的统一的整体,人是天地的核

① 陈鼓应:《老庄新论》,上海古籍出版社1992年版,第265页。
② 参见张默生著,张翰勋校补:《庄子新释》,齐鲁书社1993年版,第202页。
③ 参见张岱年:《中国哲学大纲》,中国社会科学出版社1982年版,第539页。
④ 参见冯友兰:《中国哲学简史》,北京大学出版社1985年版,第193、194页。
⑤ (清)李道平撰,潘雨廷点校:《周易集解纂疏》,中华书局1994年版,第689~690页。
⑥ (清)李道平撰,潘雨廷点校:《周易集解纂疏》,中华书局1994年版,第37页。
⑦ 翟信斌、郑孝华主编,龙永芳执笔:《郭店楚简简明读本》(五),湖北人民出版社2007年版,第32页。
⑧ (清)李道平撰,潘雨廷点校:《周易集解纂疏》,中华书局1994年版,第37页。
⑨ (清)李道平撰,潘雨廷点校:《周易集解纂疏》,中华书局1994年版,第546~547页。
⑩ (清)李道平撰,潘雨廷点校:《周易集解纂疏》,中华书局1994年版,第596页。
⑪ (清)李道平撰,潘雨廷点校:《周易集解纂疏》,中华书局1994年版,第593页。
⑫ (清)李道平撰,潘雨廷点校:《周易集解纂疏》,中华书局1994年版,第565页。

心，坚持不懈地道德履践是人的责任，由安身立命到推己及人，只有人坚持不懈地道德履践，天道才会真正地实现。而人也只有坚持不懈地躬行遵循于天道的道德实践，才能达到"天人合一"、内圣外王之境界，也就是张载所追求的"为天地立志，为生民立道，为去圣继绝学，为万世开太平"[1]的民胞吾与、与天地参的理想境界。所以说，"天人合一"是肇始于《周易》古经、发扬于《易传》的德治思想的终极之追求。

① (宋)张载著，章锡琛点校:《张载集》，中华书局1978年版，第320页。

第四章 《周易》经传德治思想的政治实践

《周易》经传德治思想的突出特征之一就是其极强的实践性。

儒家及其所尊奉的经典承载了三代乃至三代以前的尧、舜、禹、汤、文、武、周公诸先圣以德配天、敬德保民、法天地以设政教而平治天下的王道，是历朝历代所传承的治国理政的资源与理论依据。通过文王演易，掌握在殷人手中与天地鬼神沟通的渠道转移到周人手中，周初统治者视《周易》古经为完成其克商、建国及治国理政之大业而宣传其治国思想的最理想的载体，周人视“德”为影响王权合法性的最重要的因素，而《周易》古经则是周之统治者实践其德治思想的最重要的平台。文王以治国者的立场，集其为西伯五十年治国理民的丰富长久的经验，继承发扬伏羲氏之哲学，将其政治思想融入易学筮术之中，《周易》一书蕴含了《周易》作者丰富的治国理民实践经验，《周易》古经是参与国家治理的“王者之书”，是参与治国理政实践的政典。

春秋时期，在孔子眼中是“礼崩乐坏”“天下无道”的时代。春秋战国时期诸子百家纷纷探索治世救世之路，拨乱反正、安邦定国是春秋战国时期诸子百家的共同追求，儒家也希望找到有效之策可以挽救“礼崩乐坏”的现实，恢复和谐的社会秩序。学界已基本认定《易传》的作者主要是孔子及其后学，承载了儒家的思想。《易传》接续《周易》古经，继续讲忧患治国之道，只是《易传》的语言风格与《周易》古经已经有了明显的差异，孔子及其后学的使命感、紧迫感蕴含在《易传》的德治思想之中，相对于《周易》古经卦爻辞中德治思想的危而隐，《易传》德治思想的表达是直抒胸臆的，《易传》旗帜鲜明地提出了“卫国以德”的立国之策。西周王朝被儒家描绘为礼乐文明昌盛的理想时代，儒家以继承、弘扬、恢复周之礼乐文化为己任，对“天”的主宰亦即道德之义尤为关注，《易传》本着推天道以立人道的天人合一基本理论基础，研究与探索治国安邦之道、治乱兴衰的社会政治规律。《易传》也反复强调其理论体系的履践性如“成务”“大业”“吉凶”等,也就是《系辞传》所云:“是故圣人以通天下之志,以定天下之业,以断天下之疑。”[①]这体现了易学在实现国家与社会政治理想方面极强的实践性,而且《易传》的实践性要求是高于儒家其他典籍的。《易传》所构建的天人关系及对德治思想的探索为历代王朝治国理政提供了因势乘变的理论支持、思想支持、哲学支持。

《易传》是现存最早的对《周易》进行解释的古籍,《易传》对《周易》的解释兼顾象数与义理,且义理稍占主导的地位。历代易学家沿着《易传》所开辟的道路对《周易》继续推展,反复诠释。汉代易学与《易传》有着极其紧密的关系,《易传》是汉代易学的主要思想基础与理论依据,汉代易学的主流是以“卦气说”为核心内容的象数易学。汉代易学的一个重要特征就是其与政治的密切结合,汉代易学与政治的结合体现出易学服务于国家治理的极强实践性。易学既明天道又切人事,汉代易学与政治的结合体现在四个方面:一是参与了汉代新的统治秩序的构建;二是基于天人感应、阴阳灾变的神道设教体系的建立;三是即使在东汉末年的黑暗统治时期,易学仍不放弃对理想政治制度的追求与探索;四是本于天道的德治思想体系的构建与完善。

弘扬易学是宋代儒学复兴运动的主要组成部分。历朝历代中,宋朝集中了最多的儒臣,宋儒排斥佛的“全身苟圣”“弃道而忘天下国家”的风气,以天下为己任的担当精神和“以忧患之心,思忧患之故”的人文情怀是宋儒的突出追求。大多数的北宋易学名家还有另外一个共同点,他们同时也是治国理政的实际参与者、实践者,即亦儒亦吏,范仲淹、欧阳修、程颐、苏轼和司马光等是主要代表。宋代易学家们致力于构建一个基于内圣外王思想指导下的实现王道之治的治国理政的理论架构,易学的本质就是要开示开物成务之道,以程颐为代表的宋代易学家认为实现经世外王的王道之治包括三个重要因素:君圣、臣贤与典法。在致力于妥善解决内圣与外王的关系问题上,宋代的易学家各有所偏重,李觏、欧阳修和司马光重外王轻内圣,苏轼则偏重内圣轻于外王,周敦颐和邵雍虽致力于内圣与外王的有机统一但没有实现真正的贯通。二程集邵雍、张载和周敦颐等探索成果之大成,致力于对“明体达用”的进一步探索,致力于追求理与事的结合,其易学思想的核心归结为“体用一源,显微无间”,致力于创成一个完整的思想体系,明体者崇德,达用者广业,意图在易学德治思想体系的构建上,完

① (清)李道平撰,潘雨廷点校:《周易集解纂疏》,中华书局1994年版,第596页。

成从进德到修业、从内圣到外王的真正贯通。周敦颐是宋代易学从"达用"转到"明体"的关键人物。北宋五子中,程颐长期置身于政治漩涡的中心,对理想与现实的矛盾自然有着切身的体会,以程颐为代表的宋代易学家们对内圣外王理想治世模式的追求是执着的,对"博施于民而能济众"的外王事业是坚持不懈的,对经世外王之路的探索是深入的,对君主无意圣王和臣僚互为朋党之残酷现实是无奈和忧患的,实践上的磨难阻止不了宋儒们致力于构建一个内圣与外王体用相依的完整的思想体系,明体者崇德,达用者广业,在易学德治思想体系的构建上,他们致力于从进德到修业、从内圣到外王的真正贯通。

儒家思想体系的总追求是以达于德为中心,儒家德治思想体系肇始于《周易》古经,完善于《易传》,弘扬于历代儒家。本于天道的内圣外王是儒家德治思想体系的实践性归宿,内圣外王与《易传》所推崇的进德修业、自强不息、厚德载物是一脉相承的。内圣、进德、厚德载物是本于天道的形上的道德追求,外王、修业、自强不息是在道德追求指引下的德治实践。

一、"礼崩乐坏"时代,《易传》对恢复社会秩序的探索

从春秋时期开始,当时的政治形态是周王室的衰落与霸主政治的崛起以及卿大夫专权,这是中国古代国家形式从早期的封建制国家向中央集权郡县制国家转变的重要时期。孔子生活的时代,周之礼乐文化已经变成了空洞的仪式,孔子曾曰:"礼云礼云,玉帛云乎哉?乐云乐云,钟鼓云乎哉?"[①](《论语·阳货》)各种文献大多以"礼崩乐坏"来形容当时的社会情状。

对于当时社会的具体情状,顾炎武有一段表述:

> 如春秋时犹尊礼重信,而七国则绝不言礼与信矣。春秋时犹宗周王,而七国则绝不言王矣。春秋时犹严祭祀,重聘享,而七国则无其事矣。春秋时犹论宗姓氏族,而七国则无一言及之矣。春秋时犹宴会赋诗,而七国则不闻矣。春秋时犹有赴告策书,而七国则无有矣。邦无定交,士无定主,此皆变于一百三十三年之间,史之阙文,而后人可以意推者也。不待始皇之并天下,而文、武之道尽矣。[②]

① 杨伯峻:《论语译注》,中华书局 2015 年版,第 269 页。

② (清)顾炎武:《日知录》,黄汝成:《日知录集释》(全校本),上海古籍出版社 2006 年版,第 749～750 页。

到了战国时期，周礼则几乎处于彻底崩溃的边缘，《战国策》曰：

> 周室自文、武始兴，崇道德，隆礼仪……及春秋时，已四五百载矣，然其余业遗烈，流而未灭。五伯之起，尊事周室。五伯之后，时君虽无德，人臣辅其君者，若郑之子产，晋之叔向，齐之晏婴，挟君辅政，以并立于中国，犹以义相支持……及春秋之后，众贤辅国者既没，而礼义衰矣。[①]

孔子评价自西周至春秋时期的政治为："天下有道，则礼乐征伐自天子出；天下无道，则礼乐征伐自诸侯出。"[②]春秋时期在孔子眼中则已经是"礼崩乐坏""天下无道"的时代。春秋战国时期诸子百家对治世救世之路的探索，仅就政治方面而言，徐复观先生将其分为三大类型：第一是为人民求解救，以仁义为政治最高规范的类型，儒、道、墨、阴阳家皆属之；第二是为统治者争权势，以富强为最高目的类型，齐鲁系统及卫晋系统的法家皆属之，卫晋系统法家特为严酷；第三是不涉及政治的基本方向问题，而只论各国相互攻取的策术长短的阴谋家类型，纵横家属之。[③] 拨乱反正、安邦定国是春秋战国时期诸子百家的共同追求，儒家也希望找到有效之策来挽救"礼崩乐坏"的现实和恢复社会秩序。

战国至汉代的学者认为《春秋》就是孔子为挽救时世而创作的经典。如：

> 夏道不亡，商德不作，商德不亡，周德不作，周德不亡，《春秋》不作，《春秋》作而后君子知周道亡也。[④]（《说苑·君道》）
>
> 夫殷变夏，周变殷，春秋变周，三代之礼不同，何故之从？[⑤]（《淮南子·氾论训》）
>
> 孔子之时，上无明君，下不得任用，故作《春秋》，垂空文以断礼义，当一王之法。[⑥]

如果说《春秋》是从制度上救世，那《易传》则可以称之为从思想上救世。

杨万里于其《庸言》中曰：

---

① （汉）刘向集录，（南宋）姚宏、鲍彪等注：《战国策》，上海古籍出版社 2015 年版，第 725～726 页。

② 杨伯峻：《论语译注》，中华书局 2015 年版，第 252 页。

③ 参见徐复观：《两汉思想史》（一），九州出版社 2014 年版，第 102 页。

④ （汉）刘向撰，向宗鲁校证：《说苑校证》，中华书局 1987 年版，第 31 页。

⑤ （汉）刘安，陈广忠译注：《淮南子》，中华书局 2012 年版，第 731 页。

⑥ （汉）司马迁撰，（宋）裴骃集解，（唐）司马贞索隐，（唐）张守节正义：《太史公自序》，《史记》卷一百三十，中华书局 1982 年版，第 3299 页。

《易》者萧何之律令,《春秋》者汉武之决事也。《易》戒其所当然,《春秋》断其所以然。圣人之戒不可违,圣人之断不可犯。故六经唯《易》与《春秋》相表里。[①]

周敦颐曰:

《易》何止《五经》之源,其天地鬼神之奥乎![②]

《春秋》正王道,明大法,孔子为后世王者而修也。[③]

程颐曾著《易传》与《春秋传》,曾应门人之问答曰:

《诗》《书》《易》言圣人之道备矣,何以复作《春秋》?盖《春秋》圣人之用也。《诗》《书》《易》如律,《春秋》如断案;《诗》《书》《易》如药方,《春秋》如治法。[④]

胡宏曰:

《易》载其理,《春秋》见其用。

知《易》,知《春秋》,然后知经纶之业。[⑤]

学界已基本认定《易传》的作者主要是孔子及其后学,承载了儒家的思想。《易传》接续《周易》古经,继续讲忧患治国之道,《易传》视忧患意识为立国长久的重要政治智慧。只是《易传》的语言风格与《周易》古经已经有了明显的差异。孔子及其后学的使命感、紧迫感蕴含在《易传》的德治思想之中,相对于《周易》古经卦爻辞中德治思想的危而隐,《易传》德治思想的表达是直抒胸臆的。以帛书《易传》为例,《缪和》篇云:

夫《易》,上圣之治也。古君子处尊思卑,处贵思贱,处富思贫,处乐思劳。君子能思此四者,是以长又亓利,而名与天地俱。今《易》曰"屯亓膏",

---

① (宋)杨万里:《庸言一》,《诚斋集》卷九十二,(台北)台湾商务印书馆1979年版,第214页。

② (清)黄宗羲原著,(清)全祖望补修,陈金生、梁运华点校:《宋元学案·濂溪学案上》,中华书局1986年版,第492页。

③ (清)黄宗羲原著,(清)全祖望补修,陈金生、梁运华点校:《宋元学案·濂溪学案上》,中华书局1986年版,第494页。

④ (宋)程颢、程颐著,王孝鱼点校:《春秋录拾遗》,《二程集》卷九,中华书局2004年版,第401页。

⑤ (宋)胡宏:《知言》,中华书局1987年版,第144、40页。

此言自闰者也。夫处上立，厚自利而不自血下，小之犹可，大之必凶。且夫君国又人，而厚佥致正以自封也，而不顾亓人，此除也。夫能见亓将□□□□，未失君人之道也。亓人之吉，不亦宜乎？物未梦壯而先知之者，圣人之志也，三代所以治亓国也。故《易》曰："屯亓膏，小，贞，吉；大，贞，凶。"此之胃也。[1]

《要》篇亦云：

危者安亓立者也，亡者保[亓存者也。是故]君子安不忘危，存不忘亡，治不忘[乱，是以身安而国]家可保也。《易》曰："亓亡，亓亡，毄于枹桑。"[2]

帛书《易传》，引史证经，以历史事件或历史人物解释《周易》卦爻辞的意义。如何立国长久，帛书《易传》明确提出要发扬文王隐忍修德的传统，存不忘亡，治不忘乱，是以身安而国家可保也。

《二三子》也明确地提出了敬畏民众的施政思想。《二三子》云：

《易》曰："抗龙有悬(悔)。"孔子曰："此言为上而骄下，骄下而不佁者，未之有也。(圣)人之立(莅)正也，若遁(循)木，愈高愈畏下，故曰'抗龙有悬(悔)'。"[3]

战国时期，诸侯国之间战争频仍，面对纷争复杂之局面，如何立国是为政者必须要思考与面对的挑战。是卫国以德，还是卫国以力，抑或是卫国以兵？《易传》旗帜鲜明地提出了"卫国以德"的立国之策。维护国家安全，慎用武力威慑，敬爱百姓与士臣，政治清明，百姓安乐，以德政化解诸侯国之间的纷争，是上等的立国之道。"卫国以德"可以使"天下皆服焉"，达到"大国礼之，小国事之；危国献焉，力国助焉；远国依焉，近国固焉"[4]之理想局面，正如《论语・季氏》所云："远人不服，则修文德以来之。"[5]

《易传》详细讲述了"卫国以德"的立国之策。《昭力》篇云：

① 廖名春：《帛书〈周易〉论集》，上海古籍出版社2008年版，第392页。
② 廖名春：《帛书〈周易〉论集》，上海古籍出版社2008年版，第388页。
③ 廖名春：《帛书〈周易〉论集》，上海古籍出版社2008年版，第370页。
④ 廖名春：《帛书〈周易〉论集》，上海古籍出版社2008年版，第399页。
⑤ 杨伯峻：《论语译注》，中华书局2015年版，第250页。

> 子曰:"上正卫国以德,次正卫国以力,下正卫[国]以兵。卫国以德者,必和亓君臣之节,不耳之所闻,败目之所见,故权臣不作。同父子之欲,以固亓亲;赏百姓之劝,以禁讳教;察人所疾,不作苛心。是故大国属力焉,而小国归德焉。城郭弗修,五兵弗实,而天下皆服焉。[①]

儒家德治思想直接渊源于周初以文王、武王和周公为代表的"敬德保民""以德配天"的德政思想及其实践,到周公之时德治已经被提升到了治国安邦的高度。儒家贤哲为实现其提出的政治理想,探索了多种不同的渠道与策略,或试图将其政治理想浸透到政治制度的构想中去,或追求获得代替人君行使职权的官位,如孔子以平民抱"吾其为东周乎"之志,而后期的儒家知识分子也多将宰相一职视为人生之终极追求,认为可通过跻身相位而取得平治天下的机会。春秋战国时期"礼崩乐坏",孔子及其弟子周游列国游说诸侯,以"克己复礼"为己任,推行其以德治思想为核心的治国方略,但各路诸侯无一真正信服与实践,《论语》中孔子"河不出图"的感叹正是基于其政治主张未被采纳,理想未能实现的现实处境而发。所以春秋战国时期,儒家德治思想、治国方略并没有真正实践于治国理政。但儒家对德治思想的探索使渊源于周初的德治思想更为完备与系统化,为西汉之时儒家德治思想真正服务和实践于治国理政做了坚实的准备。春秋战国"礼崩乐坏"之乱、秦朝因暴政而短命的结局让后世的统治者认识到了追求国家长治久安之道的重要性。儒家以继承和弘扬周之礼乐文化为己任,对"天"的主宰亦即道德之义尤为关注,《易传》所构建的天人关系及德治思想之探索为历代王朝治国理政提供了因势乘变的理论支持、思想支持、哲学支持。而《易传》反复申明其推天道的目的在于明达人事,正如郭店楚简《语丛一》所谓"《易》所以会天道人道也"[②]。也就是说,《易传》本着推天道以立人道的天人合一这一基本理论基础,研究与探索治国安邦之道、治乱兴衰的社会政治规律,而《易传》也反复强调其理论体系的履践性如"成务""大业""吉凶"等,也就是《系辞传》所云:"是故圣人以通天下之志,以定天下之业,以断天下之疑。"[③]这实际上就是指易学在实现国家与社会政治理想方面的极强实践性,而且《易传》的实践性要求是高于儒家其他典籍的。

---

① 廖名春:《帛书〈周易〉论集》,上海古籍出版社 2008 年版,第 399 页。

② 翟信斌、郑孝华主编,龙永芳执笔:《郭店楚简简明读本》(五),湖北人民出版社 2007 年版,第 32 页。

③ (清)李道平撰,潘雨廷点校:《周易集解纂疏》,中华书局 1994 年版,第 596 页。

二、汉代易学与政治的紧密结合

《易传》是现存最早的对《周易》进行解释的古籍,《易传》对《周易》的解释兼顾象数与义理,且义理稍占主导的地位,历代易学家沿着《易传》所开辟的道路对《周易》继续推展,反复诠释。汉代易学与《易传》有着极其紧密的关系,《易传》是汉代易学的主要思想基础与理论依据,汉代易学的主流是以"卦气说"为核心内容的象数易学。

帛本《系辞》:"何以守立?曰人。何以聚人,曰材。理材正辞,爱民安行曰义。"[①]今本《系辞》作"何以守位?曰仁。何以聚人?曰财。理财正辞,禁民为非,曰义"[②]。对于帛本与今本的差异,刘大钧教授认为:"再次证明了今本《系辞》是汉代独尊儒术后对古《系辞》的修订本……'理财正辞,禁民为非'是在统一天下后,其(汉武帝)治国理念的自然写照……可证主持今本《系辞》整理的儒生们,当时为迎合皇权政治的需要,对不符合当时政治需求的文字皆作了修改与删削。"[③]这也说明易学在汉代已深入参与、服务于当时的政治活动,汉代易学与政治的紧密结合是汉代易学的突出特征之一,汉代易学与政治的紧密结合体现出易学服务于国家治理的极强实践性。

西汉今文易学家以《易传》为本而弘扬儒家思想,将易学与当时流行的阴阳五行和天文历法相结合,建立了效法天道、以占验为功用的易学体系。易学既明天道又切人事,汉代易学与政治的结合体现在四个方面,一是参与了与汉代统治需要相适应的新的统治秩序的构建,汉朝既继承了秦帝国的中央集权君主专制,又有别于秦之最高统治权及治权合法性解释权集中于皇帝一人的绝对专制模式;而汉朝在将五经列为官方认可的大经大法之后,实际上开启了有别于秦朝绝对专制模式的最高统治者"与士大夫共治天下"的新的政治运行模式,统治权属于皇帝一人,而治权的合法性解释权则被士大夫等统治集团所掌控;汉王朝起于布衣,对于王权合法性的解释有着极度的渴求。二是基于天人感应、阴阳灾变的神道设教体系的建立。天人之际、阴阳灾变学说最积极的意义在于士大夫阶层可借助"天意"来限制君权、匡救时弊、参与政治。而《周易》象数易

① 廖名春:《帛书〈周易〉论集》,上海古籍出版社 2008 年版,第 378 页。

② (清)李道平撰,潘雨廷点校:《周易集解纂疏》,中华书局 1994 年版,第 620 页。

③ 刘大钧:《再读帛书〈系辞〉》,《周易研究》2016 年第 4 期。

学与阴阳灾变学说合流，作为解释“天意”理论强有力的支持，重塑了新时代的政治伦理道德思想体系，这种蕴涵着丰富德治思想的政治伦理道德思想，以“天意”的名义履践德治思想，对统治者修德标准也提出了明确的要求，神道设教不仅仅是对民众的教化，更是重视对统治阶级的警示。三是即使在东汉末年的黑暗统治时期，易学仍不放弃对理想政治制度的追求与探索。东汉中后期的皇帝几乎均为昏庸之主，外戚宦官专权且皆丧失儒家道德操守，政治空前黑暗，所谓经学则成为其欺世盗名、谋取私利的工具，东汉末年是一个圣君贤臣皆无的真空时代，如此黑暗环境下注经派象数易学的鼎盛发展证明易学仍不放弃对理想政治制度的追求与探索，东汉易学家尊重与崇拜易学圣贤的思想，致力于对《周易》经传文本的整理和文辞的注释，探究《周易》经传原始之本义，力图重现先王、圣贤的易学思想及其治世之用。四是本于天道的德治思想的构建与完善。汉代易学的天人之学承继于《易传》天人合一的思想体系并继续发扬光大，使易学天人合一的思想体系更臻于完善，此与汉代独尊儒术之确立不无关系，也是适应两汉时代潮流的政治需要，天人合一，天人和谐有序，是德治思想的基础，也是德治思想实践的终极目标。以上四个特征也是易学能在汉代儒学诸经中得以确立优势地位并雄居众经之首的原因。

（一）易学与汉代统治秩序的构建

夏、商、周乃至于秦在其王朝建立之前，皆兴起于历史悠久之方国，皆有其成熟的治国理民模式。而刘邦及其众臣大多出身草莽，在汉帝国进行政治与文化重建时没有一套成熟的政治体制与文化体制可供其继承与发扬，以布衣出身得天下，刘邦统治集团并没有做好思想上与理论上的充分准备，这可以从司马迁之疑惑中看出：“此乃传之所谓大圣乎？岂非天哉，岂非天哉！非大圣孰能当此受命而帝者乎？”[①]

秦国崛起于商鞅变法，秦王朝治理国家的主要方式是推行李斯的唯法为治。但秦王朝唯法为治的短命教训，为后世的统治者在治理天下时所引以为戒。汉初的统治者面临着两个问题：一是如何避免重蹈秦王朝短命之覆辙，这就不可避免地涉及要重新设计统治思想的问题；二是汉之统治者起于布衣，缺乏先秦时期统治者所倚重的继业垂统所能带来的政权合法性，正如陆贾对刘邦

① （汉）司马迁撰，（宋）裴骃集解，（唐）司马贞索隐，（唐）张守节正义：《秦楚之际月表》，《史记》卷十六，中华书局1982年版，第760页。

之警告:“居马上得之,宁可以马上治之乎?”[①]政权合法性与长治久安密切攸关,而且也是历代统治者最为关切的现实追求,刘氏自身对政权合法性与长期稳定性也必然是极端关切的,武帝在诏举贤良对策中所策问的首要命题是“三代受命,其符安在?”[②]

主张“无为”的黄老之学契合了汉初的统治需要,经过了七十年的恢复性发展,社会基本稳定,国力相对富足,但这已经满足不了汉武帝雄才大略支撑下的治理国家的需求,“有为”才是时代的需求,政治上与思想上的大一统才是时代的需求。随着黄老之学短暂性、权宜性的表演谢幕,儒学正式登上了治理国家的中心舞台,儒学政治化以及国家意识形态儒学化是汉代最突出的治国理政模式。在包括儒学在内的经学成为官方意识形态的过程中,一代大儒董仲舒发挥了极为关键的作用,汉代国家意识形态的儒学化,儒学与政治结合的紧密程度,在秦以后两千余年的专制时代既是开始,也是后世难以逾越的顶峰。可以说,儒学对汉代治国理政的实践是极端现实地直接参与,儒学作为意识形态中的最高价值原则渗透于、运用于、实践于汉帝国的政治领域和社会领域,而儒学也最终成为帝王平治天下的学理依据。

诸子百家对治世救世之路的探索,除了法家实践于秦,黄老实践于汉初,其他各家均没有长期真正地实践于治国理民,没有真正地走上政治舞台,在现实政治上未能发挥实质性的影响。春秋战国时期诸子百家争鸣的核心内容是“务为治”,诸子百家特别是儒家关于治国之道与治国之术的探讨为经学最终走上政治舞台已经做好了充分的准备,包括儒学在内的经学在汉代成为大经大法,成为实际意义上的“宪法”,开启了经学与政治的紧密结合,这是一个水到渠成的历史必然性结果。易学作为儒家的核心内容,作为六经之首,大道之源,自然而然地参与到了国家治理之中,在经历了春秋战国时期与政治的暂时分离之后,易学在汉代重新开启了与政治的紧密结合。易学上至庙堂,下至民间的因时乘变、因势乘变、经世致用的极高实用性是其高度政治生命力的重要源泉。《史记·日者列传》记载了司马季主对卜筮的认识,反映了汉代易学在当时社会上的地位与重要意义,其中最重要的意义是“今夫卜者,必法天地”:

① (汉)司马迁撰,(宋)裴骃集解,(唐)司马贞索隐,(唐)张守节正义:《郦生陆贾列传》,《史记》卷九十七,中华书局1982年版,第2699页。

② (汉)班固撰,(唐)颜师古注:《董仲舒传》,《汉书》卷五十六,中华书局2012年版,第2172页。

今夫卜者，必法天地，象四时，顺于仁义，分策定卦，旋式正棋，然后言天地之利害，事之成败。昔先王之定国家，必先龟策日月，而后乃敢代；正时日，乃后入家；产子必先占吉凶，后乃有之。自伏羲作八卦，周文王演三百八十四爻而天下治。越王句践放文王八卦以破敌国，霸天下。由是言之，卜筮有何负哉！[①]

汉初陆贾曾对汉高祖刘邦谏言儒家对治国之用，指出了“天道”与“人事”的关系，天对于人间秩序确立的重要作用，陆贾在《道基》的开篇即云：“《传》曰：‘天生万物，以地养之，圣人成之。’功德参合，而道术生焉。”“于是先圣乃仰观天文，俯察地理，图画乾坤，以定人道，民始开悟，知有父子之亲，君臣之义，夫妇之别，长幼之序。于是百官立，王道乃生。”[②]继又指出五经六艺乃圣人“承天统地”之作，乃“天人合策，原道悉备”之作。[③]

政治上具有“国宪”的地位的《白虎通义》和法典化的《易纬》是两汉时期颇具特色的代表性著作。东汉建初四年（公元 79 年）十一月，汉章帝刘炟应杨终建议，于白虎观亲自主持会议，“讲议五经同异”[④]，班固根据会议内容整理形成钦定经典《白虎通义》“永为后世则”[⑤]。《白虎通义》在东汉地位特殊，政治上具有“国宪”的地位，是钦定的官方政治思想文化的总纲领，该书直接引用《周易》原文的有二十五处，论及《周易》的有七处，其中“蓍龟”一节专门论及龟卜、占筮在政治中的重要作用。《白虎通义》对《周易》很重视，其卷九《五经》篇云：

文王所以演《易》何？商王受不率仁义之道，失为人法矣。己之调和阴阳尚微，故演《易》，使我得卒至于太平日月之光明，则如《易》矣。[⑥]

伏羲作八卦何？伏羲始王天下，未有前圣法度，故仰则观象于天，俯则观法于地，观鸟兽之文，与地之宜，近取诸身，远取诸物，于是始作八卦，以通神明之德，以象万物之情也。[⑦]

---

① (汉)司马迁撰，(宋)裴骃集解，(唐)司马贞索隐，(唐)张守节正义：《日者列传》，《史记》卷一百二十七，中华书局 1982 年版，第 3218 页。

② 王利器：《道基》，《新语校注》卷上，中华书局 1986 年版，第 9 页。

③ 王利器：《道基》，《新语校注》卷上，中华书局 1986 年版，第 18 页。

④ (南朝宋)范晔：《班固传》，《后汉书》卷四十，中华书局 2012 年版，第 1064 页。

⑤ (南朝宋)范晔：《杨终传》，《后汉书》卷三十八，中华书局 2012 年版，第 1275 页。

⑥ (清)陈立撰，吴则虞点校：《白虎通疏证》，中华书局 1994 年版，第 446 页。

⑦ (清)陈立撰，吴则虞点校：《白虎通疏证》，中华书局 1994 年版，第 447 页。

《易纬》以“经天地”“理人伦”“明王道”为宗旨，《易纬》多假托孔子之口而阐述，从而使其卦气说象数易学理论体系具有了神化的特色，更具备了经典性、权威性以及合法性等。广泛地借助天文、历法与数学等自然科学知识以构建其神学体系，是汉代儒学的主要特征之一。汉代易学也顺应了神学政治的时代需要，汉代的象数易学系统与天文、历法、数学等自然科学知识相结合，使神学天人感应理论在易学领域得到了契应、深化与发展。

汉代的谶纬神学不仅神化帝王，也将儒家圣人尤其是文王、孔子的地位神化到了极致，儒家经典也被认为是经天纬地的绝对真理，圣人和圣人之言受到了极度的推崇，圣人受神灵之感应，可以传达天意，宣称孔子作《春秋》《易传》等著作是为汉王朝制命立法。孔子一生致力于推行文王德治仁政，以克己复礼为己任，神化儒家圣贤文王、孔子对于汉朝统治者的治国理政具有更现实的意义。

马王堆汉初帛书尊崇并记录了孔子对《易》的言论与定位。帛书《缪和》篇载：“吕昌问先生曰：‘《易·屯》之九五曰：“屯其膏，小，贞，吉；大，贞，凶。”将何胃（谓）也？’夫《易》，上圣之治也。古君子处尊思卑，处贵思贱，处富思贫，处乐思劳。君子能思此四者，是以长又亓利，而名与天地俱。”[①]帛书《易传》各篇中对经文的解释，随着帛书《易》的出土，让我们得以窥见汉初今文之《易》义，这段话记录了孔子借解释《屯》卦九五爻而阐发的言论，“夫《易》，上圣之治也”，刘大钧先生认为：“正是孔子对《易》的这种定位，才使《易》于汉武帝独尊儒术后，由秦时的‘卜筮之书’而跻身于‘五经之首’‘大道之源’。”[②]

汉代易学之集大成者虞翻称：“经之大者，莫过于《易》。”[③]《易》为六经之首，蕴涵帝王法天道而立王道平治天下的学理依据。虞翻的“成既济定说”揭示了社会秩序本于天道的积极的、动态的、发展的、生生不息的、自我修正的能力，也揭示了易学对社会政治秩序的关切与统治者对社会政治秩序的关切是一致的，易学家们所构想的和谐有序的政治秩序为统治者的政治实践提供了极佳的目标与方向。卦气说是易学与历法相结合的结晶，是两汉易学家解读《周易》理论、构建筮法体系的主要途径与理论根据。汉之卦气说象数易学旨在构建一个既明天道又切人事的理论体系，实践于汉统治秩序之构建与维护。卦气说、六日七分说，迎合了时代需求，根据天道运行、卦气流行的情况，人们可以判定人

① 廖名春：《帛书〈周易〉论集》，上海古籍出版社 2008 年版，第 392 页。

② 刘玉建主编，刘玉建著：《汉代易学通论》，齐鲁书社 2012 年版，第 19 页。

③ （晋）陈寿：《三国志·吴书·虞陆张骆陆吾朱传》，中华书局 1985 年版，第 1322 页。

事之吉凶，以灾异比附人事，实践上将天道之运行与人事之吉凶结合在了一起，将天道运行与统治秩序是否和谐结合在了一起。两汉易学家致力于对理想之政治制度的追求与探索，希冀通过效法天道来规范人的行为、调节人与天的关系，保持社会的稳定与平衡；希冀通过君臣自身的修养德性、政治改革来感化天，进而顺应天道，达到天人合一。探索与构建适合时代需要的、适合统治阶级需要的统治秩序成为易学与时俱进的历史性任务。

(二)易学与汉代的神道设教

秦汉之际"天人感应"、自然灾异之说在社会上普遍流行。武帝策问的一个重要问题则是"灾异之变，何缘而起？"[①]《汉书》卷五十六《董仲舒传》载："仲舒治国，以《春秋》灾异之变推阴阳所以错行。"[②]清人皮锡瑞于《论阴阳灾变为易之别传》中说："汉儒借此以儆其君揆之易义，纳约自牖，与神道设教之旨，皆相吻合。"[③]"神道设教"一词的最早记载出现于《易传》，《观·彖》曰："大观在上，顺而巽，中正以观天下。《观》，盥而不荐，有孚颙若，下观而化也。观天之神道，而四时不忒。圣人神道设教，而天下服矣。"[④]

《易传》所推崇的"神道设教"以先圣为楷模，以神道为手段，《易传》所提出的"神道设教"思想在汉代真正地开启了其政治实践，而言灾异则是两汉时期主要的神道设教手段，统治集团相信灾异是上天对君主不当行为的警训与告诫。郎𫖮在上顺帝的章疏中提出："天垂妖象，地见灾符，所以谴告人主，责躬修德，使正机平衡，流化兴政也。《易内传》曰：'凡灾异所生，各以其政。变之则除，消之亦除。'"[⑤]杨秉亦曰："瑞由德至，灾应事生""天不言语，以灾异谴告。"[⑥]董仲舒的灾异思想具有突出的代表性，在董氏的天人关系中，天子"受命于天"来治理天下，"唯天子受命于天，天下受命于天子"[⑦]。对于天子之言行德行，治理天下之结果，上天会通过天象来表达其态度，"王正则元气和顺、风雨时、景星见、黄龙下。王不正，则上天变，贼气并见"[⑧]。对阴阳灾异的占验、解说与应对，是

① (汉)班固撰，(唐)颜师古注：《董仲舒传》，《汉书》卷五十六，中华书局2012年版，第2172页。
② (汉)班固撰，(唐)颜师古注：《董仲舒传》，《汉书》卷五十六，中华书局2012年版，第2195页。
③ (清)皮锡瑞：《经学通论》，中华书局1954年版，第19页。
④ (清)李道平撰，潘雨廷点校：《周易集解纂疏》，中华书局1994年版，第229～231页。
⑤ (南朝宋)范晔：《郎𫖮襄楷列传》，《后汉书》卷三十下，中华书局2012年版，第832页。
⑥ (南朝宋)范晔：《郎𫖮襄楷列传》，《后汉书》卷三十下，中华书局2012年版，第1414页。
⑦ 袁长江主编：《董仲舒传》，学苑出版社2003年版，第242页。
⑧ 袁长江主编：《董仲舒传》，学苑出版社2003年版，第92页。

汉代政治活动的重要内容，是君主治理天下、大臣，影响与左右朝政的主要方式之一。而占验派卦气说的象数易学体系，就是致力于为阴阳灾异解说服务、为现实政治服务的，同时对社会政治进行指导与调节也是其主要功能。

以象数易学为根基的两汉灾异思想在君权之上设置了一个可以限制君权无限膨胀的“天意”，易学掌握了对灾异所展现的“天意”进行解释的密钥，从而为影响君主德行，为掌握易学的士大夫参政议政提供了可靠的途径与平台，掌握易学的士大夫凭借解释灾异之机，影响朝政，匡救时弊。借阴阳灾异批评政治得失，对政治施加影响，借助“天意”制约君权，使统治集团具备了一定的自我纠错的能力。董仲舒曰：“国家将有失道之败，而天乃先出灾害以谴告之；不知自省，又出怪异以警惧之；尚不知变，而伤败乃至。以此见天心之仁爱人君而止其乱也。”①贾谊曾言：“恶政生恶气，恶气生灾异。螟虫之类，随气而生；虹蜺之属，因政而见。治道失于下，则天文变于上；恶政流于民，则螟虫生于野。”②上天洞察审视人间王政之优劣，并通过福瑞与灾异对人间王政之优劣给予及时警示，上天之警示旨在谴告人间君王及时修正王政之失，克己修德，改善朝政。董仲舒在其《贤良对策》中指出其言灾异的本旨：“废德教而任刑罚。刑罚不中，则生邪气；邪气积于下，怨恶畜于上。上下不和，则阴阳谬戾而妖孽生矣。此灾异所缘而起也。”③灾异思想将天象与人事比附，从而将人间的政治得失与天象之间建立起来特殊的联系，通过“天意”对君权进行限制，对君王提出克己修德的要求，所以灾异思想具备的神道教化之用不仅仅是在教民，同时也在教君，教君行仁政重德行，教君所产生的示范与垂范作用更利于教民。董仲舒于《贤良对策》中指出当时政治上的真正问题，“故尧舜行德则民仁寿，桀纣行暴则民鄙夭”④，“今废先王德教之官，而独任执法之吏治民”，“而欲德教之被四海，故难成也”。⑤ 董氏也同时提出其解决当时社会矛盾的政治主张，他指出“为人君者，正心以正朝廷；正朝廷以正百官，正百官以正万民，正万民以正四方”⑥，如此方可招来祥瑞。教化始于君正，教君方可教民，所谓教化乃“立大学以教于国，设庠序以化于邑，渐民以仁，摩民以谊，节民以礼，故其刑罚甚轻而禁不犯者，教化行

---

① (汉)班固撰，(唐)颜师古注：《董仲舒传》，《汉书》卷五十六，中华书局 2012 年版，第 2174 页。
② 王利器撰：《明诫》，《新语校注》卷下，中华书局 1986 年版，第 155 页。
③ (汉)班固撰，(唐)颜师古注：《董仲舒传》，《汉书》卷五十六，中华书局 2012 年版，第 2175 页。
④ (汉)班固撰，(唐)颜师古注：《董仲舒传》，《汉书》卷五十六，中华书局 2012 年版，第 2176 页。
⑤ (汉)班固撰，(唐)颜师古注：《董仲舒传》，《汉书》卷五十六，中华书局 2012 年版，第 2177 页。
⑥ (汉)班固撰，(唐)颜师古注：《董仲舒传》，《汉书》卷五十六，中华书局 2012 年版，第 2177 页。

而习俗美也”[①]。儒家推崇一系列的德治实践之楷模，包括尧、舜、禹、汤、文、武、周公、成、康等先圣明君，也推崇当政者“为政以德”的榜样作用。儒家在此要求统治者以自身符合道德的言行，做民众的榜样，对民众行使教化之功，统治者当诚待民众，统治者做不到“推己及人”“视人如己”便不可能完成道德之教化，德教首先是身教。

灾异思想中也洋溢着德治的思想光芒，早在文帝朝就有了对灾异施行相应政治措施的记载。文帝二年，“四月，齐楚地震，二十九山同日崩，大水溃出。六月，令郡国无来献。施惠天下，诸侯四夷远近欢洽”[②]。二年十一月癸卯晦，日食，文帝下诏：“朕闻之，天生民，为之置君以养治之。人主不德，布政不均，则天示之灾以戒不治。乃十一月晦，日有食之，适见于天，灾孰大焉！朕获保宗庙，以微眇之身托于士民君王之上，天下治乱，在予一人，唯二三执政犹吾股肱也。朕下不能治育群生，上以累三光之明，其不德大矣。令至，其悉思朕之过失，及知见之所不及，丐以启告朕。及举贤良方正能直言极谏者，以匡朕之不逮。因各敕以职任，务省徭费以便民。”[③]到了汉宣帝时期，因灾异而采取相应政治措施的应答天意的记载比文帝时期更多，根据《汉书·宣帝纪》所载，宣帝在位二十六年间，因祥瑞而赏赐吏民的有十三次之多，因灾异而修刑政或下诏检讨的也有七次之多。[④]从臣子对灾异的解读以及帝王采取的政治措施看，一是将灾异与帝王自身的德行、治国才能相联系，认定“人主不德，布政不均”是灾异的原因之所在；二是对天意应答的具体政治措施多集中在赏赐吏民、修刑政、宽舒民力等方面，这两方面的措施无不蕴含着德治的光芒，灾异思想也神化了汉易的象数之学，使《易传》所倡导的德治思想体系在当时更具备合法性与权威性。

董仲舒的灾异思想具有突出的代表性，董氏言灾异的理论根据来自《春秋》和《周易》，用易学理论对春秋时期所发生的灾异、祥瑞等自然现象进行诠释，并与当时的时政、人事进行联系，探究其中可能存在的某种关系，董氏在上汉武帝的《天人三策》中曰：“臣谨案《春秋》之中，视前世已行之事，以观天人相与之际，甚可畏也。”[⑤]

杨向奎先生曾评价说：“他们是以《易》代表天道，以《春秋》专讲人事；《易》以

---

① （汉）班固撰，（唐）颜师古注：《董仲舒传》，《汉书》卷五十六，中华书局2012年版，第2178页。

② （汉）班固撰，（唐）颜师古注：《文帝纪》，《汉书》卷四，中华书局2012年版，第101页。

③ （汉）班固撰，（唐）颜师古注：《文帝纪》，《汉书》卷四，中华书局2012年版，第102页。

④ 参见白效咏：《汉代易学与政治》，社会科学文献出版社2015年版，第186页。

⑤ （汉）班固撰，（唐）颜师古注：《董仲舒传》，《汉书》卷五十六，中华书局2012年版，第2174页。

道天地的变化,《春秋》以辩人事的是非,而人间是非是与天道变化分不开的,这样的天人相应,也是《易》与《春秋》的结合。这就是他们的'天人之际',也就是'天人之学'。"[1]将现世间的价值问题与天连在一起,以天道为一切价值的最高标准,乃是董氏天的哲学的动机方向,董仲舒认为"圣人法天而立道,亦溥爱而亡私,布德施仁以厚之,设谊立礼以导之……古者修教训之官,务以德善化民……今世废而不修,亡以化民,民以故弃行谊而死财利,是以犯法而罪多……以此见古之不可不用也……天令之谓命,命非圣人不行;质朴之谓性,性非教化不成;人欲之谓情,情非制度不节。是故王者上谨于承天意,以顺命也;下务以教化民,以成性也;正法度之宜,别上下之序,以防欲也:修此三者,而大本举矣"[2]。董氏在政治理想上追求尚德贬刑,并以天道观为尚德贬刑的政治理想提供了理论支持与根据。董仲舒提出君权神授,目的在于要求人君知天法天,将人君的言行,纳入董氏所主张的与天道相配合的君道之中:

> 夫王者不可以不知天,知天,诗人之所难也。天意难见也,其道难理。是故明阳阴入出、实虚之处,所以观天之志;辨五行之本末、顺逆、小大、广狭,所以观天道也。天志仁,其道也义。为人主者,予夺生杀,各当其义,若四时;列官置吏,必以其能,若五行;好仁恶戾,任德远刑,若阴阳。此之谓能配天。[3]

所以说,灾异思想在汉朝的政治实践中实实在在发挥了一些积极的作用,推阴阳言灾异是约束君权、进谏君主、改善朝政的有效途径与方法。易学与灾异说的结合,对于士大夫阶层与易学学者来说有规范与限制君权之用、神道教化之用,有利于实现经学家的政治主张及价值追求,而对于统治集团来讲则有重建与维护统治秩序之用。汉代易学最突出的特征之一就是其与政治的紧密结合,阴阳灾异之解说、占验与国家政治生活、社会生活密切相关,这说明了汉代易学的政治化、工具化及神学化特征,也更鲜明地说明了汉易卦气象数之学极强的经世致用性和实践性,也充分说明了易学在改善朝政、处理政治危机中的调节功能与实践功能,也充分展示了易学在汉代政治理论建设中的指导作用。

---

① 杨向奎:《司马迁的历史哲学》,《绎史斋学术文集》,上海人民出版社 1983 年版,第 126 页。

② (汉)班固撰,(唐)颜师古注:《董仲舒传》,《汉书》卷五十六,中华书局 2012 年版,第 2187 页。

③ (汉)董仲舒著,张世亮、钟肇鹏、周桂钿译注:《天地阴阳》,《春秋繁露》卷八十一,中华书局 2012 年版,第 650 页。

（三）东汉易学家对理想政治制度的追求与探索

东汉中晚期，政治黑暗，朝纲凌乱，外戚专权，王权旁落，统治者与庶民之间以及统治者内部之宦官、外戚、士大夫间，矛盾加剧，历经几百年统治的汉帝国面临着重重危机，已到了岌岌可危之地步。在此种局面下，包括易学家在内的经学家群体仍不放弃对理想政治制度的追求与探索，期待经学可以帮助统治者凝聚民心，重振朝纲。易学顺应时代的潮流，逐渐由占验派象数易学向注经派象数易学转向。

东汉自和帝至献帝的一百多年，即位的九个皇帝全是幼童，未成年皇帝的王权实际上旁落于母后、外戚、宦官手中，皇帝只是一个不同利益集团的摆设和工具，君圣臣贤的和谐政治局面已经失去，东汉时期大多数时间是圣君贤臣的真空时代。专权外戚不守道德操守，儒家所倡导的价值理想基本丧失，经学地位一落千丈，甚至成为专权者欺世盗名、谋取私利的工具，诚可谓“周孔徒劳，名教虚设”（《全晋文・核性赋》）之时代。大批儒者迫于社会政治之黑暗，纷纷远离黑暗政治及官学，回归私学成为儒者普遍向往的一种风尚。虽然儒学参与政治的方式有所变化，但儒家的担当意识与价值追求的切身履践没有改变，儒学与生俱来的维护封建专制统治的经世致用的核心追求并没有改变，“平运则弘道以求志，陵夷则濡迹以匡时”①是其生动写照。一些暂时栖身于朝廷或隐居乡野的儒者仍以易学为武器评议时政，表达其社会政治主张，以期改善朝政、挽救时局。

东汉时期的马融开启了通过以传解经方式注经的易学新风，并且继承了费氏易学以传解经的传统，初步恢复了《易传》的义理倾向，以人事政治的理性义理取代了京房与《易纬》卦气说象数易学以天人感应、阴阳灾异为理论基础的神学义理。② 荀爽继承了京房与《易纬》的爻象爵位说，以五爻为君、二爻为臣；其阴阳升降说中的乾升坤降的意义如惠栋《易汉学》所云：“以阳在二者，当升坤五为君，阴在五者，当降居乾二为臣”，“阳升阴降，天道行也”。③ 这彰显了荀爽对君圣臣贤和谐政治秩序之追求与期盼，对外戚宦官专权、王权旁落黑暗政治之不满。如荀爽注《乾・文言》“云行雨施，天下平也”曰：“乾升于坤曰‘云行’，坤

① （南朝宋）范晔：《后汉书》卷六十二《荀韩钟陈列传》，中华书局 2012 年版，第 1650 页。
② 参见刘玉建：《汉代易学通论》，齐鲁书社 2012 年版，第 252 页。
③ 梁韦弦：《惠栋〈易汉学〉评解》，黑龙江人民出版社 2010 年版，第 214、215 页。

降于乾曰‘雨施’，乾坤二卦成两既济，阴阳和均而得其正，故曰‘天下平’。”[①]这也彰显了荀爽等东汉易学家在东汉黑暗政治之现实下仍不放弃对理想之政治制度的追求与探索，处乱世仍不放弃《易传》所描绘的“乾道变化，各正性命，保合太和，乃利贞。首出庶物，万国咸宁”[②]之天人和谐、自然与社会和谐有序的儒家和谐价值理想的终极追求。

郑玄善以史解易、以礼解易，应该是穷尽其一生之智慧于易学。郑氏注《乾·用九》说：“见群龙，无首吉”云“爻皆体乾，群龙之象。舜既受禅，禹与稷、契、咎繇之属并在朝。”[③]汉人认为三皇五帝所处的时代乃有明德、施仁政、王道流行、国泰民安的太平盛世，为后世所推崇、效法与向往。郑玄的以史解易中不乏为三皇五帝歌功颂德的内容，也同样体现了郑玄在东汉黑暗政治之现实下，仍不放弃对中国古代政治理想、道德规范的向往，仍不放弃对理想政治制度的追求与探索。郑玄亦善以礼解易，通过易与礼的结合指正时政，郑玄的解易、传易之实践也确实对调整社会秩序起到了一定的作用，也迎合了统治者用经学凝聚民心、重振朝纲的需要，因此受到统治者重视，如大将军何绍、董卓、袁绍皆在遇难之时征召郑玄就职，礼遇甚优；董卓也曾企图用郑玄声誉平息兵乱；东汉皇帝试图用补立博士、征召其为大司农等方式统一学者思想，感化民众。更有甚者，孔融立郑玄家乡为郑公乡。统治阶级群体也认识到了包括易学在内的经学对维护统治的重要性，期待用经学助力社会秩序的调整、缓解日益激化的社会矛盾。郑玄易学在相当长的时间内广为流行，展现了其强大的生命力，足见其服务于政治的极强实践性。郑玄一生虽不为高官厚禄所诱惑，励志为学，但并不代表其治学远离政治。也正是看到了朝纲凌乱以及学界之种种弊端，所以郑玄立志“但念述先圣之元意，思整百家之不齐，亦庶几以竭吾才，故闻名罔从”[④]。

东汉时期大多数时间是圣君贤臣的真空时代，包括易学家在内的经学家群体，虽然对外戚宦官专权、王权旁落之黑暗政治不满，但仍推崇、效法与向往三皇五帝所处太平盛世时代的明德、仁政、王道流行、国泰民安，仍不放弃对中国古代政治理想、道德规范的向往，仍不放弃对理想政治制度的追求与探索，仍不放弃对君圣臣贤和谐政治秩序的追求与期盼，亦期待经学可以帮助统治者凝聚

① （清）李道平撰，潘雨廷点校：《周易集解纂疏》，中华书局1994年版，第61页。
② （清）李道平撰，潘雨廷点校：《周易集解纂疏》，中华书局1994年版，第37页。
③ （南朝宋）范晔：《郎颉襄楷列传》，《后汉书》卷三十下，中华书局2012年版，第844页。
④ （南朝宋）范晔：《郑玄传》，《后汉书》卷三十五，中华书局2012年版，第956页。

民心，重振朝纲。荀爽、郑玄等东汉中晚期易学家的解易、传易之实践对调整社会秩序确实起到了一定的作用，也迎合了统治者用经学凝聚民心、重振朝纲的需要，也因此受到统治者重视，统治阶级群体也认识到了包括易学在内的经学对维护统治秩序的重要性，也期待可以用经学助力社会秩序的调整、缓解日益激化的社会矛盾。易学在相当长时间内的广为流行，展现了其强大的生命力和服务于政治的极强实践性。

（四）本于天道的德治思想的构建

儒家自汉代开始了真正的治国理政之实践，以“罢黜百家，独尊儒术”为标志真正地走到了政治舞台的中央。《汉书》卷五十六《董仲舒传》：“及仲舒对册，推明孔氏，抑黜百家。”[①]对于董氏为何推崇儒家，徐复观先生如此评价：“他（董氏）的反对纵横家，是为了求政治上的安定。他的反对法家，是为了反对当时以严刑峻法为治。他的推明孔氏，是想以德治转移当时的刑治，为政治树立大经大法。”[②]历史上素有汉承秦制之说，刘邦统一天下之后，也继承了秦代专制政治的统治机构，董氏在《天人三策》中明确要求以“德”代“刑”，以教化之官取代执法之吏，就是想以德治转移当时的刑治，为政治树立大经大法。

秦以前的王及西方的专制者，他们的这种地位是靠与神的关系建立起来的。只要大家承认他是天之所命，他便拥有这种崇高的地位。[③] 自三代的君权受天命之影响，发展到秦及以后的专制政治，人君可以通过继业垂统而保持君权不变，人君自身之“德”在政权合法性中的地位有了很大的改变。周初讲的德治与秦以后汉讲的德治有了很大的不同，周初的德治思想认为人君自身之“德”与天之所命是密切相关的，天只授命于有“德”之君；受秦的影响，汉初及以后的德治在某些历史时期只是实现刑治目的的手段和工具，乃至成为刑治的帮凶。在专制政治之下，“治”是短暂的，“乱”是常态的，追求经世致用的儒家始终不曾放弃对德治之路的探索，变通趋时积极主动地适应不同时代的需求，尽管也一度对现实政治做出妥协，但其目的在于探索实现政治理想的不同路径。

汉武帝建元五年置五经博士，专门传授儒家经典，并为博士置弟子，博士弟子经过考试，可补为文学掌故、郎中等，这同时解决了朝廷的后备官员的问题。

---

① （汉）班固撰，（唐）颜师古注：《董仲舒传》，《汉书》卷五十六，中华书局 2012 年版，第 2196 页。

② 徐复观：《两汉思想史》（一），九州出版社 2014 年版，第 172 页。

③ 徐复观：《两汉思想史》（一），九州出版社 2014 年版，第 126 页。

两汉五经博士的设置使知识分子有了参与政治的机会，从制度上为知识分子提供了在政治上发挥能力所凭借的基本条件，儒家所提出的政治理想，也因此有机会浸透到政治制度的构想中去。两汉知识分子对德治的追求可能出于两个原因，一是法家思想乃是秦之专制政治思想的骨干，而汉又继承了秦之专制，以刑法立国，而两汉的思想家无不反秦、反法家，于是两汉之知识分子通过推崇德治来反对法家、反对刑治；二是两汉知识分子通过推崇德治来表达对统治者在政治上的期许，期冀皇权专制能在德治的轨辙上运行。

《易传》对“天”的主宰亦即道德之义尤为关注，《易传》所构建的天人关系及德治思想之履践为历代王朝之治国理政与时俱进地提供了因势乘变的理论上、实践上的支持。而《易传》反复申明其推天道的目的在于明达人事，正如《郭店楚简·语丛一》所谓“《易》所以会天道人道也”[①]。《易传》本着推天道以立人道的天人合一这一基本理论基础，研究与探索治国安邦之道、治乱兴衰的社会政治规律，《易传》也反复强调其理论体系的履践性如“成务”“大业”“吉凶”等，也就是《系辞传》所云：“是故圣人以通天下之志，以定天下之业，以断天下之疑。”[②]这实际上就是指易学在实现国家与社会政治理想方面的具体实践性，而且《易传》的实践性要求是高于儒家其他典籍的，如荀子批判孟子只强调内在于主体之心而忽略外在圣王教化的五行（仁、义、礼、智、圣）说，是一种缺乏履践性、缺乏经验事实检验的“坐而言之，起而不可设，张而不可施行”[③]（《荀子·性恶》）的空谈无用之学。《易传》突出强调“易与天地准，故能弥纶天下之道”[④]，在天人合一的哲学理论体系下，《易传》论述了阴阳二气进退消长、“消息盈虚”体现天道循环变化之理的“一阴一阳之为道”，揭示了一年四时节气、物候之天道变化与体现天道的人道之社会政治之间的密切联系，以期达到人道顺从天道的整体和谐之境界。天道即人道，人道即天道，易的理想价值就是推天道以明人道，秉承天道既包括内圣之崇德、盛德又包括外王之广业、大业、开物成务。

汉代易学与《易传》有着极为紧密的关系，《易传》是汉代易学的主要思想基础与理论依据，汉代易学的主流是以“卦气说”为核心内容的象数易学。卦气说是易学与历法相结合的结晶，是两汉易学家解读《周易》理论、构建筮法体系的

① 翟信斌、郑孝华主编，龙永芳执笔：《郭店楚简简明读本》（五），湖北人民出版社2007年版，第32页。
② （清）李道平撰，潘雨廷点校：《周易集解纂疏》，中华书局1994年版，第596页。
③ 梁启雄：《荀子简释》，中华书局1983年版，第332页。
④ （清）李道平撰，潘雨廷点校：《周易集解纂疏》，中华书局1994年版，第553页。

主要途径与理论根据。所谓卦气说，即按照一定的规律，将六十四卦、三百八十四爻与一年之四时、十二月、二十四节气、七十二候相匹配。《易纬·乾凿度》云："易者，所以昭天道，定王业也。"[①]汉之卦气说象数易学旨在构建一个既明天道又切人事的理论体系，服务于汉统治秩序之构建与维护。日月按其本然规律运行、节气按其本然规律交替、万物按其本然规律兴衰是天道，而易学的使命之一就是明天道，易学又是切人事的，教人理解、尊重天道并按天道之本然规律行事。

汉之卦气理论形成和定型于孟喜，孟喜以《震》《兑》《坎》《离》所谓四正卦二十四爻主一年二十四节气。京房在继承孟喜卦气说的基础上，提出了六卦卦气说，以四正卦和《巽》《艮》"六子"卦主二十四节气，具体言之，即每卦取初、四二爻，每爻主两个节气，六卦十二爻主二十四节气。《易纬》进而用《乾》《坤》《巽》《艮》作为四维卦对四正卦予以补充，即易学史上"四正四维"说，用八卦主一年三百六十五日(每卦四十五日)。同时，《易纬》还采纳了孟喜、京房的六日七分的思想。卦气说、六日七分说，迎合了汉之占验思想的时代需求，根据天道运行、卦气流行的情况，人们可以判定人事之吉凶，以灾异比附人事，实践上将天道之运行与人事之吉凶结合在了一起，将天道运行与统治秩序是否和谐结合在了一起。如天人和谐有序，八卦之气应验，"当寒者寒，当暑者暑，当风者风，当雨者雨"(《易纬·稽览图》)，则五谷丰登，天下顺遂；天道失常，八卦之气不效，则会导致社会动荡无序。儒家的文化价值理想就是追求包括自然与社会在内的整体和谐，卦气说实际上就是汉代易学家遵循儒家的这一理想蓝图构建而成，汉代易学家所创设的象数模式与象数体例既可用于认知天道，又可用于人事决策的依据。

依郑玄之见，六十四卦卦气有君臣尊卑之分，消息卦为君，其他杂卦为臣，一年十二月中，君臣各司其职、各尽其责。消息卦和杂卦之作用和地位是有很大差别的，君为主，臣为辅，消息卦胜于杂卦，且不得越位。而且郑氏认为君臣关系反映了自然秩序和天道秩序，"君臣尊卑之贵贱，如山泽之有高卑也"(《系辞注》)，注《易纬·通卦验》："言天地尊卑已定，乃后有君臣也。"[②]作为最高统治者的天子则是天的代言人，代表天的意志，注《易纬·乾凿度》："王道，继天地而

① 林忠军：《易纬导读》，齐鲁书社2002年版，第89页。
② 林忠军：《易纬导读》，齐鲁书社2002年版，第188页。

已。”[①]郑玄等汉代易学家认为天灾是人的行为所致，如果天子失德，君臣关系错乱，上天会迅速回应，自然灾害则会产生，天人感应有着极强的时效性。所以说灾异思想，天人感应蕴含着德治思想。君臣失道，君不圣臣不贤是导致灾异的主要因素。如何免受灾异之苦，则需要效法天道，即所谓“常则天而行，与时消息”，并且要“圣人所以通天意，理人伦，而明至道也”[②]，“天气下施，万物皆益，言王者之法天地，施政教”[③]。君圣臣贤，效法天道，进德修业，通天意，理人伦，施政教，则可灾异消除，风调雨顺，天下昌平，即所谓“阴阳和，六律调，风雨时，五谷成熟，人民取昌”[④]。

儒家德治思想直接渊源于周初以文王、武王和周公为代表的“敬德保民”“以德配天”的德政思想及其实践，而且到周公之时已经把德治提升到了治国安邦的高度。春秋战国时期“礼崩乐坏”，孔子、孟子及儒家弟子虽然周游列国游说诸侯，以“克己复礼”为己任，推行其以德治思想为核心的治国方略，但各路诸侯无一真正信服与实践，《论语》中孔子“河不出图”的感叹正是基于其政治主张未被采纳、理想未能实现而发，所以自春秋战国至汉武帝“独尊儒术”，儒家德治思想、治国方略并没有真正实践于治国理政。但春秋战国之时，儒家对德治思想的探索使渊源于周初的德治思想更为完备与系统化，为西汉儒家德治思想真正服务和实践于治国理政做了坚实的准备。春秋战国“礼崩乐坏”之乱以及秦朝因暴政而短命让汉代统治者认识到了追求国家长治久安之道的重要性。所以说汉代儒家与政治的结合，得益于春秋战国时期儒家对“克己复礼”孜孜不倦地探求与宣传，也蕴含了对春秋战国时期“礼崩乐坏”的总结和对秦之短命暴政的反思。儒家德治思想的真正实践始于汉代，特别是汉武帝接受了当时儒家代表人物董仲舒“罢黜百家，独尊儒术”的建议之后。儒家在汉代与政治的紧密结合是时代的需要、社会发展的需要。道、释二家与政治的结合往往是短期的、权宜性的，而儒家特别是易学与政治的结合则是长期性的，朝代有更替，易学上至庙堂下至民间的因势乘便、因时乘变的经世致用的极高实践性是其富有生命力的源泉。《易传》所构建的天人关系及德治思想之履践为历代王朝之治国理政与时俱进地提供了因势乘变的理论上、思想上、哲学上的支持。

---

① 林忠军:《易纬导读》,齐鲁书社 2002 年版,第 87 页。

② 林忠军:《易纬导读》,齐鲁书社 2002 年版,第 81 页。

③ 林忠军:《易纬导读》,齐鲁书社 2002 年版,第 85 页。

④ 林忠军:《易纬导读》,齐鲁书社 2002 年版,第 199 页。

三、进德修业与内圣外王

相对于《易经》德治思想的朴素性、具体性、实用性的特点,《易传》的德治思想则已经发展到了一个体系化的状态,德治思想从《易经》发展到《易传》,可以说是从德治之术发展到了德治之道。而且《易传》所构建的德治思想体系并没有止步不前不再发展,而是被历代儒家所补益、弘扬,最终形成一个体系庞大的、被历朝历代统治者所看重并实践的儒家德治思想体系。儒家思想体系的总追求是以达于德为中心,儒家德治思想体系肇始于《周易》古经,完善于《易传》,弘扬于历代儒家。本于天道的内圣外王是儒家德治思想体系的实践性归宿,内圣外王与《易传》所推崇的进德修业、自强不息、厚德载物是一脉相承的。内圣、进德、厚德载物是本于天道的形上的道德追求,外王、修业、自强不息是在道德追求指引下的德治实践。

而儒家德治思想的最终目标则是建立一个以太和为最高目标的天人和谐的、万国咸宁的理想社会。《乾·彖》最早提出了"太和"的思想。"太和",《周易本义》释为"阴阳会和冲合之气也"①。高亨《周易大传今注》曰:"天能保合太和之景象,乃能普利万物,乃为天之正道。"②一卦六爻,上面二爻象征天道,下面二爻象征地道,中间二爻则象征人道,天道有阴阳,地道有柔刚,人道有仁义,此为天地间天、地、人三才之间的本然联系,六爻之间的承、乘、比、应、时、位、中等各种关系体现了天、地、人三才之间的交互关系,包含于其中的阴阳相应、协调配合的最高境界就是"太和",《彖传》提出了人类最理想的社会状态:保合太和,万国咸宁。挺立于天地之间的"人",是儒家德治思想体系之最高境界"天人合一"终极完成之根本,"天"和"人"是相通的,"天"和"人"是一个统一的整体,"天道"通过"人道"来体现,人可以参天地之化育,人与天地参矣。《郭店楚简·语丛一》谓"《易》所以会天道人道也"③。以人为本,是《周易》经传德治思想之基,也是肇始于《周易》古经的儒家德治思想之基。"天人合一"则是德治的终极追求与最高境界,本于天道就是指顺天应人,顺天是指追求天人相际不离的天人合一的境界,应人是指顺应天道而进行的以民为本的伦理道德之政治实践,而这

---

① (宋)朱熹撰,廖名春点校:《周易本义》,中华书局 2009 年版,第 33 页。

② 高亨:《周易大传今注》,清华大学出版社 2010 年版,第 40 页。

③ 翟信斌、郑孝华主编,龙永芳执笔:《郭店楚简简明读本》(五),湖北人民出版社 2007 年版,第 32 页。

一系列实践的真正实现则离不开教化。所以说肇始于易学的儒家德治思想的内涵应该包括三个层次：遵循天道的以人为本的伦理道德作为政治的基础；自强不息、厚德载物、修齐治平、以民为本、德主刑辅、富民安人、行德政以及教化天下等等则是具体的德治知行合一之实践过程；而教化则是德治思想最重要的实践过程，既包括了进德与内圣的过程，也包括了修业与外王的过程。

(一)教化是德治思想最重要的实践过程

顺天应人的最高境界就是“天人合一”，《文言》曰：“夫大人者，与天地合其德，与日月合其明，与四时合其序，与鬼神合其吉凶。先天而天弗违，后天而奉天时。天且弗违，而况于人乎，况于鬼神乎。”[①]其中指出的是“大人”，也即“圣人”的“天人合一”的境界，《系辞》曰：“与天地相似，故不违。知周乎万物而道济天下，故不过。旁行而不流。乐天知命，故不忧。安土敦乎仁，故能爱。范围天地之化而不过，曲成万物而不遗，通乎昼夜之道而知，故神无方而易无体。”[②]那对于芸芸众生的“小人”，普普通通的民众，如何做到“天人合一”呢？《系辞上》又说：“夫易，圣人之所以极深而研几也。唯深也，故能通天下之志。唯几也，故能成天下之务。”[③]何谓“通天下之志”“成天下之务”呢？《泰·象》曰：“后以财成天地之道，辅相天地之宜，以左右民。”[④]这里的“后”，指的也是“圣人”的意思。惠栋《周易述》曰：“言后资财用以成教，赞天地之化育以左右其民也。”[⑤]所以说，顺天应人的最终目的就是“教化”民众，化育天下。

前文已经论述过，《周易》不只是卜筮之书，更是体现文王与周公“德义”思想的“教化”之书。文王、周公所处的时代，占卜是社会流行的民间信仰，周文王借助于占卜这种社会信仰以教化天下民众，此也是所谓“文王演易”的目的之一。《周易折中》卷首认为：“圣人作《易》，本是使人卜筮，以决所行之可否，而因之以教人为善。如严君平所谓与人子言依于孝，与人臣言依于忠者。故卦爻之辞，只是因依象类，虚设于此，以待叩而决者，使以所值之辞，决所疑之事。似若假之神明，而亦必有是理而后有是辞。理无不正，故其丁宁告戒之辞，皆依于

① (清)李道平撰，潘雨廷点校：《周易集解纂疏》，中华书局1994年版，第64～66页。
② (清)李道平撰，潘雨廷点校：《周易集解纂疏》，中华书局1994年版，第555～558页。
③ (清)李道平撰，潘雨廷点校：《周易集解纂疏》，中华书局1994年版，第593页。
④ (清)李道平撰，潘雨廷点校：《周易集解纂疏》，中华书局1994年版，第165～166页。
⑤ (清)惠栋撰，郑万耕点校：《周易述》，中华书局2007年版，第198页。

正。天下之动,所以正夫一,而不谬于所之也。”[①]文王根据卦爻象而作卦爻辞,揭示卦爻象所蕴涵的易道之理则,文王借此将哲学思想用于人事中以教化天下民众,所谓“圣人以神道设教”也,所以说《周易》之筮不仅仅是预测吉凶的工具,更是教化天下的帝王之道、君子之术。而周人之“神道设教”是以“德义”为核心的,是自觉地将《周易》之“德义”内容以卜筮形式包装而“神道设教”,以适应一般民众社会生活意识。

《周易》以“德义”为核心的教化之功用为文王所开创,历代易学家也继承并弘扬之。《系辞上》云:“吉凶者,言乎其得失也。悔吝者,言乎其小疵也。无咎者,善补过者也。”[②]《周易》中吉凶悔吝之概念,均是对人教化训诫之语。

《易传》继续发扬光大《周易》教化之功用,这在《象传》《彖传》中有足够的体现,不仅讲述教化之功用、之意义,更论述了教化完整的实践过程。

圣人“教化”自“家”始,圣人顺天而施教,小人顺天而从教。《家人·彖》曰:“女正位乎内,男正位乎外。男女正,天地之大义也。家人有严君焉,父母之谓也。父父子子,兄兄弟弟,夫夫妇妇,而家道正,正家而天下定矣。”[③]《周易集解》引陆绩曰:“圣人教先从家始,家正而天下化之,修己以安百姓者也。”[④]《家人·象》曰:“风自火出,家人。君子以言有物而行有恒。”[⑤]王弼《周易注》曰:“家人之道,修于近小而不妄也。故君子以言必有物,而口无择言;行必有恒,而身无择行。”[⑥]齐家以修身为本,修身以言行为先,圣人之教先从家始,圣人之教始于修身。

圣人身为德义之模范,为民所“观仰”。《观·象》:“风行地上,观。先王以省方,观民设教。”[⑦]此一解释,说明了“观”的两重意义,一是“观仰”,即下观上,“风行地上”释《观》卦上巽为风、下坤为地之象;二是“观视”,即上观下,即“先王”效法《观》卦之象,广泛省察下情。统治者巡省天下之四方,考察民情风俗,即观民也,同时根据观民的情况,设教以为民所“观仰”。“观仰”与“观视”目的是一致的,“观视”是为正确设教于民,统治者效法《观》卦的卦象,巡察各方民

① (清)李光地编纂,刘大钧整理:《周易折中》,巴蜀书社2006年版,第11页。
② (清)李道平撰,潘雨廷点校:《周易集解纂疏》,中华书局1994年版,第551页。
③ (清)李道平撰,潘雨廷点校:《周易集解纂疏》,中华书局1994年版,第350~351页。
④ (清)李道平撰,潘雨廷点校:《周易集解纂疏》,中华书局1994年版,第350页。
⑤ (清)李道平撰,潘雨廷点校:《周易集解纂疏》,中华书局1994年版,第351页。
⑥ (魏)王弼撰,楼宇烈校释:《周易注》,中华书局2011年版,第200页。
⑦ (清)李道平撰,潘雨廷点校:《周易集解纂疏》,中华书局1994年版,第231页。

情，推行教化，让民"观仰"，使民众受到教化的熏陶，形成统治者希望看到的良风美俗，化民而成俗。《姤·象》《晋·象》等均言统治者化民成俗、教化天下的实践过程，《姤·象》："后以施命诰四方。"①统治者"后"观姤之象，应用到国家治理上，则"施命诰四方"，则统治者的号令传遍四方，民众皆知晓，皆遵从。《周易集解》引翟玄曰："天下有风，风无不周布；故君以施令，告化四方之民矣。"②《晋·象》："明出地上，晋。君子以自昭明德。"③《周易程氏传》："君子观明出于地上而益明盛之象，而以自昭其明德。去蔽致知，昭明德于己也。"④

教化天下是儒家与生俱来的使命。儒家自诞生之日起就强调教化的重要，儒家教化中对"德"的重视与《周易》经传以"德义"为核心的教化思想是一脉相承的，其教化的内容也是以德行为先，寓德行于教育的过程与内容之中。

春秋战国时期，以《诗》《书》《礼》《乐》《易》《春秋》等六经为代表的文献虽然没有全面占据主流意识形态的地位，但已经初步具有了经典的地位，也是那个时代主流话语的重要组成部分。六经是德义和价值的体现者，孔子认为为政者当以六经教化天下，涵养民德。当然，六经在教化中的地位与作用各有所异。

> 孔子曰："入其国，其教可知也。其为人也，温柔、敦厚，《诗》教也；疏通、知远，《书》教也；广博、易良，《乐》教也；洁静、精微，《易》教也；恭俭、庄敬，《礼》教也；属辞、比事，《春秋》教也。"⑤
>
> 余闻董生曰：……《易》著天地阴阳四时五行，故长于变；《礼》经纪人伦，故长于行；《书》记先王之事，故长于政；《诗》记山川溪谷禽兽草木牝牡雌雄，故长于风；《乐》乐所以立，故长于和；《春秋》辩是非，故长于治人。是故《礼》以节人，《乐》以发和，《书》以道事，《诗》以达意，《易》以道化，《春秋》以道义。拨乱世反之正，莫近于《春秋》。⑥
>
> 或问："五经有辩乎？"曰："惟五经为辩。说天者莫辩乎《易》，说事者莫辩乎《书》，说体者莫辩乎《礼》，说志者莫辩乎《诗》，说理者莫辩乎《春秋》。

---

① （清）李道平撰，潘雨廷点校：《周易集解纂疏》，中华书局 1994 年版，第 402 页。

② （清）李道平撰：《周易集解纂疏》，中华书局 1994 年版，第 402 页。

③ （清）李道平撰，潘雨廷点校：《周易集解纂疏》，中华书局 1994 年版，第 339 页。

④ （宋）程颐著，王孝鱼点校：《周易程氏传》，中华书局 2016 年版，第 153 页。

⑤ 胡平生、张萌译注：《礼记》，中华书局 2017 年版，第 951 页。

⑥ （汉）司马迁撰，（宋）裴骃集解，（唐）司马贞索隐，（唐）张守节正义：《太史公自序》，《史记》卷一百三十，中华书局 1982 年版，第 3297～3299 页。

舍斯，辩亦小矣。”①

教化民众、以德化民是教化之重任，培养德位皆具的施政人才也是教化的主体。教育本身就是王权体系的重要组成部分，教育、德行和政治具有天然的密切关系，以德位皆具的君子管理民众也是孔子所主张的。季康子问政于孔子时，孔子说：“子为政，焉用杀？子欲善，而民善矣。君子之德风，小人之德草。草上之风，必偃。”②(《论语·颜渊》)孔子对季康子强调教化，加草以风，无不仆者，犹民之化于上。

《礼记·王制》载：

> 大乐正论造士之秀者以告于王，而升诸司马，曰“进士”。司马辨论官材，论进士之贤者，以告于王，而定其论。论定然后官之，任官然后爵之，位定然后禄之。③

而儒家思想中几个最主要的治国理政的论点无一不体现教化的思想，而且儒家强调政治德行对政治过程的重要性，认为政治的本质就是道德教化。

第一，“为政以德”。《论语·为政》：“为政以德，譬如北辰，居其所而众星共之。”④为政以德体现了以道德表率引领道德教化。为政者以自己的道德实践做人民的表率，人民自然会归向为政者，如众星环绕北极星一样。

第二，“道之以德”。《论语·为政》：“道之以德，齐之以礼，有耻且格。”⑤以道德引领社会与民众，通过道德教化提升民众的道德意识水平，同时以礼规范民众的行为，建设一个有序的社会，从而实现“以德治国”的最终目的，这又体现了教化的重要性。

第三，以政为正。《论语·颜渊》：“季康子问政于孔子，孔子对曰：政者，正也。子帅以正，孰敢不正？”⑥《论语·子路》：“其身正，不令而行；其身不正，虽令不从。”⑦治理国家与社会，“正其身”比“正其民”更为重要，执政者的正身、修身

① 韩敬译注：《法言》，中华书局2012年版，第173页。
② 杨伯峻：《论语译注》，中华书局2015年版，第186页。
③ 胡平生、张萌译注：《礼记》，中华书局2017年版，第269页。
④ 杨伯峻：《论语译注》，中华书局2015年版，第16页。
⑤ 杨伯峻：《论语译注》，中华书局2015年版，第17页。
⑥ 杨伯峻：《论语译注》，中华书局2015年版，第186页。
⑦ 杨伯峻：《论语译注》，中华书局2015年版，第195页。

是对社会规范的最好践行与引领，从君身做起，君帅以正，则民无不正。“尧舜帅天下以仁，而民从之”“君子之德风，小人之德草”，执政者身之正、德之正，是管理国家、规范社会、教化民众最好的道德表率。

孔子后来说“为政以德”，把西周以来中国古代政治传统以更为明确的形式表达出来，道德和德性成为政治的基点，在前孔子时代，这种把道德置于政治中心的立场是借助“天”的权威加以实现的，而天的权威又是被“德”所规定了的。[①]天对人世的影响是以“德”为意志，以“德”为转移的，正所谓“皇天无亲，惟德是辅”。

孔子以儒家独特的视角解读《周易》之象数理占，对《周易》的态度是“后亓祝卜，观亓德义”，孔子发掘出《周易》古经中蕴含的“德义”思想并发扬光大，认定《周易》的作者即国家管理者是有德之人，《周易》的文辞有德性的内容，认定《周易》是蕴涵“德义”思想的教化之书，“德义”成为孔子解释《周易》的终极目标与最高境界。帛书《易传》诸篇，其对卦爻辞的诠释乃至对《周易》的整体性认识，“观亓德义”是其纲领，今本《易传》的大部分内容也是致力于对《周易》进德修业之意蕴的诠释，《周易》乃至《易传》作为经世致用之书，以进德修业为核心理念，服务于治国理政是其本然的使命，“为政以德”“内圣外王”为儒家所推崇，肇始于《周易》古经，发展于《易传》的儒家德治思想尊崇以民为本的伦理道德之政治实践，而教化是德治思想最重要的实践过程，它既包括正心、诚意的“进德”与“内圣”，也包括躬身示范、道德引领的“修业”与“外王”。

(二)内圣外王与进德修业是一脉相承

《周易》构建的德治思想体系本于天道，《乾·文言》曰：“夫大人者，与天地合其德，与日月合其明，与四时合其序，与鬼神合其吉凶。先天而天弗违，后天而奉天时。天且弗违，况于人乎，况于鬼神乎。”[②]其中用了四个“合”字讲说“天人合一”。这里的天囊括了天地日月之广袤空间，也囊括了春夏秋冬之四时。蒙培元先生说：“这是对‘天人合一’境界的一个全面的描述，它不仅包括‘大人’道德人格，而且包括‘大人’的种种功业。‘与天地合其德’之‘德’，从天的方面说，就是‘生生之德’，‘元亨利贞’之德；从人的方面说，就是‘性命’之德，‘仁义礼正’之德。‘生’始终是天德之根本义，由‘生’而有仁义等等德性。既然如此，

---

① 参见陈来：《中国早期政治哲学的三个主题》，《天津社会科学》2007年第2期。

② (清)李道平撰，潘雨廷点校：《周易集解纂疏》，中华书局1994年版，第64～66页。

所谓‘合德’，就是完成生命的意义，实现生命的目的，其中当然包含着‘裁成’‘辅相’之功。”[①]《乾·彖》曰：“大哉乾元，万物资始，乃统天。……大明终始，六位时成，时乘六龙以御天。”[②]《复·彖》曰：“反复其道，七日来复，天行也。”[③]《周易本义》曰：“阴阳消息，天运然也。”[④]《丰·彖》曰：“日中则昃，月盈则食，天地盈虚，与时消息。”[⑤]天地万物，或盈或虚，合于时序而消长。“后天而奉天时”，人顺应天的预示、天的变化而行动，奉天、顺天而行动，这好理解。那为什么还能“先天而天弗违”呢？“大人”的先天之行合于“天道”，才能做到天人不违。《周易本义》曰：“先天不违，谓意之所为，默与道契；后天、奉天，谓知理如是，奉而行之。”[⑥]《周易程氏传》曰：“大人与天地日月四时鬼神合者，合乎道也。天地者道也，鬼神者造化之迹也。圣人先于天而天同之，后于天而能顺天者，合于道而已。合于道，则人与鬼神岂能违也！”[⑦]为什么“大人”的“先天而天弗违”的先天之行能合于天道呢？《系辞下》曰：“古者庖牺氏之王天下也，仰则观象于天，俯则观法于地。观鸟兽之文，与地之宜。近取诸身，远取诸物。于是始作八卦，以通神明之德，以类万物之情。”[⑧]天道，是“圣人”“大人”观天法地而来。

高亨先生认为：“所谓‘与天地合其德与日月合其明与四时合其序’有双重意义：第一是人为的遵循自然法则；第二是人为效法天地的普利万物，效法日月的明照万物，效法四时适应万物的发展而随时变化，即人道效法天道、地道之意。‘与鬼神合其吉凶’是说人为的吉凶结果无不与神权法则相符合。作者认为这样的大人，能够预见客观事物的将然，走在自然的前头，利用客观事物的已然，走在自然的后面，自然会满足他的要求，鬼神会保佑他，别人会跟着他走，无往而不胜利。”[⑨]所以，我们又有了新的问题，为什么“圣人”“大人”可以合于天道，无所不合呢？因为“圣人”“大人”兼具圣德与政治上的崇高地位，《易传》所说的“大人”“圣人”达到了所谓“天人合一”境界，实现了这种境界的“大人”“圣人”，他们能与“天德”合一，充分实现生命的意义与价值。

---

① 蒙培元：《天·地·人——谈〈周易〉的生态哲学》，《周易研究》2000年第1期。
② （清）李道平撰，潘雨廷点校：《周易集解纂疏》，中华书局1994年版，第35～37页。
③ （清）李道平撰，潘雨廷点校：《周易集解纂疏》，中华书局1994年版，第263页。
④ （宋）朱熹撰，廖名春点校：《周易本义》，中华书局2009年版，第110页。
⑤ （清）李道平撰，潘雨廷点校：《周易集解纂疏》，中华书局1994年版，第481页。
⑥ （宋）朱熹撰，廖名春点校：《周易本义》，中华书局2009年版，第42页。
⑦ （宋）程颐撰，王孝鱼点校：《周易程氏传》，中华书局2016年版，第9页。
⑧ （清）李道平撰，潘雨廷点校：《周易集解纂疏》，中华书局1994年版，第621～623页。
⑨ 高亨：《试谈〈周易〉大传的哲学思想》，《学术月刊》1961年第11期。

“大人”“圣人”效法乾元之天道刚健，参赞天地之化育，自强不息，刚毅奋发。在《易传》看来，“大人”“圣人”应不断地以自强不息的精神，迁善改过，顺天休命，克己修身，不断“进德”，不停“修业”，趋向“天人合一”之境界。

《乾・文言》通篇都在言说何以进德，何以修业。《乾・文言》曰：

> 元者，善之长也。亨者，嘉之会也。利者，义之和也。贞者，事之干也。君子体仁，足以长人。嘉会，足以合礼。利物，足以和义。贞固，足以干事。君子行此四德者，故曰《乾》元亨利贞。[①]
>
> ……
>
> 《乾》元者，始而亨者也。利贞者，性情也。《乾》始能以美利利天下，不言所利，大矣哉。大哉《乾》乎，刚健中正，纯粹精也。六爻发挥，旁通情也。时乘六龙，以御天也。云行雨施，天下平也。[②]
>
> 君子以成德为行，日可见之行也。[③]

《周易集解》引干宝曰：“四德者，文王所由兴。四愆者，商纣所由亡。”[④]“君子之行，动静可观，进退可度。动以成德，无所苟行也。”[⑤]

《乾・初九・文言》曰：

> 初九曰：“潜龙勿用。”何谓也？子曰：“龙德而隐者也。不易乎世，不成乎名。遁世无闷，不见是而无闷。乐则行之，忧则违之。确乎其不可拔，潜龙也。”[⑥]

黄庆萱指出，“隐”必须与“德”相结合。无德不配称隐，隐居仍要修德。[⑦]

《乾・九二・文言》曰：

> 九二曰：“见龙在田，利见大人。”何谓也？子曰：“龙德而正中者也。庸言之信，庸行之谨，闲邪存其诚。善世而不伐，德博而化。《易》曰‘见龙在

---

① (清)李道平撰，潘雨廷点校：《周易集解纂疏》，中华书局 1994 年版，第 41～44 页。
② (清)李道平撰，潘雨廷点校：《周易集解纂疏》，中华书局 1994 年版，第 59～61 页。
③ (清)李道平撰，潘雨廷点校：《周易集解纂疏》，中华书局 1994 年版，第 62 页。
④ (清)李道平撰，潘雨廷点校：《周易集解纂疏》，中华书局 1994 年版，第 44 页。
⑤ (清)李道平撰，潘雨廷点校：《周易集解纂疏》，中华书局 1994 年版，第 62 页。
⑥ (清)李道平撰，潘雨廷点校：《周易集解纂疏》，中华书局 1994 年版，第 45～46 页。
⑦ 参见黄庆萱：《〈周易〉乾卦释义》，(台北)《孔孟学报》1976 年第 31 期。

> 田，利见大人’，君德也。”[①]

《周易程氏传》释《乾·九二》曰："以圣人言之，舜之田渔时也。利见大德之君，以行其道。君亦利见大德之臣，以共成其功。天下利见大德之人，以被其泽。"[②]九二、九五均是具大德之人，大德即所谓修己治人，内圣外王，参赞化育，沟通天人，亦即君德也。

《乾·九三·文言》曰：

> 九三曰："君子终日乾乾，夕惕若，厉，无咎。"何谓也？子曰："君子进德修业。忠信，所以进德也。修辞立其诚，所以居业也。"[③]

《系辞上》亦曰：

> 盛德大业至矣哉。富有之谓大业，日新之谓盛德。[④]
>
> ……
>
> 子曰："易其至矣乎。夫易，圣人所以崇德而广业也。知崇礼卑。崇效天，卑法地。天地设位，而易行乎其中矣。成性存存，道义之门。"[⑤]

《易传》所讲"进德修业""崇德广业""盛德大业"是一个递进的关系，"进德修业"从道德上树立了人的主体性，以及处理天人关系的原则。但是"德"不仅仅是个体的德性，而是要施之于万物，如同自然界的雨露一样，使万物得到它的润泽，亦即"崇德"，唯有如此，才能称之为"盛德"，也只有这样，才能实现人与自然界的普遍和谐，才可称为"盛德大业"。

《四库全书》《易类》云："《易》之为书，推天道以明人事者也。"[⑥]《系辞》指出要成就天下的事业，则要"明于天之道，而察于民之故"[⑦]。在古经卦爻辞广泛涉及的各类筮问事项中，人是诠论的中心，而处于某种情势或境遇下，人当如何做出回应或做出回应后的吉凶休咎之局又是诠论的核心。正所谓《系辞上》曰：

---

① (清)李道平撰，潘雨廷点校：《周易集解纂疏》，中华书局 1994 年版，第 46～47 页。

② (宋)程颐撰，王孝鱼点校：《周易程氏传》，中华书局 2016 年版，第 2 页。

③ (清)李道平撰，潘雨廷点校：《周易集解纂疏》，中华书局 1994 年版，第 48 页。

④ (清)李道平撰，潘雨廷点校：《周易集解纂疏》，中华书局 1994 年版，第 561 页。

⑤ (清)李道平撰，潘雨廷点校：《周易集解纂疏》，中华书局 1994 年版，第 565～566 页。

⑥ (清)永瑢、纪昀主编：《四库全书总目提要》，海南出版社 1999 年版，第 13 页。

⑦ (清)李道平撰，潘雨廷点校：《周易集解纂疏》，中华书局 1994 年版，第 598 页。

“是故形而上者谓之道，形而下者谓之器。化而财（裁）之谓之变，推而行之谓之通。举而措之天下之民，谓之事业。”①

根据李镜池先生的总结，《周易》卦爻辞中占筮的参与者包括君王、侯、大人、君子、文人、武人、幽人、职官、妇人、小人、丈夫、小子等约十二类，李先生因此认为：“从这个人物表看来，可见当时用筮占的人实在很多；从贵族阶层以至平民社会，都要靠这‘神物’来指导他们生活的途径。”②也由此可见“为人谋”在《周易》占筮中的重要地位，而且这个“人”是自君王到平民百姓皆包括在内的。《周易》“为人谋”的宏愿立足甚高，通过文王演易，掌握在殷人手中与天鬼神沟通的渠道转移到周人手中，周人进而真正掌握了与天沟通的渠道和权力，文王通过演易融通其不同于殷商的政治思想、天命思想于新的易筮系统之中，新的易筮系统的使命就是要向天下宣传新的不同于殷商的以“德”为核心的天命思想。殷代末期，神道思想的地位渐趋动摇，特别是殷纣的逆天暴物加剧了神道思想的衰落，神道思想已成强弩之末，周代神道思想仍兴但已不如殷之强烈，人道思想开始萌芽并趋强，周文化在继承与发展商文化的过程之中，更突出了“人”的价值，从“因顺自然”过渡到“天人合一”，并且天人和谐的最高境界体现在品德之上，即“与天地合其德”。

《易传》开拓性地提出了“三才”之道说：“《易》之为书，广大悉备。有天道焉，有地道焉，有人道焉。兼三才而两之。”③三才之间的关系是有区别的，“大哉乾元，万物资始，乃统天”④。人道顺承于天道，人道本于天道，人道要效法天道、地道，所谓“天之所助者，顺也”⑤。而圣人作《易》的目的就是阐明“顺性命之理”，“昔者圣人之作易也，将以顺性命之理”⑥。对于效法天地之道，《易传》则是反复地说，“是故天牛神物，圣人则之。天地变化，圣人效之”⑦，“其德刚健而文明，应乎天而时行”⑧，“天地革而四时成，汤武革命，顺乎天而应乎人”⑨，“天地

---

① （清）李道平撰，潘雨廷点校：《周易集解纂疏》，中华书局1994年版，第611～612页。
② 李镜池：《周易探源》，中华书局1978年版，第32～33页。
③ （清）李道平撰，潘雨廷点校：《周易集解纂疏》，中华书局1994年版，第675页。
④ （清）李道平撰，潘雨廷点校：《周易集解纂疏》，中华书局1994年版，第35～36页。
⑤ （清）李道平撰，潘雨廷点校：《周易集解纂疏》，中华书局1994年版，第608页。
⑥ （清）李道平撰，潘雨廷点校：《周易集解纂疏》，中华书局1994年版，第691页。
⑦ （清）李道平撰，潘雨廷点校：《周易集解纂疏》，中华书局1994年版，第605页。
⑧ （清）李道平撰，潘雨廷点校：《周易集解纂疏》，中华书局1994年版，第188页。
⑨ （清）李道平撰，潘雨廷点校：《周易集解纂疏》，中华书局1994年版，第437～438页。

以顺动,故日月不过而四时不忒。圣人以顺动,则刑罚清而民服”[①]。“人道”顺应“天道”,而最终的归宿点就是“人本”,“人本”就是最大的“天道”。人是万物之灵,是天地中最为珍贵的,《周易》由天道说起,而其终极关怀在人间,而且把人置于顶天立地的地位。

儒家德治思想的最终目标则是建立一个以太和为最高目标的天人和谐的、万国咸宁的理想社会。《周易》自成书时就具备了王者之书的性质,经世致用是其先天之本性。《易传》成书之时,诸子百家虽方法各异,但基本围绕着治国牧民这一主要追求,即皆“务为治”。肇始于《周易》古经,发展于《易传》的儒家德治思想所探索的以民为本的伦理道德之政治实践,将遵循天道的以人为本的伦理道德作为治国理政的基础;而自强不息、厚德载物、修齐治平、以民为本、德主刑辅、富民安人、行德政以及教化天下等等则是具体的德治知行合一之实践过程;而教化则是德治思想最重要的实践过程,既包括了进德与内圣的过程,也包括了修业与外王的过程。“进德修业”“崇德广业”“盛德大业”是一个不断推进的过程,自“进德修业”到“内圣外王”也是一个一脉相承的过程。

(三)宋代易学对“内圣”的追求和“外王”的实践

弘扬易学是宋代儒学复兴运动的主要组成部分。范文澜先生认为:“宋学是以《周易》来代替佛教的哲学。”[②]孔颖达依据王弼的《周易注》所作的《周易正义》是宋代易学家的必读之书,庆历之际,范仲淹、欧阳修和“宋初三先生”积极倡导宋代儒学复兴运动,复兴儒学是庆历新政的重要组成部分,而弘扬易学是当时儒学复兴运动的主要组成部分,宋代重要的思想家几乎都是易学名家。范仲淹是宋仁宗时推行庆历新政的领袖人物,其为学“泛通六经,尤长于《易》”(《宋史·范仲淹传》)。胡瑗著有《周易口义》十二卷,讲学的主旨是“明体达用”,孙复作《易说》六十四篇,石介作《徂徕易解》五卷,此三人被奉为理学前驱,重视承继儒家道统,均推崇《周易》。孙复认为:“尽孔子之心者《大易》,尽孔子之用者《春秋》,是二大经,圣人之极笔也,治世之大法也。”[③]司马迁指出:“《春秋》推见至隐,《易》本隐之以显。”[④]二者均以《周易》为体,《春秋》为用。石介师

---

① (清)李道平撰,潘雨廷点校:《周易集解纂疏》,中华书局1994年版,第201～203页。

② 近代史研究所编:《范文澜历史论文选集》,中国社会科学出版社1979年版,第325页。

③ (宋)石介著,陈植锷点校:《徂徕石先生文集》,中华书局1984年版,第223页。

④ (汉)司马迁撰,(宋)裴骃集解,(唐)司马贞索隐,(唐)张守节正义:《司马相如列传》,《史记》卷一百一十七,中华书局1982年版,第3073页。

事孙复，对《周易》的性质与功能亦有类似看法，“夫《易》之作，救乱而作也，圣人不得已也”，“作《易》非以为巧，救乱也。文王、夫子非以炫辞，明《易》也。《易》不作，天下至今乱不止”。[①]

胡瑗以“明体达用”作为复兴儒学的基本纲领，所谓体即“仁义礼乐，万世不可变者”[②]，为内圣，重在心性修养；所谓用，即“举而措之天下，能润泽斯民，归于皇极者”[③]，为外王，重在经世致用。自庆历至熙宁年间，宋易的体用思想着重于“达用”，强化了儒家的道德规范，对儒理的阐释着重于价值规范层面，以适应那个时期经世外王的社会政治改革的需要，譬如李觏的易学，重在探究“急乎天下国家之用”和“庶乎人事修而王道明”，欧阳修也反复强调易学研究的重点在于“达用”，反复申说“六经皆载圣人之道，而《易》著圣人之用”。熙宁至元祐年间，宋易的体用思想着重于“明体”，致力于内圣心性之学的探究，将儒理的阐释提到哲学的高度，周敦颐则是宋代易学从“达用”转到“明体”的关键人物。宋代易学家曾致力于妥善解决内圣外王的关系问题，易学家各有所偏重，李觏、欧阳修和司马光重外王轻内圣，苏轼则偏重内圣轻于外王，周敦颐和邵雍虽致力于内圣与外王的有机统一但没有实现真正的贯通。二程集邵雍、张载和周敦颐等探索成果之大成，致力于对“明体达用”的进一步探索，致力于追求理与事的结合，其易学思想的核心归结为“体用一源，显微无间”，致力于创成一个完整的思想体系，明体者崇德，达用者广业，意图在易学德治思想体系的构建上，完成从进德到修业、从内圣到外王的真正贯通。

程颐一生历经仁宗、英宗、神宗、哲宗、徽宗等五朝，积累了丰富的政治实践经验，切身感受到了现实政治与内圣外王理想之治的遥远距离，构建一个什么样的治理结构从而实现从内圣到外王可以贯通的理想之治是程颐等宋儒们苦苦探索的重要问题。程氏《易传》成书于北宋政局动荡不安、充满忧患的年代，程颐对政治履践的现实困境与其理想的矛盾有着切身的体会。程颐的政治理想、理学思想和人格履践，对治世理想的追求和探索，对内圣外王之道的探索，集中体现在他平生用意所在的《易传》之中。程颐对《西铭》倍加赞赏，他在《答

① (宋)石介著，陈植锷点校：《徂徕石先生文集》，中华书局1984年版，第78、79页。

② (清)黄宗羲原著，(清)全祖望补修，陈金生、梁运华点校：《宋元学案·安定学案》，中华书局1986年版，第25页。

③ (清)黄宗羲原著，(清)全祖望补修，陈金生、梁运华点校：《宋元学案·安定学案》，中华书局1986年版，第25页。

杨时论西铭书》中指出:“《西铭》明理一而分殊,墨氏则二本而无分。”[①]其在注《同人》时曰:“天下之志万殊,理则一也。”[②]于《易序》中曰:“散之在理,则有万殊;统之在道,则无二致。”[③]程颐关于理一分殊的阐述实际上是其“体用一源,显微无间”的另外一种表述,这也说明“体用一源,显微无间”着重关注“天尊地卑,乾坤定矣”的天地之秩序和“鼓之以雷霆,润之以风雨”的天地之和谐。尊卑之位乃天地之序,阴阳之交乃天地之和,和谐与秩序的完美统一是政通人和的最理想的国家管理状态,程颐在注《泰》卦时满怀激情地描绘这一天地交合、万物通泰,天人整体和谐的理想状态:“阴阳和畅,则万物生遂,天地之泰也。以人事言之:大则君上,小则臣下,君推诚以任下,臣尽诚以事君,上下之志通,朝廷之泰也。”[④]在释《否·象》时则曰:“夫天地之气不交,则万物无生成之理。上下之义不交,则天下无邦国之道。建邦国所以为治也。上施政以治民,民戴君而从命,上下相交,所以治安也。今上下不交,是天下无邦国之道也。阴柔在内,阳刚在外,君子往居于外,小人来处于内,小人道长,君子道消之时也。”[⑤]这与张载所说的“为天地立志,为生民立道,为去圣继绝学,为万世开太平”[⑥]的追求也是一致的,“为天地立志,为生民立道”着眼于内圣,是明体,“为去圣继绝学,为万世开太平”则着眼于外王,是达用。

在秩序与和谐之相互关系中,程颐认为和谐更为重要,秩序始终处于动态的变化中,尽管有时会阴阳失位,秩序破坏,但只要坚持中道,事态终归会向着有利的方向转化,终归会拨乱反正。程颐释《震·六五》曰:“不失中,则不违于正矣,所以中为贵也。诸卦二五虽不当位,多以中为美;三四虽当位,或以不中为过,中常重于正也。盖中则不违于正,正不必中也。天下之理,莫善于中,于六二、六五可见。”[⑦]正乃阴阳之分之序,中乃阴阳之交之合,程颐认为中重于正,中可以率正,注《姤》卦时曰:“阴始生于下,与阳相遇,天地相遇也。阴阳不相交遇,则万物不生。天地相遇,则化育庶类,品物咸章,万物章明也。”“天地不相遇,则万物不生;君臣不相遇,则政治不兴;圣贤不相遇,则道德不亨;事物不相

---

① (宋)程颢、程颐著,王孝鱼点校:《二程集》卷九,中华书局2004年版,第609页。
② (宋)程颐著,王孝鱼点校:《周易程氏传》,中华书局2016年版,第58页。
③ (宋)程颐著,王孝鱼点校:《周易程氏传》,中华书局2016年版,第3页。
④ (宋)程颐著,王孝鱼点校:《周易程氏传》,中华书局2016年版,第49页。
⑤ (宋)程颐著,王孝鱼点校:《周易程氏传》,中华书局2016年版,第54页。
⑥ (宋)张载著,章锡琛点校:《张载集》,中华书局1978年版,第320页。
⑦ (宋)程颐著,王孝鱼点校:《周易程氏传》,中华书局2016年版,第231页。

遇，则功用不成。姤之时与义，皆甚大也。”[①]既中且正的理想境界就是“保合太和”，秩序与和谐均达到最理想的状态。既中且正固然是最理想最完善的状态，但却不是常态，正如和谐与秩序的完美统一是政通人和的最理想的国家管理之状态，但也不是常态。唯有保持中道，立足和谐，让事态始终处于向着有利的方向转化之进程中。

宋朝集中了最多的儒臣，宋儒排斥佛老的“全身苟圣”“弃道而忘天下国家”的风气，以天下为己任的担当精神和“以忧患之心，思忧患之故”的人文情怀是宋儒的突出追求。大多数北宋易学名家还有另外一个共同点，即他们同时也是治国理政的实际参与者、实践者，即亦儒亦吏，范仲淹、欧阳修、程颐、苏轼和司马光等是主要代表。宋代易学家们致力于构建一个基于内圣外王思想指导下的实现王道之治的治国理政架构，易学的本质就是要开示开物成务之道，以程颐为代表的宋代易学家认为实现经世外王的王道之治包括三个重要因素：君圣、臣贤与典法。

程颐曾经对圣王之治寄予厚望，其在任“崇政殿说书”时说：“得以讲学侍人主，苟能致人主得尧、舜、禹、汤、文、武之道，则天下享唐、虞、夏、商、周之治。儒者逢时，孰过于此？臣是以慨然有许国之心。”[②]其兴奋之心情溢于言表。但哲宗无意做一个圣君，徽宗亦复如是。自范仲淹倡导的庆历新政因朋党之议而失败后，在长达半个世纪的或新党推行新法贬黜旧党或旧党尽废新法贬黜新党的轮番政争中，满朝政治精英都受到了沉重的打击。宋儒们生活在一个悲剧的时代，君主垄断权力，专制独裁，不求王道，无意圣君，臣僚则互为朋党，互相攻黜，纷争不已。程颐认识到得圣君之难，“五帝公天下，故与贤；三王家天下，故与子。论善之尽，则公而与贤，不易之道也。然贤人难得，而争夺兴焉，故与子以定万世，是亦至公之法也”。[③]《外书》卷十一也记载了程颐的另外一条语录：“崇宁初，范致虚言：‘程颐以邪说诐行，惑乱众听，尹焞、张绎为之羽翼。’遂下河南府体究。学者往别，因言世故，先生曰：‘三代之治，不可复也。有贤君作，能致小康，则有之。’”[④]北宋五子中，程颐长期置身于政治旋涡的中心，其一生经历了仁宗、英宗、神宗、哲宗和徽宗五朝，对理想与现实的矛盾自然有着切身的体会。

---

① (宋)程颐著，王孝鱼点校：《周易程氏传》，中华书局2016年版，第195页。
② (宋)程颢、程颐著，王孝鱼点校：《二程集》，中华书局2004年版，第557页。
③ (宋)程颢、程颐著，王孝鱼点校：《二程集》，中华书局2004年版，第1217页。
④ (宋)程颢、程颐著，王孝鱼点校：《二程集》，中华书局2004年版，第414页。

三代之治的外王理想毕竟是程颐不会轻易放弃的毕生之追求，面对君主无意圣王和臣僚互为朋党之残酷现实，在执着于外王理想的同时，程颐关于实现王道的实践也更贴近于现实。

程颐认为德与位对君主来说都很重要，释《比・九五》曰："圣人以大公无私治天下，于显比见之矣。"[①]以大公无私中正之道治理天下，体现九五处中得正德位皆具。释《萃・九五》曰："九五居天下之尊，萃天下之众而君临之，当正其位，修其德。以阳刚居尊位，称其位矣，为有其位矣，得中正之道，无过咎也。如是而有不信而未归者，则当自反以修其元永贞之德，则无思不服，而悔亡矣。元永贞者，君之德，民所归也，故比天下之道与萃天下之道，皆在此三者。"[②]君主居尊位，亦需反身修德，具备元、永、贞三德，方可萃聚天下之众。程颐分别于解释《屯・九五》《履・九五》《同人・九五》《豫・六五》《坎・九五》《咸・九五》《晋・六五》时列举了君主德位不相配的种种情况。程颐通过释《履・九五》阐明了圣人所应该具备的"德"："古之圣人，居天下之尊，明足以照，刚足以决，势足以专，然而未尝不尽天下之议，虽刍荛之微必取，乃其所以为圣也，履帝位而光明者也。"[③]

程颐通过《家人》卦阐释了实现外王理想的修齐治平之道。推行王道，必以正家为先，"父子兄弟夫妇各得其道，则家道正矣。推一家之道，可以及天下，故家正则天下定矣"[④]。正家之道即亲亲和尊尊，注《家人・上九》曰："保家之终，在有孚威如二者而已。"[⑤]有孚即讲亲亲之义，讲家的和谐，威如即尊尊之道，讲家的人伦秩序，"尊卑内外之道，正合天地阴阳之大义也"，"家人者，家内之道。父子之亲，夫妇之义，尊卑长幼之序，正伦理，笃恩义，家人之道也"。[⑥] 天下之治，正家为先，正家则始于修身，程颐认为反身修德始于正家，"夫王者之道，修身以齐家，家正则天下治矣。自古圣王，未有不以恭己正家为本。故有家之道既至，则不忧劳而天下治矣"[⑦]。杨万里也认为君主自身正与不正是影响政治得失的关键，其注《小畜・九三》曰："九三，夫道也；六四，妻道也……盖身之不正，则不能正其家也，非家罪也。……岂惟夫妇，君臣亦然。二世之于赵高，明皇之

① (宋)程颐著，王孝鱼点校：《周易程氏传》，中华书局2016年版，第40页。
② (宋)程颐著，王孝鱼点校：《周易程氏传》，中华书局2016年版，第203页。
③ (宋)程颐著，王孝鱼点校：《周易程氏传》，中华书局2016年版，第48页。
④ (宋)程颐著，王孝鱼点校：《周易程氏传》，中华书局2016年版，第161页。
⑤ (宋)程颐著，王孝鱼点校：《周易程氏传》，中华书局2016年版，第164页。
⑥ (宋)程颐著，王孝鱼点校：《周易程氏传》，中华书局2016年版，第161页。
⑦ (宋)程颐著，王孝鱼点校：《周易程氏传》，中华书局2016年版，第164页。

于禄山是已。”[①]宋代儒学家们强调了君圣的几个关键要素，而修身为本，并且强调君主身体力行的垂教作用。天下之治始于正家，家正则天下治，国之本在家，治天下之道亦即治家之道，所以说君主治家与修身关乎天下之治。在修德上，二程重视“性”“仁”“诚”“敬”等心德的修为，尤其对“诚”“敬”两种主要的修养功夫极为重视，在其语录中多次引用“敬以直内”（《坤·文言》）和“闲邪存其诚”（《乾·文言》），释《无妄》曰：“无妄者，至诚也，至诚者。天之道也。天之化育万物，生生不穷，各正其性命，乃无妄也。”[②]《外书》卷二云：“诚为统体，敬为用。敬则内自直。诚合内外之道，则万物流形，故义以方外。”[③]

程颐也认识到君圣不是实现内圣外王之政治局面的唯一因素，贤臣同样是实现外王理想的重要因素，程颐释《鼎·九四》曰：“四，大臣之位，任天下之事者也。天下之事，岂一人所能独任？必当求天下之贤智，与之协力。得其人，则天下之治，可不劳而致也；用非其人，则败国家之事，贻天下之患。”[④]在君主德位不相配的情况下，程颐看重对君权的限制，更看重贤臣的作用，程颐释《大畜·六四》曰：“大臣之任，上畜止人君之邪心，下畜止天下之恶人。”[⑤]程颐释《屯·九五》曰：“五居尊得正，而当屯时，若有刚明之贤为之辅，则能济屯矣。”[⑥]释《坎·九五·象》曰：“险难之时，非君臣协力，其能济乎？”[⑦]在君主德位不相配的情况下，程颐欣赏六五与九二那种权力结构，程颐释《蒙·六五》曰：“五以柔顺居君位，下应于二，以柔中之德，任刚明之才，足以治天下之蒙，故吉也。童，取未发而资于人也。为人君者，苟能至诚任贤以成其功，何异乎出于己也？”[⑧]释《泰·六五》曰：“六五以阴柔居君位，下应于九二刚明之贤。五能倚任其贤臣而顺从之，如帝乙之归妹然，降其尊而顺从于阳，则以之受祉，且元吉也。元吉，大吉而尽善者也，谓成治泰之功也。”[⑨]当然，最理想的君臣共治模式是君以阳刚而居尊位，臣以阴柔而居卑位，君臣各具其德，各居其位，君圣臣贤，既中且正，君臣同心，刚柔相济，协调合作，君臣以中正之道益天下，天下皆受其福庆也。

---

① （宋）杨万里撰，宋淑洁点校：《诚斋易传》卷三，九州出版社2008年版，第40页。
② （宋）程颐著，王孝鱼点校：《周易程氏传》，中华书局2016年版，第108页。
③ （宋）程颢、程颐著，王孝鱼点校：《二程集》，中华书局2004年版，第364页。
④ （宋）程颐著，王孝鱼点校：《周易程氏传》，中华书局2016年版，第226页。
⑤ （宋）程颐著，王孝鱼点校：《周易程氏传》，中华书局2016年版，第114页。
⑥ （宋）程颐著，王孝鱼点校：《周易程氏传》，中华书局2016年版，第19页。
⑦ （宋）程颐著，王孝鱼点校：《周易程氏传》，中华书局2016年版，第130页。
⑧ （宋）程颐著，王孝鱼点校：《周易程氏传》，中华书局2016年版，第23页。
⑨ （宋）程颐著，王孝鱼点校：《周易程氏传》，中华书局2016年版，第53页。

在实现外王理想的实践中，典法也同样重要，《外书》卷十一说："三代之后，有志之士，欲复先王之治而不能者，皆由典法不备。故典法尚存，有人举而行之，无难矣。"[①]释《解》卦曰："夫天下国家，必纪纲法度废乱，而后祸患生。圣人既解其难而安平无事矣，是无所往也；则当修复治道，正纪纲，明法度，进复先代明王之治。"[②]典法是维持统治秩序的重要手段，而秩序也就是儒家所推崇的尊尊的原则。程颐释《蛊》卦曰："夫治乱者，苟能使尊卑上下之义正，在下者巽顺，在上者能止齐安定之，事皆止于顺，则何蛊之不治也？"[③]释《坎》卦曰："若夫尊卑之辨，贵贱之分，明等威，异物采，凡所以杜绝陵僭，限隔上下者，皆体险之用也。"[④]程颐认为典法的实施要重视刑罚与教化并重："圣王为治，修刑罚以齐众，明教化以善俗。刑罚立则教化行矣，教化行而刑措矣。"[⑤]要顺利实现君与士大夫共治天下的理想局面，典法所适用的行为准则与价值标准当遵循中正之道，也即所谓君臣同心、上下尊卑有序之道。程颐释《姤》卦曰："五与二皆以阳刚居中与正，以中正相遇也。君得刚中之臣，臣遇中正之君，君臣以刚阳遇中正，其道可以大行于天下矣。"[⑥]释《益》卦曰："五以刚阳中正居尊位，二复以中正应之，是以中正之道益天下，天下受其福庆也。"[⑦]而对中与正之关系，程颐认为"中为贵"，释《震·六五》曰："六五虽以阴居阳，不当位为不正，然以柔居刚，又得中，乃有中德者也。不失中，则不违于正矣，所以中为贵也。"[⑧]

以程颐为代表的宋代易学家们对内圣外王理想治世模式的追求是执着的，对"博施于民而能济众"的外王事业是坚持不懈的，对经世外王之路的探索是深入的，对君主无意圣王和臣僚互为朋党之残酷现实是无奈和忧患的，实践上的磨难阻止不了宋儒致力于构建一个内圣与外王体用相依的完整的思想体系，明体者崇德，达用者广业，在易学德治思想体系的构建上，宋儒致力于从进德到修业、从内圣到外王的真正贯通。

---

① (宋)程颢、程颐著，王孝鱼点校：《二程集》，中华书局2004年版，第418页。
② (宋)程颐著，王孝鱼点校：《周易程氏传》，中华书局2016年版，第175页。
③ (宋)程颐著，王孝鱼点校：《周易程氏传》，中华书局2016年版，第80页。
④ (宋)程颐著，王孝鱼点校：《周易程氏传》，中华书局2016年版，第127页。
⑤ (宋)程颢、程颐著，王孝鱼点校：《二程集》，中华书局2004年版，第1212页。
⑥ (宋)程颐著，王孝鱼点校：《周易程氏传》，中华书局2016年版，第195页。
⑦ (宋)程颐著，王孝鱼点校：《周易程氏传》，中华书局2016年版，第185页。
⑧ (宋)程颐著，王孝鱼点校：《周易程氏传》，中华书局2016年版，第231页。

第五章　德治思想的实践意义和局限性

《周易》是实践性很强的“开物成务”之书，是经世致用之书，本章以三个方面为例，探讨《周易》德治思想于当下的实践意义。

中华传统文化中有瑰宝亦有糟粕，部分污吏没有真正学习领会中华传统文化之精髓，肆意曲解与滥用，痴迷于一小部分糟粕并视之为精神支柱，从而狐假虎威、为非作歹。《易经》是修齐治平之书，不是贪官污吏为非作歹之护身符。作为“关键少数”的党员干部要对中华传统文化有理性的认识，汲取精华，进德修业，以儒家修齐治平思想为指引，对当下的道德建设起到积极的引领作用。中国作为全球性政治、经济、科技与文化力量的崛起已是不可否认与回避的事实，文王克商方略对当下中国如何处理国际关系仍具有重要的借鉴意义，力量赢得平衡的局面，道德赢得思想上的尊重，大国畏其力，小国怀其德，要站在道德的制高点处理外交事务，处理国与国的关系。在21世纪的今天，在强大的综合国力护航之下，我们要用文明和道德的力量来赢得世界的尊重，为中华民族伟大复兴赢得稳定的发展时间与空间。

德治的内涵，应该包括三个层次的组成部分：遵循天道的以人为本的伦理道德作为政治的基础；修齐治平、以民为本、德主刑辅、富民安人、行德政以及教化天下等等则是具体的德治知行合一之实践；“天人合一”则是德治的终极追求与最高境界。德治思想及其实践的局限性主要体现在“泛道德化”和“人治”两个方面。纵观古之历朝历代，德治并没有从根本上真正地实践过，并没有从制度层面真正解决德治思想缺乏实践土壤的问题。历朝历代不乏怀揣修齐治平梦想的仁人志士，而乏德治昌盛之时代，德治的真正实践任重而道远。

一、易为君子谋

编纂《四库全书总目提要》的清代学者提炼了《周易》的思想要旨,即"《易》之为书,推天道以明人事者也"[①]。《易》本为卜筮之书,但不只是卜筮之书,更是哲学理论之书。

《易》本为卜筮之书不假,但我们对古人的卜筮要有一个正确的认识。《史记·龟策列传》曰:"自古圣王将建国受命,兴动事业,何尝不宝卜筮以助善!唐虞以上,不可记已。自三代之兴,各据祯祥。涂山之兆从而夏启世,飞燕之卜顺故殷兴,百谷之筮吉故周王。王者决定诸疑,参以卜筮,断以蓍龟,不易之道也。"[②]《周易折中》卷首曰:"故《易》者,所以断天地,理人伦,而明王道,是以画八卦,建五气,以立五常之行。象法乾坤,顺阴阳,以正君臣夫妇之义。度时制宜,作为'罔罟','以佃以渔',以赡民用,于是人民乃治。"并断定:"君亲以尊,臣子以顺,群生和洽,各按本性,此其作《易》垂教之本意也。"[③]李光地的阐述,指出了《周易》的一个手段——"推天道以明人事",一个目的——"务为治",这是《周易》作者"作易垂教之本意"。古代的占筮往往与治国理政密切相关,与治国理政有关的政治、军事措施的实施,有时往往倚重于卜官的占筮结果,这是因为在占筮的过程中,影响人们思想、左右人们行动的关键因素是筮书所表露的哲学内涵。《周易》正是因为其蕴涵的哲学意义,才成为古代"太卜"所执掌的被上层统治阶级奉为"圣典"的重要书籍,尽管《周易》的成书是以卜筮为用,但其内容确实蕴涵着深邃的哲学意蕴。若《周易》毫无哲学内涵,仅仅以卜筮之书的身份参与古代重大国事的决策,是断断不可能的。古代的卜筮重在为国之大事提供决策支持,是为苍生谋福祉,而不是只为个人谋私利。

中国文化的许多基因与特质肇始于西周之初,西周的文化特质及文王、周公等建国者的思想塑造了中国文化的精神气质。易源于数占,本为卜筮之流,《周易》文本成书于殷周之际,经过文王、周公父子的创造、改编,《周易》因而也是讲"圣人所以崇德而广业"之书,其中承载着文王、周公等一批治国理政者的

---

① (清)永瑢、纪昀主编:《四库全书总目提要》,海南出版社1999年版,第13页。

② (汉)司马迁撰,(宋)裴骃集解,(唐)司马贞索隐,(唐)张守节正义:《龟策列传》,《史记》卷一百二十八,中华书局1982年版,第3223页。

③ (清)李光地编纂,刘大钧整理:《周易折中》,巴蜀书社2006年版,第7页。

以德治为核心的治国理政思想。

北宋大儒张载言："《易》为君子谋，不为小人谋。"[①]（《正蒙·大易》）圣人作《易》的目的是教人极深研几，明白吉凶祸福的道理，居安思危、防微杜渐以趋吉避凶，坚持操守、修德进业以转危为安。

二、重视"关键少数"的道德建设引领作用

《系辞下》曰："阳卦多阴，阴卦多阳，其故何也？阳卦奇，阴卦耦。其德行何也？阳一君而二民，君子之道也。阴二君而一民，小人之道也。"[②]八卦之中，乾为纯阳之卦，坤为纯阴之卦，其余六卦亦分阴阳：震、坎、艮为阳卦，均为一阳爻，二阴爻，故称"多阴"；巽、离、兑为阴卦，均为一阴爻，二阳爻，故称"多阳"。王弼《周易略例》之《明象》中论述了"一卦之体必由一爻为主"的体例，发挥了一套"以寡治众""以一制动"的本体论思想。成书于几千年前大道之源的《易经》已经告诉我们：影响一个群体或组织乃至整个社会之性质、发展方向或风气的往往是其中的"关键少数"。

治国理政，作为"关键少数"的党员领导干部责任重大，唯有带头依法办事，带头廉洁自律，带头接受监督，带头清清白白做人、干干净净做事，才能真正起到率先垂范、以上率下的作用。"关键少数"，是从严治党、依法治国的"牛鼻子"。作为"关键少数"的党员领导干部之风尚对社会道德建设的引领作用是极其重大的。

古代的官员亦称儒吏，即亦儒亦吏，儒是精神，是本色，吏是职业。中华优秀传统文化是一个伟大的宝库，其中有众多的智慧与理念可以应用于当今官员的修齐治平之实践。古代官员的为政之道、君子人格在今天仍具有积极的意义，值得当下之官员择其精髓而学习之、实践之。

《论语·为政》曰："为政以德，譬如北辰，居其所而众星共之。"[③]这句话特别强调了为政者的道德表率作用和道德教化作用，为政者以自己的道德实践作为民众的表率，可以对民众的言行起到重要的教化作用，为政者能"为政以德"则民众"共之"，所以说古代的治国理政很重视关键少数即官吏的道德引领作用。

---

① （宋）张载，章锡琛点校：《张载集》，中华书局1978年版，第48页。

② （清）李道平撰，潘雨廷点校：《周易集解纂疏》，中华书局1994年版，第634～635页。

③ 杨伯峻：《论语译注》，中华书局2015年版，第16页。

古代对官员德行主要看重哪一方面呢？《论语·颜渊》曰："季康子问政于孔子，孔子对曰：'政者，正也。子帅以正，孰敢不正？'"[①]陈来先生认为："首先，'正'是对行为的规范，'政者正也'是说政治的本质就是规范、管理社会的行为；其次，社会行为的规范，要从君身做起，君身以正，则民无不正……对于'政者正也'，孔子的理解与以往执政者不同，强调的重点在执政者的正身……正身是对政治领导者而言，因为，对政治领导者而言，'正其身'比'正其民'更为重要。""孔子认为，'正'是指领导者身之正，领导者德行之正，在孔子看来，政治的要点，是执政者发挥其道德表率的作用，以实现和促进整个社会的'正'。"[②]《论语·子路》曰："苟正其身矣，于从政乎何有？不能正其身，如正人何？"[③]其他如"尧舜帅天下以仁，而民从之""君子之德风，小人之德草"等。《论语》中的"君子"大多时候是指有德有才、有修养的管治者，其言行举止，民众在看在学，并会据以做出相应的行动。正如孔颖达作疏《周易》曰："天既不言而行，不为而成，圣人法则天之神道，唯身自行善，垂化于人，不假言语教戒，不须威刑恐逼，在下自然观化服从，故云天下服矣。"[④]徐复观先生亦曰："孔子所说的仁，是把修己与治人融合在一起的无限自觉向上的努力，这即是文王、周公的'明德''爱民'的观念在生命中生根的进一步的发展。"[⑤]所以说，古代的教化思想不只为"教民"，同时也在"教君"，"教统治者"，统治者不仅治人亦要修身，统治者法天垂化而民从之、随之，从而天下服矣，这才是完整的教化思想之内涵。

美国人文主义学者白璧德在《民主与领袖》一书中特别将孔子与亚里士多德并举。他认为，孔子之教能够提供民主领袖所最需要的品质，儒家"以身作则"精神可以塑造"公正的人(just man)"，而不仅仅是"抽象的公正原则(justice in the abstract)"，这是儒家可以贡献于现代民主之所在。[⑥] 黑格尔也认为，在官吏本身，为了使"大公无私、奉公守法及温和敦厚"成为他的"习惯"，就需要进行"直接的道德和理智的教育"。[⑦]

---

① 杨伯峻：《论语译注》，中华书局 2015 年版，第 186 页。

② 陈来：《论"道德的政治"——儒家政治哲学的特质》，《天津社会科学》2010 年第 1 期。

③ 杨伯峻：《论语译注》，中华书局 2015 年版，第 198 页。

④ (魏)王弼注，(晋)韩康伯注，(唐)孔颖达疏，于天宝点校：《宋本周易注疏》，中华书局 2018 年版，第 151 页。

⑤ 徐复观：《两汉思想史》(一)，九州出版社 2014 年版，第 90 页。

⑥ 参见余英时：《儒家思想与日常人生》，《现代儒学论》，上海人民出版社 1998 年版，第 249 页。

⑦ 参[德]见马克思：《黑格尔法哲学批判》，《马克思恩格斯全集》第 1 卷，人民出版社 1965 年版，第 310 页。

梁启超早年写了一篇文章，叫《新民说》，他讲的公德最重要的就是爱国、利群。公德是有益于国家、有益于社会的东西，私德是有益于个人品格的东西。他还认为公德和私德是同等重要的，但是认为公德的基础是私德。梁启超认为，公德是个人跟社会关系的道德，私德既是个人品行的完善，也是个人对待他人、对待社会的一个德行。这两方面虽然都重要，但是就个人来讲，基础是个人品行、个人道德。所以，私德一定是公德的基础。

儒家重视身体力行的道德实践性，对修德极其看重，视修德为维持统治者治权合法性的重要依据之一。“一日克己复礼，天下归仁焉”①，体现了统治者自身之修德对于政权合法与稳固的重要性。孔子希望统治者能够做到“修己以敬”“修己以安民”“修己以安百姓”。“修己”才能安民，可见“修己”之重。官员修德具体到实践中，要重视以下几个方面。

子曰：“君子安其身而后动，易其心而后语，定其交而后求。君子修此三者，故全也。危以动，则民不与也。惧以语，则民不应也。无交而求，则民不与也。莫之与，则伤之者至矣。《易》曰：‘莫益之，或击之，立心勿恒，凶。’”②（《系辞下》）君子治民之两大关键要素：一要先安其身；二要“立心要恒”。如果做不到，则只能“危以动，则民不与也。惧以语，则民不应也。无交而求，则民不与也。莫之与，则伤之者至矣”。《礼记·大学》亦云：“古之欲明明德于天下者，先治其国；欲治其国者，先齐其家；欲齐其家者，先修其身；欲修其身者，先正其心；欲正其心者，先诚其意；欲诚其意者，先致其知；致知在格物。”③《坤·文言》亦曰：“君子敬以直内，义以方外，敬义立而德不孤。”④

官员当言谨行慎。《需·九三·象》：“自我致寇，敬慎不败也。”⑤《讼·象》：“君子以作事谋始。”⑥“作事”之初，当先“谋”其始，谋定而后动。

《颐·象》：“君子以慎言语，节饮食。”⑦《家人·象》：“君子以言有物而行有恒。”⑧王弼《周易注》：“家人之道，修于近小而不妄也。故君子以言必有物，而口

① 杨伯峻：《论语译注》，中华书局2015年版，第178页。

② （清）李道平撰，潘雨廷点校：《周易集解纂疏》，中华书局1994年版，第655～656页。

③ 胡平生、张萌译注：《礼记》，中华书局2017年版，第1162页。

④ （清）李道平撰，潘雨廷点校：《周易集解纂疏》，中华书局1994年版，第90页。

⑤ （清）李道平撰，潘雨廷点校：《周易集解纂疏》，中华书局1994年版，第116页。

⑥ （清）李道平撰，潘雨廷点校：《周易集解纂疏》，中华书局1994年版，第121页。

⑦ （清）李道平撰，潘雨廷点校：《周易集解纂疏》，中华书局1994年版，第285页。

⑧ （清）李道平撰，潘雨廷点校：《周易集解纂疏》，中华书局1994年版，第351页。

无择言;行必有恒,而身无择行。"[①]俞琰曰:"君子知风之自,于是齐家以修身为本,而修身以言行为先,言必有物而不妄,行必有恒而不改。"[②]日常些许小事,亦关"风化"之理,君子当自修小节,言行敦实不妄。《系辞上》:"君子居其室,出其言善,则千里之外应之,况其迩者乎。居其室,出其言不善,则千里之外违之,况其迩者乎。言出乎身,加乎民,行发乎迩,见乎远。言行,君子之枢机。枢机之发,荣辱之主也。言行,君子之所以动天地也,可不慎乎。"[③]修齐治平以修身为始,而修身以言行为先,官员为民众所瞩目,自修小节,言谨行慎为官员修身所必需,敬慎方可不败。

官员要对民谦恭,虚怀守常。官员对民众万不可高高在上、傲慢或粗暴,而应谦恭待之。《谦·彖》:"天道下济而光明,地道卑而上行。天道亏盈而益谦,地道变盈而流谦,鬼神害盈而福谦,人道恶盈而好谦。谦尊而光,卑而不可逾,君子之终也。"[④]《谦·初六·象》:"谦谦君子,卑以自牧也。"[⑤]《谦·九三·象》:"劳谦君子,万民服也。"[⑥]《咸·象》:"君子以虚受人。"[⑦]《系辞上》:"劳而不伐,有功而不德,厚之至也。语以其功下人者也。德言盛,礼言恭。谦也者,致恭以存其位者也。"[⑧]

官员要自照明德,要反身修德。《晋·象》曰:"明出地上,晋。君子以自照明德。"[⑨]《周易程氏传》:"君子观明出地上而益明盛之象,而以自昭其明德。去蔽致知,昭明德于己也;明明德于天下,昭明德于外也。"[⑩]君子体悟《晋》之卦象,当自昭其明德,臻于至善。《大学》论"古之欲明明德于天下者"之事,其结语为"自天子以至于庶人,壹是皆以修身为本"。《蹇·象》曰:"山上有水,蹇。君子以反身修德。"[⑪]君子体悟《蹇》之象,于蹇难之时,虽不可以进,但也是反求诸身、自修其德的有利时机。

---

① (魏)王弼撰,楼宇烈校释:《周易注》,中华书局2011年版,第200页。
② (清)李光地编纂,刘大钧整理:《周易折中》,巴蜀书社2006年版,第480页。
③ (清)李道平撰,潘雨廷点校:《周易集解纂疏》,中华书局1994年版,第569～571页。
④ (清)李道平撰,潘雨廷点校:《周易集解纂疏》,中华书局1994年版,第195页。
⑤ (清)李道平撰,潘雨廷点校:《周易集解纂疏》,中华书局1994年版,第197页。
⑥ (清)李道平撰,潘雨廷点校:《周易集解纂疏》,中华书局1994年版,第198页。
⑦ (清)李道平撰,潘雨廷点校:《周易集解纂疏》,中华书局1994年版,第316页。
⑧ (清)李道平撰,潘雨廷点校:《周易集解纂疏》,中华书局1994年版,第574页。
⑨ (清)李道平撰,潘雨廷点校:《周易集解纂疏》,中华书局1994年版,第339页。
⑩ (宋)程颐撰,王孝鱼点校:《周易程氏传》,中华书局2016年版,第153页。
⑪ (清)李道平撰,潘雨廷点校:《周易集解纂疏》,中华书局1994年版,第364页。

官员要重视家风建设。《家人·象》曰："女正位乎内，男正位乎外。男女正，天地之大义也。《家人》有严君焉，父母之谓也。父父子子，兄兄弟弟，夫夫妇妇，而家道正，正家而天下定矣。"[①]《周易集解》引陆绩曰："圣人教先从家始，家正则天下化之，修己以安百姓者也。"[②]家人各安其位，以正家道齐家，方可治国平天下。

官员要克己自省。《震·象》曰："君子以恐惧修省。"[③]《周易正义》曰："君子恒自战战兢兢，不敢懈惰，今见天之怒，畏雷之威，弥自修身，省察己过。"[④]古之君子敬畏天道，战战兢兢，自我修省，今之官员更当效法先贤恐惧自省。

官员要重视修德的实践性，不能把修德停留在口头上。传统文化尤其是儒学一个最突出的特色就是其"履践性"，而当代中国文化危机的表现之一就是"履践性"的丧失。余英时曾经指出现代儒学与传统儒学的主要区别，并指出现代儒学的根本困境，他说："儒家的价值必求在'人伦日用'中实现，而不能仅止于成为一套学院式的道德学说或宗教哲学。在这个意义上，儒学在传统中国已体现为中国人的生活方式，而这一生活方式则依附在整套的社会结构上面。20世纪以来，传统的社会结构解体了，生活方式也随之发生了根本的改变。……一方面儒学已经越来越成为知识分子的一种论说，另一方面儒家的价值却和现代的'人伦日用'越来越远了。"[⑤]《乾·文言》亦曰："君子以成德为行，日可见之行也。"[⑥]《周易集解》引干宝曰："君子之行，动静可观，进退可度。动以成德，无所苟行也。"[⑦]《大畜·象》："天在山中，大畜；君子以多识前言往行，以畜其德。"《周易程氏传》："人之蕴畜，由学而大，在多闻前古圣贤之言与行，考迹以观其用，察言以求其心，识而得之，以畜成其德。"[⑧]道德建设具有基础性作用，道德高尚是领导干部为政的基础，新时代的官员必须达到修齐、治平的双重要求，伟大事业始于修身。重视官员的修德建设，是源头治理、防患未然的重要环节。当下中国治国理政的方方面面，把抓住"关键少数"视为一个有力抓手，通过对领导干

---

① (清)李道平撰，潘雨廷点校：《周易集解纂疏》，中华书局1994年版，第350～351页。

② (清)李道平撰，潘雨廷点校：《周易集解纂疏》，中华书局1994年版，第350页。

③ (清)李道平撰，潘雨廷点校：《周易集解纂疏》，中华书局1994年版，第455页。

④ (魏)王弼注，(晋)韩康伯注，(唐)孔颖达疏，于天宝点校：《宋本周易注疏》，中华书局2018年版，第310页。

⑤ 余英时：《现代儒学论》，上海人民出版社1998年版，第5～6页。

⑥ (清)李道平撰，潘雨廷点校：《周易集解纂疏》，中华书局1994年版，第62页。

⑦ (清)李道平撰，潘雨廷点校：《周易集解纂疏》，中华书局1994年版，第62页。

⑧ (宋)程颐著，王孝鱼点校：《周易程氏传》，中华书局2016年版，第113页。

部的严格要求，净化政治生态，形成良好的从政环境，赋予“儒吏”时代化新内涵。“关键少数”率先垂范，在官员优良的君子之风引领下，很容易起到模范作用，以上率下，带动全体民众，让传统美德贴近大众，这样可以让传统美德成为大众的基础性信仰，从政界官员到寻常百姓，整个社会成员均应勉力践行中华传统美德。

三、大国畏其力，小国怀其德

以武兴，以德立！以武力攻伐为支撑，以修德教化为指引，顺应天命，代殷而取天下，是周文王“克商方略”的核心内涵。文王克商乃累几世之功，非一蹴而就；文王治周乃谋几世之久远，非谋一时之权宜。中国作为全球性政治、经济、科技与文化力量的崛起已是不可否认与回避的国际态势，文王克商方略即使放在今天，对处于日新月异的复杂多变的国际环境中的中国之内政外交，也具有重要的借鉴意义。力量赢得平衡，道德赢得尊重，力与德要合理地配合，只有力量或只讲道德均得不到世界足够的尊重。“一带一路”倡议执行的同时，也要“制礼作乐”，也要传播文化与价值观，如果输出的仅仅是一堆产品，那共建“一带一路”只能算是半拉子工程，以经济、军事、科技和创新等综合力量为后盾的道德文化的传播，其传播才有真正的力量。昔文王一手执德，一手操力，力与德并重，文与武合一，“大国畏其力，小国怀其德”，当下之中国当在综合国力的护翼之下，用文明和道德的力量来赢得世界的尊重。

（一）乾卦所代表的事物发展规律

“自伏羲作八卦，周文王演三百八十四爻而天下治。”[①]（《史记·日者列传》）《周易》自诞生之日起，其任务就为“天下治”。《周易》共六十四卦，代表着六十四种事物、现象的组合，蕴含着不同环境、条件下的处事方法与智慧。六十四卦，每卦六爻，六爻之间在“义理”上存在逻辑上的联系，代表了一个事物发展、变化的过程或其发展规律，建立国家、治理国家均不能违背天道、违背规律。在讲述遵循天道与规律方面，《乾》卦尤甚。

《乾》卦诸爻共一象，“龙”也。从潜龙到亢龙，是“龙”在不同的环境与条件

---

① （汉）司马迁撰，（宋）裴骃集解，（唐）司马贞索隐，（唐）张守节正义：《日者列传》，《史记》卷六十七，中华书局 1982 年版，第 3218 页。

下的不同战略与方策的具体呈现。《乾·初九》:“潜龙勿用。”《周易集解》引沈麟士曰:“天地之气有升降,君子之道有行藏。龙之为物,能飞能潜,故借龙比君子之德也。初九既尚潜伏,故言‘勿用’。”[①]事物发展之肇始,处低微之时,位卑力弱,时机未到,当暂行潜藏,“潜龙勿用”是也。《乾·九二》:“见龙在田,利见大人。”[②]《周易集解》引郑玄曰:“二于三才为地道。地上即田,故称田也。”[③]王弼《周易注》:“出潜离隐,故曰‘见龙’;处于地上,故曰‘在田’。”[④]《乾·九三》:“君子终日乾乾,夕惕若,厉,无咎。”[⑤]《乾》卦诸爻皆称“龙”,唯九三爻称“君子”。此“君子”当与九二爻之“大人”含义略同,指有德且居尊位者。王弼指出:“余爻皆说龙,至于九三独以君子为目,何也?夫易者,象也。象之所生,生于义也。有斯义,然后明之以其物,故以龙叙乾……统而举之,乾体皆龙;别而叙之,各随其义。”[⑥]《周易集解》引郑玄曰:“三于三才为人道。有乾德而在人道,‘君子’之象。”[⑦]君子处九三之时,当何如?《周易集解》引干宝曰:“君子以之忧深思远,朝夕匪懈。仰忧嘉会之不序,俯惧义和之不逮,反复天道,谋始反终,故曰‘终日乾乾’。”[⑧]《乾·九四》:“或跃在渊,无咎。”[⑨]《系辞下》指出“三多凶”“四多惧”。九三说“终日乾乾,夕惕若”,九四说“或跃在渊”,皆言处境之艰难。《乾·九五》:“飞龙在天,利见大人。”[⑩]九五处上卦之中,一卦中最吉之爻也,常常以“君位”言说此爻。《周易集解》引郑玄曰:“五于三才为天道。天者清明无形,而龙在焉,飞之象也。”[⑪]《周易正义》:“言九五阳气盛至于天,故云‘飞龙在天’。此自然之象,犹若圣人有龙德飞腾而居天位,德备天下,为万物所瞻睹,故天下利见此居王位之大人。”[⑫]《乾·上九》:“亢龙有悔。”[⑬]事物之发展,盛极必衰,物极必反。

---

① (清)李道平撰,潘雨廷点校:《周易集解纂疏》,中华书局1994年版,第28页。

② (清)李道平撰,潘雨廷点校:《周易集解纂疏》,中华书局1994年版,第29页。

③ (清)李道平撰,潘雨廷点校:《周易集解纂疏》,中华书局1994年版,第29页。

④ (魏)王弼撰,楼宇烈校释:《周易注》,中华书局2011年版,第1页。

⑤ (清)李道平撰,潘雨廷点校:《周易集解纂疏》,中华书局1994年版,第30页。

⑥ (魏)王弼撰,楼宇烈校释:《周易注》,中华书局2011年版,第5～6页。

⑦ (清)李道平撰,潘雨廷点校:《周易集解纂疏》,中华书局1994年版,第30页。

⑧ (清)李道平撰,潘雨廷点校:《周易集解纂疏》,中华书局1994年版,第30页。

⑨ (清)李道平撰,潘雨廷点校:《周易集解纂疏》,中华书局1994年版,第32页。

⑩ (清)李道平撰,潘雨廷点校:《周易集解纂疏》,中华书局1994年版,第33页。

⑪ (清)李道平撰,潘雨廷点校:《周易集解纂疏》,中华书局1994年版,第33页。

⑫ (魏)王弼注,(晋)韩康伯注,(唐)孔颖达疏,于天宝点校:《宋本周易注疏》,中华书局2018年版,第9页。

⑬ (清)李道平撰,潘雨廷点校:《周易集解纂疏》,中华书局1994年版,第33页。

《周易集解》引王肃曰："穷高曰'亢'。知进忘退，故悔也。"①极盛之时，须戒急用忍，不忘忧患，知所进退。

(二)文王克商方略

周翦商之策略与行动并非始于文王，《诗经·鲁颂·閟宫》谓太王"居岐之阳，实始翦商。至于文武，缵大王之绪，致天之届，于牧之野"②。季历之时，连连用兵，讨伐了"西落鬼戎""燕京之戎""余无之戎""始呼之戎""翳徒之戎"等，这在一定程度上触动了殷商的利益，引起殷王文丁的不满，古本《竹书纪年》记载季历最终被殷王文丁所杀，过激的、时机不到的、策略不成熟的翦商行动招致季历的杀身之祸。

《尚书·无逸》："文王受命惟中身，厥享国五十年。"③关于受命，王国维先生说："降命之命，即谓天命。自人言之，谓之受命；自天言之，谓之降命。"④清华简《保训》篇中有"惟王五十年"之记载，因此文王受命之年就"受命称王"。文王即位之初，延续季历的东进战略，但很快被打败，"纣乃囚西伯于羑里"(《史记·周本纪》)。《系辞》云："《易》之兴也，其于中古乎。作《易》者，其有忧患乎。"⑤又云："《易》之兴也，其当殷之末世，周之盛德邪，当文王与纣之事邪。"⑥这反映了文王被囚之时的历史背景。

文王初即位，没有吸取季历被杀的教训，继续用兵而受挫，认清形势之后，其翦商目的未改但策略必须改变，行德政、怀柔方国进而成为新的方略。《史记·周本纪》载："西伯曰文王，遵后稷、公刘之业，则古公、公季之法，笃仁，敬老，慈少。礼下贤者，日中不暇食以待士，士多以此归之。伯夷、叔齐在孤竹，闻西伯善养老，盍往归之。太颠、闳夭、散宜生、鬻子、辛甲大夫之徒皆往归之。"又载："西伯积善累德，诸侯皆向之。"⑦《左传·成公二年》引《周书》曰："明德慎罚。文王所以造周也。"⑧文王施行德政，修德积善，众邦来归，联络周边方国，建立方

---

① (清)李道平撰，潘雨廷点校：《周易集解纂疏》，中华书局 1994 年版，第 33～34 页。

② 高亨注：《诗经今注》，上海古籍出版社 2009 年版，第 517 页。

③ 王世舜、王翠叶译注：《尚书》，中华书局 2012 年版，第 257 页。

④ 王国维：《观堂集林·周开国年表》(附别集)，中华书局 1959 年版，第 1141 页。

⑤ (清)李道平撰，潘雨廷点校：《周易集解纂疏》，中华书局 1994 年版，第 659～660 页。

⑥ (清)李道平撰，潘雨廷点校：《周易集解纂疏》，中华书局 1994 年版，第 677 页。

⑦ (汉)司马迁撰，(宋)裴骃集解，(唐)司马贞索隐，(唐)张守节正义：《周本纪》，《史记》卷四，中华书局 1982 年版，第 116 页。

⑧ 郭丹、程小青、李彬源译注：《左传》，中华书局 2012 年版，第 890 页。

国联盟，吸引方国和辅士归附，扩大同盟力量，为克商做好了长期的基础性工作，并通过智慧解决虞、芮之争，从而成功争取更多归附者，《诗经·大雅·绵》："虞、芮质厥成，文王蹶厥生。"[①]文王接纳叛纣之国，怀柔方国，从而形成"小国怀其德"的政治与军事局势，这既是文王政治谋略上的考虑，也是翦商策略的重要组成部分。文王倾尽其一生，只是做好了翦商的准备工作。

在翦商的准备工作中，避锋芒，事殷商，韬光养晦，忍等时机则是最重要的战术与战略。《左传·襄公四年》："文王帅殷之叛国以事纣，唯知时也。"[②]《逸周书·程典解》："文王合六州之侯，奉勤于商。"[③]《吕氏春秋·顺民》："文王处岐事纣，冤侮雅逊，朝夕必时，上贡必适，祭祀必敬。纣喜，命文王称西伯，赐之千里之地。"[④]《逸周书·太子晋》："如文王者，其大道仁，其小道惠。三分天下而有其二，敬人无方，服事于商。"[⑤]《荀子·大略》："文王诛四，武王诛二，周公卒业，至成康则案无诛已。"[⑥]类似记载说明，周文王在取得天下三分之二的情况下，仍小心翼翼服事殷商纣王。孔子因此赞文王曰："三分天下有其二，以服事殷。周之德，可谓至德也已矣。"[⑦]

事商的战术与策略还包括与商通婚，祭祀商先王等。周原甲骨的内容涉及祭祀商先王成汤，求佑于商先王太甲等内容。祭祀者的地位与祭祀的对象是一个很值得重视的事情。古代中国文明中，宗庙所在地成为聚落的中心，政治身份的世袭和宗主身份的传递相合，成为商周文明社会和国家的突出特点——政治身份与宗法身份的合一，或政治身份依赖于宗法身份，发展出一种治家与治国融为一体的政治形态和传统。[⑧] 阶级社会的祭祀行为，与政治活动相结合，并且作为政治权力的特殊表现形式。[⑨] 孔子曾说："非其鬼而祭之，谄也。"[⑩]《礼

---

① 高亨注：《诗经今注》，上海古籍出版社 2009 年版，第 378 页。

② 郭丹、程小青、李彬源译注：《左传》，中华书局 2012 年版，第 1079 页。

③ 黄怀信、张懋镕、田旭东撰，黄怀信修订，李学勤审定：《逸周书汇校集注》（修订版），上海古籍出版社 2007 年版，第 165 页。

④ 许维遹撰，梁运华整理：《吕氏春秋集释》卷第九《顺民》，中华书局 2016 年版，第 172 页。

⑤ 黄怀信、张懋镕、田旭东撰，黄怀信修订，李学勤审定：《逸周书汇校集注》（修订版），上海古籍出版社 2007 年版，第 1019 页。

⑥ 梁启雄：《荀子简释》，中华书局 1983 年版，第 375 页。

⑦ 杨伯峻：《论语译注》，中华书局 2015 年版，第 124 页。

⑧ 参见陈来：《中国早期政治哲学的三个主题》，《天津社会科学》2007 年第 2 期。

⑨ 参见葛志毅：《周原甲骨与古代祭礼考辨》，《史学集刊》1989 年第 4 期。

⑩ 杨伯峻：《论语译注》，中华书局 2015 年版，第 30 页。

记·祭法》曰:“人死曰鬼。”[①]孔子所言之鬼,应该指过世的祖先。董作宾认为殷人的信仰重心在于人鬼。[②] 以孔子此言推之,周人祭祀殷之祖先,也存在极大的可能是为投殷人之所好,抑或是为了蒙蔽殷人而谄媚殷鬼进而谄媚殷人,这也可能是周人为伐商所采取的策略。周人祭祀殷之先祖是周人克商战略的重要组成部分。

《史记·周本纪》记载了文王一系列的军事行动:“明年,伐犬戎。明年,伐密须。明年,败耆国。……明年,伐邘。明年,伐崇侯虎。而作丰邑,自岐下迁都丰。”[③]对于文王伐邘的战略意义,李学勤先生说:“是周商势力对比转换的标志……文王伐此地,实即直叩天邑商的门户。因此,武王伐商,中途已无任何阻碍,可以长驱而至商郊。”[④]文王迁都丰邑后,已奠定了翦商的基础,逐步成长为有能力对抗殷商的大国。

约公元前 1048 年,为了考验追随周人的各诸侯国的忠诚程度,同时也为了检验和证实自己的实力,武王在孟津举行了大规模的阅兵仪式,八百诸侯齐聚孟津,史称“孟津观兵”。在大会上,周武王举行了誓师仪式,这就是历史上有名的“孟津之誓”。这是一次“诸侯所由用命”的重要会盟,从此,众多的诸侯都听从周的指挥,灭商已有充分的把握。而周人号令天下的基础是以武力为后盾的政治方略。

武王克商之前的军事演练,各盟国与诸侯的不同反应也再次证明“大国畏其力,小国怀其德”的政治与军事态势。“东观兵,至于盟津”,“诸侯不期而会盟津者八百诸侯”。[⑤]《诗经·大明》:“殷商之旅,其会如林。……牧野洋洋,檀车煌煌,驷騵彭彭。”[⑥]纣师虽众,但涣散而缺乏战斗力,以至于武王克商之时“皆倒兵以战,以开武王。武王驰之,纣兵皆崩叛纣。纣走,反入登于鹿台之上,蒙衣

① 胡平生、张萌译注:《礼记》,中华书局 2017 年版,第 886 页。

② 参见董作宾:《中国古代文化的认识》,裘锡圭、胡振宇编校:《中国现代学术经典·董作宾卷》,河北教育出版社 1996 年版,第 627 页。

③ (汉)司马迁撰,(宋)裴骃集解,(唐)司马贞索隐,(唐)张守节正义:《周本纪》,《史记》卷四,中华书局 1982 年版,第 118 页。

④ 李学勤:《殷代地理简论》,科学出版社 1959 年版,第 97 页。

⑤ (汉)司马迁撰,(宋)裴骃集解,(唐)司马贞索隐,(唐)张守节正义:《周本纪》,《史记》卷四,中华书局 1982 年版,第 120 页。

⑥ 高亨注:《诗经今注》,上海古籍出版社 2009 年版,第 374 页。

其殊玉，自燔于火而死"[1]。强大的商王朝最后一刻的土崩瓦解是顷刻之间完成的。殷纣之师的"皆倒兵以战""纣兵皆崩叛纣"无疑加速了殷商王朝的土崩瓦解。商王朝崩塌的最后关键时刻，倒向周的不仅仅是邦国，还有商王朝之民之兵。

文王立国五十一年，为克商做了长期的战略准备，为武王最后灭商蓄积了足够的力量。而且清华简《保训》记载了文王对武王之遗训：

> 惟王五十年，不豫，王念日之多历，恐坠宝训，戊子，自颒水，己丑，昧[爽]……[王]若曰："发，朕疾壹甚，恐不汝及训。昔前人传宝，必受之以詷，今朕疾允病，恐弗念终，汝以书受之。钦哉，勿淫！昔舜旧作小人，亲耕于历丘，恐求中，自稽厥志，不违于庶万姓之多欲。厥有施于上下远迩，迺易位迩稽，测阴阳之物，咸顺不逆。舜既得中，言不易实变名，身滋备惟允，翼翼不懈，用作三降之德。帝尧嘉之，用受厥绪。呜呼！发，祗之哉！昔微假中于河，以复有易，有易服厥罪，微无害，迺归中于河。微志弗忘，传贻子孙，至于成唐，祗备不懈，用受大命。呜呼！发，敬哉！朕闻兹不旧，命未有所延。今汝祗备毋懈，其有所由矣。不及尔身受大命，敬哉，勿淫！日不足，惟宿不详。"[2]

遗训的核心是坚守"中道"治国，即勿淫求中。克商成功，也并非代表克商的结束，新的治国方略即"制礼作乐"是克商战略的新开始。制礼作乐也是教化民众最主要的途径与方式之一，周公在文王遗训的基础上制礼作乐，对于西周政权的稳固和加强，对于殷商遗民的善后处理，发挥了巨大的作用。以武兴，以德立！以武力攻伐为支撑，以修德教化为指引，顺应大命，代殷而取天下，是文王克商方略的核心内涵。

（三）大国畏其力，小国怀其德

中国拥有统一国家的悠久历史和未曾中断的绵延不绝的传统文化，历久弥新，《周易》之"务为天下治"的意义于今仍存。《左传·襄公三十一年》引《逸周

---

① （汉）司马迁撰，（宋）裴骃集解，（唐）司马贞索隐，（唐）张守节正义：《周本纪》，《史记》卷四，中华书局1982年版，第124页。

② 李学勤：《清华简〈保训〉释读补正》，《中国史研究》2009年第3期。

书》之文云:“《周书》数文王之德,曰:大国畏其力,小国怀其德。”[①]这是对文王克商方略最好最简洁的写照,文王克商方略即使放在今天,对处于复杂多变的国际环境中的中国之内政外交也具有重要的借鉴意义。力与德要合理地配合,只有力量或只讲道德均得不到世界足够的尊重。

儒家向来推崇以安边为本,以睦邻为贵,不追求扩土拓边,推崇“协和万邦”,儒家思想的精髓今天依然可以是中国处理国际关系的基本理念。但是,追求和平并不代表我们不需要强大的军事力量,我们必须拥有与中国国际地位相称的、与实现“民族伟大复兴”梦想相符合的强大军事能力,才能保证我们一定时期内对和平发展的追求。同时,经济之力、科技之力、创新之力与军事实力一样,都是总体实力的重要组成部分,不可或缺。以经济、军事、科技和创新等综合力量为后盾的道德文化的传播,才有真正的力量。力量赢得局面的稳定,道德赢得思想上的尊重。

大国畏其力,小国怀其德,站在道德的制高点处理外交事务,处理与中小国家的关系。富而不骄,强而有礼,强不胁弱,强不犯弱。《孟子·公孙丑上》言:“以力假仁者霸,霸必有大国;以德行仁者王,王不待大……以力服人者,非心服也,力不赡也;以德服人者,中心悦而诚服也。”[②]

葛剑雄先生认为,文化的传播一直有两种方式——自愿的和强制的。一般来说,对物质文化的接受大多是自愿的,而对精神文化的接受则两者兼而有之。强势文化往往会依靠武力、权力、财力、人力强制推广自己或抵制其他文化,今天世界上的制度、宗教、语言、文字以至生活方式的分布,大多是这样的结果。时至今日,在世界多数国家已经基本实现工业化、现代化、信息化的条件下,物质文化的传播已经不存在障碍。但在大多数人已经具有宗教信仰或其他信仰、自由平等的观念已经深入人心的条件下,精神文明的传播只能以自愿接受为前提。中国文化再博大精深,儒家学说再高明玄妙,中国模式再快速高效,也别指望能取别人已有的信仰、文化、观念、模式而代之。[③]

用道德与文明的力量,用怀柔的方式吸引远人并安抚之的理念古已有之,“宣德化以柔远人”的对外交往观念在中华文明与传统文化中源远流长。《论语·季氏》有言:“丘也闻有国有家者,不患寡而患不均,不患贫而患不安。盖均无贫,和

---

① 郭丹、程小青、李彬源译注:《左传》,中华书局2012年版,第1531页。

② 杨伯峻:《孟子译注》,中华书局2010年版,第67页。

③ 参见葛剑雄:《对“中国文化走向世界”的几点思考》,《国际展望》2012年第3期。

无寡，安无倾。夫如是，故远人不服，则修文德以来之。既来之，则安之。”[①]《礼记·中庸》有言：“送往迎来，嘉善而矜不能，所以柔远人也；继绝世，举废国，治乱持危，朝聘以时，厚往而薄来，所以怀诸侯也。”[②]又言：“凡为天下国家有九经，曰：修身也，尊贤也，亲亲也，敬大臣也，体群臣也，子庶民也，来百工也，柔远人也，怀诸侯也。修身则道立，尊贤则不惑，亲亲则诸父昆弟不怨，敬大臣则不眩，体群臣则士之报礼重，子庶民则百姓劝，来百工则财用足，柔远人则四方归之，怀诸侯则天下畏之。”[③]《左传·襄公十一年》言：“夫乐以安德，义以处之，礼以行之，信以守之，仁以厉之，而后可以殿邦国、同福禄、来远人，所谓乐也。”[④]《周礼·春官宗伯》言：“以和邦国，以谐万民，以安宾客，以说远人。”[⑤]

忧患意识是中华民族的传统美德，也是中华民族历经几千年而不绝的内在动力。我们不能幻想前进的道路上会一帆风顺，复杂的挑战是不可逃避的，贸易战、经济战、资源战、金融战是不可避免的，虽然未必有硝烟，但这些“战”所带来的危害比军事战争更残酷。文王一手执德，一手操力，力与德并重，文与武合一，“大国畏其力，小国怀其德”，当今中国要用文明和道德的力量来赢得世界的尊重。

四、德治思想的局限性

何谓德治？一直没有严格意义上的定义，也可以说是众说纷纭。有的学者认为伦理道德与政治相结合，就是德治。陈德述先生认为：“所谓‘德治’，就是把氏族内部亲情管理原则推广到国家的行政管理中去，因此‘德治’的一条基本原则就是‘孝悌’，其次是‘爱人’，再其次是‘忠恕’。”[⑥]任福全等则将儒家德治思想的内涵归结为四个方面：儒家德治思想强调行政伦理；儒家德治思想确立了“民为邦本”的政治指导原则；儒家德治思想非常重视民生问题；儒家德治思想倡导治理国家要德、刑并用，德主刑辅。[⑦] 这些看法似乎均不太完整，没有讲出

---

① 杨伯峻：《论语译注》，中华书局 2015 年版，第 250 页。

② 胡平生、张萌译注：《礼记》，中华书局 2017 年版，第 1024 页。

③ 胡平生、张萌译注：《礼记》，中华书局 2017 年版，第 1023 页。

④ 郭丹、程小青、李彬源译注：《左传》，中华书局 2012 年版，第 1169 页。

⑤ 徐正英、常佩雨译注：《周礼》，中华书局 2014 年版，第 479 页。

⑥ 陈德述：《儒家管理思想论》，中国国际广播出版社 2008 年版，第 352 页。

⑦ 参见任福全、吴德义、左守秋：《中国德治思想与政治实践》，中国书籍出版社 2017 年版，第 12～20 页。

德治思想的全部，也似乎贬低了德治思想的内涵。当然，即使是孔子、孟子、荀子对德治思想的推崇也是各有侧重，孔子强调“为政以德”，孟子强调仁政，荀子则看重王制与礼治。

德治的内涵应该包括三个层次：遵循天道的以人为本的伦理道德作为政治的基础；修齐治平、以民为本、德主刑辅、富民安人、行德政以及教化天下等等则是具体的德治知行合一之实践；“天人合一”则是德治的终极追求与最高境界。

儒家德治思想尽管在春秋战国时期未得到诸侯国的青睐，但其对汉及以后的历朝历代的影响却是至广至深的。出于不同的统治目的，历朝历代德治思想的具体实践是各有不同的，这也暴露了德治思想的局限性。《史记》对当时朝廷提倡儒术，常用一个“饰”字来描述，指出儒术在很多状态下仅仅用来装饰专制政治。徐复观先生也曾指出：“决定学术发展方向的是专制政治下的社会动态与需求。”①也有统治者有“泛道德化”的倾向，认为道德可以解决一切问题。还有一种倾向是从德治走向了人治。“泛道德化”和“人治”是德治思想及其实践面对的主要质疑或攻击，这也反映了德治思想的发展与实践确实存在着局限性。

陈德述先生在其《儒家管理思想论》中也指出了关于儒家德治管理思想局限性的其他几个表现方面，即儒家德治管理思想有重德轻力、重德轻智、重德轻利的倾向。所谓重德轻力，即重内在的道德修养而轻视向外力的奋争，认为儒家虽然也讲“智”，但是儒家的“智”引导人们去探索人伦关系，因而忽视了对宇宙自然的探索；所谓重德轻利则是指把追求利益的合理行为看成是不道德的、可耻的甚至荒谬的。②

虽然儒家德治思想面对“泛道德化”和“人治”的质疑或攻击，但儒家特别是《周易》经传的德治思想体系中并非一味地只讲德治，忽略法治，《周易》经传中的法治思想相当丰富。

如“寇”字在卦爻辞中多次出现，《屯・六二》《贲・六四》及《睽・上九》有“匪寇婚媾”。《蒙・上九》：“击蒙，不利为寇，利御寇。”③《需・九三》：“需于泥，

① 徐复观：《两汉思想史》(一)，九州出版社 2014 年版，第 174 页。

② 参见陈德述：《儒家管理思想论》，中国国际广播出版社 2008 年版，第 354～356 页。

③ (清)李道平撰，潘雨廷点校：《周易集解纂疏》，中华书局 1994 年版，第 111 页。

致寇至。”[①]《渐・九三》:“利用御寇。”[②]《解・六三》:“负且乘,致寇至。”[③]《说文》:“寇,暴也。”[④]可见,寇也就是暴徒的意思,即实施暴力的违法者。有时也称这些违法者为“匪人”,如《否》卦辞:“否之匪人。”[⑤]《比・六三》:“比之匪人。”[⑥]虞翻注曰:“匪,非也……弑父弑君,故曰‘匪人’。”[⑦]可见匪人应是职务型、政治型或家庭暴力型犯罪者的意思。其他还有“囚人”“刑人”等记载。

对于“寇”“匪人”“囚人”“刑人”等作奸犯科者,《象传》有明确的法治处理原则,如“先王以明罚敕法”[⑧](《噬嗑・象》)、“君子以明庶政,无敢折狱”[⑨](《贲・象》)、“君子以赦过宥罪”[⑩](《解・象》)等。在《周易》经传的文本里,记载着大量诸如“讼”“狱”“刑”“罚”等文字,具体说明了惩治作奸犯科者所使用的刑具。如《蒙・初六》:“利用刑人,用说桎梏。”[⑪]《噬嗑》:“利用狱。”[⑫]《坎・上六》:“系用徽纆,置于丛棘,三岁不得凶。”[⑬]《睽・六三》:“其人天且劓。”[⑭]《鼎・九四》:“鼎折足,覆公𫗧,其刑渥。”[⑮]《困・九五》:“劓刖,困于赤绂。乃徐有说,利用祭祀。”[⑯]这里“桎梏”是加在犯人手和脚上的刑具;“徽纆”是捆绑犯人的绳索;“刑屋”,是古代一种刑罚,指贵族官僚犯法在屋下受刑,以别于民众市上受刑,后称“刑剭”,通行本作“形渥”,据郑玄解释,此爻用鼎覆作为比喻,说明为人臣,若倾覆王之美道,等待的是在屋中受刑;“劓刖”,指古代刑法,虞翻曰:“割鼻曰劓,断足曰刖。”[⑰]“天”,指在犯人头上刺字。

所以说,《周易》没有只讲德治不讲法治,而是既重视德治又重视法治,强调

① (清)李道平撰,潘雨廷点校:《周易集解纂疏》,中华书局1994年版,第116页。
② (清)李道平撰,潘雨廷点校:《周易集解纂疏》,中华书局1994年版,第468页。
③ (清)李道平撰,潘雨廷点校:《周易集解纂疏》,中华书局1994年版,第370页。
④ (汉)许慎撰,(宋)徐铉校定:《说文解字》,中华书局2013年版,第63页上。
⑤ (清)李道平撰,潘雨廷点校:《周易集解纂疏》,中华书局1994年版,第173页。
⑥ (清)李道平撰,潘雨廷点校:《周易集解纂疏》,中华书局1994年版,第144页。
⑦ (清)李道平撰,潘雨廷点校:《周易集解纂疏》,中华书局1994年版,第144页。
⑧ (清)李道平撰,潘雨廷点校:《周易集解纂疏》,中华书局1994年版,第239页。
⑨ (清)李道平撰,潘雨廷点校:《周易集解纂疏》,中华书局1994年版,第247页。
⑩ (清)李道平撰,潘雨廷点校:《周易集解纂疏》,中华书局1994年版,第369页。
⑪ (清)李道平撰,潘雨廷点校:《周易集解纂疏》,中华书局1994年版,第108页。
⑫ (清)李道平撰,潘雨廷点校:《周易集解纂疏》,中华书局1994年版,第237页。
⑬ (清)李道平撰,潘雨廷点校:《周易集解纂疏》,中华书局1994年版,第303页。
⑭ (清)李道平撰,潘雨廷点校:《周易集解纂疏》,中华书局1994年版,第359页。
⑮ (清)李道平撰,潘雨廷点校:《周易集解纂疏》,中华书局1994年版,第449页。
⑯ (清)李道平撰,潘雨廷点校:《周易集解纂疏》,中华书局1994年版,第425页。
⑰ (清)李道平撰,潘雨廷点校:《周易集解纂疏》,中华书局1994年版,第425页。

的是德治与法治的有机结合。

汤一介先生从“内在超越”与“外在超越”的角度做了分析，认为：“个人超越性的境界可以靠其内在的道德修养来实现，但整个社会并不一定能因此而合理和完美；要使整个社会合理和完美，除了提高个人内在的道德修养之外，还需要有另一套外在的力量来配合，这就必须建立一套客观的行之有效的公正的政治法律制度。”并认为儒家后来只发展了“内在超越”，而“外在超越”方面没有得到发展。[①] 这可能就牵涉一个“自律”与“他律”的问题，《易传》也是既重视自律，又重视他律，强调的也是自律与他律的有机结合。如《系辞》曰：“夫易，圣人之所以崇德而广业也。知崇礼卑。崇效天，卑法地。天地设位，而易行乎其中矣。成性存存，道义之门。”[②]“崇效天，卑法地”讲的是他律，是外在超越；“成性存存，道义之门”讲的是自律，是内在超越。而且孔子既讲“为仁由己”“人能弘道，非道弘人”，也讲“畏天命，畏大人，畏圣人言”。荀子把道德修养看成是一个“他律”的“外在超越”的“化性起伪”的过程。《荀子·性恶》篇曰：“凡礼义者，是生于圣人之伪，非故生于人之性也。”[③]

但儒家的德治思想为什么在发展的长河中出现了“泛道德化”、重“人治”轻“法治”的倾向，根源何在，值得深思与探究。

从先秦儒家到后世儒家的发展过程中，逐渐出现了“人治化”的倾向和“泛道德化”的倾向。其原因既包括儒家自身的因素，也包括后世统治者的因素。从儒家来说，后世儒家可能是认识到了先秦儒家的教训，即春秋战国时期没有一个诸侯国真正地实践过儒家的德治思想，后世儒家可能出于生存与发展的需要，重新处理了儒家与统治者的关系，即从先秦儒家的劝谏统治者发展到后世儒家的顺应统治者。

如果走向了人治的方向，则德治的实践就会过多地依赖最高领导者或管理者之德，如果最高管理者不贤无德，那德治思想的真正实践是不可能最终完成的。儒家先贤中，对儒法之争协调最好的当属荀子，荀子处战国末期，诸子百家经过几百年的争鸣，各派理论已臻于完善，荀子在弘扬儒家王道仁政的基础之上，积极吸取法家之长。但经荀子改造并推崇的王道仁政也过多地强调人（荀子称君子）的作用，荀子言：“道者，非天之道，非地之道，人之所以道也，君子之

① 汤一介：《儒学十论及外五篇》，北京大学出版社2009年版，第15～16页。

② （清）李道平撰，潘雨廷点校：《周易集解纂疏》，中华书局1994年版，第565～566页。

③ 梁启雄：《荀子简释》，中华书局1983年版，第329页。

所道也。”[①]“君子者，治之原也。”[②]“故先王案为之制礼义以分之，使有贵贱之等，长幼之差，知愚能不能之分，皆使人载其事而各得其宜。”[③]在中国历史上，《易经》九五爻与六二爻之呼应精神所弘扬的有德之君配有德之臣的局面也极其难实现，中国历史上真正有德之君配有德之臣即君圣臣贤同时出现的朝代也确实不多。虽然暴秦之后的汉朝“罢黜百家，独尊儒术”，确立了儒家思想在国家管理实践中的地位，但孔子所推崇的“圣者为王”却被汉及以后的统治者改头换面为“王者为圣”。

从统治者的角度讲，一是统治者从先秦时期敬畏德治发展到后世的利用德治，仅仅把德治思想视为维护其统治的辅助工具。二是政权的世袭，牟宗三先生在其《政道与治道》一书中指出：“帝王之取得政权而为帝王，其始是由德与力，其后之继续则为世袭。……开始时之德与力，即其人个人必积德，必具有相当之正义与理想，以此而足以吸众，并足以伸大义于天下。”[④]其实包括周代在内，中国的历朝历代几乎均是以有“德”取天下，因失“德”而改朝换代。三是后世的统治者在处理圣与王的关系时，发生了一个认识上的决定性变化，即由“因圣而王”发展到“因王而圣”，“因王而圣”则有可能导致对“内在超越”与“外在超越”的同时放弃。

还有一个原因可能是来自对德治的不同认识，汤一介先生说：“人类社会是一个复杂的统一体，它至少要由三个方面共同运作才可以维持，即经济、政治、道德（当然还有其他方面，暂且不论）。在一个社会中，这三个方面虽有联系，但它们绝不是一回事，没有从属关系，要求用道德解决一切问题，包揽一切，那将走上泛道德主义的歧途。……道德教化和政治法律制度虽有某种联系，但它们毕竟是维系社会的不同两套，不能用一套代替另一套。”[⑤]汤先生在其《儒学十论及外五篇》之代序《我的哲学之路》中接着说：“今天来考察我们这个看法，它多少有些不周全处，这是由于我们没有充分考虑到道德教化和政治法律制度虽是两套，但这两套是可以互相影响的。”[⑥]汤先生的话是有必要探讨的，道德与政治

---

① 梁启雄：《荀子简释》，中华书局 1983 年版，第 82 页。
② 梁启雄：《荀子简释》，中华书局 1983 年版，第 159 页。
③ 梁启雄：《荀子简释》，中华书局 1983 年版，第 44 页。
④ 牟宗三：《政道与治道》，吉林出版集团有限责任公司 2010 年版，第 3 页。
⑤ 汤一介：《我的哲学之路》，《儒学十论及外五篇》，北京大学出版社 2009 年版，第 19 页。
⑥ 汤一介：《我的哲学之路》，《儒学十论及外五篇》，北京大学出版社 2009 年版，第 19 页。

是两套体系还是一套体系的两个方面？道德与道德教化、政治与政治法律制度，其内涵是一致的吗？从这两个问题也可以看出，对德治思想及其实践的质疑与攻击，原因之一可能是基于对政治和政治法律制度、道德和道德教化等概念杂糅在一起的、不同的认识。前文已经论述过德治思想的内涵应该包括三个层次的组成部分，遵循天道的以人为本的伦理道德作为政治的基础；修齐治平、以民为本、德主刑辅、富民安人、行德政以及教化天下等等则是具体的德治知行合一之实践；"天人合一"则是德治的终极追求与最高境界。从维系社会、治国理政的角度来看，道德教化不是德治的全部，视道德与法治为并行的两套体系也可能是不恰当的。德治与法治同为政治的两翼，二者互为支撑、相辅相成，都是通过规范人们的行为来调整社会关系、维持社会秩序、维护国家治理。当然，德治在国家治理体系中的地位、德治与法治的关系、德治思想的内涵是与时俱进的，对德治思想内涵的探讨是永无止境且具有价值的。

儒家德治思想之实践还有个局限性，就是过多地依赖先圣明君的榜样作用，但儒家所重视的修齐治平思想及其履践也确实为历朝历代孕育了一批真正弘扬"诚意、正心、修身、齐家、治国、平天下"的亦儒亦吏的士大夫阶层，虽历朝历代未必有明君，但历朝历代均不乏贤臣。

千百年来，对德治之路的探索与期待，上至庙堂，下至民间，一直没有停止过。古之历朝历代，德治并没有从根本上真正地实践过，并没有从制度层面真正解决德治实践的土壤缺失问题，历朝历代不乏怀揣修齐治平梦想的仁人志士，而乏德治昌盛之时代，德治的真正实践任重而道远。德治，我们依然在探索的路上！

参考文献

(一)古籍

(汉)司马迁撰,(宋)裴骃集解,(唐)司马贞索隐,(唐)张守节正义:《史记》,中华书局1982年版。

(汉)班固撰,(唐)颜师古注:《汉书》,中华书局2012年版。

(汉)刘向撰,向宗鲁校证:《说苑校证》,中华书局1987年版。

(汉)桑弘羊撰,王利器校注:《盐铁论校注》,中华书局1985年版。

(汉)刘向集录,(宋)姚宏、鲍彪等注:《战国策》,上海古籍出版社2015年版。

(魏)王弼撰,楼宇烈校释:《周易注》,中华书局2011年版。

(梁)皇侃:《论语义疏》,广西师范大学出版社2018年版。

(宋)朱熹:《四书章句集注》,齐鲁书社1992年版。

(宋)朱熹撰,廖名春点校:《周易本义》,中华书局2009年版。

(宋)黎靖德编,王星贤点校:《朱子语类》,中华书局1986年版。

(宋)项安世著,杜兵点校:《周易玩辞》,中国社会科学出版社2021年版。

(宋)胡宏:《知言》,中华书局1987年版。

(宋)杨万里撰,宋淑洁点校:《诚斋易传》,九州出版社2008年版。

(宋)石介著,陈植锷点校:《徂徕石先生文集》,中华书局1984年版。

(宋)陆九渊著,钟哲点校:《陆九渊集》,中华书局1980年版。

(宋)程颢、程颐著,王孝鱼点校:《二程集》,中华书局2004年版。

(宋)程颐著,王孝鱼点校:《周易程氏传》,中华书局2016年版。

(宋)张载著,章锡琛点校:《张载集》,中华书局1978年版。

(宋)李衡:《周易义海撮要》,上海古籍出版社 1989 年版。

(清)李道平撰,潘雨廷点校:《周易集解纂疏》,中华书局 1994 年版。

(清)顾炎武:《日知录》,上海古籍出版社 2006 年版。

(清)阮元校刻:《十三经注疏》(清嘉庆刊本),中华书局 2009 年版。

(清)李光地编纂,刘大钧整理:《周易折中》,巴蜀书社 2006 年版。

(清)惠栋撰,郑万耕点校:《周易述》,中华书局 2007 年版。

(清)陈立撰,吴则虞点校:《白虎通疏证》,中华书局 1994 年版。

(清)尚秉和著,张善文点校:《周易尚氏学》,中华书局 2016 年版。

(清)王夫之撰,李一忻点校:《周易内传》,九州出版社 2004 年版。

(清)皮锡瑞:《经学通论》,中华书局 2008 年版。

(清)康有为:《新学伪经考》,中华书局 2012 年版。

(清)段玉裁撰:《说文解字注》,中华书局 2013 年版。

(二)现代著作

陈德述:《儒家管理思想论》,中国国际广播出版社 2008 年版。

陈鼓应:《老庄新论》,上海古籍出版社 1992 年版。

陈广忠译注:《淮南子》,中华书局 2012 年版。

陈来:《古代宗教与伦理》,生活·读书·新知三联书店 1996 年版。

陈来:《中华文明的核心价值》,生活·读书·新知三联书店 2015 年版。

陈松长:《帛书史话》,社会科学文献出版社 2012 年版。

陈桐生译注:《国语》,中华书局 2013 年版

董作宾:《甲骨学六十年》,《董作宾先生文集》乙编第 5 册,(台北)艺文印书馆 1977 年版。

[日]渡边信一郎:《中国古代的王权与天下秩序》,徐冲译,中华书局 2008 年版。

范文澜:《中国通史简编》(修订版),华东师范大学出版社 2014 年版。

冯友兰:《中国哲学简史》,北京大学出版社 1985 年版。

傅斯年:《中国现代学术经典·傅斯年卷》,河北教育出版社 1996 年版。

高亨:《诗经今注》,上海古籍出版社 2009 年版。

高亨:《周易古经今注》,清华大学出版社 2010 年版。

高亨著,王大庆整理:《高亨〈周易〉九讲》,中华书局 2011 年版。

高华平、王齐洲、张三夕译注:《韩非子》,中华书局 2015 年版。

高怀民:《先秦易学史》,广西师范大学出版社 2007 年版。

[日]高木智见:《先秦社会与思想——试论中国文化的核心》,上海古籍出版社 2011 年版。

葛兆光:《中国思想史》,复旦大学出版社 2004 年版。

郭丹、程小青、李彬源译注:《左传》,中华书局 2012 年版。

郭沫若:《十批判书·古代研究的自我批判》,人民出版社 2012 年版。

韩敬译注:《法言》,中华书局 2012 年版。

侯外庐:《中国思想通史》,人民出版社 1992 年版。

胡平生、张萌译注:《礼记》,中华书局 2017 年版。

黄怀信、张懋镕、田旭东撰,黄怀信修订,李学勤审定:《逸周书汇校集注》(修订本),上海古籍出版社 2007 年版。

黄寿祺、张善文:《周易译注》,上海古籍出版社 2011 年版。

黄晖:《论衡校释》,中华书局 2017 年版。

姜光辉:《易经演讲录》,中华书局 2013 年版。

金景芳:《中国奴隶社会史》,上海人民出版社 1983 年版。

金景芳、吕绍刚:《周易全解》,上海古籍出版社 2010 年版。

荆门市博物馆:《唐虞之道》,文物出版社 2002 年版。

李峰:《西周的政体——中国早期的管理制度和国家》,生活·读书·新知三联书店 2010 年版。

李镜池:《周易通义》,中华书局 1981 年版。

李镜池:《周易探源》,中华书局 2007 年版。

李零:《死生有命,富贵在天:周易的自然哲学》,生活·读书·新知三联书店 2013 年版。

李学勤:《殷代地理简论》,科学出版社 1959 年版。

李学勤:《周易溯源》,巴蜀书社 2006 年版。

李学勤主编,孟世凯著:《商史与商代文明》,上海科学技术文献出版社 2012 年版。

李泽厚:《历史本体论》,生活·读书·新知三联书店 2003 年版。

李亚农:《西周与东周》,上海人民出版社 1956 年版。

梁启雄:《荀子简释》,中华书局 1983 年版。

廖名春:《帛书〈周易〉论集》,上海古籍出版社 2008 年版。

廖名春:《〈周易〉经传十五讲》,北京大学出版社 2009 年版。

廖名春:《〈周易〉经传与易学史新论》,中国人民大学出版社 2014 年版。

林忠军:《易纬导读》,齐鲁书社 2002 年版。

林忠军:《易学源流与现代阐释》,上海古籍出版社 2012 年版。

蒙培元:《人与自然——中国哲学生态观》,人民出版社 2004 年版。

牟宗三:《政道与治道》,吉林出版集团有限责任公司 2010 年版。

[美]牟复礼:《中国思想之渊源》,王重阳译,北京大学出版社 2016 年版。

逄金一:《中国风尚史·先秦卷》,山东友谊出版社 2015 年版。

钱锺书:《管锥编》,中华书局 1986 年版。

任福全等:《中国德治思想与政治实践》,中国书籍出版社 2017 年版。

汤一介:《儒学十论及外五篇》,北京大学出版社 2009 年版。

汤一介、李中华主编:《中国儒学史》,北京大学出版社 2011 年版。

汤华译注:《晏子春秋》,中华书局 2015 年版。

王博:《中国儒学史》,北京大学出版社 2011 年版。

王国维:《观堂集林》,中华书局 1959 年版。

王世舜、王翠叶译注:《尚书》,中华书局 2012 年版。

王新春:《易学与中国哲学》,人民出版社 2012 年版。

王玉哲:《中华远古史》,上海人民出版社 2000 年版。

吴丽娱主编,刘雨著:《礼与中国古代社会》,中国社会科学出版社 2016 年版。

许维遹撰,梁运华整理:《吕氏春秋集释》,中华书局 2016 年版。

徐复观:《中国人性史论·先秦篇》,九州出版社 2014 年版。

徐复观:《两汉思想史》(一),九州出版社 2014 年版。

徐正英、常佩雨译注:《周礼》,中华书局 2014 年版。

杨伯峻:《孟子译注》,中华书局 2010 年版。

杨伯峻:《论语译注》,中华书局 2015 年版。

余英时:《现代儒学论》,上海人民出版社 1998 年版。

袁世硕、张可礼主编,陆侃如、冯沅君著译:《陆侃如冯沅君合集》第三卷《中国文学史简编》,安徽教育出版社 2011 年版。

曾华东:《以史证易》,人民出版社 2011 年版。

张岱年:《中国哲学发微》,山西人民出版社 1981 年版。

张岱年:《中国哲学大纲》,中国社会科学出版社 1982 年版。

张光直:《中国青铜器时代》,生活·读书·新知三联书店 1983 年版。

张立文:《帛书周易注释》,中州古籍出版社 1992 年版。

郑万耕:《易学与哲学》,上海科学技术文献出版社 2013 年版。

(三)相关论文

陈来:《中国早期政治哲学的三个主题》,《天津社会科学》2007 年第 2 期。

陈来:《论:"道德的政治"——儒家政治哲学的特质》,《天津社会科学》2010 年第 1 期。

陈来:《殷商的祭祀宗教与西周的天命信仰》,《中原文化研究》2014 年第 2 期。

陈桐生:《20 世纪的〈周易〉古史研究》,《周易研究》1999 年第 1 期。

杜保瑞:《〈易传〉中的基本哲学问题》,《周易研究》1999 年第 4 期。

冯友兰:《易传的哲学思想》,《哲学研究》1960 年第 7 期。

葛剑雄:《对"中国文化走向世界"的几点思考》,《国际展望》2012 年第 3 期。

顾颉刚:《周易卦爻辞中的故事》,《燕京学报》第 6 期,又收入《古史辨》第 3 册上编。

韩仲民:《帛书〈系辞〉浅说》,《孔子研究》1988 年第 4 期。

河南省文物考古研究所、平顶山市文物管理局:《河南平顶山应国墓地八号墓发掘简报》,《华夏考古》2007 年第 1 期。

荆雨:《德与民:中国古代政权合法性之根据》,《社会科学战线》2008 年第 6 期。

李建:《西周初期人文意识与历史观念的转变及其意义》,《孔子研究》2004 年第 4 期。

李学勤:《帛书〈周易〉的几点研究》,《文物》1994 年第 1 期。

李学勤:《清华简〈保训〉释读补正》,《中国史研究》2009 年第 3 期。

李学勤:《论含山凌家滩玉龟、玉版》,《中国文化》1992 年第 1 期。

廖名春:《"六经"次序探源》,《历史研究》2002 年第 2 期。

廖名春:《〈周易〉比、履、离、泰四卦爻辞零释》,《周易研究》2010 年第 5 期。

刘雨:《西周金文中的祭祖礼》,《考古学报》1989 年第 4 期。

刘大钧:《汤一介哲学思想与易学诠释申述》,《周易研究》2017年第5期。

苗润田:《论〈易传〉的天人学说》,《周易研究》2011年第6期。

孙冠臣:《〈论语〉中的:"君子""小人"——现象学语境中的一种阅读尝试》,《齐鲁学刊》2006年第5期。

孙熙国、肖雁:《"德"的本义及其伦理和哲学意蕴的确立》,《理论学刊》2012年第8期。

徐中舒:《周原甲骨初论》,《四川大学学报丛刊》第十辑《古文字研究论文集》,四川人民出版社1982年版。

余平:《"神道设教"的现象学视域》,《四川大学学报》(哲学社会科学版)2007年第5期。

余永梁:《易卦爻辞的时代及其作者》,(台北)《"中央研究院"历史语文研究所集刊》,1928年第1卷。

俞荣根:《法先王:儒家王道政治合法性伦理》,《孔子研究》2013年第1期。

张岱年:《论易大传的著作年代与哲学思想》,《中国哲学》第一辑,生活·读书·新知三联书店1981年版。

晁福林:《先秦时期"德"观念的起源及其发展》,《中国社会科学》2005年第4期。

张蝶:《各家注〈周易·革〉卦新释——论革命的策略、道德价值观与合理性》,《现代哲学》2016年第6期。

张懋镕:《再论"周人不用日名说"》,《文博》2009年第3期。

曾繁仁:《中国古代"天人合一"思想与当代生态文化建设》,《文史哲》2006年第4期。

周国正:《孔子对君子与小人的界定——从〈论语〉"未有小人而仁者也"的解读说起》,《北京大学学报》(哲学社会科学版)2011年第3期。